新文科建设教材
国际经济与贸易系列

CROSS-BORDER E-COMMERCE

跨境电子商务

（第2版）

陈岩　李飞◎编著

清華大学出版社
北京

内容简介

本书由11章组成，包括跨境电子商务理论与实务两大范畴体系，秉承诠释理论、昭示方向、尊重实践的专业特质，在内容上力求做到去粗存精，将跨境电子商务理论以及跨境电子商务实务纳入一个系统性框架之内。本书符合这个伟大时代的要求，不断总结、不断完善、不断发展，在传播基础知识、培养基础技能、形成核心专业能力的同时，注重总结中国跨境电子商务发展最新实践和成果，探讨跨境电商理论、政策与实务的发展趋势，为新时期跨境电子商务与国际贸易人才培养提供最新教育介质。

本书包括教学目的和要求、关键概念、章首案例、拓展阅读、复习思考题、练习题等辅助学习内容。

本书可以作为高等院校跨境电子商务、电子商务、国际经济与贸易、现代物流等经济管理类本科专业的基础课教材，也可作为经济和电子商务行业人士的参考读物。

图书在版编目(CIP)数据

跨境电子商务/陈岩，李飞编著. —2版. —北京：清华大学出版社，2023.7(2024.7重印)
新文科建设教材. 国际经济与贸易系列
ISBN 978-7-302-64116-2

Ⅰ. ①跨… Ⅱ. ①陈… ②李… Ⅲ. ①电子商务－高等学校－教材 Ⅳ. ①F713.36

中国国家版本馆CIP数据核字(2023)第128822号

责任编辑：张 伟
封面设计：李召霞
责任校对：王荣静
责任印制：刘海龙

出版发行：清华大学出版社
网 址：https://www.tup.com.cn，https://www.wqxuetang.com
地 址：北京清华大学学研大厦A座 **邮 编**：100084
社 总 机：010-83470000 **邮 购**：010-62786544
投稿与读者服务：010-62776969，c-service@tup.tsinghua.edu.cn
质量反馈：010-62772015，zhiliang@tup.tsinghua.edu.cn
课件下载：https://www.tup.com.cn，010-83470332
印 装 者：三河市东方印刷有限公司
经 销：全国新华书店
开 本：185mm×260mm **印 张**：20.25 **字 数**：462千字
版 次：2019年7月第1版 2023年7月第2版 **印 次**：2024年7月第2次印刷
定 价：59.00元

产品编号：099244-01

专家推荐

本书的作者陈岩教授是一位在国际贸易与数字经济领域长期勤奋耕耘的优秀学者，我非常愿意将此书推荐给广大读者。首先，我认为作者能够把跨境电子商务这一新兴事物涉及的所有概念进行一个系统性归纳，并且能够从理论与实务相结合的视角去谋划布局本书，既体现了作者的用心良苦，也是本书的可贵之处。其次，我始终认为，数据安全是阻碍跨境电子商务发展的一大前瞻性问题，作者看到了这一点，不仅罗列出全球数据跨境流动管理的代表性机制，并精准有效地指出新一轮电子商务谈判与规则构建中的关键问题，努力用自己的经验去帮助读者思考，进而转化成管理的实际能力和水平。因此，我认为这是一本值得作为“良师益友”的好书。

——韦犁（国家市场监督管理总局网络交易监督管理司原副司长，中国服务贸易协会社交电商分会首席专家）

本书将跨境电子商务与“双循环”密切结合，具有很强的实操性，涵盖了很多跨境电子商务新的内涵。

——何伟（中国信息通信研究院副总工程师，中国通信学会经济与管理创新委员会主任委员）

跨境电商在某种程度上颠覆了传统商贸，极大地提高了效率，最终提高了消费者体验。跨境电商是撬动数字经济发展的关键。本书为学生提供了概念性和逻辑性的体系架构，有助于学生更好地掌握这门课程的精髓。

——王健（对外经济贸易大学教授、博士生导师、电子商务中心主任）

本书可以作为经济管理类专业的基础课教材，也可作为经济和电子商务行业人士的参考读物。书中加入了大量跨境电商平台的鲜活案例，与读者共同探讨交流企业实践中的问题，不仅能够增进学生对企业的了解，还能吸引业界同行的关注，堪称国际贸易学教科书中的典范。

——敖敏（京东工业科技工业互联产品部副总经理）

第2版前言

党的二十大报告提出，要坚持高水平对外开放、提升国际循环质量和水平。推动货物贸易优化升级，创新服务贸易发展机制，发展数字贸易，是党的二十大报告提出的有关贸易发展的未来走向。在互联网和数字经济迅速发展的背景下，跨境电子商务（以下简称"跨境电商"）与数字贸易已成为中国企业拓展海外市场、提升品牌国际化形象和增强国际核心竞争力的重要渠道。近年来，线上消费需求大增，产生了许多数字经济下的新应用场景，也为跨境电商产业发展提供了新的机会增长点。据海关统计，2022年我国跨境电商进出口2.11万亿元，增长9.8%。其中，出口1.55万亿元，增长11.7%；进口0.56万亿元，增长4.9%。近年来，国家陆续出台了相关支持政策，跨境电商优势和潜力有望进一步释放。2022年1月1日，《区域全面经济伙伴关系协定》(RCEP)正式实施，持续释放开放红利，2022年前11个月，中国与RCEP其他14个成员进出口总额为11.79万亿元，占中国外贸总值的30.7%，RCEP首次加入电子商务专章，是首次在亚太区域内达成的范围全面、水平较高的诸边电子商务规则成果。2022年1月，国家发改委、商务部发布《关于深圳建设中国特色社会主义先行示范区放宽市场准入若干特别措施的意见》，放宽数据要素交易和跨境数据业务等相关领域市场准入，提升贸易跨境结算便利度，统一构建海陆空全空间无人系统准入标准和开放应用平台。2022年2月，国务院批复同意在鄂尔多斯等27个城市设立跨境电商综合试验区（以下简称"跨境电商综试区"）；11月，又新增廊坊等33个跨境电商综试区，至此，中国跨境电商综试区已扩至165个，覆盖31个省份。

2021年12月，国务院印发《"十四五"数字经济发展规划》，指出大力发展跨境电商，扎实推进跨境电商综试区建设，积极鼓励各业务环节探索创新，培育壮大一批跨境电商龙头企业、海外仓领军企业和优秀产业园区，打造跨境电商产业链和生态圈。2022年1月，国家发改委印发《"十四五"现代流通体系建设规划》，指出要促进跨境贸易多元化发展，培育外贸新动能，深入推进跨境电商综试区建设，研究调整跨境电商零售进口商品清单范围，支持发展保税进口、企业对企业出口等模式，鼓励跨境电商平台完善功能。

在编写本书的过程中，编者所参阅的文献除了在参考文献中列出的一部分外，还有大量相关分析报告、报刊文章及网络资料。在此，谨向所有使本书获益的同行致以真诚的谢意。

在本书即将付梓之际，感谢清华大学出版社的鼎力支持，是你们的专业、专注感染着编写团队，使大家始终保持高质量、高投入的工作态势，始终深怀敬畏地面对读者，面对教师和学生。

陈岩教授负责本书整体框架的设计，以及第一、三、七、八章的撰写，第二、四、五、六、九、十、十一章及二维码中的内容由李飞副教授执笔。王子衿、张睿倩、司凡、杜倩云、马欣、申若琰、丁浩洋、王思琪、杨锐等在编写过程中做了大量工作,在此一并表示感谢!

由于编者能力有限,书中疏漏之处在所难免,恳请专家同行、读者批评指正!

编　者
2023年1月
于明光楼

目录

第一章　绪论 …… 1

第一节　跨境电商的基本概念 …… 1
第二节　跨境电商的种类 …… 4
第三节　跨境电商在国际贸易中的作用和优势 …… 5
第四节　中国跨境电商的发展现状 …… 7
第五节　全球跨境电商发展趋势与中国的应对策略 …… 11
第六节　数字贸易与跨境电商 …… 13
复习思考题 …… 16
练习题 …… 16

第二章　跨境电商理论 …… 17

第一节　跨境电商的消费者行为理论 …… 18
第二节　跨境电商的竞争战略 …… 26
第三节　跨境电商的风险分析 …… 29
第四节　跨境电商平台参与者国际化理论 …… 31
第五节　数字经济理论与跨境电商 …… 41
复习思考题 …… 51
练习题 …… 51

第三章　跨境电商政策 …… 52

第一节　跨境电商壁垒和自由贸易 …… 53
第二节　数据本地存储与跨境流动 …… 57
第三节　新一轮 WTO 电子商务谈判与规则构建 …… 61
第四节　中国跨境电商政策回顾与解读 …… 70
第五节　数字基础设施与数字丝绸之路 …… 82
复习思考题 …… 85
练习题 …… 86

第四章　跨境电商运营模式 …… 87

第一节　跨境电商运营模式概述 …… 88

第二节　跨境电商出口运营模式 …… 89
第三节　跨境电商进口主要模式 …… 97
第四节　跨境电商卖家的平台及模式的选择 …… 111
第五节　跨境电商发展新趋势 …… 113
复习思考题 …… 123
练习题 …… 123

第五章　跨境电商海内外市场环境 …… 124

第一节　全球跨境电商发展现况特点 …… 125
第二节　全球主要国家和地区电商发展概况 …… 129
第三节　中国跨境电商政策环境 …… 140
第四节　中国跨境电商试点城市运作情况 …… 155
复习思考题 …… 165
练习题 …… 165

第六章　跨境电商产品及货源策略 …… 166

第一节　跨境电商选品问题探析 …… 166
第二节　高质量网络产品及店铺展示 …… 182
第三节　跨境电商货源和采购 …… 186
复习思考题 …… 190
练习题 …… 190

第七章　跨境电商价格策略 …… 191

第一节　跨境电商产品定价目标 …… 191
第二节　影响跨境电商产品定价的主要因素 …… 192
第三节　跨境电商产品定价的一般方法 …… 194
第四节　跨境电商定价策略 …… 198
复习思考题 …… 202
练习题 …… 203

第八章　跨境电商多平台运营 …… 204

第一节　第三方跨境电商平台 …… 205
第二节　知名跨境电商平台巨头运营模式 …… 205
第三节　跨境电商多平台运营的优势和策略 …… 215
复习思考题 …… 221
练习题 …… 221

第九章　跨境电商推广策略 …… 222

第一节　店铺自主营销 …… 223

第二节　直通车营销……………………………………………………… 234
第三节　平台活动…………………………………………………………… 240
第四节　联盟营销…………………………………………………………… 247
复习思考题…………………………………………………………………… 251
练习题………………………………………………………………………… 251

第十章　跨境电商国际物流与运输……………………………………… 252

第一节　跨境物流…………………………………………………………… 253
第二节　跨境电商物流……………………………………………………… 254
第三节　跨境电商物流信息系统及技术………………………………… 264
第四节　跨境电商物流运输管理………………………………………… 271
第五节　跨境电商物流面临的困境及对策……………………………… 273
第六节　智慧物流与海外仓……………………………………………… 275
复习思考题…………………………………………………………………… 282
练习题………………………………………………………………………… 282

第十一章　跨境电商支付与结算………………………………………… 283

第一节　跨境电商支付与结算方式……………………………………… 284
第二节　跨境电商结算金融……………………………………………… 288
第三节　跨境电商结算税务……………………………………………… 289
第四节　跨境电商支付步骤——以美元提现及结汇为例……………… 291
第五节　跨境电商支付风险及控制……………………………………… 301
第六节　央行数字货币与跨境电商支付　……………………………… 303
复习思考题…………………………………………………………………… 308
练习题………………………………………………………………………… 309

参考文献　……………………………………………………………………… 310

第一章

绪　　论

【教学目的和要求】

帮助学生认识到世界跨境电商新形势以及未来的发展趋势，引导学生从基础层面认识跨境电商问题，关心中国的对外开放与经济发展，要求学生掌握有关跨境电商的基本概念、分类等内容。

【关键概念】

跨境电商　跨境电商运营　跨境电商平台　进口跨境电商　出口跨境电商　跨境支付　跨境电商市场定位　跨境电商物流　跨境电商竞争战略

2021年10月9日，商务部、中央网信办、国家发改委三部门印发了《“十四五”电子商务发展规划》(以下简称《规划》)，明确了“十四五”时期我国电子商务发展方向和任务。《规划》提出，到2025年，全国电子商务交易额预期目标46万亿元，全国网上零售额预期目标17万亿元，跨境电商交易额预期目标2.5万亿元。在主要任务中，《规划》提出，要塑造高质量电子商务产业，支持电子商务技术服务企业融资，推动电子商务技术产业化，为云计算、大数据、人工智能(AI)及虚拟现实等数字技术提供丰富的电子商务应用场景。《规划》明确提出，电子商务是数字经济和实体经济的重要组成部分，是催生数字产业化、拉动产业数字化、推进治理数字化的重要引擎，是提升人民生活品质的重要方式，是推动国民经济和社会发展的重要力量。这一判断进一步明确了电子商务产业在国民经济中的定位和作用。

资料来源：商务部 中央网信办 发展改革委关于印发《“十四五”电子商务发展规划》的通知[EB/OL].(2022-02-23). http://www.mofcom.gov.cn/article/zcfb/zcwg/202202/20220203282001.shtml.

结合我国经济发展战略，说明为什么要开展跨境电商，以及开展跨境电商对我国和世界经济的发展与福利的影响情况。

第一节　跨境电商的基本概念

一、跨境电商

跨境电商是指买卖双方利用现代信息技术和通信技术，部分或全部地完成国际贸易的交易过程。它反映的是现代信息技术所带来的国际贸易过程的电子化。它通过采用EDI(电子数据交换)、电子邮件(E-mail)、区块链电子公告牌、电子转账、安全认证等多种技术方式来实现国际贸易过程的数字化。与传统的国际贸易方式相比,跨境电商通过电子商务在国际贸易中的应用,对企业外贸流程进行重组,能够有效地降低企业的贸易成本,提高交易效率和成交概率,从而提高企业在国际市场上的竞争力。

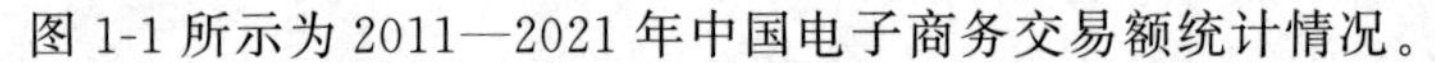
图 1-1 所示为 2011—2021 年中国电子商务交易额统计情况。

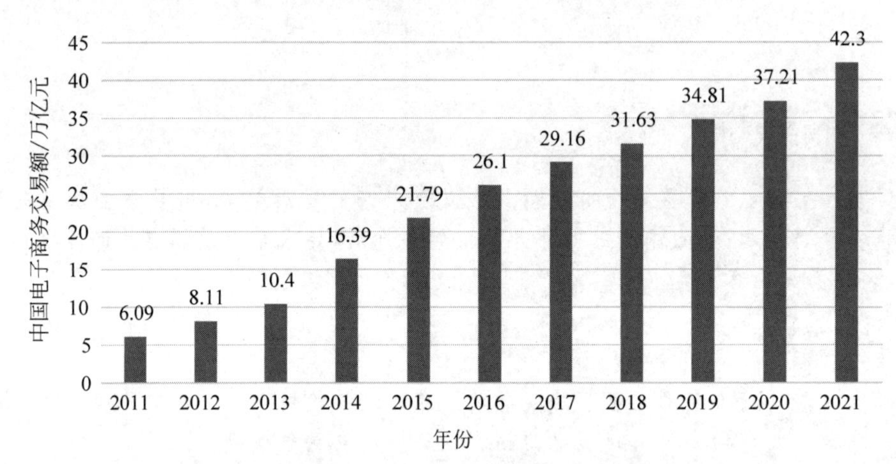

图 1-1　2011—2021 年中国电子商务交易额统计情况

资料来源:前瞻产业研究院。

二、跨境电商运营

狭义的跨境电商运营就是跨境电商参与主体对其所从事的跨境电商业务进行全面的计划、组织、实施和控制。广义的跨境电商运营是跨境电商各项管理工作的总称,还包括跨境电商产品推广的内容。

三、跨境电商平台

电子商务平台即一个为企业或个人提供网上交易洽谈的平台。企业电子商务平台是建立在互联网上进行商务活动的虚拟网络空间和保障商务顺利运营的管理环境;是协调、整合信息流、物质流、资金流有序、关联、高效流动的重要场所。企业、商家可充分利用电子商务平台提供的网络基础设施、支付平台、安全平台、管理平台等共享资源,有效、低成本地开展自己的商业活动。总之,跨境电商平台是面向全球市场运作的电子商务平台。

四、进口跨境电商

进口跨境电商是指境内电商平台或企业将境外商品销售给境内的消费者,通过电商平台达成交易并支付结算,进而通过跨境物流(cross border logistics)送达商品、完成交易的商业活动。

五、出口跨境电商

出口跨境电商是指境内电商平台或企业通过国际平台将境内商品销售给境外的消费者，从而通过电商平台达成交易并支付结算，在产生订单后通过跨境物流将商品送达收货人手中而完成的一个跨境物联网交易活动。

六、跨境支付

跨境支付是境内消费者在网上购买境外商家产品或境外消费者购买境内商家产品时，由于货币制度和环境不同，需要通过一定的结算工具和支付系统实现两个国家或地区之间的资金转换，最终完成交易。

七、跨境电商市场定位

跨境电商市场定位（marketing positioning）是指根据现有卖家（竞争者）在跨境电商市场细分中的地位，以及境外买家对某些产品、某些属性的关注程度，为这些买家塑造出与众不同、个性鲜明的产品。因此，产品“差异化”是跨境电商的根本策略，具体来说有以下三种。

（1）避强定位。避强定位也就是避开强有力的竞争对手，找到市场细分的空当，这种方式往往最为有效。

（2）对抗性定位。对抗性定位也就是选择与那些有实力的跨境电商卖家相同的市场细分和定位策略，实行针锋相对的竞争，这种策略虽然风险巨大，但一旦成功就会取得较高的市场地位。

（3）重新定位。在跨境电商运营过程中，经常会遇到销路不好、境外买家反馈差的产品，这样就需要进行重新定位（或二次定位），在产品的款式、价格及功能等方面进行局部的调整，甚至更换产品及产品线。

八、跨境电商物流

跨境电商物流是指分属不同关境的交易主体通过电子商务平台达成交易，进行支付结算，并通过跨境物流送达商品、完成交易的国际商业活动。

跨境电商企业数量的变化可以侧面反映出跨境电商物流的发展。由图 1-2 可知，跨境电商物流企业总量在 2018 年到 2020 年呈缓慢上升趋势。2021 年，跨境电商需求激增，也带动跨境电商物流企业数量增长趋势有所加快，可以预测，未来几年随着更多新企业纷纷涌入，行业将进入洗牌期。

九、跨境电商竞争战略

根据波特的竞争战略理论，跨境电商卖家正确的竞争战略主要有成本领先战略（cost leadership strategy）、差异化战略（differentiation strategy）和集中化战略（focus strategy），具体见第二章第二节。

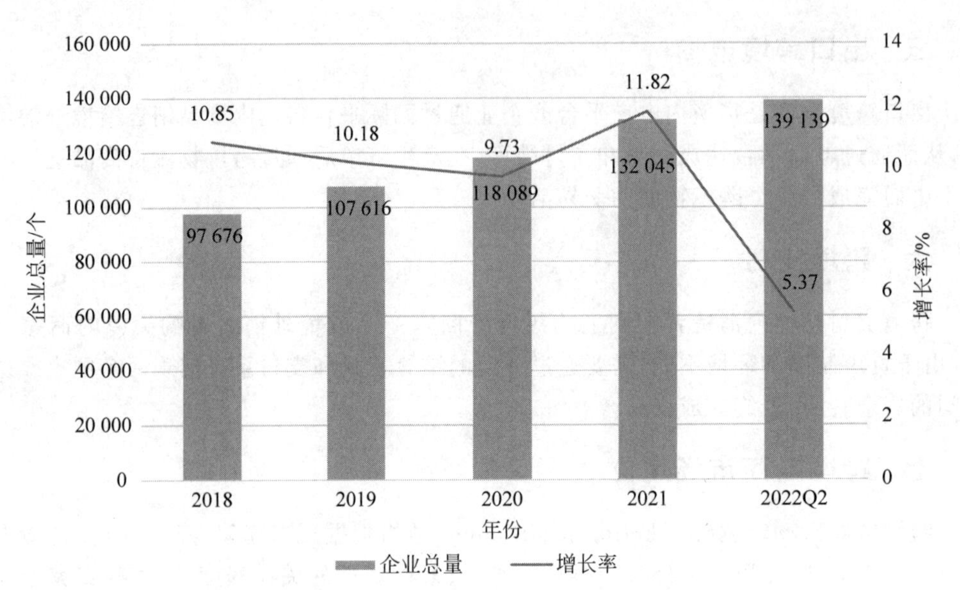

图 1-2 2018—2022 年第二季度全球跨境电商物流企业总量和增长率变化

资料来源:探迹大数据研究院《2022 年跨境电商物流行业报告》。

第二节 跨境电商的种类

一、按交易对象分类

按交易对象的不同,跨境电商可以分为 B2C(business-to-customer,企业对消费者的交易方式)、B2B(business-to-business,企业对企业的交易方式)、B2A(business-to-administration,企业对行政机构的交易方式)和 C2A(customer-to-administration,消费者对行政机构的消费方式)的跨境电商。

(1) B2C。例如,制造商直接面对境外消费者(最终用户)的直销贸易模式。

(2) B2B。B2B 即企业间利用网络进行网上交易。B2B 大多发生在企业之间的大宗交易中,如电子元器件、会计服务、商业抵押、证券、电机、网络产品、解决方案等。

(3) B2A。其包括企业与政府部门间的各项事务,如海关业务、电子征税、政府网上采购等。

(4) C2A。消费者与行政机构间的贸易往来在实际贸易中并没有真正产生,其前景如何也难以预料。

二、按所用网络类型分类

按所用网络类型的不同,跨境电商可以分为电子数据交换的跨境电商、互联网的跨境电商和企业内部网的跨境电商。

(1) 电子数据交换的跨境电商。它是用一种专用网络或增值网络进行商务活动的跨境电商。

（2）互联网的跨境电商。由于互联网的迅猛发展，基于互联网的跨境电商将大规模应用。

（3）企业内部网的跨境电商。它是用一种主要用于企业内部的各种业务通信和经营管理的网络进行商务活动的跨境电商。

三、按跨境电商内容分类

按跨境电商内容的不同，跨境电商可以分为有形产品的间接贸易和无形产品的直接贸易。

（1）有形产品的间接贸易。有形产品的间接贸易是指通过电子方式，尤其是国际互联网等来处理有形商品的洽谈、订货、开发票、收款等与货物贸易相关的活动，而货物本身则需要配送，采用的是不完全跨境电商方式。

（2）无形产品的直接贸易。无形产品的直接贸易是指通过电子方式，尤其是国际互联网等来进行买卖计算机软件、电影、音乐、信息服务等可以数字化的无形商品，可以利用网络直接把商品送到购买者手中，采用的是完全的跨境电商方式。

第三节　跨境电商在国际贸易中的作用和优势

一、跨境电商在国际贸易中的作用

（一）寻找贸易伙伴

在传统的国际贸易方式下，买卖双方要寻找到合适的贸易伙伴往往要付出很大的代价。而利用电子商务物色贸易伙伴，既可以节省大量的人力、物力，又不受时间、地点的限制。企业一方面可以通过建立自己的网站或借助相关电子商务平台向全球范围内的潜在贸易伙伴提供产品和服务的供求信息；另一方面也可以上网搜索有关经贸信息，寻找到理想的贸易伙伴。

（二）进行交易洽商

在传统的国际贸易方式下，买卖双方一般共同选择某个确定的时间和地点，当面进行协商、谈判活动。这种口头洽商形式容易受时间和空间的限制，过程既漫长，又不经济，特别是受时差的影响，双方的交流有很大的不便。即使是采用书面形式，利用电话、传真等通信手段来协助洽商，也会由于高额的通信费用和信息的不完整性而难以满足业务活动的需要。而跨境电商利用互联网，其便捷、低成本的通信功能和高效、强大的信息处理能力，能极大地促进买卖双方的交易磋商活动。同时交易双方还可借助电子邮件等方式适时地讨论、了解市场信息，洽商交易事务。如有进一步的需求，还可用白板会议来交流实时的图形信息。因此，跨境电商方式下的交易洽商，可以跨越面对面的限制，是一种方便的异地交流方式。

(三) 电子签约及网上支付

在传统的国际贸易方式下,交易的各个环节都需要人工的参与,交易效率相对较低,错误发生率高。而利用电子商务开展国际贸易,双方可采用标准化、电子化的格式合同,借助网站中的电子邮件实现瞬间的交互传递,及时完成交易合同的签订。同时可通过银行和信用卡公司的参与实现网上支付。国际贸易中的网上支付对于可以直接通过互联网传递交付的软件、影音、咨询服务等无形产品交易来说极为便利,可节省很多人员的开销。随着网络安全技术的不断发展,网上支付对国际贸易的作用将会更加突出。

(四) 简化交易管理

国际贸易业务涉及政府的多个部门,如税务、金融、保险、运输等。因此,对国际贸易的管理包括有关市场法规、税务征管、报关、交易纠纷仲裁等多个环节。在传统的国际贸易方式下,企业必须单独与上述相关单位打交道,要花费大量的人力、物力,也要占用大量的时间。而电子商务使国际贸易的交易管理无纸化、网络化,企业可直接通过互联网办理与银行、保险、税务、运输等各方有关的电子票据和电子单证,完成部分或全部的结算以及索赔等工作,从而大大节省交易过程的时间和费用。

二、跨境电商在国际贸易中的优势

(一) 可显著降低国际贸易成本

在传统的有纸贸易中,各项费用(如纸张费、差旅费等)所占比重很大。根据联合国组织的调查,进行一次进出口贸易,其纸张、行文、打印及差错可能引起的总开销等大约为货物价格的7%。美国DEC公司应用了EDI后,存货期由5天缩短为3天;新加坡采用EDI贸易网络之后,贸易海关手续所花费的时间从原来的3~4天缩短到10~15分钟。[①]若采用EDI技术,则上述费用可减少50%以上。按我国近几年的外贸规模计算,采用电子商务后我国每年可节省数十亿美元,这是相当可观的。交易成本的降低还体现在由于减少了大量的中间环节,买卖双方可以通过网络直接进行商务活动,交易费用明显下降。在传统的国际贸易业务中,大量中间商的参与,使得境外进口商的进货价往往要比境内生产企业的交货价高很多。而现今的跨境电商平台则直接把境内生产企业和境外进口商的供求信息整合在网上,让它们在网上直接交易,中间环节的减少使各方都得到了实惠。

(二) 可显著提高贸易效率

传统的有纸贸易中,单证的缮制、修改、审核等一系列操作占用了大量的时间。有调

---

① 陈欣.试探我国中小型外贸企业在运输和订货环节的EDI实现模式[J].广东外语外贸大学学报,2009,20(4):44-47.

查表明，在一笔货物买卖合同中，从一部电脑输出的资料有多达70%的数据需要再输入其他电脑。这无疑影响了货物的正常流通。采用电子商务则利用网络实现信息共享，通过网络对各种单证实现瞬间传递，不必重复输入，不但节省了单证的传输时间，而且能有效地减少因纸面单证中数据重复录入导致的各种错误，提高了贸易效率。例如，青岛海关显示，青岛应用港航区块链电子放货平台后，主要进口电商货物单证办理时间由2天缩短至4小时内。

（三）可显著降低差错率

在传统的单证贸易中，由于各业务阶段都必须由人工参与，故单证不一致、单单不一致的情况是很惊人的。例如，英国米德兰银行（Midland Bank）与英国国际贸易程序简化署（SITPRO）在20世纪80年代的随机统计结果显示，单据不符率在50%左右（1983年为49%，1986年为51.4%）。电子商务因通过计算机网络自动传输数据，不需人工干预，并且不受时间限制，差错率大幅度降低。

（四）可减少贸易壁垒，增加贸易机会

由于互联网的全球性和开放性，从一开始跨境电商就成为电子商务的自然延伸，并成为其有机组成部分。网络彻底地消除了地域的界限，对减少国际贸易中的有形壁垒和无形壁垒起到了积极的作用。在网上做生意，没有了宗教信仰的限制，也没有了种族的歧视，甚至公司的规模和经济实力的差别都显得不再重要。因而在国际贸易中采用电子商务这个有效工具，主动出击市场，寻找更多的贸易机会，成为一种顺理成章的选择。

（五）可减轻对实物基础设施的依赖

传统的企业开展国际贸易业务都必须有大量的实物基础设施，如办公用房、仓储设施、产品展示厅、销售店铺等。而如果利用跨境电商开展国际贸易业务，则在基础设施方面的投入要小得多。企业就可以将由此而节省的开支大部分让渡给顾客，从而增强竞争力。

第四节　中国跨境电商的发展现状

目前，我国跨境电商行业主要体现出几大特征：消费者数字化作为全球化的独特竞争力，不断推动跨境电商发展；跨境电商交易规模持续扩大，在我国进出口贸易中所占比重逐渐升高；跨境电商出口占比有所下降，进口高速增长；跨境电商以B2B业务为主，B2C跨境模式逐步兴起。同时，我国对于跨境电商的政策扶持力度的大幅加大，也为跨境电商的未来发展提供了强劲的内生动力。

一、消费者数字化作为全球化的独特竞争力，不断推动跨境电商发展

在数字经济中，市场将高度饱和，消费者数字化作为消费者到产消者的转变的重大前

提,通过网络的作用推动电子商务的发展。消费者数字化作为发展中国家推进商业体系、信用体系的抓手,将买家与卖家通过电商平台提供的交易、支付、物流体系连接在一起,对整个链条进行数字化记录。由表1-1可知,2021年,美国电子商务市场规模排名全球第二,而中国排名全球第一。以上数据能够反映出我国数字消费者极强的消费能力和消费潜能,无论是传统的社交、电商应用,还是新型的移动支付应用,我国数字消费者均位居前列,这极大地推动了中国内地跨境电商产业的发展。

表1-1　2021年全球电商市场规模排名　　百万美元

排名	国家	2021年电商规模	排名	国家	2021年电商规模
1	中国	1 064 223	16	西班牙	29 169
2	美国	787 466	17	波兰	25 432
3	英国	156 579	18	墨西哥	21 498
4	韩国	142 930	19	土耳其	20 547
5	日本	132 817	20	比利时	15 364
6	德国	103 335	21	瑞典	14 238
7	加拿大	80 605	22	阿根廷	13 604
8	法国	66 339	23	瑞士	12 277
9	俄罗斯	51 126	24	以色列	10 758
10	印度	45 353	25	泰国	10 110
11	澳大利亚	45 162	26	丹麦	9 555
12	印度尼西亚	37 339	27	奥地利	9 395
13	巴西	37 121	28	挪威	9 351
14	意大利	32 975	29	捷克共和国	9 021
15	荷兰	30 164			

资料来源:Euromonitor,2021。

二、跨境电商交易规模持续扩大,在我国进出口贸易中所占比重逐渐升高

作为国家大力支持发展的新兴业态,近年来,随着互联网基础设施的逐渐完善和全球性物流网络的构建,跨境电商交易规模呈现出持续扩大的趋势。为了减少流通环节、降低流通成本、拉近与境内外消费者的距离,越来越多的企业和商家开始通过跨境电商平台来扩大境外市场、提高经济效益。图1-3显示,2021年,我国进出口交易总规模为39.1万亿元,其中,跨境电商交易规模14.2万亿元,跨境电商占进出口贸易额的比例虽有所回落,但仍有36.3%,跨境电商交易额同比增长13.6%。

三、跨境电商出口占比有所下降,进口高速增长

从跨境电商交易规模进出口结构来看,出口占比呈现下降趋势,进口占比涨幅较大,但跨境电商仍然以出口业务为主。2015年,跨境电商交易规模出口占比达83.3%。近年来,中国跨境电商依然持续增长,《2021年度中国跨境电商市场数据报告》显示,2021年,

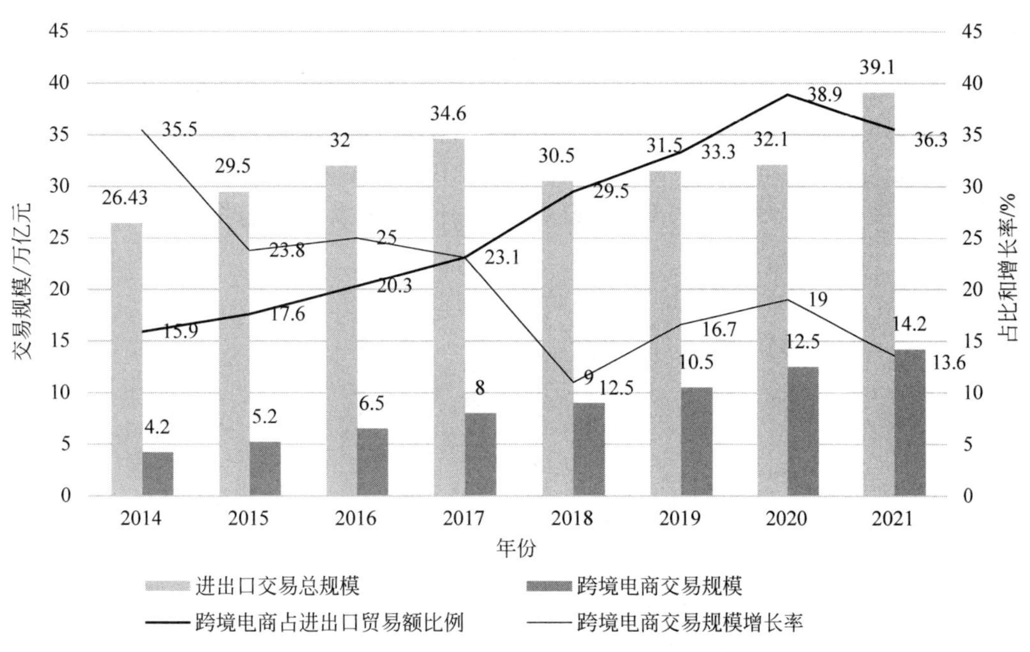

图 1-3　2014—2021 年我国跨境电商交易规模

资料来源：国家统计局，艾瑞咨询，电子商务研究中心。

中国跨境电商市场规模 14.2 万亿元，较 2020 年的 12.5 万亿元同比增长 13.6%。在 2021 年中国跨境电商的进出口结构上，出口占比达到 77.5%，进口比例为 22.5%。2021 年，跨境电商仍然保持较快增速，境内消费升级导致对海淘商品需求量大，出口电商市场更是庞大，巨大的市场发展空间支撑了行业快速发展（图 1-4）。

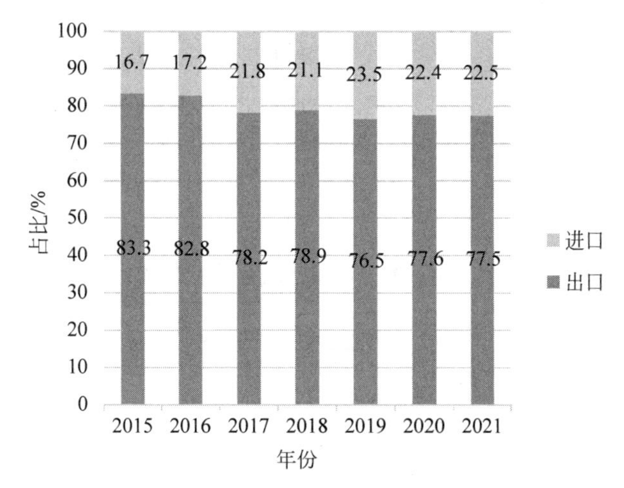

图 1-4　2015—2021 年中国跨境电商进出口结构

资料来源：《2021 年度中国跨境电商市场数据报告》，网经社-电子商务研究中心。

四、跨境电商以 B2B 业务为主，B2C 跨境模式逐步兴起

跨境电商可按照运营模式分为跨境一般贸易（B2B 模式）和跨境网络零售（跨境 B2C

和 C2C)。其中,跨境电商 B2B 模式依旧暂居主导地位,该模式产业链条长、服务需求多。跨境电商 B2B 所需的服务众多,包括营销、支付、供应链金融等多项服务。从国家政策和各地方跨境电商政策来看,未来跨境电商发展仍然会以 B2B 模式为主。

B2C 模式最近几年一直保持高速增长,出口 B2C 模式发展时间短,规模增速较快。资本助力有望使出口 B2C 模式维持高速增长,具有巨大的发展空间(图 1-5)。

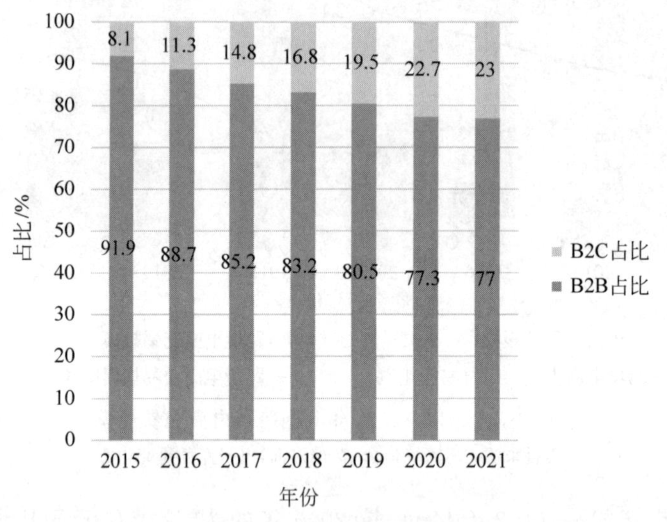

图 1-5　2015—2021 年中国跨境电商业务结构

资料来源:《2021 年度中国跨境电商市场数据报告》,网经社-电子商务研究中心。

五、我国跨境电商领域的改革创新

2018 年 8 月正式通过的《中华人民共和国电子商务法》(以下简称《电子商务法》)明确表示促进跨境电商的发展,同时表示将促进跨境电商领域税收、通关检疫、支付结算等方面制度的完善。这也为我国跨境电商产业的迅速发展提供了强力的政策支持和制度保障。中国跨境电商税收政策、通关检疫、支付结算、实验试点领域立法情况如表 1-2 所示。

表 1-2　中国跨境电商税收政策、通关检疫、支付结算、实验试点领域立法情况

领　　域	监管部门	政策文件
税收政策	财政部、海关总署、税务总局	关于完善跨境电子商务零售进出口税收政策的通知——财关税〔2018〕49 号
	财政部、海关总署、税务总局、商务部	关于跨境电子商务综合试验区零售出口货物税收政策的通知——财税〔2018〕103 号
	财政部、税务总局	财政部 税务总局关于跨境电子商务零售出口税收政策的通知——财税〔2013〕96 号
通关检疫	海关总署	关于跨境电子商务零售进出口商品有关监管事宜的公告——海关总署公告〔2018〕第 194 号

续表

领　域	监管部门	政策文件
通关检疫	海关总署	关于实时获取跨境电子商务平台企业支付相关原始数据有关事宜的公告——海关总署公告〔2018〕第165号
		关于增列海关监管方式代码的公告——海关总署公告2014年第57号、海关总署公告2016年第75号
	商务部等6部门	商务部 发展改革委 财政部 海关总署 税务总局 市场监管总局关于完善跨境电子商务零售进口监管有关工作的通知——商财发〔2018〕486号
	财务部等13部门	关于调整跨境电商零售进口商品清单的公告——财务部公告〔2018〕第157号
支付结算	国家外汇管理局	国家外汇管理局关于开展支付机构跨境外汇支付业务试点的通知——汇发〔2015〕7号
实验试点	商务部等6部门	商务部 发展改革委 财政部 海关总署 税务总局 市场监管总局关于扩大跨境电商零售进口试点、严格落实监管要求的通知——商财发〔2021〕39号
	国务院	国务院关于同意在雄安新区等46个城市和地区设立跨境电子商务综合试验区的批复——国函〔2020〕47号
	海关总署	关于开展跨境电子商务企业对企业出口监管试点的公告——海关总署公告〔2020〕第75号

第五节　全球跨境电商发展趋势与中国的应对策略

一、全球跨境电商发展趋势

近年来，全球的跨境电商保持高增长态势。根据第七届“全球跨境电子商务大会”公布的统计数据，2017年以来的5年间，我国跨境电商交易额增长近10倍，2022年达到2.11万亿元，预计2024年将突破3万亿元；2022年，全球跨境电商交易额4.7万亿美元，预计到2026年之前，全球跨境电商B2C仍将保持27%左右的增速，市场潜力巨大，发展前景广阔。联合国贸易和发展会议（UNCTAD）发布的电子商务指数可以反映出一国电商服务体系的发展程度，2020年UNCTAD发布的电子商务指数显示，瑞士取代了荷兰，成为世界电子商务发展体系最完善的经济体。欧洲仍是准备最充分的电子商务地区，与发展水平最低的国家之间有着巨大差距。

从行业发展的趋势来看，全球跨境电商的发展趋势主要有三点。

（一）需求增加，跨境电商市场潜力巨大

随着跨境电商运营日趋精细化，行业支撑体系朝多样化、数字化、智能化方向发展。跨境电商物流、跨境支付、SaaS（软件即服务）、数字营销等支持服务商以大数据、云计算、人工智能、区块链等数字技术为基础，加速推动供应链重塑，助力跨境电商全流程优化提升，极大地提高行业运行效率、扩大利润空间，迎来跨越式发展。

一方面,资本不断加码,支持服务商市场持续升温。以细分赛道跨境电商物流为例,根据中金公司的数据,预计2024年我国跨境电商物流收入规模将突破9 000亿元,实现5年4倍高速增长。另一方面,独立站模式兴起,支持服务商需求不断增加。根据中国商务部国际贸易经济合作研究院电子商务研究所发布的《中国暨全球跨境电商发展报告(2021)》调研结果,海外营销、跨境支付和独立运营是独立站平台面临的三大难题。基于此,与专业支持服务商合作、推动精细化运营成为独立站破局关键。

(二) 行业格局向头部集中

目前,世界跨境电商市场竞争加剧,行业格局有望向具备核心竞争壁垒的头部集中,细分领域头部企业市场占有率将进一步提升,强者恒强。一是随着跨境电商B2B出口监管试点等政策稳步实施,跨境电商B2B模式迎来发展新机遇,市场参与者众多,行业格局较为分散。未来随着同质化竞争加剧,市场份额将向具备全链条服务能力的头部企业靠拢,行业集中度有望逐步提升。二是B2C进口平台集中度相对较高,阿里系(天猫国际+考拉海购)、京东国际等龙头厂商将继续凭借渠道、供应链、营销等优势,稳固市场头部位置。三是B2C出口平台目前仍以第三方平台亚马逊为主导,随着独立站逐步兴起,SHEIN、Anker、赛维时代等细分领域龙头继续强化品牌力、供应链等核心竞争力,独立站在B2C出口平台中的市场份额将进一步提升。

(三) 品牌化、多元化和精细化成为跨境电商平台竞争的关键

随着跨境电商第三方平台规则限制增多、流量红利减弱,加之新技术带动服务生态持续完善,跨境电商步入"深耕细作"时代,品牌力、渠道力和运营力将成为衡量厂商竞争力的核心指标。

品牌化成突围关键。当前,跨境电商行业已从产品价格竞争升级为品牌竞争,品牌力塑造成为提升消费者黏性进而增加厂商收益的关键。建立调性统一的产品体系,洞察消费需求变化,实施精准营销策略,突出品牌形象,将成为同质化竞争加剧背景下跨境电商企业突围的关键。

多元化分散平台风险。根据Marketplace Pulse的数据,2021年,中国卖家在亚马逊平台的份额由42%下降至36%。受亚马逊封号事件影响,卖家将更加重视合规化、多元化经营,以多平台开店或自建独立站的方式分散风险,并积极创造新的增长点。

精细化运营助力降本增效。加强数字化运营能力,实现生产、采购、交易、支付、物流、仓储、营销等产业链各环节精细化管理,成为提升企业运营效率和经济效益的重要推手。

二、我国的应对策略

第一,完善监管体系,推动行业健康发展。健全相关法律规范体系。有序推进数据立法进程,建立健全数据产权制度。细化数据安全和个人信息保护标准规则,完善新业态知识产权保护制定和监管框架,加强国家安全体系和能力建设。提升政府监管效能。重点关注平台责任,搭建事前、事中、事后全链条监管框架。加强跨境电商等新产业、新业态、新模式市场秩序的重点监管。创新监管工具,将科技监管理念融入监管,推动建设智慧监

管体系。完善协同治理机制。坚持“线上线下一体化监管”的原则和监管方法，建立、落实与细化各监管部门抽查检验鉴定结果互认、案件会商和联合执法、联合惩戒等协同监管机制。构建多元共治格局，搭建涵盖政府监管、平台自治、行业组织自律和公众监督的立体治理体系。

第二，培育多元化平台，提高综合服务能力。支持跨境电商平台企业做大做强，培育具有竞争力的跨境电商综合服务企业。鼓励有实力的跨境电商企业以自建或租赁方式建设海外仓，提升跨境电商出口的竞争力。支持银行机构与跨境电商平台、市场采购贸易联网信息平台通过系统直联模式，加强贸易真实性审核，提升跨境电商人民币结算效率。优化跨境电商园区服务，加快建设综合服务平台、物流分拣流水线、保税仓库等基础服务设施，提升跨境电商公共服务平台运维水平和运行效率。依托水、陆、空综合物流优势，把握自贸区、综合保税区、综合试验区等政策机遇，加快建设整合供应链体系，为跨境电商发展提供高效服务。

第三，加速推进 B2B 模式，支持跨境电商品牌建设。依托“9710”（跨境电商企业对企业直接出口）和“9810”（跨境电商出口海外仓）监管模式、二手车出口试点等，推动具备国际竞争优势的产业与跨境电商融合，立足中欧班列、国际贸易陆海新通道等优化跨境电商国际物流通道，支持跨境电商 B2B 出口业务创新。鼓励企业建立全面的消费者画像以及全动态路径指标体系，利用用户数据驱动营销推广、产品研发以及用户全生命周期管理，提升用户体验和复购率。讲好中国品牌故事，围绕产品应用场景、人群以及产品功能价值构建品牌故事。通过“直播＋品牌”“社交＋品牌”等组合营销方式拓展品牌国际传播途径。

第四，整合海外资源，推动海外仓高质量发展。提升海外仓智能化效率，通过机械设备、智能机器人完成货物的整理和进出库，提高产品在整个仓库内物流环节的效率，降低人工成本。整合物流信息、商业信息、资金信息，借助跨境电商平台发挥整体智能化效益。提升仓储末端服务能力，海外仓可与当地合作的物流服务商协调，全面优化本地资源，精准匹配配送渠道，提高配送效率，实现高效而精细化的物流运营管理，满足 B2B 和 B2C 的业务需求。

第五，争取先行先试，积极参与国际经贸规则制定。应充分利用自贸试验区、服务贸易创新发展试点、跨境电商综试区、经济技术开发区、高新区等开放平台，积极争取在竞争中性、数据跨境流动、跨境支付、个人隐私保护、人工智能等领域先行先试，开展压力测试，为全球电子商务治理提出中国方案。鼓励各国（地区）提高低值货物进口关税免税起征点，推动在部分电子商务比较发达的国家（地区）之间率先建立统一、简便、分层征收的进口关税监管体系。支持与电子商务相关的物流和运输服务自由化谈判，鼓励各国（地区）物流企业在海外仓建设方面开展合作，增加对电子商务有关的基础设施建设投资。

第六节 数字贸易与跨境电商

近年来，与跨境电商一起走进大众视野的还有数字贸易，二者具有很强的相关性，在本节，我们将重点探究数字贸易与跨境电商二者之间的联系。

一、数字贸易

对于“数字贸易”，世界主要经济体对其的定义强调了数字技术带来的国际贸易变革，

表1-3反映了美国、欧洲和国际组织方面对数字贸易的定义。

表1-3　全球主要经济体和国际组织对数字贸易的概念界定

组　　织	概念界定
美国国际贸易委员会(2013)	通过固定线路或无线数字网络交付产品和服务
美国国际贸易委员会(2014)	互联网及相关技术在订购、生产或交付方面发挥重要作用的贸易
美国贸易代表办公室(2017)	数字贸易是一个广泛的概念，它不仅涵盖了互联网上消费品的销售和在线服务的供应，而且涵盖了使全球价值链得以实现的数据流、使智能制造得以实现的服务以及无数其他平台和应用
欧盟委员会(2021)	通过电子手段实现的商品或服务贸易，包括：①纯数字的贸易，如在线视频、音乐等；②仅部分数字化的贸易，如通过网络购买实体图书
经济合作与发展组织、世界贸易组织、国际货币基金组织(2020)	基于统计目的将数字贸易定义为通过数字订购和/或数字交付开展的贸易

目前，国际上对于数字贸易的共性认识是，它是贸易各领域、各环节的数字化转型，如通过数字化手段达成订单和实现产品交付等，同时也是贸易标的的数字化和虚拟化，如跨境线上服务、各类App等。总结来说，数字贸易有两大方面的特征，即贸易方式的改变和贸易对象的改变。在贸易方式的改变上，数字技术能够搭建电商平台，实现在线支付，也为智慧物流和数字监管提供了可能和便利；而在贸易对象的改变上，数据本身已经成为一种贸易的标的，同时其衍生的数字产品和数字服务也成为重要的贸易对象。

二、数字经济、数字贸易与跨境电商的内涵逻辑

从表1-4可以看出，数字贸易按照数字贸易的测度可以分为数字订购和数字交付，而数字订购的主要表现形式就是跨境电商，跨境电商又可以细分为货物类跨境电商和服务类跨境电商。货物类跨境电商属于数字货物贸易的范畴，服务类跨境电商和数字交付部分一致，属于数字服务贸易的范畴。

表1-4　数字贸易与不同分类体系的对应关系

<table>
<tr><th>数字贸易测度分类</th><th>行业大类</th><th>细分领域和业态</th><th>按贸易领域分类</th></tr>
<tr><td rowspan="2">数字订购</td><td rowspan="2">跨境电商</td><td>货物类跨境电商</td><td>数字货物贸易</td></tr>
<tr><td>服务类跨境电商（下属领域不包括）</td><td rowspan="8">数字服务贸易</td></tr>
<tr><td rowspan="7">数字交付</td><td rowspan="2">数字技术服务</td><td>工业和农业生产中涉及的跨境数字技术服务</td></tr>
<tr><td>电信、计算机和信息服务</td></tr>
<tr><td>数字内容</td><td>个人、文化和娱乐服务</td></tr>
<tr><td rowspan="4">其他可数字交付服务</td><td>保险和养老金服务</td></tr>
<tr><td>金融</td></tr>
<tr><td>知识产权使用费服务</td></tr>
<tr><td>其他商业服务（包括广告）</td></tr>
</table>

显然，不论是数字贸易还是跨境电商，都会被纳入数字经济的范畴。数字经济具备融合性经济特性，即其他行业都因信息技术的应用衔接或关联到数字化转型而带来绩效提升。从整体视角看，数字经济的内涵最广泛，通过内涵与外延的扩散能够覆盖跨境电商与数字贸易。

跨境电商与数字贸易都衍生于数字经济，都是数字经济在 2010 年前后内涵演变时出现与发展起来的。跨境电商既是传统国际贸易拥抱数字经济的产物，也是“互联网＋传统国际贸易”的结果。跨境电商的内涵与外延从开始到现在尚未发生大的变化，只是涉及的商品类型增多、参与企业与人数增加、跨境电商平台模式发生新的变化。随着数字化基础及相关技术的发展与变化，跨境电商也会发生一些新的变化，这些变化是否影响跨境电商内涵或外延的重塑，仍需时间与实践的检验。图 1-6 反映了数字经济、数字贸易与跨境电商的内涵逻辑。

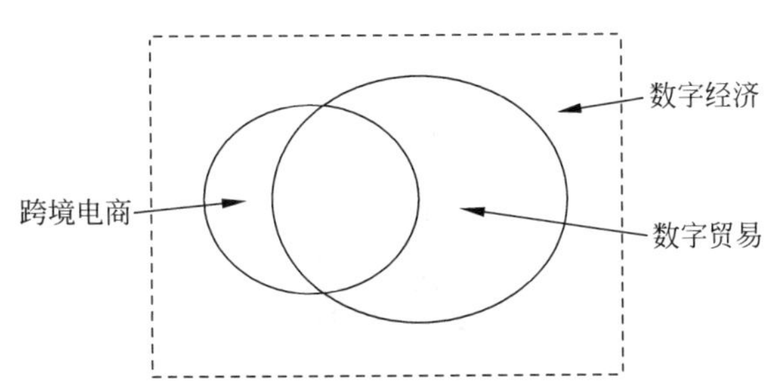

图 1-6 数字经济、数字贸易与跨境电商的内涵逻辑

三、数字贸易对跨境电商的影响分析

（一）推动跨境电商数字化平台的创建

新时期我国数字贸易蓬勃发展，对跨境电商发展产生较大影响。我国上海创建数字贸易国际枢纽港，有效促进我国数字贸易发展与国际接轨，同时其他部分国家同样加快数字贸易的发展，逐渐走向智能化发展。数字贸易的发展进一步推动更多数字化平台的创建。我国传统跨境电商的交易方式普遍以实体货物为主，受到数字贸易的影响，随着数字化信息技术的发展，借助数字化平台，促进数字化交易成为跨境电商新的发展空间。

（二）促进数字化供应链平台的产生

企业在跨境电商物流服务过程中，合理应用数字化技术，逐渐达到无人值守的物流服务目的，全面实现工作内容的无人化，充分发挥人工智能、机器人多方面技术和先进设备的应用优势，形成数字化供应链，全面提高工作质量和效率，节约人工资源，最大限度地降低交易成本。

（三）推动跨境电商规模继续扩大

数字化跨境电商逐渐成为我国数字贸易的主要形式，如在线支付、数字监督管理、智慧物流等，这些数字化形式的实现离不开数字化技术的支撑。例如，我国跨境电商的物流服务系统逐渐应用智能技术,采用人工智能、机器人能够有效代替人工搬运、包装和装卸等操作任务,同时在实际应用中能够独立处理物流过程中出现的相关问题,进而促进贸易方式数字化。贸易数据自身属于数字化的关键载体,能够促进不同国家和地区的消费者享受公平的信息数据服务。人们通过国际交易平台,使用手机就能采购到来自不同国家和地区的商品,数字化产品和支付方式不断推动跨境电商扩大发展规模。

复习思考题

1. 跨境电商按照交易对象可分为哪几类?试结合实际举例说明。
2. 分析跨境电商的优势以及对我国企业的启示。
3. 分析中国跨境电商发展现状。

练 习 题

第二章

跨境电商理论

【教学目的和要求】

向学生介绍跨境电商相关的经济理论，使学生了解跨境电商理论产生的理论背景，以及数字经济背景下跨境电商理论的新发展，从整体把握跨境电商理论的多重视角，从而能够对跨境电商理论形成更全面的系统认识。

【关键概念】

网络消费者行为　跨境电商消费者行为　跨境电商消费者福利　跨境电商消费者价格敏感度　用户价值创造　竞争优势　交易成本　全球价值链嵌入理论　跨境电商风险分析　跨境电商平台参与者国际化　数字经济　跨境电商全链路数字化转型　数字技术赋能

"一带一路"倡议与供给侧改革战略出台，为经济强国中国梦的实现提供了外部驱动与内部拉力，而跨境电商则可以助推"一带一路"倡议和供给侧改革战略的实施。伴随"一带一路"倡议的推进，我国与沿线国家和地区经贸往来更加紧密。新市场的不断开发，原有市场的继续深挖，都将成为实现中华民族伟大复兴中国梦的外部驱动。

跨境电商能够助推"一带一路"倡议实施。在传统贸易增长乏力时，跨境电商一马当先，拉动交易额与交易量的双增长。跨境电商吸引大规模传统贸易企业加入，刺激传统贸易产业的转型升级。跨境电商自身规模在成长、体量在扩充，成为拉动传统贸易在内的其他行业一并发展的新引擎。跨境电商发展促进了"一带一路"倡议的落地，成为沿线国家和地区合作的新领域。借助跨境电商，我国能够更好地落实"走出去"战略，境外商品或企业更易走进我国境内市场。借助跨境电商，国际合作领域不仅涉及商品市场，还可以辐射支付、物流、基础设施等关联领域，扩充国际贸易的产品种类，进一步加深各个国家和地区之间的合作与交流。

资料来源：中国跨境电商市场研究白皮书[EB/OL].[2022-02-23]. https://www.mckinsey.com.cn/%e4%b8%ad%e5%9b%bd%e8%b7%a8%e5%a2%83%e7%94%b5%e5%95%86%e5%b8%82%e5%9c%ba%e7%a0%94%e7%a9%b6%e7%99%bd%e7%9a%ae%e4%b9%a6/.

结合"一带一路"倡议，谈谈跨境电商规模为什么能够实现强劲增长，理论依据有哪些。

第一节　跨境电商的消费者行为理论

消费者行为(consumer behavior),也称用户行为(customer behavior),是指消费者为获取、使用、处置消费物品或服务所采取的各种行动,包括先于且决定这些行动的决策过程。消费者行为是与产品或服务的交换密切联系在一起的。在现代市场经济条件下,企业研究消费者行为是着眼于与消费者建立和发展长期的交换关系。为此,不仅需要了解消费者是如何获取产品与服务的,而且需要了解消费者是如何消费产品的,以及产品在用完之后是如何被处置的。消费者的消费体验、消费者处置旧产品的方式和感受均会影响到消费者的下一轮购买,也就是说,会对企业和消费者之间的长期交换关系产生直接的作用。传统上,对消费者行为的研究,重点一直放在产品、服务的获取上,关于产品的消费与处置方面的研究则相对容易被忽视。

随着对消费者行为研究的深化,人们越来越深刻地意识到,消费者行为是一个整体,是一个过程,获取或者购买只是这一过程的一个阶段。因此,研究消费者行为,既应调查、了解消费者在获取产品、服务之前的评价与选择活动,也应重视消费者在产品获取后对产品的使用、处置等活动。只有这样,对消费者行为的理解才会趋于完整。

一、网络消费者行为分析

21世纪是信息社会时代,也是互联网的时代。网络的发展改变了企业与消费者联系的方式,网络消费应运而生。面对电子商务这种特殊的消费形式,消费者的消费心理和消费行为表现得更加复杂与微妙。

(一) 长尾理论

"长尾"(long tail)这一概念是由《连线》杂志主编克里斯·安德森(Chris Anderson)在2004年10月的《长尾》一文中最早提出,用来描述诸如亚马逊和Netflix之类网站的商业与经济模式。长尾实际上是统计学中幂律(power laws)和帕累托分布(Pareto distribution)特征的一个口语化表达,如图2-1所示。

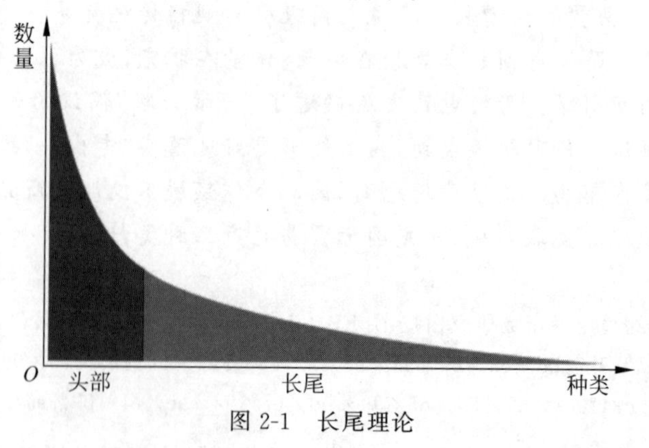

图2-1　长尾理论

举例来说，我们常用的汉字实际上不多，但因出现频次高，所以这些为数不多的汉字占据了图 2-1 中深色区域；绝大部分的汉字难得一用，它们就属于那长长的浅色尾巴。安德森认为，只要存储和流通的渠道足够宽，需求不旺或销量不佳的产品共同占据的市场份额就可以和那些数量不多的热卖品所占据的市场份额相匹敌甚至比其更大。

长尾市场也称利基市场。“利基”一词是英文 niche 的音译，意译为“壁龛”，有拾遗补阙或见缝插针的意思。菲利普·科特勒在《营销管理》中给利基下的定义为：利基是更窄地确定某些群体，这是一个小市场并且它的需要没有被服务好，或者说“有获取利益的基础”。通过对市场的细分，企业集中力量于某个特定的目标市场，或严格针对一个细分市场，或重点经营一个产品和服务，创造出产品和服务优势。安德森认为，最理想的长尾定义应解释长尾理论的三个关键组成部分：热卖品向利基的转变，富足经济(economics of abundance)，许许多多小市场聚合成一个大市场。

长尾理论与二八原理是殊途同归的。在资源稀缺假设前提下，传统经济属于典型的供给方规模经济，体现的是帕累托分布的需求曲线头部，用户的购买行为并不完全反映需求，主流产品的销售量大不等同于对它的需求也大，只是主流产品占据了大部分市场，限制了人们的选择权。随着整个社会经济以及科技的发展，今天我们已步入一个富足经济时代，人们的生活质量在不断提高。一方面，商品在无限地细分，用户除了取向具备一些共性之外，越来越追求个性化的需求，所以对各种商品都存在需求的可能；而另一方面，随着技术进步和互联网的兴起，电子商务在聚集这类产品原本分散的用户的同时，也降低了交易成本。

（二）网络效应

网络效应也称网络外部性(network externality)或需求方规模经济、需求方的范围经济(与生产方面的规模经济相对应)，是指产品价值随购买这种产品及其兼容产品的消费者数量的增加而增加。例如在电信系统中，当人们都不使用电话时，安装电话是没有价值的，而电话越普及，安装电话的价值就越高。在互联网、传媒、航空运输、金融等行业普遍存在网络效应。

网络效应是以色列经济学家奥兹·夏伊(Oz Shy)在《网络产业经济学》(*The Economics of Network Industries*)中提出的。在具有网络效应的产业中，“先下手为强”(first-mover advantage)和“赢家通吃”(winner-takes-all)是市场竞争的重要特征。

信息产品存在着互联的内在需要，因为人们生产和使用它们的目的就是更好地收集信息与交流信息。这种需求的满足程度与网络的规模密切相关。只有一名用户的网络是毫无价值的。如果网络中只有少数用户，他们不仅要承担高昂的运营成本，而且只能与数量有限的人交流信息和使用经验。随着用户数量的增加，这种不利于规模经济的情况将不断得到改善，每名用户承担的成本将持续下降，同时信息和经验交流的范围得到扩大，所有用户都可能从网络规模的扩大中获得更大的价值。此时，网络的价值呈几何级数增长。这种情况，即某种产品对一名用户的价值取决于使用该产品的其他用户的数量，在经济学中称为网络外部性。

二、影响跨境电商消费者购买行为的因素分析

(一) 分析模型

通过技术接受模型(TAM)和创新扩散理论(IDT),可以对跨境电商消费者行为的影响因素进行分析。

1. 技术接受模型

消费者接受利用互联网技术(IT)和信息通信技术发展而来的网上购物的过程与人接受新生技术的过程相类似,因此可以借鉴已有的技术接受模型,探讨影响消费者是否进行网上购物行为的相关因素。

技术接受模型为截维斯(Davis)借助理性行为理论针对用户接受信息系统而构建的模型,提出技术接受模型的早期目的是进一步推广计算机应用。Davis 基于理性行为理论,提出了技术接受模型理论。技术接受模型指出,个体使用 IT 的行为是由其行为意向(behavioral intention)决定而支配的,而行为意向则是由个人使用系统的态度(attitude toward using)及感知信息系统而决定的。态度反映了对使用系统的喜欢或不喜欢的感觉,由感知有用和感知使用方便共同决定。感知有用指个体相信使用一种特定的系统将增加工作绩效的程度,感知使用方便指个体期望使用系统免于努力的程度。其他因素通过间接影响信念、态度或行为意向来影响消费者接受信息系统。技术接受模型指出,最突出的影响因素包括:一是感知所产生的有用性,所体现的是个人提出的运用具体系统而促使其工作业绩提升的程度;二是感知所带有的易用性,能够体现个人应用某系统的难易程度。

技术接受模型指出,人决定是否使用一个新的系统由人自身的行为意向决定,是否想用该系统和觉得系统对于自身有用共同决定了人的行为意向,感知系统的有用性和易用性决定了人是否想用该系统,易用性及外部变量状况决定了感知的有用性,外部变量则决定了感知的易用性。外部变量具体涵盖系统设计特征、用户特征、任务特征、政策及组织结构等方面的影响,这些外部变量与内部变量如态度、信念、组织结构与政策影响等,一同构建起技术接受模型。1989 年,截维斯等通过对 107 名使用者采用计算机技术,尤其是微型计算机文字处理软件的追踪实证调查,解释和预测使用者接受计算机技术的状况,发现技术接受模型预测软件使用的效果较好,在引进技术初期和期末,技术接受模型分别解释 47%和 51%的行为意向变量。技术接受模型被广泛地应用于不同背景的研究,而且已经获得大量的实证研究支持,成为接受信息系统最有影响力的研究模型之一(图 2-2)。

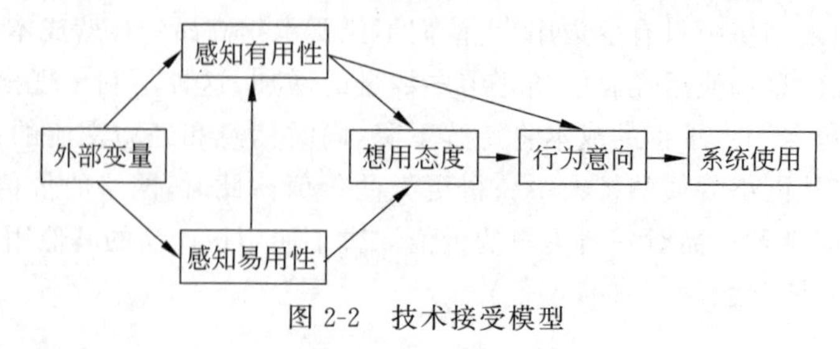

图 2-2 技术接受模型

2. 创新扩散理论

作为一种全新的购物方式，网上购物对于许多消费者来说是一种新生事物和创新，因此，许多研究者在对网上购物展开研究的过程中又引入创新扩散理论。美国人罗杰斯率先提出创新扩散理论，认为创新是一种被采纳单位或个人认为新颖的理念、事物。创新应该具备一定的兼容性、便利性、可靠性、复杂性与可感知性等。

美国学者菲德勒认为，创新不仅包含这几大特点，还具备“熟悉”这一特点。创新扩散过程一般包括了解、兴趣、评估、试验与采纳，创新扩散也被定义为采用某种办法依照时间的变化而在社会内的有关成员中展开传播的过程。如此一来，扩散过程可以视为创新、时间、传播渠道与社会系统这几个要素的组合，通过这一点可知，传播渠道是非常关键的一方面。一般可以运用S形曲线来描述创新扩散的过程。在扩散的最初阶段，采用者非常少，进展迟缓；随着时间的推移，采用者的数量逐步增多，当在居民总数中达到10%～25%的时候，进展速度将加快，曲线呈现出上升趋势，这就是人们常说的“起飞期”；在持续趋向饱和点的时候，进展会减缓。

在创新扩散时，最初的使用者为后续的“起飞”创造了必要的条件，这个貌似数量非常少的群体在人际传播过程中的作用突出，能够促使他人接受创新。从罗杰斯的角度来看，最初的使用者就是率先接受创新事物并为之承担风险的那部分人，这些人对创新初期的各种不足能够包容，能够从自身的位置出发而展开一系列游说活动，使更多的人接受并使用这种创新产品。此后，创新在这些人的带动下，以极快的速度扩散。

（二）影响因素

在现代物流和便捷支付的加持下，跨境电商迅速发展壮大，相较于传统的购物方式，它能够使消费者足不出户就购买到更加优质或本地没有的新颖商品，同时又享有相对低廉的价格。方便、优惠、猎奇都是网络消费者主要的购买动机。相应地，跨境电商也有区别于传统消费的影响消费者购买行为的因素。

1. 产品差异性

与传统的线下市场不同，个性化的消费需求在网络平台上体现得格外明显，追求商品的时尚和新颖是青年消费者的主要购买动机。他们对于自己的分析和筛选能力抱有自信，能快速进行搜索和比较，从而在购物平台中找到自己需要的产品。对于网上购物这种新生事物，他们认为是一种新奇的时尚潮流并且会主动追求这种时尚，在这种时尚中找到新鲜感和刺激感，并以此炫耀来获得自我满足。网络消费者在进行跨境网购时，不仅能够完成实际的购物需求，还能获得许多额外的信息，得到在传统商店没有的乐趣。因此，在网上销售产品时，一般要考虑产品的新颖性，即产品是新产品或时尚类产品，以此来吸引网络消费者的注意。

2. 销售价格

追求廉价的商品是每个消费者的共同特征，互联网自身所具有的免费性、网上购物的流通环节较少，以及代购店及拍卖商城的出现，导致跨境购物平台所销售的商品与实体商店出售的商品相比，价格要低很多，这种低价的营销方式会促使更多的消费者选择通过网上购物来解决本身的购物需求。同时，网上商城商品比较的便利性也极大地满足了消费者“货比三家”的谨慎购物心态。对于一般商品来讲,价格与需求量通常呈反比关系,同样的商品,价格越低,需求量越大,企业的销量越大。因此,在购物网站上打出“包邮”“清仓”“秒杀”之类的标语能够更吸引消费者。

3. 用户信任度

消费者会因为经常浏览某些网站而对这些网站具有一定的信任与偏好,从而对这些网站的一些链接、推送和广告所包含的商品产生购买动机。这类消费者通常是这些网站的忠实关注者,一旦这些网站推销自己有偏好的产品,他们就会选择购买并且推荐给周边的朋友让其一起购买。但是消费者对于网络购物也存在一定顾虑,如担心售后服务差或者存在信息泄露侵犯个人隐私等问题,这在一定程度上制约了跨境电商的发展。

三、跨境电商消费者福利分析

生产厂商贸易渠道的选择会影响到贸易中介对销售渠道的选择。实践表明,在生产厂商选择只通过贸易中介开展跨境电商B2C销售的时候,贸易中介选择线下实体店的销售渠道时会获得最大的利润。这意味着贸易中介本身并没有拓展线上销售渠道的动机。这种现象存在的根本原因在于消费者通过线上渠道购买商品的时候存在一定的效用损失。这种效用损失的存在导致只有当线上商品的销售价格低于线下商品的销售价格时,部分消费者才会选择从线上渠道购买商品。消费者福利也由此产生。然而当贸易中介只通过线下实体店销售商品时,消费者不存在效用损失,贸易中介可以通过定价攫取全部消费者福利。这一点也反映了跨境电商B2C销售模式存在增加消费者福利的作用。但就社会总福利而言,跨境电商B2C销售渠道的应用会降低社会总福利。在图2-3中,如果贸易中介只通过线下实体店渠道销售商品,那么消费者福利将全部被贸易中介和生产厂商攫取,社会总福利为$a+b+c+d+e$。而当贸易中介开拓线上销售市场时,消费者获得消费者福利为a,贸易中介与生产厂商能够获得的供给者福利为$c+d+e$,社会总福利为$a+c+d+e$。相对只通过线下实体店销售而言,开拓线上销售市场会使社会总福利减少b。

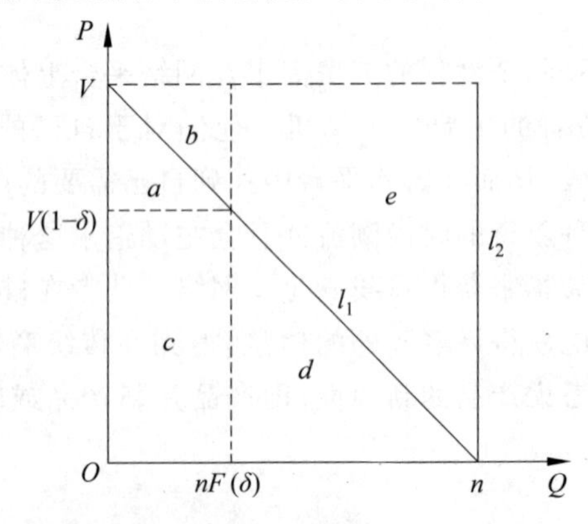

图2-3 消费者福利、供给者福利与社会总福利分析

注:l_1为线下市场商品需求曲线;l_2为线上市场商品需求曲线;V为消费者购买一单位商品所能获得的效用;δ为消费者通过线上消费时所承担的效用损失百分比;n为潜在消费者总数;$F(\delta)$为效用损失比δ的分布函数;P为价格;Q为数量。

四、跨境电商消费者价格敏感度

在经济学理论中，价格敏感度表示为顾客需求弹性函数，即由于价格变动引起的产品需求量的变化。由于市场具有高度的动态性和不确定性，这种量化的数据往往不能直接作为制定营销策略的依据，甚至有时会误导企业的经营策略，而研究消费者的价格消费心理，了解消费者价格敏感度的影响因素，能够使企业在营销活动中掌握更多的主动权，也更具有实际意义。

（一）产品特性

产品是消费者与企业发生交易的载体，只有当消费者认为产品物有所值时，产品的销售才有可能实现。产品的自身特性影响消费者对价格的感知，名牌、高质和独特的产品往往具有很强的价格竞争优势。

1. 替代品的多少

替代品越多，消费者的价格敏感度越高；替代品越少，消费者的价格敏感度越低。替代品是指能够满足消费者同样需要的产品，包括不同类产品、不同品牌的竞品和同一品牌的不同价位的产品。手机、电脑的价格大战，就是替代品过多的缘故。

2. 产品的重要程度

产品越重要，消费者的价格敏感度越低。当产品是必需品时，消费者对这种产品的价格不敏感。

3. 产品的独特性

产品越独特，消费者价格敏感度越低；产品越大众化，消费者价格敏感度越高。独特性可以带来溢价，新产品往往具有独特性，所以厂商在推出新产品时，往往制定一个很高的价格，当类似产品出现时，再进一步降价。在 IT 行业和医药行业，这种行为经常发生。

4. 产品本身的用途

产品用途越广，消费者价格敏感度越高；用途越专一，消费者价格敏感度越低。用途广代表可以满足消费者多种需求，因此，价格变动更易引起需求量的变化。

5. 产品的转换成本

转换成本高，消费者的价格敏感度低；转换成本低，消费者价格敏感度高。因为转换成本低时，消费者可以有更多的产品选择。苹果的忠实用户可能不愿意将苹果手机换成安装安卓系统的手机，因为这些用户从苹果商店购买的应用程序无法传送到安装安卓系统的手机或其他移动设备上使用，更换手机可能会使自己的数据丢失，转换成本高。

6. 产品价格的可比性

产品价格越容易与其他产品比较，消费者价格敏感度越高；比较越困难，消费者价格敏感度越低。在超市，产品的标签一目了然，摆放在一起的同类产品使消费者更易进行价格比较，此时诱人的价格可以引发消费者的购买冲动。

7. 品牌

消费者对某一品牌越忠诚，对该品牌产品的价格敏感度越低，因为在这种情况下，品牌是消费者购买的决定因素。消费者往往认为,高档知名品牌应当收取高价,高档是身份和地位的象征,并且有更高的产品质量和服务质量。品牌定位将直接影响消费者对产品价格的预期和感知。

(二)消费者因素

对于同一件商品或同一种服务,有些消费者认为昂贵,有些消费者认为便宜,而另一些消费者则认为价格合理。这种价格感知上的差异主要是由消费者个体特征不同造成的,个体特征既包括个体人口统计特征,又包括个体心理差异。

1. 消费者的年龄

消费者年龄越小,价格敏感度越低;消费者年龄越大,价格敏感度越高。老人对价格相当敏感,原因就在于老人的价格记忆,尤其是可支配收入不高的老人。而青少年,特别是20世纪90年代后出生的新一代,由于生活水平普遍提高,他们对商品的价格敏感度较低。

2. 消费者的产品知识

消费者产品知识越丰富,购买越趋于理性,价格敏感度越低,因为消费者会用专业知识来判断产品的价值。消费者产品知识越少,对价格的变化会越敏感,尤其是对于技术含量比较高的商品,普通消费者只是以价格作为质量优劣的判断标准。

3. 产品价格在可支配收入中的比例

比例越高,消费者对价格越敏感;比例越低,消费者对价格越不敏感。高收入人群有更多的可支配收入,因此对多数商品的价格不敏感;而低收入群体,则往往对价格敏感。

4. 消费者对价格变化的期望

期望越高,价格敏感度越高;期望越低,价格敏感度越低。因为对价格变化的期望影响消费者的消费计划,消费者买涨不买落也正是基于这种心理。

5. 消费者对成本的感知

消费者对实付成本比对机会成本更敏感。实付成本被视为失去已经拥有的财产,而机会成本被视为潜在的放弃的所得,因为消费者认为机会成本有更多的不确定性,当消费者在考虑获得一种好处时,常常不愿意冒风险,消费者的这种心理对于一些家电企业有重要的启示。例如,尽管一种家电产品具有省电的优势,在销售中,却不如耗电量较大但打折扣较多的同类产品销售得快。

6. 消费者对价值和成本的感知

价格不是决定消费者购买行为的唯一因素,消费者的购买决策更多地依赖于获得的价值和付出的成本的比较,只有当获得的价值不小于付出的成本时,才会发生购买行为。其中,获得的价值包括产品价值、服务价值、人员价值和形象价值,产品价格是这些价值的综合反映。付出的成本则包括货币成本(产品价格)、时间成本、体力成本、心理成本和精力成本。对价值和成本的感知对于不同的顾客而言有很大的差异,甚至一个顾客在不同的情况下的感知也不同。

五、用户价值创造

跨境电商企业在经营活动中扮演平台的角色,同时面向消费者和供应商两大类用户。

消费者为需求型用户（D用户），供应商则为供应型用户（P用户），在用户-平台-用户的模式下，用户间的价值创造是多样化的。用户间的价值共创过程分为用户连接、用户接触、用户分离三个阶段，分别指用户接入平台，用户与平台产生互动，以及用户完成消费活动离开平台的过程。其中，用户连接与用户分离两个阶段位于连接服务层次，用户接触处于具体服务层次。在用户连接阶段，价值创造遵循的是用户主导逻辑下的价值共创；进入用户接触阶段，用户主导逻辑下的用户价值独创是该阶段的主要价值创造模式；在用户分离阶段，供应方主导逻辑下的价值共创成为核心的价值创造模式。

（一）用户连接阶段的价值创造

用户连接阶段存在四个影响用户价值创造过程的主要因素：连接速度、连接便利性、沟通对话、信息共享。随着社会和经济的高速发展，人们的生活节奏日益加快，消费者越来越希望自己在购买产品或享用服务时尽可能少地花费时间和精力，因此连接速度和连接便利性成为影响顾客服务感知的重要因素。沟通对话是价值共创的前提，用户只有不断地进行交流与对话才能使供需准确地连接。合理的沟通与对话往往能够促进信息共享，而信息共享则为价值共创营造了良好的过程环境，是影响用户体验的重要因素。

（二）用户接触阶段的价值创造

研究表明，在用户接触阶段，影响用户价值创造过程的主要因素有相似性、外表、恰当行为、情绪、服务环境、角色明确性以及服务技能。服务环境、角色明确性和服务技能这三个因素主要作用于P用户与D用户之间的互动，平台也只能通过间接的方式对它们产生影响。而相似性、外表、恰当行为、情绪这四个因素不仅能影响P用户与D用户之间的互动，而且作用于不同D用户之间的交互。因此，它们的影响除了存在于出行服务方面，更是渗入用户的生态系统和心理层面。然而平台对于这四个影响因素并没有直接地介入。平台只是间接地影响了用户接触阶段价值创造的部分因素，简言之，企业并没有直接参与用户创造价值的过程。在跨境电商的经营模式下，与企业或平台相对的参与方不再是顾客，而是具有更多角色与功能的用户，因此这是一个用户单独创造价值的过程。

（三）用户分离阶段的价值创造

消费者在用户接触阶段之后开始分离，进入用户分离阶段，而该阶段主要包括支付与反馈两个过程。在用户分离阶段，影响用户价值创造过程的主要因素有支付便利性、支付安全性、购后接触便利性、反馈便利性、平等性、反馈有效性。支付便利性指的是消费者在对所获取的服务进行支付时，需花费的时间和精力。一旦支付便利性出现问题，就会增加用户在支付过程中的等待时间，这样不仅会增强用户的代价感知，还会让用户对企业产生负面情绪，很多在实体店或网上店铺购买商品的用户就是因为交易程序烦琐而放弃了购买行为。支付安全性主要表现在支付安全与信息安全两个方面。支付安全是让用户财物不受侵害的保障，也是让用户对平台产生信任的基础。如果信息安全出现问题，用户的个人隐私甚至人身安全将会受到严重威胁，从而影响用户的体验及获取的价值。另外，反馈过程不应该成为用户的负担。购后接触便利性通常被用来衡量顾客获取关键服务以后对自己再次联系或接触企业所需耗费的时间和精力的感知。与此相似,反馈便利性聚焦于当用户在完成核心服务之后,再次与平台沟通、对话所需要投入的时间与精力,其中评分是主要的反馈方式。用户在价值创造过程中的平等性缺失,不仅会使用户的价值创造意愿减弱,还会让评价结果失真。同时,用户也希望自己的反馈结果对于服务的改进有明显的作用和效力,即反馈有效性。

第二节 跨境电商的竞争战略

一、波特竞争战略理论

(一) 竞争战略

竞争战略(competitive strategy)最早由美国哈佛大学"竞争战略之父"波特提出。根据波特的竞争战略理论,和传统企业一样,跨境电商买家的利润将取决于跨境电商同行之间的竞争、行业新产品与替代品的竞争、供货商的议价竞争、境外买家的议价竞争以及潜在卖家的加入五个主要方面竞争共同作用的结果。

面对跨境电商的竞争,卖家采取的竞争战略实质上就是为了提供具有同一使用价值的产品在竞争上采取的进攻或防守行为。当前大量跨境电商卖家往往会采用"价格战"的方式进攻竞争对手,但这种方式在打压对方的同时,也对自身的利益造成同样程度的损害。因此,根据波特的竞争战略理论,跨境电商卖家正确的竞争战略主要有以下三种。

1. 成本领先战略

跨境电商卖家的成本领先战略就是要努力降低产品的采购成本,以在大量卖家参与的低价竞争中,取得合理的利润,维持竞争优势。这样在较为极端的价格条件下,由于具有低成本优势,当对手无利可图时,自身还可以获得部分合理的利润。要做到成本领先,跨境电商卖家必须采取较为严格的成本管理,在每个可能降低成本和费用的环节实行责任到人,特别是需要加强和供货商的合作,关注产品的生产和库存,降低产品生产消耗及不合理的库存积压成本,等等,必要时采取新工艺及应用新材料。

2. 差异化战略

差异化战略,又称"别具一格"战略,实质上就是企业提供的产品或服务别具一格,另具特色。别具一格的产品或服务在功能、款式及外观等方面具有一定的创新和特色。如果成功使用差异化战略,企业就可以在很大程度上避开价格的恶性竞争,在行业中赢得超额利润的同时提升用户对企业产品(或品牌)的感受、评价和忠诚度。在跨境电商市场中,产品更新和换代的速度很快,大量潜在买家对新产品有巨大的购买力。差异化战略要求跨境电商卖家具有一定的市场反应能力和产品研发能力,针对境外买家的需求和偏好,快速推出更新的产品。

3. 集中化战略

集中化战略,又称目标集中战略、目标聚集战略或专一化战略。集中化战略是指企业根据自身的条件,将目标消费群体和目标市场进行细分后,主攻某个特定的客户群体、特定的产品(或产品系列)或某个特定地区市场的策略。这种策略的特点是企业集中"优势兵力”,以更高的效率为某一目标领域内的战略对象提供更好的服务,以在所集中的目标领域超过一般的竞争对手,并取得超额利润。

跨境电商产品种类、规格非常丰富,境外买家的消费习惯和消费层次千差万别,不同国家和地区的文化与产品偏好也有明显的差异。因此跨境电商卖家大范围地从事自身不熟悉的产品将会陷入不利的竞争地位;相反,如果能了解不同地区境外买家的细分需求,采用集中化战略,则可以取得不错的效果。

(二)钻石模型

波特的钻石模型用于分析一个国家某种产业为什么会在国际上有较强的竞争力。波特认为,决定一个国家某种产业竞争力的要素有以下四个。

(1) 生产要素——包括人力资源、天然资源、知识资源、资本资源、基础设施。

(2) 需求条件——主要是本国市场的需求。

(3) 相关产业和支持产业的表现——这些产业和相关上游产业是否有国际竞争力。

(4) 企业的战略、结构,竞争对手的表现。

波特认为,这四个要素具有双向作用,形成钻石模型(图 2-4)。

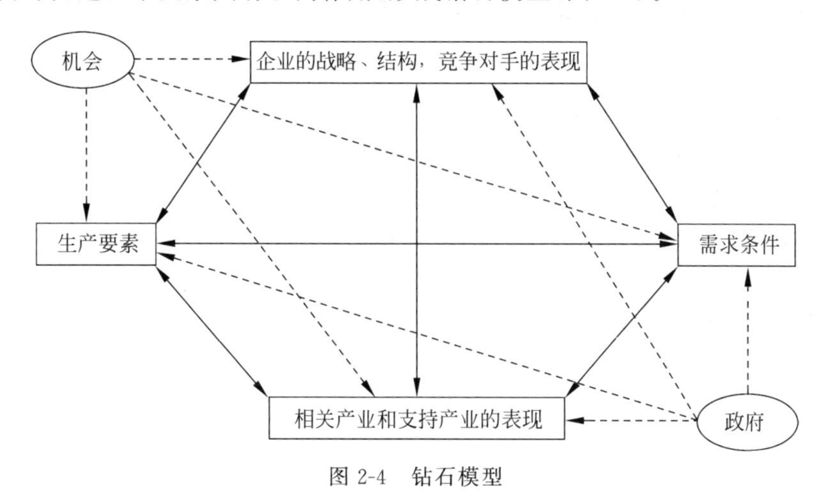

图 2-4 钻石模型

在这四个要素之外还存在两大变数:政府与机会。机会是无法控制的,政府政策的影响是不可漠视的。

二、交易成本理论

交易成本理论(Transaction Cost Theory),也称交易费用理论,是用比较制度分析方法研究经济组织制度的理论,由英国经济学家罗纳德·哈里·科斯(R. H. Coase)于 1937 年在其重要论文《论企业的性质》中提出。其基本思路是:围绕交易费用节约这一中心,把交易作为分析单位,找出区分不同交易的特征因素,然后分析什么样的交易应该用什么样的体制组织来协调。

总体而言,可将交易成本区分为以下几项。

(1) 搜寻成本：商品信息与交易对象信息的收集。

(2) 信息成本：取得交易对象信息与和交易对象进行信息交换所需的成本。

(3) 议价成本：针对契约、价格、质量讨价还价的成本。

(4) 决策成本：进行相关决策与签订契约所需的内部成本。

(5) 监督交易进行的成本：监督交易对象是否依照契约内容进行交易的成本，如追踪产品、监督、验货等。

(6) 违约成本：违约时所需付出的事后成本。

在传统的国际贸易中，贸易中介有举足轻重的地位。然而，随着互联网的兴起和电子商务的发展，信息技术在交易市场的应用会使交易模式产生显著的变化。电子商务会大幅降低进货商搜寻货源的成本，大幅缩短商品的营销链，减少乃至消除促使商品价格提升的多级代理，使供应商可以直接与消费者接触，信息获取与处理成本大大降低，消费者也可以获得更加优惠的价格，最终推动产品价值链的重置，大幅提高交易的效率，境外代购、厂家直销等贸易模式开始兴起，从而产生了"去中介化"现象，威胁了传统的中介市场。这直接影响了传统贸易中介的生存与发展，推动了新型跨境电商贸易中介的出现。

三、跨境电商生态系统与产业集群

跨境电商是电子商务发展成熟的结果，是电子商务向细分市场演进的产物。在跨境电商发展背景下，跨境电商与跨境物流协同问题日益凸显，可借助商业生态系统相关理论，采用电子商务生态系统概念，构建跨境电商生态系统，并基于商品种类、环境、供应链、地理空间等不同视角探索跨境电商与跨境物流之间的协同机理(图2-5)。目前，由于跨境电商在我国尚处于发展初期，跨境电商与跨境物流仍然是新兴事物，跨境电商的发展快于跨境物流的发展，跨境物流跟不上跨境电商发展的步伐，反向制约着跨境电商的发展。同时，跨境电商整体水平偏低，也制约着跨境物流的发展与运作水平。

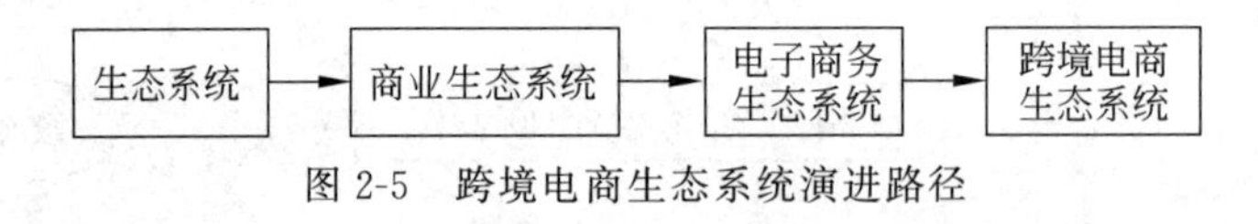

图2-5 跨境电商生态系统演进路径

跨境电商与产业集群协同发展主要体现在以下几个方面。

(1) 跨境电商通过改变传统外贸营销模式，进而改变了产业集群的生产模式和管理模式。

(2) 跨境电商的网络属性突破了产业集群的地域限制，能更合理地布局产业集群的全球供应链和生态圈。

(3) 产业集群与跨境电商实现数据共享，创新产业集群及其相关企业的发展动能。

(4) 产业集群的集聚特征有利于集群内跨境电商生态圈的构建和规模效益的产生。

(5) 政府机构的制度创新有利于实现复合系统的高效监管和协同发展。

四、全球价值链嵌入理论

通过嵌入全球价值链，企业价值创造流程打破了国家和地区的界限，实现在全球范围内资源的优化配置。受到全球价值链活动的影响，跨境电商运作流程也发生了变化。通过一个简化的模型，可以清晰地了解跨境电商的运作模式，如图 2-6 所示。假设跨境电商价值链活动仅涉及 3 个国家，即 A 国、B 国与 C 国。其中，A 国聚集着跨境电商所需商品的生产要素、供应商与生产商；B 国是跨境电商企业所在地，也聚集着跨境电商企业所需商品的供应商与生产商；C 国是跨境电商的消费者所在地，也存在跨境电商企业所需商品的生产商与生产要素。生产要素与商品供应通过物流运输来实现，尤其会涉及跨境物流活动。购买和销售生产要素与商品产生资金流。生产要素与商品的供需活动需要信息流来实现。不仅如此，出现商品退换货时，还需要逆向物流活动。所以，包括商品流在内的物流、资金流与信息流贯穿于跨境电商在全球价值链的活动网络。资金流和信息流主要依托网络技术与信息技术实现。物流不仅需要网络技术与信息技术，还需要线下的跨境商品运输与配送活动，其活动构成更复杂，也是信息流活动的目的与资金流活动的载体。

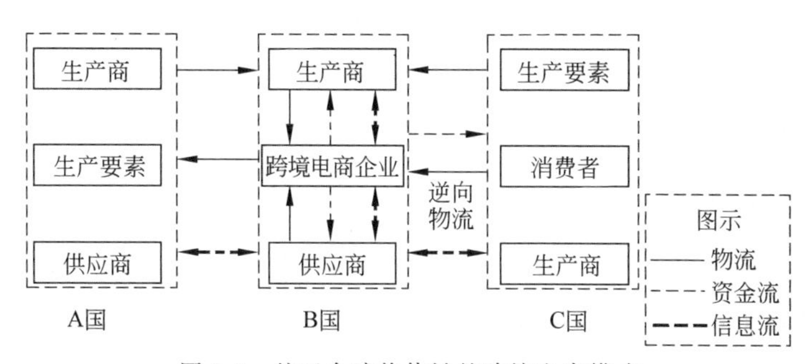

图 2-6 基于全球价值链的跨境电商模式

第三节 跨境电商的风险分析

一、物流风险

对于跨境电商出口企业的完整供应链而言，在常见经营风险中首先面临的即为物流风险，主要表现为跨境物流妥投失败带来的“财货两空”损失，常见原因包括物流企业管理不善引起的包裹丢失、目的国(地区)海关扣关、目的国(地区)内派送过程中包裹丢失等。容易看出，物流环节风险是因国家和地区而异的，美国、欧洲及日韩等经济体由于物流渠道发达，物流风险较低。而其他国家和地区，特别是一些国土面积较大的发展中国家，如俄罗斯、巴西以及非洲和南美洲的大多数国家，跨境电商企业在经营过程中容易暴露在较高的物流风险下。以俄罗斯为例，根据 2023 年世界银行物流绩效指数报告，俄罗斯的物流发展水平排在全球第 95 名，其通关、装运等环节的评分较低，表明选择开拓俄罗斯市场的跨境电商企业不仅需要承担高昂的物流费用，也会遭遇时效性与安全性方面的困扰。

在宏观层面，跨境电商与跨境物流协同缺失，尚无法实现协同发展；在微观层面，跨境电商与跨境物流协同缺失表现出了一些典型而显著的特征。其具体表现：一是跨境电商生态系统协同缺失；二是跨境电商与跨境物流两者间的协同缺失；三是跨境物流横向层面协同缺失；四是跨境物流纵向层面协同缺乏；五是跨境逆向物流协同缺失；六是跨境电商、跨境物流与环境协同缺失。

为更好地实现跨境电商与跨境物流的协同，一要关注跨境电商和跨境物流两者的协作与沟通；二要推动跨境物流网络协同；三要发挥混合式、组合式跨境物流模式优势；四要推进跨境物流业务外包，实现专业化运营；五要实现本地化发展；六要完善内部环境与外部环境。

二、产品风险

在外贸电商中，主要的产品风险有三种：①国别区域的政策风险。例如，电子烟是一种特殊商品，不同国家(地区)有不同的管制政策，因此开发这类产品时一定要先了解清楚目标国(地区)的相关政策。②知识产权风险。知识产权包括商标权、专利权等。做仿品的商家，很可能因侵犯商标权而遭到投诉，导致资金冻结甚至账号被永久性关闭。做正品的商家，也应该防范产品涉及的专利问题，对于未授权的专利产品要停止销售。③认证风险。各国政府为了规范市场，对某些产品有强制性认证要求，如欧盟的CE(欧洲统一)认证。如果没有相关认证，产品将面临召回销毁的风险。

三、囤货滞销风险

跨境电商出口企业在将货物运抵目标国(地区)海外仓后，也常常需要应对无法如期完成销售目标进而导致囤货滞销的困境。在这种情况下，资金链断裂往往也会伴随着囤货滞销风险出现。近年来，每当临近销售旺季，囤货滞销风险事件的发生频率就有所上升，其主要原因是部分厂商在产品开发与市场分析方面能力不强，习惯于仿款抄款，普遍缺乏创新意识与对“蓝海”空间的敏锐感知，很少有企业能够根据目标国(地区)市场的具体消费需求针对性地配置研发与选品资源，进而导致目标市场上的商品出现较为严重的同质化竞争，诱发滞销风险。囤货滞销风险主要发生在美国和欧洲等较为发达的经济体，这些需求潜力大、消费能力强的跨境电商市场内部行业竞争日趋白热化，为获得订单配送时间上的优势，出口企业需要将货物先运送到这些国家或地区的仓库待售，由此容易引发囤货滞销风险及次生的资金链断裂风险。

四、知识产权风险

在营销环节，跨境电商企业可能面临因在售商品被投诉侵犯他人的知识产权而导致产品下架或链接被删除的风险。知识产权风险除了会导致库存积压外，部分情况下还会使企业成为知识产权人诉讼索赔的对象。跨境电商企业的业务实践中，常见的知识产权风险主要包括商标权(如仿品)、外观专利或实用新型专利以及产品图片盗用侵权等几类，而遭遇这些知识产权风险事件的主要原因在于知识产权意识薄弱，对于侵权行为抱有侥幸心理或是不懂得如何在跨境销售中应对来自竞争对手的恶意诉讼。与囤货滞销风险相似，这类经营风险主要发生在知识产权保护意识普遍较强的发达经济体，特别是欧美地区。以美国为例，专利侵权司法诉讼非常普遍且其标的赔偿金额较高，时常可达几千万美元甚至上亿美元。如果专利权人能够证明被告故意侵犯其专利权，法院可以在按“填平原则”计算的赔偿金额基础上课以3倍的惩罚性赔偿。一旦受理诉讼，地方法院即会立刻颁布临时禁令，不仅涉案商品要下架、撤展，商户的资金、账号还会遭到冻结。

五、支付风险

在互联网技术、信息技术、支付技术等新技术的推动下，跨境电商发展迅速，也促进了跨境支付方式的创新。现有关于跨境电商支付的研究，多从以下几方面展开：第一，跨境电商支付发展现状；第二，跨境电商支付风险与监管等；第三，跨境电商支付的法律问题；第四，第三方机构的跨境电商支付监管与法律问题等；第五，其他一些方面，如支付渠道建设、人民币国际化对其影响等。可以看出，现有的研究多从风险监管与法律层面展开，较少关注运行模式与支付方式选择的影响要素。电子支付能够为使用者降低成本并进行风险管理，其效率成为影响跨境电商的重要因素之一。2013年，《关于实施支持跨境电子商务零售出口有关政策的意见》明确提出“鼓励银行机构和支付机构为跨境电子商务提供支付服务”，旨在解决与完善包括电子支付、清算、结算体系在内的支付服务配套环节比较薄弱的问题。

六、汇率风险

在销售完成之后的跨境结算环节，企业还需要应对汇率风险的挑战。此类经营风险多发生于与汇率变动幅度较大的国家或地区的消费者进行的交易中，包括日本、俄罗斯、英国以及一些发展中国家。例如，英国于2016年6月23日进行全民公投退出欧盟，次日英镑对美元汇率即暴跌近10%，欧元也出现贬值情况。这一突发事件直接削弱了中国境内商品的价格竞争力，导致中国境内出口电商企业的利润缩水与销售额下跌。从需求侧来看，结算货币对人民币汇率的波动也会加剧跨境电商经营的不确定性，尤其是在汇率剧烈变动期间，境外消费者会滋生观望情绪，降低跨境消费需求，而当结算货币贬值趋势加剧时，境外消费者的实际购买力也会出现明显下降，进而减少对中国境内商品的消费需求。

第四节　跨境电商平台参与者国际化理论

一、跨境电商平台参与者的国际化行为

(一) 跨境电商平台与平台的赋能作用

数字平台由一组共享的服务及基础设施组成，旨在为互补的产品与服务提供场所。基于数字平台的生态系统主要包括三类主体：平台主、互补者和用户。其中，互补者和用户都是平台参与者，互补者一般是为平台生态系统提供互补品的企业，用户一般是使用平台生态系统提供的产品和服务的消费者；平台主为平台参与者提供数字基础设施和治理机制，促进其彼此协作进行价值创造来获得更高回报。不同的数字平台有着不同的战略定位。当数字平台致力于促进企业或个人之间完成商品、服务交易，且交互活动可跨越多个国家和地区边界开展时，这样的数字平台被称为跨境电商平台。

1. 跨境电商平台的主要特征

跨境电商平台的类型多种多样：以交易主体类型分类，包括B2B跨境电商平台、B2C跨境电商平台、C2C(customer to customer，消费者对消费者)跨境电商平台；以服务类型分类，包括信息服务平台、在线交易平台；以平台运营方分类，包括第三方平台、自营型平台、外贸电商代运营服务商。这些跨境电商平台主要有以下特征。

(1) 交互全球化。跨境电商平台具有全球战略目标，利用互联网的无物理边界特征，允许多个国家和地区的用户参与其中并彼此互动，拥有一个中央决策体系，制定和实施统一治理规则，以实现全球价值共创的目标。因此，跨境电商平台为参与者提供了一个跨边界、跨时空的虚拟交互平台，帮助参与者无须跨越地理边境直接触达全球用户。

(2) 管理非股权化。与传统跨国公司相比，跨境电商平台不设立境外子公司或分支机构便可实现国际化经营活动。只要允许访问其网络，各个国家和地区的用户都可参与该平台，每一个参与者都是独立主体。因此，跨境电商平台主不是通过控股的方式控制多国(地区)参与者，而是通过治理规则的制定和实施来协调管理多国(地区)参与者活动。

(3) 交易数字化。与传统交易相比，依托跨境电商平台的交易以数字化形式呈现，具有无形性、快速性和跨时空性的特征。参与者之间的交互内容，如文字、声音、图像和视频等，以数据形式进行全球传输并完成跨境交易。在跨境电商平台中，以数字化产品代替实物产品进行跨境交易，或以数字化内容交互为手段促进实物产品跨境交易。

(4) 流程智能化。跨境电商平台以现代信息网络为载体，通过信息通信技术的有效使用实现传统实体货物、数字产品和服务、数字化知识和信息的高效交换。与传统交易相比，其交易流程更加智能化，中间环节大幅减少，不仅省去因佣金中间商对贸易参与主体资质审查所需的征信、审查等中间环节，还弱化了加价销售中间商在贸易中所起的贸易中介作用。

(5) 服务优质化。随着行业规模不断扩大，跨境电商平台开始向多元化发展，通过开辟新消费场景、发展新零售模式、孵化新市场业态，更加注重消费者体验。跨境电商平台作为协调和配置资源的基本经济组织，是价值创造和价值汇聚的核心，在消费和生产流通环节之间搭建起一条高效的交流渠道，使消费者的个性化需求得到进一步满足。

2. 跨境电商平台赋能参与者国际化

在数字经济大背景下，数字贸易发展迅速，其中，跨境电商起到了统筹发展贸易数字化和数字化贸易的作用。数字贸易与跨境电商之间的关系逻辑框架如图2-7所示。与传统外贸行业不同，跨境电商不受时空限制，交易方式灵活，低成本、高效率，避免了信息不对称的问题，缩短了传统外贸交易链条，拓宽了海外营销渠道。依托大数据、云计算、互(物)联网、区块链、5G(第五代移动通信技术)、人工智能等新一代数字技术，跨境电商通过B2B、B2C、C2C、O2O(online to offline，在线离线/线上到线下)等多种商业模式，对商品信息流、物流、资金流进行数字化改造，实现了涵盖消费互联网与产业互联网的贸易数字化。同时基于全球数字贸易平台，通过大数据分析及应用建设、数字化信息系统改造等，跨境电商还解决了数据的本地存储和跨境流动问题，促进了数字化贸易的实现。

我国跨境电商发展势头保持良好，已成为数字经济发展规模最大、增长速度最快、覆盖范围最广、创业创新最为活跃的重要组成部分，也是实体经济与数字经济融合发展的重

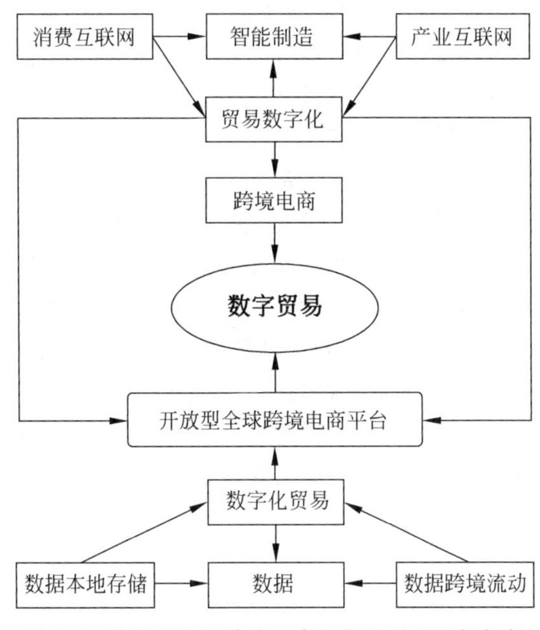

图 2-7 数字贸易与跨境电商之间的关系逻辑框架

要推动力。海关统计数据显示，2021 年，我国跨境电商进出口总额 1.98 万亿元，占进出口贸易总额的比重达到 5%；跨境电商相关企业新增注册量 1.09 万家，同比增长 72.66%。未来，在建立和完善开放型全球跨境电商平台的基础上，跨境电商将进一步推动世界数字贸易发展。

跨境电商的繁荣发展为我国中小企业"走出去"实现国际化培育了新优势。以中小企业为代表的跨境电商平台参与者，依托平台的赋能作用充分发挥信息传播优势、出口成本优势、交易质量优势，大大扩大了出口规模、增加了出口倾向，在国际贸易中保持着更高活跃度与竞争力(图 2-8)。

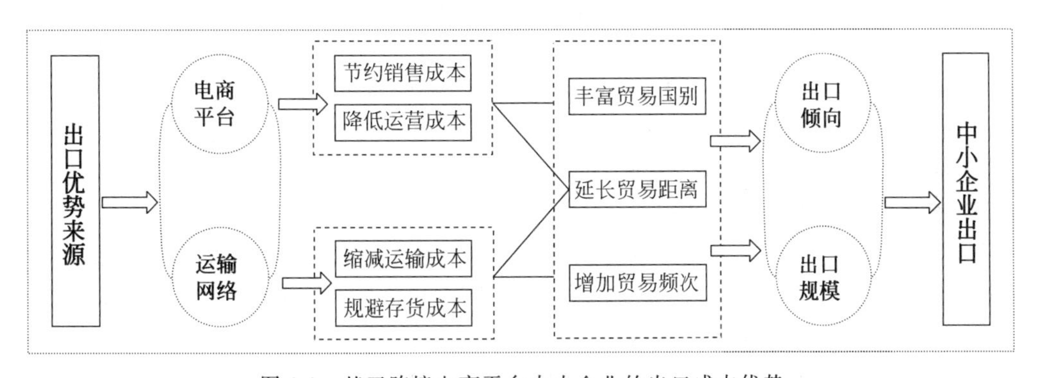

图 2-8 基于跨境电商平台中小企业的出口成本优势

在出口过程中，跨境电商能够比传统出口更快速地推动相关出口货物及服务信息的传播。以电子商务为基础的虚拟平台和以运输网络为主的物理平台，有效赋能跨境电商平台参与者实现高效互动连接。通过跨境电商平台，供给方直接与需求方对接，压缩了众多中间环节,抑制了供应链链条冗长对企业利润的稀释；同时数字技术建立实时互动和信息反馈的渠道连接,把消费者需求信息实时反馈到生产环节,推动“反向定制”,促进企业根据消费者所需提供更加个性化的商品及服务,进而在整体上提升出口效率。

以跨境电商平台为支撑的出口保障了出口企业与进口方直接进行信息交流,并辅之以物流、支付体系,极大地缩减了出口所需的销售、运营、运输、存货等成本。在传统出口模式下,参与货物及服务出口的大多是大型企业,中小企业难以获得参与机会。在跨境电商出口模式下,中小企业拥有了竞争优势,能够获得更多的参与机会,也使境内商品、服务进入境外市场的门槛降低,提升了出口商品与服务的流通速度及效率。

跨境电商出口所依托的是大数据、云计算等现代信息技术,进口方获取信息的成本大大降低,不需要通过传统的销售网络获得自身所需的商品及服务,并能够随时对物流配送过程进行监控。在信息透明的情况下,交易过程透明度的提升能为出口方的服务提供更多监督,也提升了进口方的消费体验,从而为交易质量的提升提供了保障。

(二) 平台赋能参与者国际化的理论分析

作为国际经营的后来者,以我国企业为代表的新兴市场跨国公司可能缺乏独占性技术优势以及在市场、产品、规模经济等方面的垄断优势,其管理人员可能也缺乏对国际市场,尤其是对东道国(地区)商业环境的了解,从而这些企业在国际化进程中可能面临较大的风险和挑战。跨境电商平台因其跨地域实时连接、产业跨界融合、协同合作共生等功能属性,对企业国际化行为产生了深刻影响。平台参与者需要考虑,如何利用跨境电商平台的优势,开展国际市场竞争,提升国际市场绩效。

1. 进入风险与经验学习

通常而言,企业开展快速国际化必须同时具备自身的组织学习和经验积累,否则就会加大其外来者的劣势并增加风险。新兴市场的许多企业多为国际市场的后入者,缺乏在境外市场环境中国际化运营的相关经验。因此,企业需要在运营经验和能力有限的情况下获取在境外市场生存并有效利用境外市场机会所需的知识,从而有效开展快速国际化。

在这种情况下,学习和吸收行业中其他企业的国际经验就成为新兴市场跨国企业快速推进国际化的重要手段。一方面,其他企业的国际经验可以为企业提供多样性的学习视角,避免因企业组织内部的视角单一而造成局限和偏误。另一方面,其他企业经验还可以拓宽企业的学习范围,为企业提供更多的市场变化的复杂性,使新兴市场企业对东道国(地区)投资环境有更全面的认识。

企业国际化是一个对国际市场及运营知识逐渐获取、整合和利用的过程,而企业在国际市场的运营经验可以不断帮助企业克服进入新市场的风险,缩短心理距离。缺乏国际市场、外国(地区)制度、跨国(地区)运营这三类经验性知识是企业国际化面临高成本和高风险的重要原因。所以,为应对可能的风险,企业需要重视经验学习,谨慎选择目标国际市场和进入模式。

2. 基于组织学习视角分析跨境电商平台参与者的国际化

组织学习对企业积累国际化经验、扩大国际化范围和促进国际化承诺有着重要影响。企业参与跨境电商平台有助于获得重要知识和信息,从而发现境外机会。企业积极使用跨境电商平台与境外市场客户进行交流，可以帮助企业发现不同文化下消费者偏好的差异；企业利用境外社交平台可以帮助其克服对境外市场信息缺乏的不利影响，有助于开发境外用户的独特需求，从而削弱国家（地区）间距离对企业国际化扩张速度的负面影响。

组织学习视角对中国企业通过参与跨境电商平台提升国际竞争力具有重要意义。企业除了利用跨境电商平台获取必要的境外市场及运营知识，即进行直接的经验式学习（experiential learning）外，还能通过间接的替代性学习（vicarious learning）从其他组织或个体处获得二手经验。在跨境电商平台中，企业可以在与平台主、互补者等相关主体的交流互动和交易过程中进行经验式学习，跨境电商平台赋予企业更多的便利条件开展高频的替代性学习，进而促使企业成功地开展国际化活动。

跨境电商平台的新情景为企业的组织学习提供了新的机会：一是提供了新的学习方式。作为一种生态系统，跨境电商平台为企业创造和利用知识提供了新方式，因为跨境电商平台涉及多层次的社会经济过程，重新定义了企业与不同合作伙伴之间联系的性质，导致企业获取、重组和配置知识的过程发生了改变。二是提供了新的学习对象。替代性学习主要来源于企业的正式网络或核心业务伙伴。跨境电商平台跨越时空与协同共生的属性拓展了企业的知识获取范围，一方面，企业与平台主和其他参与者形成复杂的网络关系，来源于不同主体的知识可以进行跨界快速扩散和集成，新的知识源不断拓展；另一方面，跨境电商平台的数字基础设施和治理体系使得本地化知识被快速编撰、传播和整合，知识流动转移速度不断加快。

跨境电商平台给企业带来了新的学习方式和学习对象，给企业提升全球价值链地位带来了可能。国际化知识只能帮助企业打开国际市场的大门，不能自动地给企业带来良好的绩效表现，其根本原因在于企业将国际市场扩张带来的机会转化为绩效优势依赖于相匹配的能力和行为。企业作为平台参与者，能够借助跨境电商平台接触到更广泛的国外供应商、顾客和竞争者，可能会因为国际市场对产品迭代、个性化定制等高要求而改变组织惯例，加速产品创新和重视品牌建设，这为新兴经济体企业破除“低端锁定”、向全球价值链高端环节攀升提供了新的可能。

二、跨境电商平台参与者提升国际化优势的路径分析

跨境电商平台参与具有深度和多样性这两个特征。跨境电商平台参与的深度是指平台参与者在跨境电商平台的投入程度，包括特定资源投入（specific-resource investment）和特定关系投入（specific-relationship investment），分别反映平台参与者专门用于跨境电商平台活动的资金、人力、设备等资源的投入程度，以及与跨境电商平台主和参与者进行交流互动、建立社会关系的程度。跨境电商平台参与的多样性是指参与者参与跨境电商平台的数量，包括同类平台的数量和不同类型平台的数量。参与跨境电商平台的深度和多样性，会直接影响到其在跨境电商平台生态系统中获得的知识数量和质量，进而影响到跨境电商平台参与者的国际化价值行为及其国际竞争优势水平。

在企业国际竞争优势影响机制中，产品创新和品牌升级是两条提升国际化优势的重要路径，对于跨境电商平台，其反映了平台参与者国际化过程中从“低端锁定”转向价值链

高附加值环节的主要策略。产品创新是对现有产品的升级、修改和扩展或推出全新的产品,有助于平台参与者顺利进入国际市场和提升国际市场绩效;品牌升级旨在增强消费者对企业和产品的认知,提升其满意度和忠诚度,形成差异化优势,有助于提升平台参与者在国际市场的声誉并扩大利润空间。

(一) 跨境电商平台参与者的产品创新

产品创新是一个协作和积累的过程,需要企业与合作伙伴共同沿着价值链采取一系列活动。这些活动包括发现新的市场机会、分析消费者需求、吸收和整合企业内外部知识、进行技术研发投入、调整生产过程和产品特征等。这要求企业理解国际市场的消费者需求,拥有研发和商业化产品的能力。知识是促进产品创新的重要来源,获取和吸收知识的速度影响产品创新速度,知识的多样性影响新产品的新颖性程度。因此,参与跨境电商平台的深度和多样性不同,会使参与者在跨境电商平台生态系统中获得不同数量和质量的知识,进而影响其产品创新的能力,最终影响其国际市场竞争力。

1. 与跨境电商平台主协同开发

企业可以与跨境电商平台主协同开发新产品。为了优化平台生态系统和提升差异化竞争优势,平台主会与参与企业共同投入专用性资产,通过紧密协作开发出满足国际市场需求的产品和服务。参与程度较深的企业有机会与跨境电商平台主保持良好的合作关系,并投入特定资源进行数字化运营,如建立智能仓库管理系统、模块化生产流程、改进生产和经营流程,以更好地适应跨境电商平台生态系统的价值共创活动。通过深度参与数字化水平较高的跨境电商平台,企业需要改变既有的组织惯例,建立基于数字技术的组织学习新惯例,增强企业适应国际市场变化新趋势的能力。企业可以利用跨境电商平台主的数字技术,将分散在不同国家与地区的生产和经营活动通过统一的、结构化的数字模式进行管理和协调,削弱由于文化情境、地理距离差异对不同团队知识编码、吸收和储存过程的异质性影响,帮助企业理解和吸收大量异质性知识,提升产品的创新速度和创新性。

此外,参与程度较深的企业可以深入学习跨境电商平台所拥有的知识,减少试验需求,缩短产品研发和生产的时间并降低风险,帮助企业快速满足境外消费者多样化的需求、迎合快速变化的市场趋势。

2. 与跨境电商平台其他参与者协同开发

企业可以与跨境电商平台其他参与者协同开发新产品。产品研发、生产和销售是一个复杂的流程,涉及多种显性知识与隐性知识。企业可以利用跨境电商平台获得跨越国家与地区界限的价值链相关资源和信息,有助于企业在跨境电商平台生态系统中寻找互补企业并建立合作关系,学习相关知识以促进产品创新。平台参与程度越深的企业,可以与平台其他参与者建立越强的关系,越有可能获得宝贵的隐性知识。平台参与多样性越强的企业,越可能与更多企业建立合作关系,越可能获得多样性的知识。这些知识往往对产品创新至关重要。企业还可以利用跨境电商平台让境外客户参与产品开发,从而提高产品的创新性。

跨境电商平台可以帮助企业获取两方面的重要知识:一是产品创新知识。企业可以利用跨境电商平台学习到产品创新不同环节的知识。二是目标市场知识。企业与其他参与者频繁交流互动，彼此间建立契约关系或社会关系，帮助企业及时获得更多、更准确的目标市场消费者需求信息，可以提升企业产品创新速度和新颖性。企业还可以通过观察竞争企业在平台中的行为，与平台内互补企业开展合作交流，更好地了解国际市场变化趋势和消费者需求偏好，降低亲自学习当地知识的必要性，减少试错和市场测试需求，促进产品创新。例如，宁波美刻文化发展有限公司通过观察亚马逊、Shopee（虾皮）等跨境电商平台各品类的最佳销售榜单，阅读产品的顾客评价，洞察国际消费者的购买偏好，分析学习竞争对手的优缺点，进行差异化竞争。

(二) 跨境电商平台参与者的品牌升级

品牌升级是另外一条提升企业国际竞争优势的重要途径。对中国企业来说，品牌升级主要体现在企业从代加工[原始设备制造商(original equipment manufacturer，OEM)]向自创品牌[原始品牌制造商(original brand manufacturer，OBM)]的转型。自创品牌通常是指企业自主开发、拥有知识产权且拥有商标专有权的品牌。对于国际化企业而言，强势品牌能维持较高的产品定价，向境外消费者传递专业和可信赖的信号，提升消费者对产品的选择概率和评价，抵御竞争对手的攻击，为企业创造持续利润。而代加工企业主要通过规模经济建立和强化成本优势，通过价格竞争而非建立品牌优势获取利益。中国企业要从 OEM 向 OBM 转型，需要升级品牌，向国际市场塑造高品质、优服务的品牌形象，以品牌声誉形成差异化竞争优势。参与跨境电商平台为国际化企业塑造品牌形象和提升品牌运营能力提供了机会与支持。

1. 品牌建设

跨境电商平台参与促使企业开展品牌建设。后发国家(地区)企业在国际化过程中面临来源国(地区)劣势，国家(地区)身份对企业国际营销可能会产生不利影响。跨境电商平台可以帮助企业向消费者传达积极信号，削弱来源国(地区)劣势。但是，跨境电商平台品牌赋能机制的前提是平台本身是可信赖和有品牌影响力的。力求品牌化发展的跨境电商平台主，为确保参与企业的行为符合平台的价值主张，会制定和执行一系列控制机制，包括准入控制、过程控制和结果控制。

其中，准入控制机制是平台主扮演“看门人”角色，规范参与者在平台的活动，向消费者传递平台中企业及其产品质量较高、服务优秀的可信赖信号。过程控制机制是平台主对参与者在平台中开展的行动设立奖惩规则，控制参与者不偏离平台的价值主张。例如，平台主惩罚买卖假货、延迟发货的商家，对发布违反相关规定的企业用户进行封号处理等。结果控制机制是平台主根据参与者行为的结果表现进行奖罚的规定，一般以下载量、购买数、好评率等市场绩效指标为导向。平台主预设一系列规则和客观指标，通过市场竞争让平台消费者评估企业的产品质量，评估结果可以向更多的境外消费者传达该企业产品和服务优劣的高可靠性信号。因此，参与跨境电商平台的企业，可能会在平台主的控制机制下加速学习并开展品牌升级活动，提升自身产品的国际竞争力。

2. 品牌运营能力

跨境电商平台参与增强企业的品牌运营能力。品牌是一个具有特定人格的互动伙伴,消费者可以与品牌进行交流和分享,品牌可以通过帖子或推文与消费者直接对话,使品牌关系成为一种双向关系。跨境电商平台提供了一个天然的学习场所。参与跨境电商平台的企业可以向平台主和其他参与者学习如何在平台上进行品牌运营。企业可以模仿国际品牌营销表现良好的企业,通过文字、图片、视频等多种方式,不受时空影响直接向境外消费者传递符合其文化、制度等要求的产品特征、品牌定位等信息,减少信息不对称,削弱心理距离带来的负面影响,降低因所在国家或地区刻板印象而带来的负面影响,提高消费者对品牌的信任度。企业还可以促进与平台内境外消费者的交流互动,鼓励消费者购买后拍照带图评论、在社交平台上分享体验心得等,向与其有社交联系的潜在消费者传递品牌信息,促进品牌声誉的传播和提升。此外,利用跨境电商平台分析不同国家和地区消费者的行为特征,企业可以定向投放广告,精准传递品牌形象信息,提升境外消费者对质量和品牌的评价。

首先,参与跨境电商平台程度较深的企业,更了解平台规则,更乐于与平台生态共同成长,更主动进行品牌升级,从而赢得国际竞争优势。其次,参与跨境电商平台程度较深的企业可以从平台主和其他参与者处学习到关于品牌经营的知识,如平台内其他品牌的趋势、境外消费者行为、品牌形象和品牌调性、营销方法等,从而引导和促进品牌升级。最后,参与跨境电商平台程度较深的企业可以与境外消费者直接高频互动,从而了解消费者需求并及时解决问题,向境外消费者建立高品质、优服务的品牌形象。

参与跨境电商平台多样性强的企业更有机会和能力实现品牌升级。不同跨境电商平台的目标消费者群体会不同,有些跨境电商平台只针对注重个性化需求的高端客户,有些跨境电商平台则针对大众消费者。企业参与不同的平台可以接触更多类型的消费者,根据特定的平台定位和消费者群体制定不同的品牌策略,向特定消费者精准传递品牌信息。采取单一平台策略的企业则容易因过度依赖平台而导致权力不对称,受制于单一平台的管控而无法自主实施品牌战略。因此,参与跨境电商平台多样性强的企业,更有可能识别和满足符合企业战略定位的顾客需求,从而促进品牌升级。

三、影响跨境电商平台参与者国际化优势的关键因素

基于组织理论视角,立足数字经济时代中国企业国际化的新实践,我们发现平台参与者利用跨境电商平台可以加速拓展知识学习,通过知识学习促进产品创新和品牌升级,从而构筑和增强平台参与者的国际化优势(图2-9)。同时,在提升国际化优势的过程中,平台参与者还受到一些关键因素的影响,包括跨境电商平台主的特征与能力和跨境电商平台参与者的特征与能力。

(一) 跨境电商平台主的特征与能力

1. 国际化基础设施

跨境电商平台主的国际化基础设施是指平台主为发展平台生态系统和支持平台参与者进行国际化商业活动所提供的数字基础设施和传统基础设施。其中,数字基础设施主要包括跨境电商平台所需的硬件设备和软件系统,以及提供交流、合作和计算能力的数字技术工具与系统;传统基础设施主要包括支持平台参与者价值共创活动所需的配套设

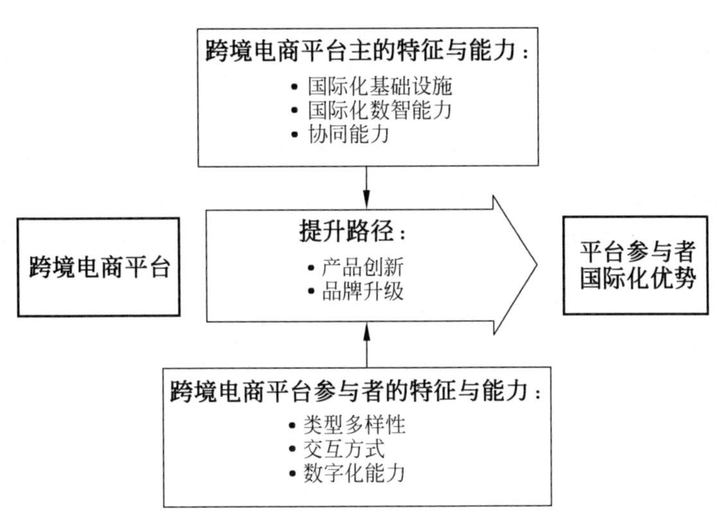

图 2-9 平台参与者利用跨境电商平台实现国际化

施，如跨境电商平台的境外仓储、物流设施等。平台主建设国际化基础设施，反映了其在维护和拓展国际市场方面的投入程度，直接影响到参与企业从平台主处获取相关资源的程度，从而影响企业的产品创新和品牌升级活动。

2. 国际化数智能力

国际化数智能力是跨境电商平台主除了国际化基础设施以外的另一个特征。平台主的国际化数智能力是指平台主基于大数据、云计算、人工智能、物联网等智能技术为平台参与者的各类国际化活动提供决策支持的能力。平台主的国际化数智能力越强，对平台参与企业产品创新和品牌升级的赋能能力越强。平台主的国际化数智能力能够帮助参与企业更精准地了解国际市场的消费需求和市场变化趋势，增强产品创新的有效性，也能够帮助参与企业更高效地学习产品研发、生产和商业化的知识，提升产品创新效率，同时，还可以提升企业的品牌升级能力。

3. 协同能力

参与跨境电商平台的企业能否通过产品创新和品牌升级进而提升国际竞争优势，很大程度上要受到平台主协同能力的影响。跨境电商平台是一个由各类模块、各参与主体构成的复杂技术系统。各模块、各参与主体之间产生复杂的交互作用，随着平台规模不断扩大，平台的复杂性不断增加。跨境电商平台如果过于复杂，不仅会导致平台主难以把握平台内各部分的作用过程，还会使平台参与者难以理解平台的技术结构和参与方式，从而对彼此协作造成挑战。

跨境电商平台主的协同能力是指平台主和平台参与者提供的互补资源以及相互协作以高效完成共同目标的能力，主要包括平台架构能力和平台治理能力。平台主往往通过设计一个平台架构来管理结构复杂性，通过设计一套治理机制来管理行为复杂性。精心设计的平台架构和平台治理机制能有效降低平台主与平台参与者的交易成本和协调成本。

(二) 跨境电商平台参与者的特征与能力

1. 类型多样性

平台参与者的类型多样性反映的是平台参与者的异质性和多样性。跨境电商平台主要集聚众多的商品卖家和消费者。同样是跨境电商平台,有些跨境电商平台定位于垂直品类,有些则定位于综合性商品,前者主要集聚特定品类的买卖双方,后者汇聚各行各业的企业并吸引了不同需求的消费者,还有些跨境电商平台接入第三方独立服务提供商,有些平台则只包含卖家和买家两类参与者。跨境电商平台参与者的异质性和多样性,可以拓展参与企业外向学习的知识来源,有助于企业在国际市场中加快产品创新和品牌升级。

2. 交互方式

平台参与者之间的交互方式是指平台参与者之间的连接方式。平台主会为参与者提供数字基础设施和接口,利用标准接口将参与者及其产品以模块的方式接入平台,并彼此松散耦合。参与者通过数字界面可以跨越时空的阻隔查看平台内容。在跨境电商平台内,企业可以通过跨境电商平台的界面和接口,直接访问其他参与者,观察和模仿其他参与者在跨境电商平台中的活动与行为特征,而无须与平台主建立特定网络关系。如在速卖通平台,企业能够与消费者直接沟通,及时为其解决售前售后问题、推荐新产品;而在亚马逊平台,消费者信息和沟通渠道都被平台隐藏,企业无法与境外消费者直接沟通。有些跨境电商平台还提供语言翻译和转化服务,减少不同国家和地区的参与者彼此交互时因为语言和文化带来的沟通不便。

当跨境电商平台的界面和接口设计可以帮助企业便捷地与平台的其他参与者相互交流时,企业与其他平台参与者之间的学习成本更低、效率更高,帮助企业获得更多有价值的国际市场与产品设计等知识,促进企业产品创新。同时,连接方式的便捷性也可以帮助企业高效地向境外消费者直接传递品牌信息,及时解决消费者的相关问题,与消费者建立良好的品牌关系,从而促进品牌升级。

3. 数字化能力

即使跨境电商平台内各主体能高效协同,如果平台参与者无法进行数字化协同,也无法实现价值共创,从而限制国际竞争优势。数字化能力是指平台参与者利用跨境电商平台内互补资源和能力池的程度,即对跨境电商平台的一种协同能力,主要包括资源认知、关联程度和及时响应。资源认知是指企业对跨境电商平台内可利用的互补资源和能力的认识程度。利用跨境电商平台进行产品创新和品牌升级时,平台参与者需要知道平台内可利用的资源和能力有哪些、可以从哪里获取、该怎么利用等,在此基础上平台参与者才能与互补资源和能力的提供者进行合作。关联程度是指平台参与者共享信息、价值观和行为准则的程度。如果平台参与者价值观差异较大,不愿意进行信息共享,合作的协调成本和交易成本将显著提高,不利于企业学习和利用互补资源与能力,也就难以有效把握来自跨境电商平台的各类产品创新和品牌升级机会。及时响应是指平台参与者根据信息及时调整和整合资源以响应市场需求的程度。总之,平台参与者的数字化能力越强,越能够识别和利用跨境电商平台内的各类互补资源与能力,及时响应需求变化,增强国际竞争优势。

第五节　数字经济理论与跨境电商

一、数字经济特征与基础理论

数字经济受梅特卡夫法则(Metcalfe's law)、摩尔定律和达维多定律支配。这三大定律分别阐述了数字经济中联网设备数量与经济的关系、基础设施技术迭代规律和数字经济中服务或产品的市场演化规则,共同体现了数字经济收益递增的特征。在跨境电商飞跃式发展,新组织、新业态、新模式层出不穷的今天,三大定律依然保持着生命力。

(一) 梅特卡夫法则

数字经济孕育巨型跨境电商平台的天然基因是网络世界的无界性。数字企业面对比传统企业大得多的市场规模,也面临更加激烈残酷的竞争,而加速这一切的是市场对于数字企业的估值模式。传统的估值模式皆不适用于数字企业,如基于资产净值或者基于盈利的估值方法。一是数字企业不存在如传统企业那样的大额固定资产;二是数字企业为了快速扩张,绝大部分盈余都会用于再投资,甚至进行超额融资,如京东为了自建物流体系,在上市之前通过5笔超20亿美元的融资,才渡过难关,成为我国第二大电子商务平台。

由于传统估值方式不适用于数字企业,市场采用基于用户流量的方式对数字企业进行估值,其中有代表性的方法是梅特卡夫法则。梅特卡夫法则是一个关于网络价值和网络技术发展的定律,由乔治·吉尔德于1993年提出,但以计算机网络先驱、3Com公司的创始人罗伯特·梅特卡夫的姓氏命名,以表彰他在以太网上的贡献。其内容是:一个网络的价值等于该网络内的节点数的平方,而且该网络的价值与联网的用户数的平方成正比。当网络用户超过某一临界点后,网络价值则呈爆发式增长。该法则解释了网络具有极强的外部性和正反馈性,联网的用户越多,网络的价值越大,联网的需求也就越大,每一个新上网的用户都因为别人的联网而获得了更多的信息交流机会。

根据梅特卡夫法则,一家数字企业的用户数量增长将带来平方次的企业估值增长,所以数字企业的工作状态是比较紧张的,需要经常加班加点迭代更新软件产品,为的是增强用户体验、更快地引流用户,用户数量的增加将极大地提升企业估值,在没有时空限制作为屏障的网络世界,这种竞争是白热化的,速度常常意味着得到全部或是被淘汰出局。在梅特卡夫法则的驱动下,我国新兴数字企业快速成长为巨头:阿里巴巴早在1999年成立之初,就布局了阿里巴巴国际站这一业务板块,便于今后从事跨境电商领域,成为国内跨境电商行业的领跑者。在顺利打通欧洲、美洲和东南亚等市场后,其又收购了东南亚地区最大的在线购物网站Lazada和印度尼西亚最大的电商平台Tokopedia等多个电商平台。越来越多的买家通过阿里巴巴国际站平台进行采购从而创造更多的市场机会,同时更多的卖家入驻平台,让竞争变得更加激烈,创造新的商机。作为我国最大的跨境电商平台,阿里巴巴跨境及全球零售商业2021年实现收入344.55亿元,同比2020财年的243.23亿元增长42%。

(二) 摩尔定律

1965年4月19日,摩尔博士在《电子学》杂志中预言,在价格不变的条件下,半导体芯片上集成的晶体管和元器件数量每经过18个月到24个月便会增加一倍,即处理器的性能大约每两年翻一倍,同时价格下降为之前的一半。半导体行业的传奇定律——摩尔定律就此诞生,并在接下来的半个世纪推动了整个信息行业的飞跃。这个定律不仅体现了网络科技更新的速度,还反映了其成本降低的可能性。

近年来,移动互联、云计算、大数据、物联网等新的信息技术几乎同时实现了群体性突破,全都呈现出指数级增长的态势。信息技术指数级的增长使信息设备变得极快速、极廉价、更小、更轻,体现了摩尔定律揭示的发展趋势。在摩尔定律的支配下,新技术、新产品以及新产业快速涌现,使数字贸易范围不断扩大,其中,基于信息通信技术的平台型电商公司成为新经济的典型代表:天猫和京东等电商平台拥有大量的用户,能够跨越时间和空间的限制,解决了过去销售时间长、地理半径小的问题,实现了贸易的数字化与全球化。通过这些跨境电商平台,平台参与者为货物和服务提供订购得以实现,促进了跨境交易的飞速发展。

(三) 达维多定律

达维多定律是以曾担任英特尔公司高级行销主管和副总裁的威廉·H.达维多(William H. Davidow)的名字命名的。达维多(1992)认为,一个企业要想在市场上总是占据主导地位,那么就要做到第一个开发出新产品,又第一个淘汰自己的老产品。这一定律的基点是着眼于市场开发和利益分割的成效。因为人们在市场竞争中无时无刻不在抢占先机,只有先入市场才能更容易获取较大的份额和较高的利润。这一定律促使企业不断地进行技术革新、淘汰自身落伍产品,力争第一个开发出新一代产品。

这一定律展现的规模经济和自我强化效应在电商领域得到无限放大,其中龙头电商平台的出现是达维多定律发挥作用的体现之一。和传统经济形态类比,跨境电商平台就是一个存在于虚拟世界的百货大楼,并没有时间和空间的限制。以淘宝网为例,其通过搭建"平台"的方式重塑商业渠道,改变信息流并成功作用于物流和资金流,为不断扩大贸易范围、吸引更多消费者提供了基础。在竞争企业中获得先发优势,并保持领先实力之后,淘宝网很快在网络世界实现规模效应,具备更强的用户吸引能力和资源吸收能力,反过来又进一步增强其规模效应。由于网络的无界,这样的平台企业不仅能形成区域性龙头,还能成长为全球数字巨头。

二、跨境电商全链路数字化转型

(一) 跨境电商全链路数字化转型的概念及特征

1. 概念及内涵

近年来,云计算、大数据、人工智能等数字技术广泛运用于跨境贸易的各环节,驱动跨境电商不断转型升级。以阿里巴巴国际站为代表的一批跨境电商平台不断拓展功能,由平台撮合跨境买家与卖家达成货物贸易逐步向外贸服务领域延伸，形成平台整合资源提供跨境货物贸易和服务贸易全链条融合发展的新模式——以跨境电商平台为核心，通过数字化链路衔接生产商、供应商、跨境电商平台企业、消费者以及其他市场主体（贸易商、采购商、物流公司、报关行、第三方支付公司、金融机构、代运营公司、财税服务提供商），形成高度数字化、共享资源、共创价值的生态网络系统，如图 2-10 所示。

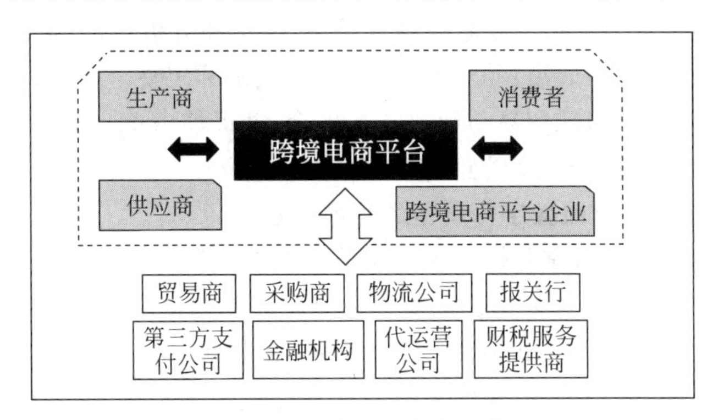

图 2-10 跨境电商全链路

2. 主要特征

（1）数字化。交易标的包括商品、服务以及信息数据等，且交易全流程高度数字化。

（2）平台化。全链路的跨境电商平台是协调和配置资源的基本经济组织，不仅是汇聚各方数据的中枢，更是实现价值创造的核心，大幅降低了产品和服务进入境外市场的贸易成本。

（3）普惠化。数字化转型大幅降低了国际贸易门槛，中小企业、个体商户都可以通过跨境电商平台面向全球消费者，在传统贸易中处于弱势地位的群体能够积极参与并从中获利。

（4）个性化。基于人工智能、大数据、云计算等数字技术，跨境电商平台能为买卖双方提供智能化的精准营销、交易履约和信用资产等服务，根据消费者的个性化需求提供定制化服务成为提升竞争力的关键。

（5）生态化。平台与企业遵循共同的契约精神、共享数据资源、共创价值，形成互利共赢的生态体系。

（6）全球化。由数字技术搭建的全球网络空间将来自各个国家与地区的产品和服务内容面向全球市场提供，推动生产全球化、消费全球化、服务全球化、投资全球化不断加速。

（二）跨境电商全链路数字化转型的发展

1. 跨境电商全链路数字化转型的推动因素

近年来，全球跨境电商全链路加速数字化转型。一方面，新兴数字技术与传统贸易相结合创造了贸易新业态，带来了数字化转型的风潮，形成了基于电商平台的 B2B、B2C、C2C 等贸易新模式。数字技术不但深刻改变了国际贸易，也广泛应用在国际贸易链路的每一个环节，包括物流仓储、支付结算、融资贷款、报关通关、收汇结汇、广告营销等。总之,从供给侧看,大数据、云计算、人工智能、区块链乃至虚拟现实、量子计算、人机互动等技术的不断创新突破正在提升跨境电商的服务能力与水平。另一方面,国际产业分工越加精细,对国际供应链的敏捷性和快速响应能力提出了更高要求,刺激了跨境电商全链路加速转型。基于数字通信和传输技术,上下游企业可以实现无缝、实时的信息互换和共享;基于智能优化算法,可以更加高效而低成本地组织物流;基于大数据征信技术,融资结算可以更加高效而安全;基于数据的高效采集、清洗和分析技术,生产企业和贸易商可以更加精准地投放广告、拓展市场空间。数字技术在国际贸易全流程、全链条的广泛应用场景和广阔前景,加速了国际贸易与数字技术融合,并促使由单一货物贸易的传统跨境电商向"货物贸易+服务贸易"的全链路跨境电商转型升级。

2. 中国跨境电商全链路数字化转型的发展阶段

中国跨境电商全链路数字化转型大致可分为四个阶段。

萌芽阶段(1999—2003年),是国际贸易数字化转型的试水阶段。1999年中国最大的外贸信息黄页平台阿里巴巴(即阿里巴巴国际站,Alibaba.com)的成立是该阶段的标志性事件。该阶段电商平台商业模式的主要特点是以展示为目的,交易和支付等其他环节仍在线下完成。

1.0阶段(2004—2012年),是电子商务的探索发展时期。该阶段商业模式的主要特征是电商平台依靠现代信息技术,通过服务、资源整合,有效打通上下游供应链和服务链,将线下交易、支付、物流等流程数字化,实现数字技术与外贸业务流程的初步融合,推动供应链扁平化和虚拟化,压缩了供应链周期,提升了企业盈利能力。

2.0阶段(2013—2017年),是跨境电商的爆发期。2013年,电子商务法立法进程启动,国务院出台支持跨境电商的"国六条",启动全国首个跨境贸易电子商务试点平台。全产业链在线化、移动化,带动数字化新外贸高速发展和生态系统不断完善。此阶段跨境电商呈现出大型工厂上线、企业类买家成规模、中大额订单比例提升、移动用户量激增和全产业链服务在线化等典型特征,商业模式由C2C、B2C向B2B、M2B(生产商对经销商)转变。

3.0阶段(2018年至今),跨境电商向全链路数字化转型推进。2018年8月,《电子商务法》发布,支持跨境电商综试区在技术标准、业务流程、监管模式和信息化建设等方面先行先试。构建全球支付结算金融、数字化关务、数智化物流三大跨境供应链体系,提供全链路、一站式智能解决方案是现阶段商业模式的显著特征。借助云计算和大数据技术,实现精准营销,解决了跨境电商发展中存在的"订单荒"问题;借助人工智能和区块链技术,解决了"履约难"问题。

(三) 全链路数字化转型的多方影响

1. 制造业产业链的重塑

制造企业是跨境贸易的主要参与者,涉及产业和相关产品种类众多,这些产业企业之间存在着上下游关联,在跨境电商链路中占据不同的生态位,上游企业为下游企业提供生产所必需的原材料或者半成品,下游企业生产的部分衍生物或废物可供上游企业使用,上游企业与下游企业互为卖家和买家,彼此之间和谐共存、合作共赢。随着现代信息技术的快速发展，企业组织方式和市场需求正在发生变化。从生产制造环节来看，传统制造企业为了及时适应客户的个性化需求，纷纷实施数字化转型战略，向数字化、网络化和智能化方向发展，以工业互联网推动制造业与信息化深度融合，使生产成本降低、生产效率提高，并解决产能过剩、物流成本高、供需不匹配等问题。从制造企业采购行为来看，货期长、批量大、金额大的传统模式将被短周期、小批量、碎片化取而代之，跨境电商平台提供的专业沟通、交易、结算、支付和物流等服务将为其提供支撑，有效解决制造商在国际采购中的金融、物流、专业人才等短缺。从外贸方式来看，传统外贸模式下制造企业要将产品卖给最终消费者，通常需经过出口商、进口商、批发商、零售商四个环节才能实现。通过全链路数字化转型，跨境电商平台可以有机整合上述环节，为制造业企业提供一站式服务，缩短贸易服务链。

2. 运营模式的发展

目前，跨境电商的运营模式，以跨境 B2B 为主，跨境 B2C 为辅。B2B 模式是跨境电商中最具发展潜力、最有能力形成规模和国际竞争力的电子商务模式。B2B 模式下，平台企业将供需双方汇聚到一起，通过发布供需信息，方便买卖双方借助平台自主选择交易对象，并利用在线支付或结算系统完成交易。跨境 B2B 又可以细分为出口 B2B 和进口 B2B 两种模式。出口 B2B 主要有以下几种模式：以阿里巴巴国际站为代表的“批发贸易＋外贸服务的平台模式”，以敦煌网为代表的“批发兼零售的平台模式”，以环球易购为代表的“自采或 POP(Platform Open Plan，平台开发计划)兼营的全域零售平台模式”。进口 B2B 模式目前作用有限，也缺少大型平台。B2C 模式主要有以速卖通为代表的“境外直供模式”和以考拉海购为代表的“境外优选模式”。“境外直供模式”通过跨境电商平台将境外经销商与境内消费者直接联系起来，平台企业负责制定适合跨境电商进口交易的规则和消费流程，通过打造良好的购物体验，收取商家入驻费用和交易佣金。该模式主要建立在供需双方的丰富程度之上，一般要求境外企业具有零售资质和授权，并且能够提供完善的售后服务。其商品一般是采用境外直邮方式运送到消费者手中，目前该模式在 B2C 中占据大部分市场份额。“境外优选模式”以自营型 B2C 为主，平台直接参与货源的组织、物流仓储及销售过程。其一般采取保税备货的模式，物流时效性较高，用户体验相对更好，但产品丰富度较低。

3. 服务体系的完善

跨境电商服务体系由境内外的物流企业、第三方支付企业、金融机构、信息服务商、政府管理部门等构成，这些企业和机构扮演着服务支持角色，其中，交易服务维度的物流服务和支付服务尤为重要。

物流服务是指为跨境商品贸易提供的存储、运输、配送、装卸及仓内加工等一系列服务的总称。目前的物流运作方式主要有邮政小包、快递、专线速递、复式联运、海外仓等。其中，专线速递的服务包括货物揽收、装卸打包、运输、在线追踪订单、清关和本地派送等。海运快船是专线速递的一种形式，作为一种新形态的物流拼箱模式，它整合了快递、传统拼箱、快船、超级快速交付服务(SUPER HDS)等物流模式的优势，“在成本不变或更低的基础上，让传统拼箱的门到门交货期缩短一半”。海外仓是指境内外为跨境电商企业提供货物存放、加工、分拣、装卸、打包、返修服务的仓库，按其性质可以分为保税仓和普通仓，按其地理位置可分为境内仓和境外仓。境内仓以跨境电商试点城市、跨境电商综试区的海关特殊监管区等为主要载体,主要应用于网购保税进口商品。境外仓主要分为电商平台自建仓库、第三方境外仓库和跨境电商卖家自建的境外仓库,目前越来越多的跨境物流采用"跨境电商+海外仓"的模式,即境外买家首先通过跨境电商网站完成产品的在线购买,然后利用卖家在全球范围内布局的本地化境外仓储、物流系统实现商品的及时运输和配送。

跨境电商第三方支付主要是指为B2C跨境电商交易全流程提供境外收单、资金跨境、结算分发等服务。跨境电商B2B目前支持汇款、信用证和托收等主流国际结算方式。从支付方式来看,支付服务主要分为本地电汇、跨境电汇和信用卡等多种支付方式,国际电汇仍占据主导地位。

三、数字技术赋能的跨境电商理论

(一)大数据在跨境电商平台中的应用

信息通信技术及相关技术的大发展使庞大数据的产生、收集、存储、处理、应用成为可能,随着数据量级的飞跃,大数据技术应运而生,并体现出海量数据、多来源非结构化数据、实时处理、低密度高价值、真实的特征。经过十几年高速发展,大数据技术在跨境电商平台中已有较为成熟的应用。

1. 大数据技术赋能跨境电商

提高产品与消费者搜索和消费习惯的匹配度。借助大数据技术,跨境电商平台能将随机无序的消费者搜索和消费习惯进行系统化整理与分析,不断提高产品属性、平台信息发布与数据的吻合程度。通过大数据分析消费者的喜好和消费习惯,有助于跨境电商提供消费者真正需要的商品,满足不同客户的消费需求。这不仅可以吸引更多用户人群,还可以提高平台用户的黏性,获得更多企业经济效益,推动行业的持续发展。

提供高质量与个性化的服务方案。大数据技术能帮助跨境电商平台优化内部运营,解决延迟、错位、数据错误等问题,协助后台工作人员服务用户,保障用户的消费体验。同时,跨境电商平台能利用大数据对售后问题、消费者反馈等进行统计分析,对产品的优化与改进作出科学判断,改善买家与卖家之间的交流,为消费者提供准确、高质量以及个性化的服务方案。

提高外部营销的准确性和科学性。大数据能够准确把握营销数据,协助平台管理对外营销的各个环节,避免人工操作的失误;也能帮助平台挖掘潜在用户,分析市场和利润,综合各种因素制定营销策略,进一步管理和维护用户。通过大数据建立预测模型,不仅能对市场情况进行估测,还能针对危机公关提供科学应对策略,帮助跨境电商规避风险。

2. 跨境电商应用大数据技术的典型案例

成立于1995年的亚马逊是全球最大的电子商务供应商。通过应用大数据技术,亚马逊开发了推荐系统,该系统最强大的一点,就是能够让顾客发现自己的潜在需求。顾客从进入亚马逊的网上商店起,就不断地被这样的思想渗透。"人气组合""购买了此商品的用户还浏览了”等栏目都是引导顾客发现自己潜在需求的“钓钩”。亚马逊将顾客在网站内的所有行为都通过系统记录下来，根据数据的特点进行分类处理，按照商品类别形成不同的推荐栏目。例如，“今日推荐”就是根据顾客当天浏览的信息记录，推出一些点击率最高或者购买率最高的产品；“新产品推荐”根据顾客搜索的内容为顾客提供大量新产品的信息；“用户浏览商品推荐”则是将顾客曾经浏览过的商品信息再一次推向顾客，让顾客考虑购买或者进行二次购买。捆绑销售法也是亚马逊采用的有效方法之一。利用数据挖掘技术分析顾客的购买行为，找到某件商品的购买者经常一起购买的其他商品，构成销售组合，进行捆绑销售。“他人购买或浏览过的商品”栏目，则是通过社会化的机制，根据购买同类商品的顾客的喜好，为顾客提供更多的选择，使顾客更加方便地挑选。

作为代表性跨境电商平台之一，eBay 在运营过程中，对于大数据技术的应用已步入成熟阶段。利用大数据技术，平台能够准确记录平台消费者的实际消费情况、浏览内容等，最终精确地收集用户信息，计算用户的需求。此外，大数据技术还能够充分分析年龄、天气以及浏览地点等因素，全方面掌握用户本身想要购买的商品，进而为商家提供用户信息，推送符合用户需求的商品，给商家提出一些建议。只要用户登录 eBay 平台，便会在无形之中暴露自己的喜好、消费观，大数据技术就能帮助跨境电商平台对这些信息进行收集和处理，进而对消费者的个体需求进行精准预测，对消费者有意识地开展产品生产、营销活动。

(二) 区块链与跨境电商平台去中心化治理

区块链是指采用分布式共识算法进行信息生成与更替，采取加密链式区块结构进行数据验证与存储，利用自动化脚本进行命令执行的一种分布式与去中心化的基础结构。区块链技术有利于变革跨境电商运行模式，形成跨境电商新形态，其去中心化、集体维护和自我管理等特点，助推低成本、高效率的跨境交易体系的建立。

1. 区块链的有效赋能和风险应对

具体来说，区块链技术能有效赋能跨境电商平台在核心领域的功能发挥：在物流领域，基于区块链技术的去中心化特质，能够促进各方通力合作并提高跨境物流效率，保证数据的可追溯性和真实性；在支付领域，基于区块链分布式的记录功能特性，能够使跨境支付更加便捷、高效和安全，实时追踪位置、智能执行合约和自动化交付使交易拥有很高的效率及较低的风险，同时还能在根本上避免跨越国家或地区的结算耗时、跨行手续多、费用高昂等问题。

然而，区块链的特性也给跨境交易带来了风险：首先，去中心化易产生系统风险(systematic risk)，尤其是跨境电商交易跨越国家(地区)界限，在一定程度上会削弱国家(地区)金融体系的稳定。其次，去中心化易招致不公正的交易结果，由于智能合约由源代码构成，通过软件自动执行，且一旦启动则不能更改，这就排除了第三方的干预。最后，区块链的开源性质会导致交互者的隐私泄露，一些信息和数据会在平台上形成记录，并被其他用户查看或下载。

为了实现“区块链＋跨境电商”模式的健康发展，跨境电商平台去中心化治理需要进一步完善：第一，政府需要深入探究区块链的监管模式，大力推进跨境物流、跨境支付和产品品质监控等制度创新。其次,由于当前区块链技术成熟度不够以及产品用户体验缺失,需要支持鼓励区块链技术的持续研发,推动其在跨境电商领域应用的技术突破。最后,区块链技术公司、跨境电商平台主和平台参与者、监管机构等需要通力合作,制定切实有效的通行行业标准,保证跨境电商生态系统的兼容性和互联互通,以实现行业整体效益的提升。

2. 跨境电商应用区块链技术的典型案例

Ripple 是一家主营跨境结算的公司,该公司依托区块链技术构建了一个无中央节点、点对点交易的分布式支付网络,旨在构建一个跨境转账平台。其应用于跨境电商,可以实现实时跨境支付,采用了基于拜占庭容错算法的共识机制和投票机制,仅仅需要几秒钟,就可以实现交易确认和实时结算;Ripple 网关是货币进出 Ripple 网络的大门,金融机构和银行、做市商等是网关的主要角色;通过网络,跨境电商客户可以实现点对点转账,协议涉及的各方都能够看到同一个分类账,每个网关通过协商一致机制修改 Ripple 的分布式分类账来完成交易,此时所有用户的账簿都已更新;在传统跨境电商的痛点——结汇方面,Ripple 引入做市商机制,提供跨境转账的汇兑服务,以支持多币种支付,做市商会自动选择许多做市商中出价最低的投标人,从而降低了资本转换的成本;Ripple 自主研发的数字货币瑞波币作为 Ripple 的中介货币,在交易双方无法成功地通过做市商进行交易的情况下,可以先将货币转换为瑞波币再进行交易;省去了中心化机构,Ripple 的跨境支付仅需要支付点对点交易网关的手续费,这在跨境电商中,可以大大降低电子支付成本。Ripple 的应用优势分析总结见表 2-1。

表 2-1 Ripple 的应用优势分析总结

技术特征	优势体现
去中心化	支付成本降低、效率提高、几秒钟之内实现交易确认
共识机制	实现去信任化交易,每一个节点共同监督单笔交易数据
数字货币	提高跨境结算效率,减少汇兑损益
时间戳	所有交易数据可追踪、可回溯、上链后不可篡改
智能合约	利用可扩展性向智能监管和其他业务领域纵深发展

(三) 新一代信息技术与跨境电商平台

跨境电商本质是利用互联网做外贸,将传统的商务流程电子化、数字化,一方面以电子流代替实物流,可以大量减少人力、物力,降低成本;另一方面,突破时间和空间的限制,使交易活动可以在任何时间、任何地点进行,从而大幅提高效率。以云计算、物联网、大数据、人工智能和区块链为代表的新一代信息技术在跨境交易中的作用不断凸显,并对未来新模式、新业态的出现提供了技术支持。

1. 跨境电商平台发展趋势

(1) 跨界整合。随着新一代信息技术的深入应用,跨境电商平台的信息获取和整合能力、市场感知能力、关系整合能力和超前预测能力将不断提升,推动企业和供应商、顾客、股东等利益相关者保持动态协调。这将深化关联产业价值网络的横、纵向跨界整合,通过网络资源的动态组织和配置更好地满足顾客的个性化需求。

(2) 泛平台化。平台是数字经济时代协调和配置资源的基本组织，是价值创造和价值聚集的重要载体，能通过构建多方治理机制连接多类型经济主体，利用网络效应实现资金、信息和知识的低成本聚集，进而产生超额利润。随着新一代信息技术的深入应用，基础跨境电商平台有了衍生新业态、新模式的可能，不仅催生了很多基于数据业务的增值业务，还推动了世界级平台的出现。

(3) 互联生态。基于跨境电商平台的价值创造主体包括企业、供应商、客户、社群等，这样的商业生态圈已逐渐模糊与外部环境的界限。新一代信息技术的深入应用，更是促进了产业内或产业间利益相关者的数据、渠道和技术的充分整合，使商业生态系统集资源性、融合性、技术性、服务性于一体，展现出智能、互联的生态特征。

2. 元宇宙技术与跨境电商平台发展前景

元宇宙是基于多种信息技术有机结合，沉浸式、自主化、虚实融合的数字网络空间，将构建基于互联网平台价值重构，身份资产化、内容货币化、开放互通的虚拟经济体系。该技术的融合应用将推动用户信息跨平台，即由个人而非平台掌握用于验证元宇宙中数字身份的私钥；数字资产跨平台，即数字物品的资产与数字身份绑定，所有权认定与应用同平台解绑；金融服务跨平台，即可使数字资产相互构建以进行传输与交换，为跨境数据流动、跨境支付及交易活动提供有效的解决方案。此外，元宇宙技术能满足跨境电商平台强交互需求，通过对分辨率、帧率等视听质量维度的迭代带来用户体验的增量跃迁，更好地满足跨境电商平台与跨境电商卖家、消费者等各种类型的主体间跨越国界的交互活动。

拓展阅读 2-1　元宇宙产业生态

未来，在元宇宙技术的支撑下，跨境电商平台将实现数据共享、信息透明、防篡改、可溯源、多主体共识协作、动态智能演化，并形成更加智能的跨境电商信息生态系统(图 2-11)。该系统以元宇宙技术所搭建的平台为支撑，在与内部环境、外部环境实现共生的前提下，借助元宇宙技术确保信息的有效输入，同时经过元宇宙平台的信息生产、传递、消费与分解，保障跨境电商信息流的增值与安全畅通，并实现新信息的有效输出，以满足跨境电商各类活动的需求，且促进了新技术对跨境电商相关主体及其交易活动所产生、关联的信息生产、传递、消费与分解活动的降本提质增效。

3. ChatGPT 与跨境电商的碰撞

拓展阅读 2-2　元宇宙-人与物共生的未来平台

ChatGPT 是美国人工智能研究实验室 OpenAI 于 2022 年 11 月 30 日推出的一种人工智能技术驱动的自然语言处理工具，能以自然语言为交互方式，完成问题回答、文案撰写、文本摘要、语言翻译、计算机代码生成等任务，具有广泛的应用前景。2023 年 3 月 14 日，OpenAI 推出 GPT-4 多模态模型，性能升级，引领数字内容生产方式向 AIGC(AI-Generated Content)持续迈进。

跨境电商是指分属不同关境的交易主体通过电子商务平台达成交易、进行支付结算，并通过跨境物流送达商品、完成交易的新型贸易方式，其特点是将传统跨国(地区)贸易中的洽谈、成交等环节网络化、电子化、数字化。跨境电商作为互联网交易的典型代表，基于“跨境交易”“在线订单”及“跨境物流”的属性，对跨境快速信息传输技术、语言翻译交流、

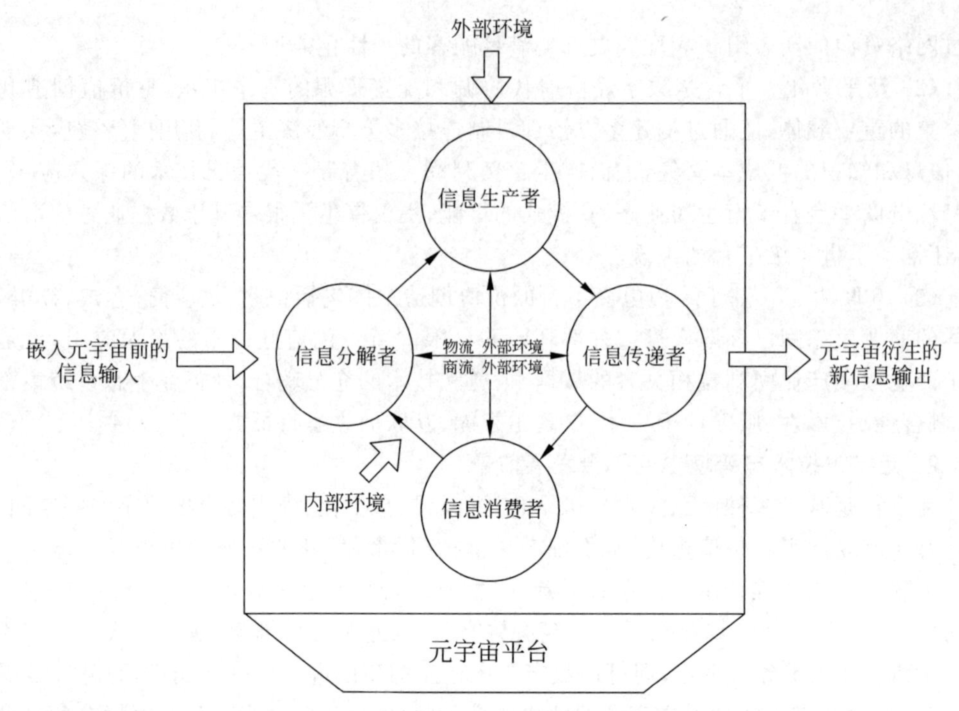

图 2-11 元宇宙跨境电商信息生态系统模型

在线宣传销售等工作相较于国内电商有更高要求，而 ChatGPT 的出现缓解了跨境电商自身能力的发展痛点。

当下阶段，ChatGPT 在跨境电商中有四大潜在的应用场景。

(1) 客服咨询。ChatGPT 可以通过自然语言处理技术，帮助企业更好地与客户进行交互，打破语言和文化障碍，提高客户满意度。由 ChatGPT 支持的客服，具有强识图能力与更"类人"的生成式输出，能够更高质量、更高效地理解消费者个性化意图，提高满意度与询单转化率，节约客服运营成本。

(2) 产品分析。ChatGPT 的海量数据输入与输出将为跨境电商企业节省高昂成本的市场调研投入，以便企业快速找准商机，开拓市场。在全球先行实践中，跨境电商 SaaS 服务商 Shopify 率先集成 ChatGPT，有效增强消费者个性化推荐、改善卖家运营效率。

(3) 内容创作。跨境电商出海企业可以通过向 ChatGPT 输入要求和关键词，快速生成产品标题和产品的具体描述。ChatGPT 强大的文案输出功能将为跨境电商企业上架新品、与平台沟通等提供更多便利。

(4) 低代码编程。ChatGPT 可以用自然语言实现低代码编程，包括但不限于 Python、JavaScript、Java、C++等。ChatGPT 通过提供编程建议、最佳实践和代码优化技巧，帮助开发者提高代码质量和性能，这将有助跨境电商企业通过低代码编程技术自行建立独立站，也将推动跨境电商企业进一步升级 ERP(enterprise resource planning，企业资源计划)系统及申报系统，减轻因系统错误而产生的跨境申报责任。

此外，ChatGPT 已经拥有插件功能，从官方公布的案例来看，聚合了多个 App 插件的 ChatGPT 可以连接多个垂直领域的 App 功能和数据，一站式生成所需要的内容，并且可以将其推荐的产品直接勾选后等待用户一键加入购物车下单。这可能改变整体的电商流量分配逻辑和旧的跨境电商消费搜索方式，将以平台为中心的搜索方式转移到以用户需求为中心，从而推动跨境电商更高质量的发展。

截至目前，已有跨境电商企业、跨境电商服务商试水 ChatGPT。以吉宏股份为代表，自 2023 年 1 月接入 ChatGPT 的 API（应用程序接口）后，公司已结合跨境电商业务模式和 IT 储备，借助 OpenAI 公司开发的 ChatGPT 技术赋能包括选品、素材制作、广告投放、翻译、客服等业务节点，已累计帮助公司上新品万余、累计节省客服工时 1 000 以上、生成新广告文案 7 万多条、处理图像素材 2 万多个。

Internet Law Review 的专家认为，ChatGPT 正在重塑、洗牌跨境电商行业。跨境电商企业和从业者应当在"ChatGPT 热"下保持冷思考，主动拥抱合规，充分发挥 ChatGPT 的最大价值。

复习思考题

1. 长尾理论与二八定律有怎样的区别和联系？
2. 试从交易成本理论的角度分析跨境电商"去中介化"的现象。
3. 跨境电商的主要风险类别有哪些？
4. 试从组织学习理论的角度分析企业如何依托跨境电商平台提升国际化优势。
5. 简述支配数字经济的三大定律。

练　习　题

第三章

跨境电商政策

【教学目的和要求】

向学生介绍跨境电商相关政策，使学生了解跨境电商壁垒、自由贸易的内涵及其对跨境电商企业的影响，理解数据、数据本地存储与数据跨境流动的内涵和管理机制，把握新一轮电子商务谈判的核心议题与各国（地区）的主张和分歧，深化对中国跨境电商政策、数字基础设施与数字丝绸之路战略的认识，从而对跨境电商发展趋势进行科学研判。

【关键概念】

跨境电商壁垒　跨境电商关税壁垒　跨境电商非关税壁垒　自由贸易　数据　数据本地存储　数据跨境流动　《全面与进步跨太平洋伙伴关系协定》《区域全面经济伙伴关系协定》《数字经济伙伴关系协定》　数字基础设施　数字丝绸之路

字节跳动被业界称为“中国互联网产品出海的新标杆”，从 2015 年开始国际化，至 2021 年，旗下产品覆盖全球 150 多个国家和地区。然而，因撼动了美国直属媒体平台的市场地位，TikTok 从 2019 年开始便遭到了美国市场的打压。2019 年 12 月 16 日，美国国会以获取用户信息，泄露隐私并“威胁国家安全”为由起诉 TikTok。2020 年 8 月 6 日，特朗普签署行政令要求字节跳动在 45 天内出售 TikTok，否则将被封禁，此事一出，中国国内舆论一片哗然，出售 TikTok 一时间仿佛成为一种“必然”。危机发生后，字节跳动迅速采取应对之策，在 8 月 24 日宣布将正式起诉美国政府针对其所发布的与该公司有关的一系列行政令，以维护自身合法权益。在经历了多月的拉锯战后，2021 年 2 月 26 日，字节跳动宣布将支付 9 200 万美元以解决美国部分 TikTok 用户的数据隐私索赔问题，字节跳动称：“虽然并不同意诸如泄露用户隐私与威胁国家安全等说法，但与其进行漫长的诉讼，还不如把精力集中用在为 TikTok 社区打造一个更加安全、愉快的体验上。”2021 年 6 月 9 日，美国总统拜登签署行政令并宣布撤销前任总统特朗普在任期间有关“在美国境内禁止下载和使用 TikTok”的命令，标志着 TikTok 可以继续在美国市场上合法运行，也正式给封禁 TikTok 这场闹剧画上了一个句号。

资料来源：谢佩洪，李伟光. 字节跳动的国际化突围之路——以 TikTok 封禁事件为例[J]. 清华管理评论，2022，102(6)：98-107.

查阅相关资料，总结字节跳动的国际化经验给我国跨境电商企业带来什么启示。

第一节　跨境电商壁垒和自由贸易

跨境电商是数字贸易的重要组成部分，跨境电商的发展实际上就是贸易方式数字化的过程。随着云计算、大数据、区块链等数字技术的广泛应用，原来以线下交易手段为主的跨境电商，正不断拓展其商务活动半径，通过整合传统产业链，推动生产、贸易手段的数字化、智能化转型。随着跨境电商的发展，传统贸易壁垒不再适用跨境电商，新的数字贸易政策中贸易方式数字化部分将对跨境电商产生主要的影响，跨境电商壁垒与自由贸易政策影响未来跨境电商企业的发展。一方面，通过建立关税壁垒或非关税壁垒形成跨境电商壁垒来限制跨境电商企业发展；另一方面，通过签订双边及多边协议、建立自贸区等方式逐步推行自由贸易来促进跨境电商企业的发展。

一、跨境电商壁垒

（一）跨境电商壁垒的内涵

跨境电商壁垒是指一个国家（地区或经济体）为保护国（地区或经济体）内企业免受外国（地区或经济体）竞争、刺激本国（地区或经济体）产品的出口，在国际贸易中对通过数字化手段贸易的实体货物的交换所设置的限制措施。比较跨境电商壁垒和传统贸易壁垒，有助于我们深入理解跨境电商壁垒的外延。

跨境电商壁垒和传统贸易壁垒是两个并列概念，二者在实施主体、实施对象、实施方式及实施目的方面有相似之处，但也存在诸多不同。在实施主体方面，世界各国（地区）都存在两种壁垒，但不同国家（地区）的限制程度不同，跨境电商壁垒较高的主体主要是那些数字技术发展尚不成熟、在全球数字贸易规则尚未完善的环境下遭受利益损失、意识形态较为保守以及实行数字霸权的国家（地区）；在实施对象方面，跨境电商中的贸易标的主要包括通过数字化手段交付的实体货物，依靠传统贸易壁垒无法规制其他产品和服务，需要跨境电商壁垒来实现；在实施方式方面，传统贸易壁垒和跨境电商壁垒都可以分为关税壁垒及非关税壁垒，传统的关税壁垒主要包括进口税、出口税、反倾销税等，跨境电商关税壁垒主要包括跨境电商进口税及跨境电商出口税，传统贸易非关税壁垒可以分为海关直接限制进口商品的数量及种类、政府通过制定相应海关手续或外汇管制间接限制境外商品和劳务的进口，跨境电商非关税壁垒包括市场准入限制、数据限制、建立知识产权保护体系、网络安全等，与传统贸易非关税壁垒存在较大差别；在实施目的方面，传统贸易壁垒和跨境电商壁垒都能通过关税增加政府财政收入、保护境内相关产业发展，而构筑跨境电商壁垒的目的还包括填补传统贸易壁垒的空缺，消除数字化手段交付的产品和服务在知识产权、个人隐私等领域所造成的负面影响。

（二）跨境电商关税壁垒和跨境电商非关税壁垒的类型

1. 跨境电商关税壁垒的类型

跨境电商关税壁垒主要包括跨境电商进口税和跨境电商出口税。

跨境电商进口税是指对经过海关的通过电子或互联网交付的进口货物所征收的税款,其根本目的在于提升贸易成本,保护境内企业。《财政部 海关总署 国家税务总局关于跨境电子商务零售进口税收政策的通知》规定,自2016年4月8日起,对跨境电商零售进口货物征收进口税。跨境电商零售进口税包括关税、增值税与消费税三种。根据该通知,购买跨境电商零售进口商品的个人作为纳税义务人,电子商务企业、电子商务交易平台企业可作为进口环节税款代收代缴义务人,物流企业也可作为进口环节税款代收代缴义务人。

跨境电商出口税是指对经过海关的通过电子或互联网交付的出口货物所征收的税款,由于征收出口税不利于本国(地区)企业参与国际竞争,因此各个国家和地区很少征收出口税。各个国家和地区往往通过实行出口退税等税收激励政策使企业的出口货物以不含税的价格参与国际市场竞争,以提高本国(地区)企业的竞争优势。《财政部 国家税务总局关于跨境电子商务零售出口税收政策的通知》规定,自2014年1月1日起,电子商务出口企业出口货物,适用增值税、消费税退(免)税政策。根据该通知,符合条件的跨境电商企业应在办理出口退税备案后,再办理出口退税申报业务。其申报途径主要包括:①所在地区电子税务局出口退税在线申报功能;②离线版出口退税申报软件;③中国国际贸易单一窗口。

2. 跨境电商非关税壁垒的类型

跨境电商非关税壁垒主要包括数据流通壁垒、数字知识产权壁垒与市场准入壁垒。

数据流通壁垒是指各个国家和地区对数据要素使用和跨境流动的限制,包括数据本地化、数据跨境流动限制。数据限制的主要标的包括个人信息数据、金融数据、电信数据、企业数据及国防数据,其目的在于保护本国(地区)个人、企业的合法权益及维护国家(地区)安全。例如欧盟2018年的《通用数据保护条例》(General Data Protection Regulation, GDPR)建立了严格的个人数据跨境流动限制体系,强调欧盟不允许向不能提供充分保护的国家传输数据。

数字知识产权壁垒是指各个国家和地区为阻止跨境电商中的知识产权侵权行为作出的限制,核心议题包括:禁止强制公开数字知识产权的"源代码或算法保护""技术非强制本地化",避免网络服务提供商为第三方数字知识产权侵权承担风险的"网络中介责任豁免"。数字知识产权保护的主要标的是依托信息通信技术实现跨境传输的数字内容版权和著作权以及云计算、人工智能等新兴产业(产品)的关键技术等。例如美国在TPP(跨太平洋伙伴关系协定)第14.17条提出具有约束力的源代码保护条款,以规避自身企业对外输出密集型数字服务时被要求公开源代码。

市场准入壁垒包括技术壁垒、互联网非中性的审查措施以及其他主体限制。通常各个国家和地区会制定适合其国情(地区情况)的市场准入规定。其目的在于保护国(地区)内相关企业发展及切断传播违反本国和地区法律内容的渠道。各个国家和地区都有不同的市场准入限制,如国家发改委、商务部发布的《市场准入负面清单(2022年版)》中包括:禁止个人在互联网上发布危险物品信息;禁止任何单位和个人在互联网上发布危险物品制造方法的信息;非公有资本不得投资设立和经营新闻机构,包括但不限于通讯社、报刊出版单位、广播电视播出机构、广播电视站以及互联网新闻信息采编发布服务机构等。

(三) 跨境电商壁垒产生的原因

1. 填补传统贸易壁垒缺口

跨境电商对传统贸易理论和贸易规则提出一系列挑战,传统贸易壁垒的部分措施无法有效对跨境电商活动进行规制,如关税壁垒会逐渐丧失对数字化交付的产品和服务的限制力。因此,部分国家为了在数字贸易环境下维护本国公民、企业及国家利益,纷纷开始寻求建立跨境电商壁垒的方式。

2. 支持国(地区)内数字经济发展

全球数字经济发展不均衡使一些发达国家(地区)比绝大部分发展中国家(地区)更早发展数字技术,获得了远超发展中国家(地区)的跨境交付能力和物流能力,在国际数字贸易中获得了巨大优势,为了保护本国(地区)跨境电商,处于劣势的国家(地区)更倾向于对可能与本国(地区)数字经济直接竞争的产品和服务自由进入本国(地区)市场采取限制措施,通过制定并实施针对数字经济的关键技术和配套服务发展的优惠政策,扶持重点企业发展,以增强本国(地区)数字经济产业的市场竞争优势。

3. 保护各国数字知识产权

随着数字经济和数字科技的发展,网络侵权行为变得更加容易和普遍,数字化经济增加了知识产权确权、授权和维权的难度,传统的知识产权规则已不适用于数字产权保护,需要建立更为综合的知识产权策略体系来推进跨境电商有序发展。

4. 加强各国公民个人隐私保护

在跨境电商背景下,各种数据在不同国家和地区间快速流动,而各个国家和地区对数据的存储、访问和处理方式的不同规定使数据在跨国(地区)流动的过程中极易被泄露或滥用,进而触发国家(地区)安全、商业机密或个人隐私保护的诸多问题。为了避免数据泄露或非法使用,需要通过诸如数据本地化要求、源代码公开、跨境数据流量限制等措施,加强个人隐私保护。

二、自由贸易

(一) 自由贸易的内涵

自由贸易是指一个国家(地区或经济体)为使本国(地区或经济体)产品和服务能在世界范围内自由输入和输出,以及提高其在市场上的竞争优势,取消关税或其他形式的限制,从而推进贸易自由化。

在全球跨境电商背景下,自由贸易是相对于跨境电商壁垒的概念。自由贸易多采用签订双边或多边协议、开放自由贸易区的形式进行,自由贸易旨在通过推进跨境电商贸易自由化让世界享受到数字经济利益。总体而言,自由贸易和跨境电商壁垒是效率与公平的考量,自由贸易会增加世界经济利益总量,更注重效率;而跨境电商壁垒是为了本国(地区)在经济利益分配上不受侵害,更注重公平。

(二) 自由贸易的发展趋势

根据数字技术应用水平和全球贸易规则的健全程度不同,自由贸易发展可以划分为三个阶段。

第一阶段在20世纪末到21世纪初期,此时全球大型跨境电商平台企业开始出现,如亚马逊、eBay等,这些企业依靠互联网技术实现实体货物交易,整体数字技术应用水平较低,且缺乏相关的法律法规限制。

第二阶段在21世纪初期至今,跨境电商发展不断成熟,业务模式和业务需求趋于多样化,大量中小企业开始纷纷加入跨境电商,数字技术应用水平提升,5G、物联网、大数据,人工智能技术应用与跨境电商深度融合,且行业规模不断扩大倒逼各个国家和地区完善电子商务相关法规,开始通过双多边自贸协定从局部地区开始推动自由贸易。

第三阶段是数字技术应用高水平且在各个国家和地区一致认可的框架下进行的自由贸易。在未来,基于数字化手段交付的产品和服务将在原有基础上不断有新的品类进入市场,丰富其多样性。全球跨境电商也具有成熟的交易流程,在质量得到保证的情形下还能保证高交易量,真正实现高水平的自由贸易。同时,世界各个国家和地区在相关利益诉求上达成一致意见,形成世界自由贸易框架,在此框架下开展跨境电商。

三、跨境电商壁垒和自由贸易对跨境电商企业的影响

(一) 跨境电商壁垒对跨境电商企业的影响

跨境电商壁垒对跨境电商企业既有积极影响,也有消极影响。

一方面,适度的跨境电商壁垒有利于本国跨境电商企业的发展,为企业营造良好的市场环境。由于"数字鸿沟"的存在,在无跨境电商壁垒的情况下,根据市场机制,贸易利益将向发达国家(地区)跨境电商企业倾斜,拉大了企业的发展差距,而跨境电商进口税的征收使进口产品与服务的价格上升,消费者将转而购买本国(地区)的产品与服务,增加了企业的市场份额,针对本国(地区)企业知识产权保护和境外企业的数据的限制为本国(地区)企业在世界市场竞争提供有力支持。

另一方面,跨境电商壁垒不利于境外的跨境电商企业持续经营与发展,过高的壁垒还会抑制本国(地区)跨境电商企业的竞争优势。对境外企业进口税的征收和对数据的限制将极大地增加境外跨境电商企业的税收成本和数据搜索成本,不利于其全球化经营,并在一定程度上阻碍了企业作出最优的市场决策,降低了其他国家和地区产品或服务的市场竞争力,过高的跨境电商壁垒将阻碍境外数字技术输入,使本国(地区)企业的数字技术发展和经营活动的开展陷入停滞,从而使本国(地区)跨境电商企业在国际竞争中失去竞争力。

(二) 自由贸易对跨境电商企业的影响

数字自由贸易对跨境电商企业既有积极影响,也有消极影响。

一方面,自由贸易促进了数字技术和产品服务的流通,推动企业间技术交流,有利于跨境电商企业的技术进步。由于数字技术发展程度的限制,各个国家和地区对数字产品和服务的生产能力有所差异,在自由贸易条件下,境外产品和服务的输入难度降低,能使企业吸收更多优质的境内外产品及基础数字技术,由于知识溢出和学习效应[①]的存在,能

---

① 学习效应:指企业的工人、技术人员、经理等人员在长期生产过程中,可以积累产品生产、技术设计以及管理工作经验,从而通过增加产量使长期平均成本下降。

够快速推动跨境电商企业的技术进步。

另一方面,自由贸易加剧了市场竞争,恶化了企业的发展环境,不利于中小型跨境电商企业的发展。自由贸易将境外大型跨境电商企业引入本国(地区)市场,侵占了本国(地区)的市场份额,并可能与本国(地区)大型企业形成恶性竞争,进一步压缩本国(地区)其他企业的市场份额,令中小型企业难以生存。

拓展阅读 3-1 跨境电商进口与出口退(免)税政策与案例分析

第二节 数据本地存储与跨境流动

一、数据

(一) 数据的内涵

在计算机领域中,数据是事实或观察的结果,是对客观事物的逻辑归纳,是用于表示客观事物的未经加工的原始素材。数据不仅指狭义上的数字,还可以是具有一定意义的文字、字母、数字符号的组合、图形、图像、视频、音频等,也是客观事物的属性、数量、位置及其相互关系的抽象表示。在数字经济时代,数据已成为与土地、劳动力、资本、技术等传统要素并列的生产要素,数据要素具有虚拟性、规模报酬递增、正外部性、负外部性、非竞争性和排他性特征。

特别地,对于那些海量、增长迅速、价值密度低的数据,学界称之为"大数据"。按照内容不同,可以将大数据分为个人数据和非个人数据,个人数据是指可以被识别的自然人的所有数据,非个人数据则是指来自公共部门、企业以及科研机构的数据。按照存储方式不同,又可以将大数据划分为结构化数据和非结构化数据,结构化数据是指可以使用关系型数据库表示和存储,表现为二维形式的数据,非结构化数据是指没有一个预先定义好的数据模型或者没有以一个预先定义的方式来组织的数据,包括所有格式的办公文档、文本、图片、XML(可扩展标记语言)、HTML(超文本标记语言)、各类报表、图像和音频/视频信息等。IBM(国际商业机器公司)将大数据的特点概括为 5V:大量(volume)、高速(velocity)、多样(variety)、低价值密度(value)、真实性(veracity)。大数据的核心价值在于利用大数据技术对海量数据进行专业化处理,在大数据技术推动下,个人信息的应用已经由商业和经济领域逐步扩大到政治、社会治理和公共政策等领域,并给公民的政治生活和国家的网络安全与主权等带来越来越大的影响。

综上所述,可以给出数据的定义,数据是指通过电子设备采集存储的,为了满足特定需求而对客观事件进行记录并可以鉴别的物理符号。特别地,对于那些规模大、形成速度快、类型多样、价值性低以及真实的数据,将其称为"大数据"。

(二) 数据安全与隐私保护问题

数据是数字贸易交易标的的传播载体和数字贸易发展中的关键生产要素,大数据通过反映数字贸易中个性化的消费者偏好推动数字贸易的快速发展,但需谨慎应对其中的数据安全与隐私保护风险。

第一,国家安全面临威胁。在数字贸易活动中,企业日益成为重要的数据采集主体,但企业出于成本效益的考量,难以保证在整个数据采集、传输、存储等环节中都能最大限度地规避风险,从而导致数据外泄,甚至被别有用心之人传输至境外,为境外势力所监控、利用。此外,政府数据也有可能出现安全漏洞,从而危及国家安全。

第二,个人隐私面临泄露风险。个人隐私数据已经变得越来越具有商业价值,数字贸易中的跨境电商平台往往掌控着大量的用户身份信息、购买信息以及偏好信息等个人隐私数据,但其对用户数据的保护措施却远远不足,导致个人数据被记录,泄露、转卖的现象时有发生,个人的隐私安全面临巨大的威胁。

第三,数据要素市场面临被垄断风险。对于数据要素市场一些特有的垄断行为,现有的反垄断相关法律条款难以覆盖,导致监管部门无法及时查处某些破坏市场公平竞争的企业垄断行为。例如,2021年4月,国家市场监督管理总局依据《中华人民共和国反垄断法》对美团在中国境内网络餐饮外卖平台服务市场滥用市场支配地位行为立案调查,于2021年10月8日公布了依法对美团在中国境内网络餐饮外卖平台服务市场实施"二选一"垄断行为作出行政处罚的决定,责令美团停止违法行为,全额退还独家合作保证金12.89亿元,并处以其2020年中国境内销售额1 147.48亿元3%的罚款,计34.42亿元。

二、数据本地存储

数据本地存储是指国家为保护本国数字贸易发展,通过制定法律或规则而采取的使数据的流动逐渐退缩至本国内部的控制措施。数据本地存储要求反映了一国的"数字主权"[①]的行使,主要涉及对关键信息基础设施重要数据的储存、利用、控制与管辖。其基本要求为,一国境内的本国公司或外国公司在收集、存储乃至处理公民个人数据及关键领域数据时,必须使用该国境内的服务器。由于数据本地存储政策对本国数字贸易发展具有一定的推动、保护和保障作用,绝大多数国家均已实施了不同程度的数据本地存储政策。

在实践中,由于各国的数字贸易发展水平差异较大,数据本地存储的管制强度可以由弱到强大致分为三个层级。

第一层级是对数据本地存储持否定态度,支持跨境数据自由流动。该层级的代表性国家是美国,美国拥有世界上六大顶级互联网公司,因此其出于自身利益的考量,力求减少数据跨境流动限制,只对数据流动的原则和标准进行规定,2020年7月生效的《美墨加协定》(USMCA)第19章"数字贸易"直接吸纳了TPP第14章(电子商务章)关于数据存储非强制本地化的相应规则。

第二层级是只针对特定类型的数据进行本地化存储,该层级的代表性国家是中国,《中华人民共和国网络安全法》(以下简称《网络安全法》)基于保障网络数据安全的考量,明确要求在境内存储"关键信息基础设施的运营者在中华人民共和国境内运营中收集和产生的个人信息和重要数据",此外,澳大利亚《由个人控制的电子健康记录法》(PCEHR Act)要求针对公民健康类数据进行本地化存储,而俄罗斯和马来西亚则要求本地化存储本国公民的各类个人数据,德国《电子通信法》(TKG)对原始数据的本地存储进行规定,

① 数据主权是指网络空间中的国家主权,体现了国家作为控制数据权的主体地位。

印度《国家数据分享和准入政策》(NDSAP)则要求所有通过使用公共基金收集的数据均存储于本国境内。

第三层级是实施严格的数据本地化存储,这一层级的代表性地区是欧盟,欧盟的《通用数据保护条例》基于数据主权、国家和公共安全以及个人信息保护的考量,明确提出“在向欧盟境外第三国传输数据时需要经过两个步骤的审查:其一是数据传输行为本身是否有合法授权和依据;其二是数据接收国是否符合欧盟委员会的相关安全性要求”。此外,越南法律规定,其境内产生的所有个人数据都必须储存在国内,同时禁止数据出境。俄罗斯也曾两次修改立法,要求公民数据的存储和处理必须在其境内进行。

总的来说,各国基于差异化的数字贸易发展现状和未来发展的利益诉求,制定不同程度的数据本地存储监管制度。其中,以美国为代表的国家致力于促进跨境数据流动,尽可能地减少贸易壁垒,并认为严格的数据本地化储存会割裂全球数字贸易市场,严重影响全球数字贸易的发展;而以欧盟为代表的国家则出于保护本国的产业安全和公民隐私安全的考量,实施极为严格的数据本地存储政策,要求数据跨境流动必须满足一系列严格的审查条件;对中国来说将通过政府监督下的企业自我管理实现对个人数据的保护,政府会在满足数据跨境流动需求的前提下进行综合评估并针对特定类型的关键数据进行本地化存储。

三、数据跨境流动

数据跨境流动促进了数字贸易的全球扩张。数据是电商企业赖以生存的资源,随着企业全球经营的步伐不断加快,跨境数据流动越来越重要,能极大地促进其面向全球的业务拓展。诸如速卖通、Wish 等跨境电商平台企业通过获取、处理和传输跨境数据,可以更容易接触到境外的客户,有效缓解信息不对称问题,从而降低搜寻成本与沟通成本,有利于实现其业务的全球性扩张。

(一) 数据跨境流动的内涵

数据跨境流动是指一国非公开的机器可读的数据,可被境外主体掌控(包括查阅、访问等),但不必然要求数据跨越国境。当前,数据跨境流动呈现“有限性”特征,各国为保护其公民的数据隐私安全以及国家安全,都在不同程度上对数据跨境流动进行限制;数据跨境流动呈现监管“灵活化”特征,由于不同数据类型所涉及的风险不同,多国都在试行数据分级分类监管,使数据占有主体明确各类数据应当给予何种级别的保护;此外,美国意图合规化其在数据跨境流动领域内的“长臂管辖权”已绕开各国的数据保护政策,进一步加剧了各国关于数据管辖权的矛盾,使数据跨境流动监管呈现出“加剧化”特征。

(二) 数据跨境流动的管理机制

数据跨境流动促进了电子商务模式的全球扩张,降低了数字贸易成本,提升了企业从事数字贸易的动力;但同时,可能会引发个人数据泄露事件,威胁国家主权与安全,甚至威胁全球数字安全,由于数据跨境流动存在着较大的风险,各个国家和地区纷纷采取措施加以应对,总的来看,目前主要有如下的代表性机制。

1. 关于《通用数据保护条例》

2016年,欧盟出台《通用数据保护条例》,增加了充分性认定(adequacy decision)的对象类型,使充分性认定成为欧盟最重要的国际数据传输机制。根据《通用数据保护条例》的充分性认定要求,第三国只有在提供与欧盟相当的个人数据保护水平时,欧盟委员会才会对其作出充分性认定,数据才能合法地出入境。为此,其他国家不得不通过修改法律、制定特殊安排等方式寻求充分性认定。2019年1月23日,欧盟委员会正式通过其对日本的充分性认定,允许个人信息在这两个经济区内自由流动,日本也成为首个通过欧盟充分性认定的亚洲国家。

2. APEC跨境隐私规则

亚太经济合作组织(Asia-Pacific Economic Cooperation, APEC)跨境隐私规则(Cross-Border Privacy Rules, CBPR)是美国大力支持、推动的区域性跨境数据流动体系。APEC在成员经济体之间设计并发展了跨境隐私规则,提供了一个现成的、国际认可的隐私保护认证框架。在具体实践中,相关组织首先向责任代理提交自评估问卷及相关文件,并发起CBPR体系的认证程序,然后由APEC认证的第三方机构评估申请组织的隐私政策和实践情况,并根据CBPR体系给予认证,与《通用数据保护条例》相比,其具有数据保护标准较低、执行机制更加具有弹性等特征,是基于自愿原则在政府支持下开展的、为企业提供符合国际公认标准的数据隐私保护认证体系。

3. 可信数据自由流动倡议

2019年1月,在达沃斯召开的世界经济论坛会议上,时任日本首相安倍晋三首次提出可信数据自由流动(Data Free Flow with Trust, DFFT)倡议,并在大阪G20(二十国集团)峰会上得到欧盟、美国和其他国家的支持和认可。DFFT理念的内涵主要包括两个方面:一是积极提倡数据跨境自由流动,促进数据驱动型经济的发展;二是努力建立数据安全基础上的信任,严格保护国家安全利益和个人数据隐私。日本在探索进程中吸收欧盟、美国跨境数据流动规制的长处,根据本国的实情,逐渐形成了政府主导、民间参与、严密监督的跨境数据流动管辖机制。

4. 关于《全球数据安全倡议》

我国很早就认识到仅从贸易角度探讨数据跨境流动的局限性,2019年在WTO(世界贸易组织)电子商务诸边谈判最初提案中也强调,应该将电子商务界定为通过互联网进行的跨境货物贸易以及相关支付和物流等服务,数据跨境流动等问题具有复杂性和敏感性,应该进行更多的探讨。基于这种深刻把握,近年来我国提出了"数据跨境安全流动"的新理念新范式,发起了《全球数据安全倡议》,并就构建数据出境监管制度进行了积极探索。2017年之前,我国对金融、征信、人口健康、互联网地图、网约车等特定领域的数据出境,通过行政法规、部门规章和规范性文件等进行了规范。2017年之后,我国先后颁行《网络安全法》《中华人民共和国数据安全法》《中华人民共和国个人信息保护法》,建立全面的数据出境管理制度。

拓展阅读3-2 通用数据保护条例

第三节　新一轮WTO电子商务谈判与规则构建

1998年9月，WTO通过了《电子商务工作计划》，标志着电子商务议题谈判正式开启。2019年3月，“WTO电子商务联合声明谈判”正式启动，截至2021年12月，已有86个WTO成员宣布在电子商务谈判方面取得实质性进展。2023年2月13日至16日举行的WTO电子商务谈判的会议上，参与电子商务倡议的WTO成员总数达到88个，成员们深入探讨了“单一窗口”和数字产品的非歧视待遇等话题，并宣布电子发票相关条款的技术工作已完成。[①] 在WTO谈判开展的同时，为满足区域间数字贸易发展需求，《区域全面经济伙伴关系协定》、《全面与进步跨太平洋伙伴关系协定》(CPTPP)和《数字经济伙伴关系协定》(DEPA)等区域贸易协定也在蓬勃发展，成为全球贸易体制以外多边经贸治理的“次优选择”，并受到美国、欧盟和日本等发达经济体的追捧。中国是国际贸易谈判、电子商务谈判全球新规则构建的主动参与者、推动者和代言者，有必要打造符合自身国情的数字贸易“中式模板”，从而在推动全球经济治理机制变革中发挥引领作用、担当大国责任。

一、新一轮电子商务谈判背景

（一）全球各个主要经济体数字贸易规则的诉求差异化显著

随着数字贸易的不断发展，各大数字经济体致力于构建代表自身诉求的数字贸易规则体系。

1. 美国

作为全球数字贸易最发达的国家，美国一直积极推动美式数字贸易规则的全球适用。其立场主要表现为跨境数据自由流动，数字贸易免税永久化以及非歧视性待遇，强调对知识产权和个人隐私的保护。同时，为了保护其本国利益、维护本国数字企业在行业中的领导地位，美国政府主张禁止强制性技术转让，禁止各国政府的存储设备本地化和源代码本地化要求。

2. 欧盟

与美国的数据自由化主张相比，欧盟更加注重对国家安全和个人隐私的保护。欧盟的《个人数据保护指令》要求，在保护国家安全和个人隐私的前提下允许跨境数据自由流动，欧盟各国必须对源代码和数据存储本地化以及数据信息进行安全监管。

3. 日本

日本致力于建设全球最高水平的信息产业技术社会，其在数字贸易规则上的主张与美国基本类似。其主张政府不能以技术转让和数据存储本地化为由限制外国企业进入，主张跨境数据自由流动。在WTO框架下的谈判以及区域、双边自贸协定谈判中，日本都坚持了这些主张，最具代表性的是在日本主导的CPTPP谈判中电子商务有关章节即采用这种标准。

4. 中国

虽然中国在跨境物流、移动支付、电商平台等方面的发展迅速，数字贸易得到较快发

---

① 资料来源：WTO官方网站，https://www.wto.org/english/news_e/news23_e/ecom_17feb23_e.htm。

展,但从中国参与的双边贸易协定、多边贸易协定和区域贸易协定谈判看,中国秉持的主张考虑了与发达国家发展的差距,主张跨境数据自由流动的目标必须循序渐进地实现,当前依然要维护好国家安全、公共安全,必要的监管不可缺少。

从全球范围看,数字贸易发展依然迅速,在全球贸易中的地位日益重要。在数字贸易国际规则发展方面,各国的方案越来越明确,但距离达成全球共同认可遵循的规则还有很长一段路要走。一方面,从发达国家和发展中国家看,双方的诉求依然有很大的差距。以中美的主张诉求为例,美国政府主张的跨境数据自由流动、禁止本地化和公开源代码,与中国保护国家安全、产业安全的要求有很大差距,虽然中国政府已经开始在双边贸易协定和区域贸易协定中将电子商务相关条款谈判对标发达国家通行做法,但短时间内还无法达到高标准,谈判条款也无法达到如此广度。同样的情况在印度、俄罗斯等发展中国家也存在。另一方面,从发达国家内部看,欧盟、日本、美国的诉求也不一样。如美国主张跨境数据自由流动、免征数据税永久化,而欧盟的跨境数据自由流动是有条件的。在征收数字税方面,法国追求财政公平,与美国非歧视性诉求不同,且短时间内无法达成协议。

(二) 全球数字贸易规则制定呈现"联盟化"趋势

由于多边框架内的谈判尚处于初始阶段,政策诉求的差异和寻求规则制定主导权的愿望,加速了"志同道合"国家构建制度联盟的趋势。

截至2020年6月,全球共有89个区域贸易协定和双边贸易协定包含数字贸易(电子商务)规则,《美墨加协定》是以数字经济为重点的自由贸易协定;2018年的日欧《经济伙伴关系协定》和2019年的美日贸易协定,均包括有关数字贸易的广泛承诺;2020年以来,新加坡-智利-新西兰、英国-日本、新加坡-澳大利亚先后签署数字经济(伙伴关系)协定,在跨境数据流动、源代码、个人信息保护、人工智能、金融科技等方面,达成标准互认和具备系统互操作性的国际框架。此外,新加坡与韩国的数字伙伴关系以及更多类似的谈判也已启动。值得关注的是,新加坡、智利、新西兰所签署的《数字经济伙伴关系协定》,作为全球首个国际数字经济协定,采取"模块化"的议题组合安排,允许各方选择部分或全部议题进行谈判,从而提供了包容性的政府间数字经济合作制度框架,有可能成为全球数字贸易规则制定的一个重要路径选择。

二、新一轮WTO电子商务谈判的关键议题

通过对新一轮WTO电子商务谈判的提案进行分析整理,梳理出五个方面的关键议题(表3-1)。

表3-1 WTO电子商务谈判的主要议题

序号	分　类	主要议题	意　义
1	数字治理与网络安全	跨境数据流动、数据存储本地化限制、个人隐私保护、政府数据开放	提高数据价值和推动数字贸易发展
2	数字贸易相关税收	国际电子传输免税、国(地区)内数字服务税	减少数字贸易关税壁垒,平衡与协调数字贸易发展

续表

序号	分　类	主要议题	意　义
3	贸易便利化	简化边境措施、无纸化贸易、电子签名和认证、电子发票、可互操作性、市场准入、技术中性原则	最大限度地实现自由、开放的电子商务贸易
4	知识产权保护	版权和专利保护、商业秘密保护、源代码和专有算法非强制披露	限制网络侵权行为，保护贸易主体数字知识产权
5	信息基础设施	制定统一的技术标准、加快数字基础设施建设	实现电子商务相关技术的跨国无缝连接，优化资源配置

(一) 数字治理与网络安全

该部分议题旨在通过跨境数据流动、数据存储本地化限制、个人隐私保护、政府数据开放等一系列措施，促进跨境数据自由流动，实现更大范围数据的汇聚共享、更深层次的数据加工利用，放大数据价值和推动数字贸易发展，然而由于数据流动会给不同类型经济体带来经济收益和风险的不对等，加大经济体之间的数字鸿沟，各成员在此议题上的分歧较大，难以达成共识。美国单方面强调支持跨境数据流动，主张成员不应该禁止、限制、歧视性地管理个人和企业的跨境数据传输，不应强制企业在司法管辖区内建设或使用特定的数字基础设施；欧盟、日本等发达经济体和部分高收入发展中经济体，则同时强调跨境数据自由流动和个人隐私保护问题，欧盟主张成员应确保跨境数据流动，不应对数据的存储、处理设备和所在地施加本地化限制，但是协定内容不能限制成员采取适当措施保护本国公民的个人资料和隐私；中国、乌克兰、阿根廷等发展中经济体虽然肯定了跨境数据流动对贸易发展的重要意义，但是认为数据问题过于敏感和复杂，需要进行更多的探索性讨论，以使各成员充分理解问题的内涵与影响。

(二) 数字贸易相关税收

该部分议题旨在通过国际电子传输免税、免征国(地区)内数字服务税等措施，减少数字贸易关税壁垒，平衡与协调数字贸易发展。关于该议题的争议可以分为三类：第一类代表经济体是美国，主张免征电子传输关税和数字服务税，并且主张建立永久免征电子传输关税的贸易规则，中国在税收规则方面的立场与美国较为相近，一方面表示各成员应在下一届部长级会议之前继续暂停征收电子传输关税，另一方面未明确提及境内税或数字服务税，这与中国境内大型互联网企业的快速发展不无联系；第二类代表经济体包括欧盟、加拿大、新西兰、新加坡、巴西和乌克兰，以上经济体提案指出，将电子传输免征关税的暂停令永久化有利于为企业和消费者创造确定性与可预见的贸易环境，促进全球电子商务开展，同时，其中多个经济体强调和希望明确免征电子传输关税不影响成员征收境内税和相关费用的权利，即保留征收数字服务税的权利；第三类代表经济体包括印度、南非、印度尼西亚等发展中国家(地区)，其在提案中指出，暂停征收电子传输关税给发展中国家(地区)造成了超过 100 亿美元的潜在关税损失，可能对发展中国家(地区)和最不发达国家(地区)的中小企业造成毁灭性打击。

(三) 贸易便利化

该部分议题旨在通过简化边境措施、无纸化贸易、电子签名和认证、电子发票、可互操作性、市场准入、技术中性原则等一系列措施,清除电子商务跨境交易过程中的技术性壁垒和机制性障碍,为跨境电商提供必要协调和支持,从而最大限度地实现自由、开放的电子商务贸易。与贸易便利化有关的议题赢得了 WTO 成员方的广泛共识。但美日欧和以中国为代表的发展中国家(地区)推动贸易便利化的侧重对象有所不同,美国希望各个国家和地区能够加大关税豁免产品范围以帮助中小型出口企业参与到全球经济中来,而中国则更关注跨境电商的物流和支付政策,如中国提出允许在其他成员方领土内设立保税仓以加快货物分销、建立跨境电商交易平台、促进国际贸易单一窗口的使用、支持各国(地区)在物流服务领域的合作等议题。

(四) 知识产权保护

该部分议题旨在通过版权和专利保护、商业秘密保护、源代码和专有算法非强制披露等一系列措施,限制网络侵权行为,保护贸易主体数字知识产权。在该项议题上,发达经济体和高收入经济体普遍主张较严格的知识产权保护体系,美国、欧盟、日本、加拿大、新加坡等国(地区)在提案中指出,各国(地区)不应将分享或转让技术、源代码、专有算法、商业秘密作为市场准入的条件,否则可能导致企业关键技术流向竞争对手,加大数字贸易商业模式的风险。日本强调为实现合法公共政策目标可能要求公开源代码和算法;加拿大强调协议不应阻碍监管机构的特定调查和执法;新加坡强调关键基础设施软件、协议自愿转让不受此约束。各成员对知识产权保护制度的设计主要体现了技术领先者产权保障与技术后发者创新权利的冲突。

(五) 信息基础设施

该部分议题旨在通过制定统一的技术标准、加快数字基础设施建设实现电子商务相关技术的跨境无缝连接,优化资源配置。多数 WTO 发展中成员尚未配备基本的信息基础设施,在利用数据和数字平台时面临诸多限制与阻碍,导致许多发展中国家(地区)尚未加入新一轮电子商务谈判。信息基础设施限制阻碍了发展中成员电子商务活动的开展,因此相关议题要考虑到发展中国家(地区)和发达国家(地区)在数字基础设施上的巨大差异。

拥有数量众多跨国企业的国家将在新一轮电子商务谈判中占据优势。以中美两国为例,中国作为电子商务大国,在电子商务谈判中并不占据优势,尤其在数字贸易等新议题上以防守为主。而美国全球化企业较多,企业能够提供在全球化经营时遇到的"贸易壁垒"信息,使美国能够发现其他国家的政策性"贸易壁垒",进而能够在电子商务谈判中提出进攻性议题。

三、区域贸易协定中的电子商务规则体系

(一) CPTPP 中的电子商务规则

CPTPP 的前身是《跨太平洋伙伴关系协定》,美国于 2017 年 1 月 24 日正式宣布退出

TPP后，启动TPP谈判的11个亚太国家共同发布了一份联合声明，宣布"已经就新的协议达成了基础性的重要共识"，并决定协定改名为"全面与进步跨太平洋伙伴关系协定"。2018年12月30日，CPTPP正式生效。2021年9月16日，中国正式提出申请加入CPTPP。CPTPP曾经由美国主导，体现了推动数字贸易自由化的思想，其电子商务相关议题主要涵盖个人信息保护、通过电子手段跨境转移信息、计算设施的位置、网络安全、源代码等方面，具体见表3-2。

表3-2　CPTPP协定中电子商务相关的核心议题

议　　题	内　　容
个人信息保护	1. 缔约方应采取或维持保护电子商务用户个人信息的法律框架。在建立对个人信息保护的法律框架过程中，缔约方应考虑相关国际机构的原则和指导方针。 2. 保护电子商务用户免受其管辖范围内发生的、违反个人信息保护行为的侵害时，努力采取非歧视性做法。 3. 鼓励建立机制增强不同体制间的兼容性，包括对监管结果的认可，无论该认可是自主给予还是通过共同安排，或是通过更广泛的国际框架
通过电子手段跨境转移信息	1. 各缔约方认识到每一缔约方对于通过电子方式跨境传输信息可能有各自的监管要求。 2. 通过电子方式跨境传输信息是为涵盖的人执行其业务时，缔约方应允许此跨境传输，包括个人信息。 3. 不得阻止缔约方为实现合法公共政策目标而采取或维持与第2款不符的措施，条件是该措施：不得以构成任意或不合理歧视的方式适用，或对贸易构成变相限制；不对信息的传输施加超出实现目标所需要的限制
计算设施的位置	1. 各缔约方认识到每一缔约方对于计算设施的使用可能有各自的监管要求，包括寻求保证通信安全和保密的要求。 2. 不得将要求涵盖的人使用该缔约方领土内的计算设施或将设施置于其领土之内作为在其领土内从事经营的条件。 3. 不得阻止缔约方为实现合法公共政策目标而采取或维持与第2款不符的措施，条件是该措施：不得以构成任意或不合理歧视的方式适用，或对贸易构成变相限制；不得对计算设施的使用或位置施加超出实现目标所需要的限制
网络安全	强调对负责国家计算机安全事件应对机关的能力建设的重要性；利用现有合作机制，在识别和减少影响缔约方电子网络的恶意侵入，或恶意代码传播方面进行合作
源代码	1. 不得以转让或获得另一方的人员拥有的软件的源代码作为在其领土内进口、发行、销售或使用该软件或含有该软件的产品的条件。但仅限于大众市场软件或含有该软件的产品，不包括关键基础设施所使用的软件。 2. 不得阻止在商业谈判的合同中包含或实施的关于源代码的条款和条件；不得阻止缔约方要求修改软件源代码，使该软件符合与本协定一致的法律或法规。 3. 不应影响专利申请或授予专利的有关要求，包括司法机关作出的任何关于专利争端的命令，但应遵守缔约方保护未授权披露的法律或实践

经过梳理可以看出，CPTPP中的电子商务规则包括三方面主要内容：第一，明确数字贸易为超越传统货物贸易和服务贸易范畴的第三种贸易类型；第二，突破传统贸易壁垒，着力推动跨境数据流动自由化、化解数据本地化、强制技术转让等新型贸易壁垒；第三，提出数字贸易中的消费者权益保护和个人隐私保护问题。具体来看，对比CPTPP与WTO下的服务贸易总协定(GATS)模式可以发现，GATS模式至今没有形成电子商务

规则,在GATS承诺中只有跨境服务贸易,而不存在投资章节以及金融服务的单独章节;而CPTPP以电子商务为核心,涉及投资、跨境服务贸易和金融服务相关章节。同时CPTPP不仅约束电子方式交付中不得采取各种壁垒的行为,而且由数字产品作为电子商务交付载体,实际上已经从电子交付行为规范转化为数字产品交付平台,其实质就是数字贸易,因而在CPTPP中明确数字产品的定义不得被理解为缔约方表达对通过电子传输进行的数字产品贸易应被归类为服务贸易或货物贸易的观点。

(二) RCEP中的电子商务规则

RCEP始于东盟在2012年发起的全球大型自贸区谈判,历经近8年的多轮谈判后,由中国、日本、韩国、澳大利亚以及东盟十国,于2020年11月15日正式签署,2022年1月1日正式生效。由于RCEP缔约方发展状态不均衡,为了对各缔约方自主主权以及经济、文化、制度的多元化保持足够的尊重,在保证其规则具有适度的强制力的情况下凸显了较大的灵活性,在某种程度上,RCEP的规则精神,也体现了中国作为RCEP重要推手在电子商务国际规则上的基本态度。其电子商务相关议题主要涵盖数字产品关税征收、通过电子方式跨境传输信息、计算设施的位置以及线上消费者及个人信息保护等方面,具体见表3-3。

表3-3 RCEP中电子商务相关的核心议题

议题	内容
数字产品关税征收	维持暂停征收电子关税的现状,同时保留了缔约方根据WTO有关部长决定作出调整的权利
通过电子方式跨境传输信息	1. 缔约方不得组织涵盖的人为进行商业行为而通过电子方式跨境传输信息,明确跨境电商活动中信息流动自由的原则。 2. 如果缔约方基于公共政策目标采取例外措施,则这一措施必须通过“必要性”检测,且该缔约方必须证明“该措施不构成任意或不合理的歧视或变相的贸易限制的方式适用”
计算设施的位置	“缔约方不得将要求涵盖的人使用该缔约方领土内的计算设施或者将设施置于该缔约方领土之内,作为在该缔约方领土内进行商业行为的条件”
线上消费者及个人信息保护	1. 将电子商务消费者保护从“相当保护水准”细化为“保护使用电子商务的消费者免受欺诈和误导行为的损害或潜在损害”。 2. 强调线上个人信息保护的合作机制,要求“缔约方应当在可能的范围内合作,以保护从一缔约方转移来的个人信息”。 3. 将“非应邀商业电子信息”纳入“电子商务”章节。要求每一缔约方对非应邀商业电子信息采取相应应对措施,同时要求针对未遵守规定的非应邀电子信息提供者提供相关追索权

通过对RCEP与CPTPP电子商务规则的比较分析,发现二者在电子商务章节均设计诸多相同议题的规则,但就规则内容来看,CPTPP作为全球范围内最早生效的新一代电子商务规则,对缔约方规定了较高标准的义务,是高标准的规则体系,RCEP在对缔约方履行协定义务的要求方面与CPTPP相比较为宽松,具体表现在:第一,CPTPP在“定义”条款中对相关术语作出的规定明显多于RCEP,使得CPTPP的适用范围更广;第二,CPTPP对“线上消费者保护”的要求更加明确与严格,即CPTPP明确规定缔约方采取或

者维持的法律为“消费者保护法”，但 RCEP 则更为宽泛，仅明确为“法律或者法规”；第三，CPTPP 对“个人信息保护”的要求更为严格，即 CPTPP 规定缔约方应采取非歧视性做法，但 RCEP 无此内容；第四，CPTPP 要求尽可能保障跨境数据自由流动，对缔约方在“通过电子方式跨境传输信息”与“计算设施的位置”方面采取例外规定设定更为严格的条件。

（三）DEPA 中的电子商务规则

DEPA 由新加坡、智利、新西兰三国于 2020 年 6 月 12 日线上签署，是旨在加强三国间数字贸易合作并建立相关规范的数字贸易协定。2022 年 8 月 18 日，根据 DEPA 联合委员会的决定，中国加入 DEPA 工作组正式成立，全面推进中国加入 DEPA 的谈判。DEPA 代表了全球经济贸易发展的新趋势，是国际社会对数字经济领域作出的第一个重要制度安排，作为当前最为全面和完整的区域数字经济协定，DEPA 为数字经济尤其是贸易领域制定了前瞻性标准，建立了新的国际规则路径，以在最大程度上支持数字时代的数字经济和贸易。其中最具特色的条款包括：数字身份认证、金融科技与电子支付；个人信息保护、跨境数据流动、政府数据公开、信息创新与监管沙盒；人工智能、在线消费者保护、数字包容性等（表 3-4）。

表 3-4　DEPA 中电子商务相关的核心议题

议　　题	内　　容
数字身份认证	1. 要求各国促进在个人和公司数字身份方面的合作，同时确保它们的安全性。 2. 数字身份方面的合作以互认数字身份为目标，以增强区域和全球的连通性为导向，这有助于促进各个体系之间的互操作性。 3. 要求未来的各国将致力于有关数字身份的政策和法规、技术实施和安全标准方面的专业合作，从而为数字身份领域的跨境合作打下坚实基础
无纸化贸易	1. 缔约方提供电子版本的贸易管理文件来促进无纸化贸易，从而提升贸易管理程序的有效性，在大多数情况下，电子版本的贸易管理文件的效力与纸质文件相同。 2. 促进海关清关电子贸易文件（如电子原产地证明书，卫生和植物检疫证书等）和 B2B 交易（如电子提单等）的使用并实现交换
电子发票	缔约方在电子发票系统内进行合作，鼓励各国对其国内电子发票系统采用类似的国际标准
金融科技与电子支付	1. 同意促进金融科技领域公司之间的合作，促进针对商业领域的金融科技解决方案的开发，并鼓励缔约方在金融科技领域进行创业人才的合作。 2. 同意通过提出非歧视、透明和促进性的规则（如开放的应用程序接口等），为金融科技的发展创造一个有利的环境
数字产品	1. 承诺电子传输和以电子传输的内容在协定缔约方将不会面临关税。 2. 确认企业将不会面临数字产品的歧视问题，并承诺保障数字产品的国民待遇和最惠国待遇
个人信息保护	1. 强调了关于个人信息保护的重要性，制定了加强保护个人信息的框架与原则，包括透明度、目的规范、使用限制、收集限制、个人参与、数据质量和问责制等。DEPA 要求缔约方在国内建立一个与这些原则相匹配的框架。 2. 缔约方将建立机制，以促进各国保护个人信息法律之间的兼容性和互操作性，如对企业采取数据信任标记和认证框架，从而向消费者表明该企业已经制定了良好的数据管理规范并且值得信赖

续表

议　题	内　容
跨境数据流动	允许在新加坡、智利和新西兰开展业务的企业跨边界更无缝地传输信息,并确保它们符合必要的法规。DEPA成员坚持其现有的CPTPP承诺,允许数据跨边界自由流动
政府数据公开	1. 协定缔约方可以探索扩大访问和使用公开政府数据的方式,包括:共同确定可使用开放数据集(尤其是具有全球价值的数据集)以促进技术转让,人才培养和部门的创新。 2. 协定各方应努力实现政府数据的公开,鼓励基于开放数据集开发新产品和服务。 3. 鼓励以在线可用的标准化公共许可证形式使用和开发开放数据许可模型,并允许所有人出于法律允许的目的自由访问、使用修改和共享开放数据
数据创新与监管沙盒	1. 监管沙盒是政府和行业合作的机制,在数据沙盒中将根据各国国内法律在企业间分享包括个人信息在内的数据,从而支持私营部门数据创新并弥补政策差距,同时与技术和商业模式的新发展保持同步。 2. 金融科技监管沙盒使金融机构和金融科技参与者能够在可信的数据共享环境中,在明确的空间和持续时间内,尝试创新的金融产品或服务,从而促进竞争和高效的开放市场
人工智能	1. 促进采用道德规范的"AI治理框架",该框架以各国同意为原则,要求人工智能透明、公正和可解释,并具有以人为本的价值观。 2. 确保缔约方的"AI治理框架"在国际上保持一致,并促进各国在司法管辖区合理采用和使用AI技术
在线消费者保护	通过规定未经请求的商业电子信息或"垃圾邮件",在线消费者保护以及互联网接入和使用原则以增强商业和消费者信任,这些条款部分地借鉴了CPTPP
网络安全	促进安全的数字贸易以实现全球繁荣,并提高计算机安全事件的响应能力,识别和减轻电子网络的恶意入侵或传播恶意代码带来的影响,促进网络安全领域的劳动力发展
数字包容性	通过共享最佳实践和制订促进数字参与的联合计划,改善和消除其参与数字经济的障碍,加强文化和民间联系,并促进与数字包容性相关的合作
争端解决	争端解决条款包括三个层次:协商、调解和仲裁程序,有效缓解数字经济领域争端解决程序缺失的现状

DEPA创造了一个数字经济的监管框架,其比RCEP仅限于电子商务和数字贸易领域的约束性规则更加广泛,其中关于数字产品等问题与CPTPP一脉相承,基本涵盖了RCEP电子商务章节关于数据问题的主要内容。但DEPA作为专注于数字经济领域的协定,不涉及关税减让等内容,RCEP则涉猎更为广泛。CPTPP、RCEP、DEPA规则的比较见表3-5。

表3-5　CPTPP、RCEP、DEPA规则的比较

比较焦点	CPTPP	RCEP	DEPA
知识产权保护期限	70年	50年	无相关规定
海关知识产权执法	出口和"过境"均为强制义务	进口——强制义务;出口——任择义务	无相关规定

续表

比较焦点	CPTPP	RCEP	DEPA
原产地规则包容性	对某些行业设立严格的税目区分标准，设定打击协定外“非市场经济国家”的条款	设定在途货物的过渡条款，以确保在生效日180天内能申请特惠关税	“模块化”的诸边贸易协定，便于未来参与者只选择特定协议元素
数字本地化	非必要禁止数字本地化	非必要禁止数字本地化，承认数据自由流动对数字经济的价值	支持数据跨境流动
数字壁垒	“源代码披露”禁止规则	无相关规定	鼓励政府数据公开
数字产品待遇	给予数字产品非歧视待遇	无相关规定	给予数字产品非歧视待遇并确认缔约方承诺水平
网络安全	缔约方应充分认识开展网络安全合作的重要性	缔约方应充分认识开展网络安全合作的重要性	促进安全的数字贸易以实现全球繁荣，提高计算机安全时间响应能力

四、中国应对新一轮电子商务谈判的策略

数字贸易极大地改变了全球化的发展方式、拓展了国际贸易的影响范围，已成为各国发展的重点。围绕数字贸易及跨境数据流动的规则谈判，也已成为国际经济秩序重构的重要内容。但我国参与规则谈判的水平和自身的制度准备都尚显不足，被边缘化的风险不断加大，亟须妥善应对。

（一）加强顶层设计，形成高水平数字贸易发展治理机制

拥有高水平的国内治理才能进行国际输出，一方面，要持续优化跨境电商为主的数字贸易发展环境，通过建立健全专门的数字经济和数字贸易发展相关机构、加大对跨境电商综试区试点的支持力度并总结相关经验，塑造更为透明、开放的政策和营商环境，为跨境中小企业的发展提供沃土；另一方面，要提出更加清晰、更具说服力的中国方案，最大限度地保障中国数字贸易利益。利用“一带一路”建设推动信息基础设施建设普惠化这种具有中国特色的治理模式将更具国际竞争力也更有利于国际化，也可为提升全球数字贸易规则制定的话语权创造前提条件。

（二）兼顾发展与安全，积极提升自身监管的积极性和有效性

一是加强知识产权和个人信息安全保护立法。严格规范企业收集、利用个人信息行为，提高其违法成本，同时规范企业向政府报送个人数据的行为，营造令人可信的良好网络环境，为外部数据跨境流入奠定基础。二是建立严格的跨境数据流动监管机制。充分认识中国数字经济相关技术落后于发达国家的现实，以保障中国数据安全和国家安全为根本目的，强化数据流动监管。可以借鉴欧盟的先进经验，实施“问责制”监管模式。尤其是要压实每一级的监管责任，防止无监管数据流动，最终推动跨境数据自由流动。三是适应当前越来越高频化的跨境数据流动需要，实行数据分级分类管理机制。在充分开展试

点工作的基础上,推广备案管理方式和自评估方式,放宽对一般性商业数据的流动监管。同时对过境数据和科研数据试行更开放的监管,为中国高水平科研提供数据支撑,更好地引导、吸引跨境数据流入。四是在海南自贸港、上海自贸区等对外开放前沿阵地开展先行先试,在有效隔离的情况下,探索更多适用于全国其他地区的跨境数据流动监管经验,不断提高中国跨境数据流动自由化水平。

(三) 积极参与全球数字贸易规则制定,构建中国的数字贸易"联盟"

我国在加快国内立法改革的同时,应积极调整在全球数字贸易谈判中的立场和策略,以更加务实和积极主动的姿态展示合作诚意,避免被动开放的不利局面,同时也为我国具备竞争力的互联网企业开拓国际市场争取有利的海外发展环境。一方面,在现有自贸协定的升级和商谈新自贸协定的过程中,强化对数字贸易章节的制度安排,尤其研究与新加坡-智利-新西兰《数字经济伙伴关系协定》的对接。另一方面是将跨境电商的实践优势转化为规则制定优势,在未来的电子商务谈判中,中国应巧妙地采用议题联系的策略,首先考虑将"跨境电子商务"议题与"信息基础设施"议题、"跨境市场流通"议题进行联系。必要时,可以将上述三个议题与"网络安全与隐私保护""统一标准与法律保障"捆绑打包,签订"一揽子"协议,对谈判产生的利益进行合理调配,对谈判带来的不利影响进行有效抵补。

拓展阅读 3-3
DEPA 协定—推动数字贸易规则发展的又一力量

第四节 中国跨境电商政策回顾与解读

一、中国跨境电商发展历程、现状与趋势

(一) 中国跨境电商发展历程

经过四个阶段的发展,我国跨境电商已步入成熟期,呈现出增长态势。

1. 萌芽期(1999—2003年)

我国跨境电商的发展起步较早,1999年跨境电商还处于试验阶段,这一阶段的跨境电商活动主要依附于外贸活动,发展模式主要是网页广告,采取线上供需信息撮合、线下完成交易的模式。这一阶段具有影响的公司包括环球资讯、阿里巴巴等。此后,随着国家电子政务的发展、电子商务领域的发展,以及互联网技术的发展,跨境电商的应用越来越广泛。

2. 成长期(2004—2012年)

2004年至2012年属于跨境电商成长期,这一阶段的主要特征是具备完善的在线展示、交易、客服和支付功能的线上交易平台出现,使跨境电商全程电子化得以实现。这一阶段的跨境电商平台的交易以B2B模式为主,代表性事件是敦煌网的成立,它是国内首个允许中小企业参与国际贸易的平台。在这个阶段,跨境电商开始走向平台化、标准化发展。但仍然存在商业模式不完善、产业链各角色分工不够明确的问题。因此,如何构建适合中国跨境电商平台的国际贸易模式,成为成长期跨境电商企业的重要课题。

3. 探索期(2013—2018年)

2013年以后,跨境电商正式走入大众视野,跨境电商渠道和品类实现快速扩张,交易规模持续高速增长。跨境自主品牌，自建独立站等分化模式出现并形成引领巨头，产业链逐渐分化出各类支持角色，跨境电商生态迅速完善。这一阶段，B端企业呈现出线上线下全产业链快速扩张、产业生态初步成型、产业链上各增值服务提供商不断分化等特点。移动端用户井喷式增长，供应商纷纷转到线上，网购用户数量也出现大规模增长，B2B平台纷纷建设适应移动端的产品系统。跨境电商在线交易量在整个电商市场中占有绝对优势，在线交易量增加，跨境电商的发展速度也随之加快。

4. 成熟期（2018年至今）

2018年以来，跨境电商逐步进入多种模式融合发展时期。这一阶段的主要特征是线上线下结合、直播营销等创新模式持续渗透，行业壁垒初步形成。2018年，《电子商务法》正式通过，对跨境电商平台等进行法律监督和指导，完善监管流程和制度，促进行业走向程式化、规范化。另外，各地政府也在加大跨境电商综试区建设力度，截至2022年11月，分七批共建165个跨境电商综试区。截至2023年2月，全国综合保税区达到156个。在成熟期阶段，跨境电商在中国经济新常态背景下的发展态势良好，据海关统计，2018—2022年，我国跨境电商进出口规模增长了近10倍。

（二）中国跨境电商发展现状

2021年，我国全年跨境电商进出口1.92万亿元，比2020年增长18.6%；出口总值1.39万亿元，同比增长28.3%。值得注意的是，2020年起，跨境电商成为企业开展国际贸易的首选和外贸创新发展排头兵，1 800多个海外仓成为海外营销重要节点和外贸新型基础设施。

截至2022年10月，我国已与17个国家签署“数字丝绸之路”合作谅解备忘录，与23个国家建立“丝路电商”双边合作机制，中国—中东欧国家、中国—中亚五国电子商务合作对话机制建设取得积极进展，中国—东盟信息港、中阿网上丝绸之路建设成效日益显著。中国电商平台助力全球中小企业开拓中国市场，在非洲20多个国家实施“万村通”项目，共享数字经济发展红利。

（三）中国跨境电商发展趋势

1. 主流电商平台逐渐向生态型平台转型

近年来，移动端应用的增长与成熟，境外新社交营销渠道的不断崛起，以及境外消费者跨境线上消费习惯的逐步形成，使得跨境电商的获客渠道越发多元化和碎片化，社交电商和独立站这样的去中心化多平台布局被广泛接受。主流电商平台逐渐向生态型平台转型，生态型平台具有开放性和协同性，能够提供一整套解决方案，一站式解决商家的跨境交易、运营服务、仓储物流等难题，从而赋能企业或个人，为其补齐短板。

2. 跨境电商管理体制与通关监管模式不断创新

跨境电商政策以“先行先试”为抓手，以“梯度推进、辐射全国”为演化路径，以“支持性政策与规范性政策相辅相成”为基本特征。跨境电商综试区成为制度创新的主要载体。“六体系两平台”：六体系是信息共享、金融服务、智能物流、电子商务信用、统计监测和风险防控体系，提供了涵盖跨境电商全流程、各主体的管理和服务；两平台包括线上综合服务平台和线下产业园区平台，提供了综合试验区建设的软硬件条件。自2014年以来，海关为便利企业通关和统计，探索对跨境电商零售出口商品实行简化归类，不断增列监管代码,创新通关模式(表3-6)。

表3-6 海关监管方式代码

海关监管方式代码	中文全称及简称	通关监管模式	适用的主要业务类型
9610	跨境贸易电子商务(电子商务)	跨境直购	B2C一般出口;B2C直购进口
1210	保税跨境贸易电子商务(保税电商)	保税备货	B2C特殊监管区域出口;B2C网购保税进口(用于免通关单的试点城市)
1239	保税跨境贸易电子商务A(保税电商A)		B2C网购保税进口(用于需要提供通关单的非试点城市)
9710	跨境电子商务企业对企业直接出口(跨境电商B2B直接出口)	B2B出口	B2B直接出口
9810	跨境电子商务出口海外仓(跨境电商出口海外仓)		B2B出口海外仓

二、中国跨境电商试点城市

(一) 中国跨境电商试点城市发展概况

2012年12月,国家发改委、海关总署在郑州正式启动了国家跨境贸易电子商务服务试点,首批试点城市分别是郑州、上海、重庆、杭州和宁波,如图3-1所示。此后,广州、深圳、天津、苏州、长沙、青岛等城市相继获得试点资格。2020年1月17日,商务部等六部门进一步扩大跨境电商零售进口试点范围,将石家庄、秦皇岛、廊坊、太原、赤峰等50个城市(地区)和海南全岛纳入跨境电商零售进口试点范围。2021年3月18日,商务部、国家发改委、财政部、海关总署、税务总局、市场监管总局六部委发布《商务部 发展改革委 财政部 海关总署 税务总局 市场监管总局关于扩大跨境电商零售进口试点、严格落实监管要求的通知》,将跨境电商零售进口试点扩大至所有自贸试验区、跨境电商综试区、综合保税区、进口贸易促进创新示范区、保税物流中心(B型)所在城市(及区域)。今后相关城市(区域)经所在地海关确认符合监管要求后,即可按照《商务部 发展改革委 财政部 海关总署 税务总局 市场监管总局关于完善跨境电子商务零售进口监管有关工作的通知》(商财发〔2018〕486号)要求,开展保税电商(海关监管方式代码1210)业务。各试点城市(区域)应切实承担本地区跨境电商零售进口政策试点工作的主体责任,严格落实监管要求规定,全面加强质量安全风险防控,及时查处在海关特殊监管区域外开展“网购保税+线下自提”、二次销售等违规行为,确保试点工作顺利推进,共同促进行业规范健康持续发展。

(二) 主要跨境电商试点城市

1. 宁波

2012年8月,宁波被列入全国首批5个跨境电商试点城市,自此,宁波凭借“口岸”“开放”的地利优势,“产业”“物流”的配套优势,飞速发展跨境产业,成为全国首个跨境电商零售进口千亿级城市。为促进跨境电商零售进口业务高质量发展,宁波因地制宜、精准

跨境电商零售进口试点批复历程

批复时间	批复文件	试点城市
2012年8月	发改办高技〔2012〕2218号	郑州、杭州、重庆、上海、宁波
2013年9月		广州
2014年7月		深圳
2014年9月	海关总署批文	天津
2015年12月	署办科函〔2015〕30号	福州、平潭
2018年1月	商务部新闻发言人谈话形式	合肥、成都、大连、青岛、苏州5个城市
2018年12月	商财发〔2018〕486号	北京、呼和浩特、沈阳、长春、哈尔滨、南京、南昌、武汉、长沙、南宁、海口、贵阳、昆明、西安、兰州、厦门、唐山、无锡、威海、珠海、东莞、义乌22个城市
2020年1月17日	商财发〔2020〕15号	石家庄、秦皇岛、廊坊、太原、赤峰、抚顺、营口、珲春、牡丹江、黑河、徐州、南通、连云港、温州、绍兴、舟山、芜湖、安庆、泉州、九江、吉安、赣州、济南、烟台、潍坊、日照、临沂、洛阳、商丘、南阳、宜昌、襄阳、黄石、衡阳、岳阳、汕头、佛山、北海、钦州、崇左、泸州、遵义、安顺、德宏、红河、拉萨、西宁、海东、银川、乌鲁木齐等50个城市(地区)和海南全岛
2021年3月18日	商财发〔2021〕39号	所有自贸试验区、跨境电商综试区、综合保税区、进口贸易促进创新示范区、保税物流中心（B型）所在城市（及区域）

图 3-1 跨境电商零售进口试点批复历程

资料来源：黎代云，跨境电商顾问。

发力，以智慧监管、创新监管、高效监管助力打造跨境电商标杆城市。

第一，智慧监管。首创"跨境电商网购保税进口包裹出区嵌入式监管"，将海关监管指令嵌入企业生产作业流程，在流水线实现对包裹的精准分拣。2022 年 7 月，该模式作为自贸试验区创新举措成功通过海关总署备案；搭建跨境商品质量追溯体系，消费者一键扫码即可查阅所购商品核心溯源要素。2022 年 5 月 20 日正式推广应用跨境电商零售进口商品条码，"商品条码""溯源码"双码协作让全球跨境商品有据可查、有源可循。

第二，创新监管。建立海关—跨境企业的双向良性沟通渠道，深入调研市场细分需求，不断延伸业务链条，培植业务增长点。2019 年 6 月 5 日，推出"网购保税＋线下自提"模式，支持浙江省首个跨境网购自提中心在宁波保税区进口商品市场启动运营，"即买即提、全球同步"进一步优化了消费者购物体验；2021 年 6 月 30 日，开展首票跨境电商商品组套业务，将不同的跨境电商商品组合成套装面向消费者，进一步满足了个性化消费需求，也让企业产品线更丰富、更具竞争力；创新税款担保方式，提供保证金、银行保函、关税保证保险等多种税款担保选择，降低企业资金压力。推广退货中心仓模式，打通跨境商品退货的"最后一公里"，有效解决消费者退货难、企业退货包裹二次销售难问题。

第三，高效监管。构建了完善的跨境电商质量监测体系和事前规范备案，通过企业资质审核、场所规范管理，实现监管主体全覆盖；通过规范申报实现一线管严，通过库存盘查实现仓储管精，通过精准布控实现二线优出，通过风险监控分析、质量安全监测，实行"仓内留样检"，对不合格商品做下架销毁处理，有效防控系统性风险。

2. 上海

2013 年，上海跨境电商线上综合服务平台——上海跨境电子商务公共服务平台（以下简称"上海跨境公服"）正式运行，作为全国首家跨境电商公共服务平台，上海跨境公服积极放大技术优势，复制平台成熟经验做法，为新获批的综合试验区提供云公服技术服务，并量身定制符合当地需求的个性化功能，助力新兴综合试验区释放跨境电商新业态发展动能。

第一，数智赋能浦东外贸企业。上海跨境公服通过打造自贸区跨境电商服务专区，为企业及监管单位提供接入、通关、税务、外汇、线下等“一站式、全流程”的服务。其公共服务平台系统日均单量处理能力超3 000万单,系统稳定性达99.9%,服务企业超2万家,服务效能居全国领先水平,为浦东企业开展跨境电商业务提供服务保障。2022年以来,处理浦东企业跨境电商进出口交易额同比增长近10%,全市占比近40%。

第二,拓宽行业合作生态圈。针对跨境电商行业内供需市场不对称的难题,上海跨境公服打造了跨境电商市场资源对接服务平台——跨境易综合服务平台,围绕市场资源、结算易、通关易、数据易四大业务板块,汇集跨境电商企业、电商园区等7大类、23个小类服务资源,聚合了近200家企业的300余款产品。2022年以来,平台访问量超10万次,服务企业超千家,助力跨境电商各市场主体间实现资源精准高效匹配,保障自贸区跨境电商供应链稳定。

第三,助力税务惠企政策率先落地。上海跨境公服通过数字化手段使通关信息自动生成的税务数据及时、高效传输,方便企业税务信息报送,提高了企业运营效率。同时,企业可通过平台查询本企业税单数据,促进企业与税务部门高效沟通,助力浦东新区在全国范围内率先落地跨境电商零售出口企业“无票免征”政策、跨境电商零售出口企业所得税核定征收政策,打造跨境电商出口合规高地。

第四,便利跨境电商业务资金结算。依托平台海量数据信息集聚优势,上海跨境公服建立了便捷、安全、可靠的收结汇、购付汇双向信息服务体系。通过数字化手段助力银行和支付机构等进行跨境电商贸易真实性校验,为跨境电商进出口卖家提供跨境资金结算服务,帮助卖家实现销售款回流,累计服务跨境电商中小卖家超20万家。

3. **湖州**

湖州获批第五批国家跨境电商综试区试点城市和零售进口试点城市后,其跨境电商迎来了高速发展。2022年,全市实现服务贸易进出口额69.2亿元,同比增长25.9%。[①] 2020年7月,为促进湖州跨境电商高质量发展,湖州市人民政府办公室发布了关于印发《中国(湖州)跨境电子商务综合试验区实施方案》的通知,以特色定位、发展目标、空间定位为总体要求,实施跨境综合服务、跨境园区和基础支撑平台三大平台建设,推进监管制度、金融政策、统计制度和信用标准创新为产业集群质效提升、市场主体精准引育、内外贸融合发展、人才体系创新共建和物流枢纽优化升级五大行动提供相应的保障措施。

第一,推动监管制度创新。推动湖州保税物流中心(B型)高质量运营,加快建设综合保税区。推动建设德清保税物流中心(B型)和长兴保税物流中心(B型)。深化通关一体化改革,优化跨境电商监管流程,实现“一次申报、一次查验、一次放行”。深化通关协作,加快实现信息互换、监管互认、执法互助,提升贸易便利化水平。

第二,推动金融政策创新。定制化设计综合试验区绿色金融产品。强化央行再贷款再贴现低成本资金支持,定向支持跨境电商企业,对跨境电商企业票据贴现开辟“绿色通道”。积极探索跨境电商供应链金融、电子商务出口信用保险保单融资、大数据信用融资等金融产品和服务,逐步扩大“跨境电子商务+海外仓”项下风险承保规模和融资规模。鼓励跨境电商活动使用人民币计价结算,有效规避汇率风险。

---

① 资料来源:湖州市商务局,http://swj.huzhou.gov.cn/art/2023/4/6/art_1229705608_58940506.html。

第三，推动统计制度创新。创新跨境电商统计制度，探索跨境电商“多方联动、多点监测”的统计方式，建立以申报清单数据、平台采集数据和企业直报数据为依据进行统计分析的新模式。建立跨境电商大数据中心，提升数据分析能力和应用服务水平，建立跨境电商评价指标体系，定期发布跨境电商发展报告，为政府监管和企业经营提供数据支撑和决策咨询服务。

第四，推动信用及标准创新。应用大数据、人工智能、区块链、云计算等新技术，打造服务综合试验区的信用基础设施，建立信用认证体系和信用评价体系，逐步实现对跨境电商企业信用信息的“分类监管、部门共享、有序公开”。

（三）跨境电商试点城市与跨境电商综试区政策

跨境电商综试区不一定包含跨境电商试点城市，第一、二批跨境电商综试区如杭州、广州、深圳、上海、宁波、郑州、重庆、天津8个城市，在获批之前就是跨境电商试点城市。然而青岛、大连、苏州、合肥、成都5个城市2016年获批跨境电商综试区，2018年1月1日才可继续开展跨境进口网购保税1210模式业务。跨境电商试点城市与跨境电商综试区政策在实施范围、发展方向、工作重点和规格要求方面有所不同。

实施范围方面。跨境电商试点城市只限于该市的特殊监管区域，而跨境电商综试区是立足本市、梯次推进、全面推开、共同发展。截至2023年，青岛可进行1210保税备货业务模式的区域有西海岸综合保税区、前湾综合保税区、胶州湾综合保税区、即墨综合保税区、空港综合保税区和西海岸新区保税物流中心，综合试验区认定的重点园区共有11个。

发展方向方面。跨境电商试点城市主要侧重于进口，以B2C模式为主；跨境电商综试区则是以出口为主攻方向，以B2B为主要模式。目前，跨境电商综试区实施方案的主要目标，基本上都是以B2B为主的模式。

工作重点方面。跨境电商试点城市主要是线上零售交易；跨境电商综试区则把推动外贸领域供给侧改革、消费升级和促进产业发展作为重点，着力实现线上线下有机融合、互相支撑、联动发展。

规格要求方面。跨境电商试点城市由海关总署等有关部委批准并指导实施，属于部级试点，旨在促进单向的进口和网购便利化；跨境电商综试区由省级人民政府向国务院正式上报请示，商务部等12个部委共同审核同意，国务院批准设立，属于国家级试点，旨在推进贸易便利化，探索形成更加有利于跨境电商发展的制度体系和营商环境，通过“互联网＋外贸”“互联网＋流通”，实现优进优出和外贸转型升级。

三、中国跨境电商综试区

（一）中国跨境电商综试区发展现状

中国跨境电商综试区是中国设立的跨境电商综合性质的先行先试的城市区域，旨在跨境电商交易、支付、物流、通关、退税、结汇等环节的技术标准、业务流程、监管模式和信息化建设等方面先行先试，通过制度创新、管理创新、服务创新和协同发展，破解跨境电商发展中的深层次矛盾和体制性难题，打造跨境电商完整的产业链和生态链，逐步形成一套适应和引领全球跨境电商发展的管理制度与规则,为推动中国跨境电商健康发展提供可复制、可推广的经验。2015年至2022年末,我国先后设立了七批、165个跨境电商综试区。2022年11月14日,国务院批复同意在廊坊市、沧州市、运城市、包头市、鞍山市、延吉市、同江市、蚌埠市、南平市、宁德市、萍乡市、新余市等33个城市和地区设立第七批跨境电商综合试验区,《国务院关于同意在廊坊等33个城市和地区设立跨境电子商务综合试验区的批复》指出,国务院有关部门要按照职能分工,加强对综合试验区的协调指导和政策支持,切实发挥综合试验区示范引领作用,按照鼓励创新原则,坚持问题导向,加强协调配合,着力在跨境电商企业对企业方式相关环节的技术标准、业务流程、监管模式和信息化建设等方面探索创新,研究出台更多支持举措,为综合试验区发展营造良好环境,更好促进和规范跨境电商产业发展壮大。

拓展阅读3-4 中国跨境电子商务综合试验区名单批次(截至2022年11月)

目前,我国跨境电商综试区的优惠政策主要包含四个方面:第一,跨境电商零售出口"无票免税"政策,即对跨境电商综试区内的跨境电商零售出口企业未取得有效进货凭证的货物,凡符合规定条件的,出口免征增值税和消费税。第二,跨境电商零售出口企业所得税核定征收政策。综合试验区内符合一定条件的出口企业试行核定征收企业所得税办法,采用应税所得率方式核定征收企业所得税,应税所得率统一按照4%确定,符合小型微利企业优惠政策条件的,可享受小型微利企业所得税优惠政策;其取得的收入属于《中华人民共和国企业所得税法》第二十六条规定的免税收入的,可享受免税收入优惠政策。第三,通关便利化政策。跨境电商综试区内符合条件的跨境电商零售商品出口,海关通过采用"清单核放,汇总申报"的便利措施进行监管验放,提高企业通关效率、降低通关成本。第四,放宽进口监管条件政策。对跨境电商零售进口商品不执行首次进口许可批件、注册或备案要求,按个人自用进境物品监管。

(二) 中国跨境电商综试区典型案例分析

1. 杭州

杭州是全国首个跨境电商综试区,外贸发展基础好,供应链、生态圈成熟,杭州市探索形成的"六体系、两平台"等一系列成熟经验做法已复制推广至全国,成为跨境电商的创新高地和发展福地。在2022年7月28日"潮起钱塘·数字丝路"第六届全球跨境电商峰会上,杭州市商务局(自贸委)局长、常务副主任王永芳将中国(杭州)跨境电子商务综合试验区的创新实践总结为"六链融合"。[①]

第一,激发创新链。完善跨境电商进出口退换货机制,推出跨境电商出口退税便利化服务举措,扩大"9710""9810"出口,着力在跨境电商交易、支付、物流、通关、退税、结汇等"六个环节"的技术标准、国际规则和信息化建设等方面先行先试。第二,提升产业链。深入实施跨境电商产业三年倍增计划,积极招引国际一流企业总部或区域总部落地杭州。力争到2025年末,杭州跨境电商进出口总额250亿美元以上,培育和集聚年交易额

---

① 打造跨境电商全球第一流的杭州探索[EB/OL].(2022-08-02).http://www.hangzhou.gov.cn/art/2022/8/2/art_812262_59062519.html.

100亿元以上数字贸易龙头平台30家以上，培育年交易额1 000万美元以上跨境品牌企业500家以上。第三，强化人才链。会同浙江工商大学举办好中国首个跨境电商学院；办好亚马逊全球开店在亚太区唯一培训中心，推进阿里巴巴“G100”、eBay“E青春”、谷歌“十百千”人才培育计划；引进培育跨境电商高层次人才，打造跨境电商人才高地。第四，优化服务链。实施“e揽全球 杭品出海”专项行动。建设全球跨境电商品牌研究中心等四大中心。建成全国首个“多层结构＋智能化”机场国际货站，支持自建、租赁跨境电商保税仓、集货仓，支持市场主体开辟货运航线和物流班列。第五，畅通金融链。支持在杭跨境支付机构申领全球牌照，推动金融机构直接办理跨境电商收结汇，打造全国跨境电商支付高地。加快投贷联动，引导社会资本成立跨境电商产业基金，联合金融机构成立跨境电商融资产品“杭跨贷”，着力解决中小跨境电商企业“融资难”。第六，升级政策链。制定新版跨境电商政策，培育市场主体，激发内生活力，鼓励跨境电商做大做强；支持企业开拓市场，鼓励专业服务商、独立站、海外仓发展，打造跨境电商全球品牌；加大招强引优，提升园区能级，增强持续发展后劲。

作为首个跨境电商综试区，杭州发展跨境电商拥有独特条件和明显的优势：①高度开放的经济体系。开放型经济是杭州经济发展最大的优势。借助于开放的体制、机制和市场准入政策，杭州能够有效吸引跨国机构集聚、共同参与全球资源配置，并通过大力实施“走出去”战略，形成了外向型经济。②日臻完善的服务体系。杭州是长江三角洲城市群中心城市之一，交通基础设施完善，对外贸易条件十分优越。杭州作为我国民营经济最为发达的城市之一，是中小微企业信息服务集聚地，市场经济高度发达、民间资本非常充裕、信息产业人才济济、服务体系领先全国。从各方面来看，杭州具有发展跨境电商的良好支撑服务体系。

2. 合肥

2016年1月，国务院批准设立中国(合肥)跨境电子商务综合试验区(以下简称“合肥跨境电商综试区”)。2016年4月，《中国(合肥)跨境电子商务综合试验区建设方案》正式下发，方案规划以安徽(蜀山)跨境电子商务产业园为核心，合肥出口加工区(现已优化升级为合肥经济技术开发区综合保税区)、合肥综合保税区和合肥空港经济示范区在内，打造“一核三区多园”的协同发展布局。2022年，合肥市跨境电商交易额196.25亿元，同比增长50.9%。合肥跨境电商综试区的建设经验可以概括为四个方面。

第一，统筹推进线上线下服务平台建设。一方面是提升线上综合服务平台服务能力。目前，其已全面开通保税进口(1210模式)、直购进口(9610模式)、零售出口(9610模式)、跨境电商B2B直接出口(9710模式)和跨境电商出口海外仓(9810模式)业务。另一方面是加快线下产业园区服务配套建设。截至2022年底，已建成3个省级跨境电商产业园和5个市级跨境电商产业园。

第二，不断推动跨境电商主体壮大发展。一方面是发挥平台企业示范引领作用。加大与阿里巴巴国际站、亚马逊等第三平台的合作力度，举办跨境电商沙龙论坛、产贸对接、专题讲座等活动，推动传统企业发展跨境电商。如江淮汽车、合肥美的、大恒能源、安徽良米等利用阿里巴巴国际站、亚马逊等平台转型发展，实现了产业升级、模式创新。另一方面是加强招引跨境电商龙头企业。近年来，其先后引进阿里一达通、考拉海购、雅娜购、上海泓仓等重点跨境电商项目。

第三,不断激发外贸高质量发展新动力。一方面是常态化开展"跨境电商 9610+中欧班列"新模式。2020 年 12 月,其首次成功开展"跨境电商 9610+中欧班列"业务。2021 年 6 月,首趟合肥中欧班列跨境电商出口专列正式发运至德国威廉港。另一方面是探索开展"跨境电商 9610 零售出口包机"新模式。2021 年 5 月,其首次跨境电商 9610 零售出口包机直飞洛杉矶。

第四,不断培育跨境电商新优势。首先,设立合肥(庐阳)跨境电商孵化中心。自 2019 年 7 月设立以来,截至 2021 年 7 月,该孵化中心已新培育、孵化跨境电商主体 70 多家,初步形成了新培育、成长、成熟三类企业。其次,推动安徽省跨境电商创新服务中心投入运营。该中心为合肥市乃至全省跨境电商企业提供通关信息化、国际物流、跨境支付、海外营销、人才培训等综合配套服务。截至 2022 年 4 月,已服务省内跨境电商企业 1 500 余家,带动人才就业超 800 人。最后,举办各类活动营造跨境电商良好发展氛围。通过举办跨境商品体验消费日、中国·合肥跨境电商开年峰会等活动,开办"推进中国(合肥)跨境电子商务综合试验区建设对口协商"培训会等,进一步开拓跨境电商企业国际视野,激发发展活力,促进跨境电商加快发展。

虽然合肥跨境电商发展取得了一定成效,但与杭州、南京等长三角先发城市相比,还存在较大差距:①跨境电商企业物流成本偏高。在水运方面,合肥水运港尚不能实现与沿海港口间"河海直达",出口货物须经南京、芜湖转运至上海洋山港,降低了企业水运时效。在铁路方面,目前欧洲排名前两位的集装箱大港鹿特丹和汉堡都面临严重的拥堵,成为集装箱供应链上的主要瓶颈,集装箱价格依旧水涨船高。②跨境电商物流支撑能力不强。合肥整体物流基础设施分布散、规模小和经营方式落后,与满足未来国家综合交通运输发展方向以及未来产业结构调整方面对高效率、低货损、时效强的货运需求,满足外向型产业发展和国际海陆双向开放辐射要求,还有一定差距。

3. 厦门

2022 年 11 月 10 日,以"跨境互联,货通全球"为主题的 2022 中国(厦门)国际跨境电商展览会举行。自 2018 年获批跨境电商综试区以来,厦门建设线上线下平台,疏通口岸物流环节,围绕本地口岸拓展业务量,形成省内最优质可持续的跨境电商生态圈。中国(厦门)跨境电子商务综合试验区的建设特色可以概括为两个方面。

第一,厦门跨境电商平台是厦门自贸片区重点产业平台之一,目前已经形成线上跨境电商综合服务平台和线下"一区多园"的跨境电商生态圈,并已落地实施保税备货、出口免征不退、跨境电商 B2B 出口试点等业务模式,打通厦门-金门-高雄的跨境电商物流通道、实现厦门-高雄次日达,集聚一批跨境电商头部企业,形成以出口为主、兼具对台的跨境电商产业特色。

第二,着力打造的跨境电商综合服务平台,是厦门自贸片区推进贸易数字化、提升跨境电商服务数字化水平的一大举措。该平台依托厦门国际贸易"单一窗口",把线下跨境电商服务体系同步移到线上,涵盖跨境电商进出口业务申报、税务"免征不退"信息登记、进出境快件辅助申报、进境邮件个人自主申报等公共服务,以及物流、收付汇、知识产权、政策法规等业务系统,实现跨境电商业务一站式办理,大大缩短企业和个人的通关时间并降低成本。

目前，厦门在发展跨境电商方面具备三个优势：①平台优势。厦门正在全力建设两岸贸易中心平台，通过"一个中心总部、多个线上线下交易平台"，聚集贸易相关的服务要素，加强了海峡两岸商贸往来以及服务往来。厦门既是中国台湾产品进入中国大陆的集散枢纽、展示中心，也为中国大陆产品进入"一带一路"市场架起了交易桥梁。②口岸优势。厦门作为中国大陆距离中国台湾最近的综合性口岸，具有天然的距离优势，两岸快速客轮航运的开通，基本可实现与中国台湾西岸各港口之间 4 小时通达，航班可实现全年全天候覆盖，且成本较空运可降低 40%以上，快速海运将成为两岸电商货物以及快件和零担货物高效率、低成本的最优物流模式。③通关优势。厦门的地缘优势使之形成以海关特殊监管区为中心、10 千米为半径，涵盖空、铁、公、水在内的多式联运条件和跨关区的全方位、多样化通关监管模式，基本可实现电商货物 72 小时到达中国大陆全境县级城市，4 天内覆盖两岸全境。

4. 南宁

中国(南宁)跨境电子商务综合试验区(以下简称"南宁跨境电商综试区")于 2018 年 12 月 15 日正式开区运营，依托面向东盟、连通粤港澳大湾区等独特区位优势，衔接钦州、北海、崇左(凭祥)等陆海口岸城市。南宁跨境电商综试区通过充分整合资源要素，致力于建设面向东盟国家的集物流运输、商品交易、货币结算和技术创新于一体的跨境电商示范基地，同时，依托特殊的倾斜政策和管理制度，进一步深化与东盟经贸合作的内涵，形成以点带面、产城联动、辐射东盟的跨境电商产业生态圈。2022 年，南宁跨境电商综试区全年完成跨境电商进出口额 137.86 亿元，同比增长 77.4%。[①] 东盟地区电子商务市场规模 2025 年有望超过 1 500 亿美元，将成为全球最具潜力的电子商务市场，将有利于广西进一步发挥在区域经济合作中的地位和作用，加快构建面向东盟、辐射全球的跨境产业链、供应链，形成立足广西、面向东盟、融入世界的全方位开放发展新格局。

尽管具备了独特的区位优势与一系列优惠政策的叠加效益，南宁跨境电商综试区仍然面临发展障碍：①同质化竞争激烈。南宁跨境电商产业基础相对薄弱，随着近几年跨境电商综试区大幅扩围，综合试验区政策优势将不再突出，同质化竞争更为激烈，突围发展压力和难度更大。②对全区跨境电商发展的引领性作用有待提升。南宁跨境电商综试区更侧重打造中国—东盟贸易新通道，跟广西其他城市跨境电商产业发展的协同度以及对其的引领性相对较低，甚至还对区内其他城市产生"虹吸效应"，不利于全区整体发展质量的提升。③跨境电商整体规模小，人才缺口大，优势产业及产业聚集尚未形成。与跨境电商发达城市相比，南宁市经济和产业基础都较为薄弱，跨境电商发展起步晚，相关专业人才匮乏，本土企业参与度较低，跨境电商整体规模较小，尤其是跨境 B2B 交易不仅规模小，且交易方式也比较落后。④营商环境有待进一步优化。综合试验区＋自贸试验区＋综合保税区"三区叠加"，容易形成政策"晕轮效应"，一定程度上影响营商环境改善。综合试验区对企业的实际优惠政策不够明晰，跨境电商综合服务类企业和机构较少，企业运营、物流、结汇、租金等成本较高。跨境电商企业和传统企业转型跨境电商的整体成本仍然较高，尤其是本土中小企业。

① 数据来源：中国-东盟信息港网站：http://dmxxg.gxzf.gov.cn/xxfb/dtyw/t15780399.shtml。

5. 同江

同江市位于黑龙江省东北部，松花江与黑龙江交汇处南岸，与俄罗斯犹太自治州和哈巴罗夫斯克边区隔江相对，是国家一类口岸城市，也是黑龙江省江海联运始发港，航线被称为“东方水上丝绸之路”。2023年1月20日发布的《黑龙江省人民政府关于印发中国(同江)跨境电子商务综合试验区实施方案的通知》提出，依托同江对俄区位优势和产业氛围，探索实施业务模式、口岸监管、信息平台、贸易载体、国际物流、跨境合作等领域创新，全方位提升同江跨境电商服务能力和水平，逐步形成贸易便利、监管高效、法制规范的跨境电商发展环境，推动同江跨境电商快速发展。

中国(同江)跨境电子商务综合试验区主要建立“两大平台、六大体系”，推动多模式融合互动发展。其重点发挥同江数贸港平台作用，推动海关、税务、外汇等部门信息互换、监管互认，为跨境电商发展提供有力支撑；充分依托大龙网同江龙工场、互市贸易区等载体，建设线下产业园区，承接线上平台功能；着力强化金融、信息、物流等要素保障，吸引上下游企业入驻，大力发展跨境贸易电子商务(9610)、跨境电子商务企业对企业直接出口(9710)、跨境电子商务出口海外仓(9810)等跨境电商业务，提升对外开放层次和能级。①搭建线上线下“双平台”，筑牢跨境电商产业发展基石。吸纳转化杭州、宁波等成熟跨境电商综试区经验做法，结合同江对俄区位、口岸、政策优势，以大龙网同江龙工场、同江数贸港等平台为支撑，加速构建集跨境电商平台对接、税务申报、外汇管理、市场监管、公共信用信息查询、物流信息查询等功能于一体的线上综合服务平台。与此同时，对标国家电子商务示范基地标准，建设同江跨境电商产业园，吸引跨境电商产业链上下游企业入驻，形成集通关、收结汇、退税、仓储、物流、金融等多种服务功能于一体的综合性园区，促进跨境电商线上平台和线下园区联动发展，打造完整的跨境电商产业链和生态链。②构建监管服务“六体系”，厚植跨境电商产业发展动能。构建信息共享体系。实行统一信息标准规范、信息备案认证、信息管理服务，建立多元化跨境电商信息合作机制和共享平台。构建智能物流体系。研究利用同江铁路口岸及后方通道，形成中欧班列出入境新通道，依托同江中俄黑龙江铁路大桥优势和便利的水路、公路、铁路运输条件，实行“跨国班列＋跨境电商”模式，打通与“一带一路”沿线国家的贸易新通道。构建金融服务体系。深化政银企对接合作，通过利用现有基金、创新金融产品等方式，解决同江跨境电商企业“融资难、融资贵”问题。构建信用评价体系。依托同江数贸港建立跨境电商信用信息平台，利用信息基础数据，提供电商主体身份识别、电商信用记录查询、商品信息查询、货物运输及贸易信息查询等服务。构建统计监测体系。逐步建立跨境电商通关、物流、交易支付等平台数据采集和企业自主申报相结合的统计监测体系。探索建立交易主体信息、电子合同、电子订单等标准格式，以及跨境电商进出口商品和物品的简化分类标准。构建风险防范体系。贯彻落实《电子商务法》，探索建立国际市场风险预警机制，及时收集、公告国际市场潜在的贸易摩擦、合规管理、知识产权及产品安全风险，为企业安全经营提供信息支撑。

(三) 中国跨境电商综试区的积极作用

经过多年的运行与经验积累，跨境电商综试区在跨境电商贸易便利化、信息化建设、物流服务体系建设以及金融服务支持等方面产生了积极影响。

贸易便利化方面，跨境电商综试区内部从关、检、税、汇四个方面采取便利化措施，简化通关手续、实行全程无纸化、完善通关一体化；创新检验检疫监管模式和海关监管模式、加强关检合作；提升出口退税效率、实行退税无纸化；便利外汇交易结算、实现一站式服务。这一贸易便利政策的实施有助于实现跨境电商交易的便利化和效率化。

信息化建设方面，跨境电商综试区的设立促进了“互联网＋外贸”的跨境电商的发展，其有赖于综合试验区信息化建设的完善。跨境电商综试区的设立要求建立大数据应用平台，整合数据资源并实现数据交换共享。跨境电商综试区打造信息枢纽，建设了线上综合服务平台，实现线上跨境电商进出口通关、退税、金融、物流等“一站式”电子服务并打造线上信息核查库，更方便监管需要。跨境电商综试区信息化水平的提升满足了跨境电商交易的信息技术设施要求，促进了跨境电商的发展。

物流服务体系建设方面，跨境电商综试区通过优化海外仓布局、创新海外仓建设模式、建设公共海外仓等方式拓展海外营销渠道，促进跨境电商出口增加。除此之外，跨境电商综试区内的保税仓避免了缴纳进口关税，进口货物享受保税和免税政策，利于促进进口。其海外仓和保税仓所形成的物流服务体系不仅减少了中间环节，大大降低了成本，并且逐渐成为展示品牌、售后服务和业务咨询的窗口，对于跨境电商的促进作用十分显著。

金融服务支持方面，跨境电商综试区通过创新金融支持模式以降低企业运营成本，采取设立信保资金池等方式提升中小跨境电商企业交易能力；建立线上金融服务平台实现收付汇、结售汇等业务无纸化自动处理，实现流程简化及成本节约；支持金融机构与跨境电商企业加强合作，实现相关机构对跨境电商企业发展提供金融及外贸综合服务支持，促进了跨境电商发展。

四、单一窗口下的跨境电商

（一）国际贸易单一窗口

国际贸易单一窗口是指利用现代化的信息技术以及标准化理论，让参与国际贸易的进出口方等各个主体，通过单一平台提交标准化信息和单证以满足贸易规章制度和相关法律法规的要求，同时，政务部门会将处理结果反馈给申报者，实现精简通关手续，降低企业成本，最终促进贸易便利化。

2005年，联合国贸易便利化与电子业务中心（UN/CEFACT）发布了UN/CEFACT建议书33号“建立国际贸易单一窗口”，向世界各国（地区）和各经济体推荐使用贸易单一窗口，并给出了建立贸易单一窗口的实施指南。国际贸易单一窗口是国际通行的贸易便利化措施，是改善跨境贸易营商环境的重要举措，是国际贸易领域的“一网通办”。截至2021年，世界上已有70多个国家和经济体施行国际贸易单一窗口，但由于各国国情不同，其实施模式各有特点。

(二) 国际贸易单一窗口对跨境电商发展的作用

1. “单一窗口”让通关高效便捷

截至2022年底,国际贸易“单一窗口”已与30个部门系统对接,上线22大类819项服务,注册用户620余万家,日申报业务量多达1 700万票,基本实现口岸执法服务功能全覆盖,满足企业“一站式”业务办理需求。[①]

拓展阅读3-5 国际贸易单一窗口下的出口报关窗口

2. 通关无纸化为进出境物流提供便利

2018年11月,《海关专用缴款书》全面推广,至此,海关通关无纸化改革的“最后一公里”被打通。进出口企业、单位通过电子支付方式缴纳税款后,就可以通过“互联网+海关”一体化网上办事平台或国际贸易“单一窗口”标准版,下载、打印税单,不必再到海关取税单。改革之后,企业无须再多次往返于海关,只要将进口货物的发票箱单、采购订单等单据、文件扫描并传给海关。海关通过网络反馈审核结果,自动生成《中华人民共和国海关进出口货物征免税证明》(以下简称《证明》)。企业录入《证明》单号,就可以在海运、空运口岸办理相关货物进口申报手续,无须再提供纸本单据。通关无纸化改革极大节省了企业通关时间,2022年,全国进口、出口货物整体通关时间分别为32.02小时和1.03小时,比2017年缩短了67.1%和91.6%。[②]

第五节 数字基础设施与数字丝绸之路

一、数字基础设施

(一) 数字基础设施的内涵

数字基础设施是在新一代信息革命背景下产生的,以信息技术和信息网络为核心,以支撑数字经济发展为目的的新型基础设施,狭义的数字基础设施一般指信息基础设施,包括5G网络、光纤宽带、感知终端、大数据技术、工业互联网、物联网等。广义的数字基础设施不仅包括信息基础设施,还包括融合基础设施,即传统基础设施利用新一代信息技术进行智能化改造后所形成的基础设施形态,如数字化停车系统、城市大脑、制造业智能化等都属于对物理基础设施的数字化改造。

数字基础设施具备基础性、先行性、非竞争性、非排他性、可贸易性和高时效性的特征。基础性是指数字基础设施是生产所有数字化产品与服务的基础,如3G和4G技术是当今众多社交通信类产品的基础;先行性是指数字基础设施的发展一般快于相关数字产品与服务的发展,如5G网络的开发要早于5G商品或服务的开发;非竞争性是指对数字

① 海关促进跨境贸易便利化取得实质性成效[EB/OL].(2023-03-01).https://www.gov.cn/xinwen/2023-03/01/content_5743775.htm.

② 中国外贸稳规模优结构具有坚实支撑[EB/OL].(2023-01-14).https://www.gov.cn/xinwen/2023-01/14/content_5736873.htm.

基础设施服务的消费增加不会使生产成本增加，如大数据技术提供的服务成本不会因为一个用户的增加而增加；非排他性是指一个人在享受数字基础设施服务时，无法排除他人也同时享受此类服务，如消费者在使用云服务时无法排除他人也使用；可贸易性是指数字基础设施本身并没有地域性的限制，可以通过进出口方式满足不同国家和地区的数字基础设施服务需求，如中国可以作为5G网络的供应商为全球所有国家出口数字服务；高时效性是指数字基础设施的迭代升级迅速，相对于传统基础设施如公路、水厂等，数字基础设施的使用期限较短，从4G技术的广泛应用到5G网络的普及，仅仅经历了不到5年的时间。

(二) 数字基础设施对数字贸易发展的作用

第一，数字基础设施丰富数字贸易的交易对象。新型数字基础设施如云计算、5G通信、人工智能等技术的出现使大量数字化产品和服务、数字技术和信息成为贸易标的，极大地丰富了数字贸易的对象，推动了数字贸易的进一步发展。

第二，数字基础设施提供数字贸易的主要载体。数字基础设施建设推动了跨境电商平台的发展，数字化平台成为企业商业模式创新、价值创造和协调配置资源的重要载体，其可以通过收集多方面数据，减少买卖双方信息不对称带来的风险。

第三，数字基础设施推动数字贸易多领域创新。例如，工业互联网技术为数字产品与服务的生产模式创新提供了有利条件，通过工业互联网的连接，消费端的多样化需求被迅速反映到产品研发、设计和生产过程之中，实现生产端的定向分析和快速落地；大数据技术推动了物流数字化创新，通过大数据技术对物流所涉及的对象和活动进行管理与控制，大大提高了物流配送的准确率和效率；数字化平台的出现为数字贸易中的企业与金融机构提供了新的交易解决方案，数字化平台为中小企业提供的一站式服务，既简化了贸易流程，又将风险降到最低，大大改善了中小型企业的贸易条件，同时金融机构通过结合数字技术开展“购付汇”和“收结汇”等业务，有效完成海关申报、交易结算及电子对账等数字化一站式服务，在很大程度上促进了数字贸易的发展。

二、数字丝绸之路

(一) 数字丝绸之路的内涵

数字丝绸之路在2017年的“一带一路”国际合作高峰论坛上正式被中国政府提出。习近平主席在论坛上提出“推动大数据、云计算、智慧城市建设，连接成21世纪的数字丝绸之路”，进一步丰富了“一带一路”倡议的内涵。数字丝绸之路是数字经济与共建“一带一路”倡议深度融合的经济开放合作模式，其本质是以促进共建“一带一路”国家和地区数字资源利用、数字化设施联通、数字经济发展、数字贸易和电子商务繁荣等领域为重点，实现全球数字经济治理的繁荣之路。

具体来看，数字丝绸之路包含以下要素。

第一，参与数字丝绸之路建设的国际组织、“一带一路”沿线国家与企业。截至2022年10月，中国已与17个国家签署“数字丝绸之路”合作谅解备忘录，与23个国家建立“丝路电商”双边合作机制，与周边国家累计建设34条跨境陆缆和多条国际海缆；在企业层面，除了中国大型国有企业(中国电信、中国移动和中国联通等),还包括互联网企业等数字化民营企业。

第二,“一带一路”沿线国家所参与制定的相关数字合作战略。中国与“一带一路”沿线国家在数字基础设施建设、数字人才培养及数字技术研发等领域展开谈判对话,并达成全面性、系统性的数字经济战略发展协议;此外还包括中国与“一带一路”沿线国家在数字化领域标准的深度合作,如形成的跨境电商物流服务关键标准体系的互认机制以及数字丝绸之路沿线国家根据本国国情,提出的合作战略中关于数字化领域的议题,其中,哈萨克斯坦的“光明之路”、蒙古国的“发展之路”、波兰的“琥珀之路”、俄罗斯的“欧亚经济联盟”、欧盟的“容克投资计划”等一系列经济发展合作战略都有涉及数字化领域的合作。

第三,为数字丝绸之路提供支撑的数字基础设施。一是信息基础设施,中国与“一带一路”沿线国家在终端、5G网络与技术、光缆光纤、数据库、工业互联网等领域展开了密切合作。二是对物理基础设施的数字化改造,这些基础设施包括陆海天网“四位一体”的联通,以新亚欧大陆桥等经济走廊为引领,以中欧班列、陆海新通道等大通道和信息高速路为骨架,以铁路、港口、管网等为依托的互联互通网络。

第四,为促进数字丝绸之路建设所成立的机构和论坛。中国为了推动数字丝绸之路的建设,成立了一系列辅助机构。2015年12月,亚洲基础设施投资银行正式成立,该银行的主要职能是投资区域内国家的基础设施(含数字基础设施)及其他生产性领域,旨在促进亚洲各国基础设施间的互联互通,推进区域间的经贸合作活动和伙伴关系的建立。2019年4月,第二届“一带一路”国际合作高峰论坛由中方主办,该论坛讨论的核心议题涵盖基础设施互联互通、数字贸易、资源配置和环境保护等领域。2021年6月23日,“一带一路”亚太区域国际合作高级别会议以视频连线方式举行,主题为“加强抗疫合作、促进经济复苏”,我国与28国在会上共同发起“一带一路”疫苗合作伙伴关系倡议和“一带一路”绿色发展伙伴关系倡议。截至2023年2月,已有32国加入上述两项倡议。[①]

(二) 数字丝绸之路对数字贸易发展的作用

第一,数字丝绸之路为沿线国家和地区数字贸易提供技术支撑与设施保障。一方面,数字丝绸之路沿线国家和地区加紧推进信息基础设施建设为数字贸易提供了技术支撑,如俄罗斯电信运营商和中国电信合作建设首个联通亚欧大陆的跨境传输电路,中国移动、中国电信和中国联通主导或参与了多个沿线国家的陆海缆及骨干网建设,建成若干条跨境陆缆和海缆;另一方面,中欧班列、陆海新通道等基础设施的联通也为数字贸易提供了硬件保障。

第二,数字丝绸之路促进沿线国家和地区数字贸易蓬勃发展。一方面,数字丝绸之路有助于降低“一带一路”倡议中的多边贸易成本,各种数字基础设施的投资与建设大大提高了各国之间的互联互通程度,提高了贸易往来交流的效率,在一定程度上规避了贸易过

① “一带一路”国际合作高峰论坛[EB/OL]. http://new.fmprc.gov.cn/web/wjb_673085/zzjg_673183/gjjjs_674249/gjzzyhygk_674253/ydylfh_692140/gk_692142/.

程中文化差异带来的信息不对称；另一方面，数字丝绸之路为沿线国家间贸易提供网络信用安全保障，提高交易达成率。通过搭建数字化平台、普及电子支付、引入交易资金托管制度和建立互评制度，建立信用保障机制，降低交易风险，增强了消费者对数字贸易的信心。

第三，数字丝绸之路极大地拓宽了数字贸易的参与主体。“数字丝绸之路”概念提出以来，众多民营数字化企业抓住时代机遇，在跨境电商、跨境移动支付等领域进行了大量的数字贸易模式创新，如阿里巴巴通过收购巴基斯坦电商平台 Daraz 和东南亚最大电商 Lazada，将新一代全球商业创新电商模式广泛推广开来。蚂蚁金服积极在境外谋求机会，在印度、泰国等国家进行推广，其移动支付模式在数字丝绸之路体系下成型，服务众多用户。

总而言之，数字丝绸之路促进了“一带一路”沿线国家间的数字基础设施联通，促进了其数字化技术发展，并为其培养了大量数字化人才，为“一带一路”沿线国家间开展数字贸易提供了大量便利化条件。

拓展阅读 3-6 新发展格局下数字丝绸之路高质量发展的总体思路与战略路径

复习思考题

1. 全球价值链是指为实现商品或服务价值而连接生产、销售、回收处理等过程的全球性跨企业网络组织，涉及从原料采购和运输，半成品和成品的生产和分销，直至最终消费和回收处理的整个过程。从跨境电商壁垒的角度出发，请你谈谈其对全球价值链分工的影响。

2. 2020 年 4 月左右，视频会议软件 Zoom 被爆出漏洞，随后在暗网和黑客论坛上，超过 50 万个 Zoom 账户被出售，黑客通过在之前的数据泄露中泄露的账户尝试登录 Zoom，然后将成功的登录名编译成列表，出售给其他黑客。Zoom 首席执行官袁征表示：“根据经验，我们急于去帮助用户，但我们错过了一些重要的事情，我们对系统的新用户考虑不周，对于用户来说，我觉得隐私更重要，在这一点上我们做得不好。”你如何看待这一事件？

3. 习近平主席在 2020 年 11 月举行的 APEC 领导人视频会议上讲话时表示，中国将积极考虑加入 CPTPP。我国在跨境数据流动治理等诸多领域与 CPTPP 的相关精神尚存在不同程度的偏离。我国应该如何精准把握 CPTPP 条款的要求及特征，请谈谈你的观点。

4. 2021 年 4 月 10 日，国家市场监督管理总局对阿里巴巴集团“二选一”的垄断行为依法作出行政处罚，并处以超过 180 亿元的罚金。为什么数字化平台的快速发展会伴随着严重的垄断问题？

5. 美国政界对中国提出的数字丝绸之路普遍保持疑虑和偏见的态度，担心中国利用数字丝绸之路的影响力对美国主导的国际规则和规范构成挑战，因此采取了一系列制衡数字丝绸之路的措施。试分析，美方的压制会给数字丝绸之路带来怎样的阻力和负面影响？

练 习 题

第四章

跨境电商运营模式

【教学目的和要求】

本章结合跨境电商发展的现况探讨跨境电商出口及进口的主要运营模式，简要分析了跨境电商平台和模式的选择，最后，对跨境电商发展的热点和趋势方面进行了分析与讨论。本章的目的是使学生掌握跨境电商的基本运营模式，并比较不同模式的优势及存在问题。

【关键概念】

跨境电商出口与跨境电商进口　跨境电商盈利模式　“B2C＋O2O”　直发或直运　自营　导购　海淘　代购　闪购　海外仓　整合分销　多平台运营　本土化运营　小语种市场

党的二十大报告指出，中国坚持经济全球化正确方向，推动贸易和投资自由化便利化，推进双边、区域和多边合作，促进国际宏观经济政策协调，共同营造有利于发展的国际环境，共同培育全球发展新动能。

2022 年 11 月 5—10 日，第五届中国国际进口博览会（以下简称“进博会”）在上海隆重举行。经过 5 年的发展，得益于进博会溢出效应，中国市场持续吸引海外新品牌试水。进博会搭建大舞台，电商平台们也纷纷为全球品牌、中小企业进入中国市场、服务中国消费者搭建“快车道”。

“第五届进博会是党的二十大后我国举办的首场重大国际展会，对于进口跨境电商的意义非常重大。2022 年，中国已经成为后疫情时代经济增长最具备活力的市场之一，拥有巨大的消费体量，正通过进口跨境电商共同培育全球发展新动能。”宁波市新东方工贸有限公司 CEO（首席执行官）朱秋城在接受中国经济时报记者采访时表示。

在朱秋城看来，进博会上的参展企业带来一大批全球新科技、新产品，丰富了境内消费者的选择，更好地满足了消费者日益升级的消费需求。同时，优质进口商品在丰富境内供给的同时，也推动境内企业不断提升竞争力。

从 2018 年首届进博会开展至 2022 年第五届进博会举行，5 年间，越来越多的展品已走进千家万户。很多人或许从未踏入进博会的展馆，但这并不影响其拥有诸多进博会同款商品,享受“买全球”带来的美好体验。显然,跨境电商已成为一条高效的“快车道”,正在加速“展品变商品”。

近年来,进博会也吸引了包括京东、亚马逊、拼多多、天猫国际、行云集团、卓志、运去哪、大龙网等更多的跨境电商企业参加。针对进博会带来的巨大机遇,各大跨境电商企业纷纷发战略、推计划、发新品、谈合作。作为全球性的经贸盛会,进博会不仅是商品和服务的交易平台,也为跨境电商企业提供了一个全方位展现企业实力的重要平台。

资料来源:“进博会+跨境电商”共同培育全球发展新动能[EB/OL].(2022-11-10). https://baijiahao.baidu.com/s?id=1749118958209147399&wfr=spider&for=pc.

试结合材料,分析进口博览会对我国跨境电商企业发展起到的积极作用。

第一节　跨境电商运营模式概述

到目前为止,我国境内跨境电商主要交易模式还是以基于第三方跨境电商平台的跨境 B2B 为主。基于跨境电商的巨大发展潜力,境内外一些网络巨头或创业公司开始布局跨境电商平台的建设,或进行跨境电商运营模式的创新。

一、跨境电商运营模式

基于跨境电商模式创新的不同跨境电商平台不断涌现,估计今后还会不断有新的跨境电商平台及运营模式出现。不同的跨境电商平台及运营模式之间存在竞争,只有那些符合跨境电商市场发展规律及能有效满足买卖双方需求的平台及运营模式才能在今后的电子商务发展及竞争中立于不败之地。

也许,大多数人无法准确地预测将来的一个时期跨境电商具体会是什么样的模式。但对于跨境电商卖家而言,其任务就是充分了解当前各种常见的跨境电商平台及运营模式,以根据卖家自身的条件和目标,选择合理的跨境电商运营模式。

二、跨境电商运营模式分类

(一) 按跨境电商买卖双方身份分类

按跨境电商买卖双方身份的不同,跨境电商运营模式可分为 B2B、B2C 及 C2C 三种基本类型。

其中,B 是指卖家企业(business),C 是指消费者个人(customer)。值得注意的是,有时这样的划分界限并不是绝对的,如有的跨境电商平台,其卖家可以同时是企业或个人,同样其买家也同时可以是企业或个人。

(二) 按跨境电商平台的运营方分类

按跨境电商平台的运营方的不同,跨境电商运营模式可分为第三方平台和垂直自营平台。

第三方平台的网络平台是由买卖双方之外的第三方搭建,而垂直自营平台则相反,即跨境电商平台由卖方或买方(通常是卖方)搭建和运营。跨境电商平台的开发和维护需要较高的技术水平,同时其推广运营的成本高昂,因此一般来说,企业自建或自营平台从事跨境电商是不划算的,特别是对中小卖家来说。

(三) 按跨境电商平台提供的功能或服务分类

按跨境电商平台提供的功能或服务的不同,跨境电商运营模式可分为信息服务(产品展示)平台和在线交易(网络购物)平台。

(四) 按进出口分类

按进出口的不同,跨境电商运营模式可分为跨境电商出口和跨境电商进口。虽从目前的情况来说,跨境电商出口是主流,但实际上,跨境电商同传统国际贸易一样,在进出口之间有一个趋于平衡的力量,因此可以预见的是,跨境电商进口也将会有一个快速增长的时期。

第二节 跨境电商出口运营模式

一、跨境电商第三方平台运营模式

跨境电商第三方平台由买卖双方之外的独立第三方构建和运营,其功能就是为跨境电商买卖双方(特别是中小企业或个人用户)提供公共平台来开展跨境电商。其基本模式如图 4-1 所示。

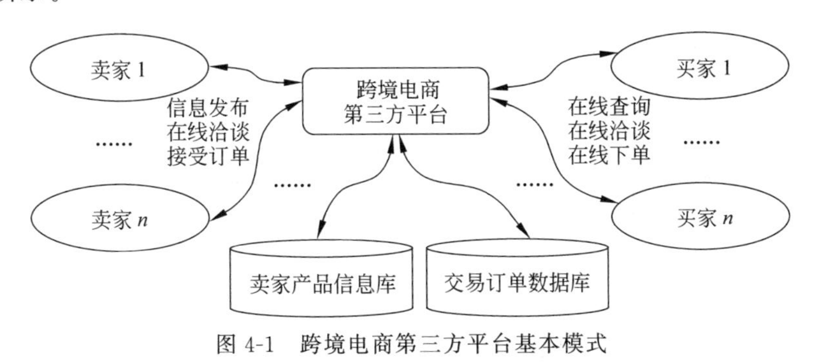

图 4-1 跨境电商第三方平台基本模式

(一) 跨境电商第三方平台的分类

1. 按产业终端用户类型分类

和所有的跨境电商平台一样,按产业终端用户类型(也就是买卖双方主体身份)的不同,跨境电商第三方平台也可分为 B2B、B2C 和 C2C 等主要模式。

1) 第三方 B2B 跨境电商平台

境内熟悉的 B2B 跨境电商平台的卖家一般是以企业为主,如产品生产企业、外贸公司等;而买家则以境外较大规模的采购商为主,如境外批发商或零售商。从交易的总规模来看,B2B在跨境电商中占有主导地位。根据网经社电子商务研究中心发布的《2022年度中国跨境电商市场数据报告》,2022年,中国B2B跨境电商市场交易规模占电子商务交易总规模的比例高达75.6%。

代表性平台:中国制造网、阿里巴巴国际站、环球资源网等。

2) 第三方B2C跨境电商平台

B2C和B2B的主要区别就是B2C的买家以境外最终个人消费者为主,实质就是跨境电商零售。

代表性平台:敦煌网、速卖通、DX、兰亭集势(Light In The Box)、米兰网、大龙网。

3) 第三方C2C跨境电商平台

C2C跨境电商平台的卖家主要是境内个人(或个体户),而买方则是境外最终个人消费者。

代表性平台:eBay、Wish,速卖通、兰亭集势等。

实际上,目前大部分B2C和C2C跨境电商平台同时面向个人及企业卖家用户开放。值得关注的是,B2C和C2C近年来以惊人的速度增长,其交易额在境内跨境电商交易总量的比例不断升高。

2. 按跨境电商平台提供的功能或服务分类

按跨境电商平台提供的功能或服务的不同,跨境电商第三方平台可分为信息服务(产品展示)平台和在线交易(网络购物)平台。

1) 第三方跨境信息服务平台

信息服务平台的核心功能是卖家产品信息的集中展示。通常跨境电商信息服务平台并不关注交易的很快达成,显然对大宗跨境交易而言,在达成之前,买卖双方的相互了解和谈判显得更为重要,跨境电商平台的信息服务实际上起到一个给买卖“牵线搭桥”的作用。实际上,在买卖双方通过跨境电商平台取得前期的了解、联系和沟通之后,最终交易的谈判、合同及服务等相关流程是以传统的线下方式进行的。

代表性平台:环球资源网,阿里巴巴国际站、中国制造网等。

2) 第三方跨境在线交易平台

目前人们熟知的大部分跨境电商平台属于在线交易平台。除为卖家产品提供详细的展示功能、促成买卖双方在线完成交易,在线交易平台还提供了产品搜索及对比、在线沟通工具、网络订单制作及支付、物流服务及其信息跟踪、售后服务及评价等在线交易所需的全部功能。

代表性平台:eBay、速卖通、敦煌网、DX、大龙网、米兰网等。

(二) 跨境电商第三方平台的盈利模式

跨境电商第三方平台一般由买卖双方之外的独立第三方构建和运营,平台运营方一般并不在平台上直接销售产品,而其网络平台的前期搭建、日常运营和境外推广需要较高的成本与费用。跨境电商第三方平台主要向卖家收取会员费用、交易佣金、增值服务费用或其他费用。

1. 会员费用

根据会员的级别，很多B2B跨境电商第三方平台每年会向卖家会员收取一定数额的会员费。例如，阿里巴巴国际站"出口通"会员的基础服务费用一般是29 800元/年，中国制造网国际站为"金牌会员"服务的基础服务费报价为31 100元/年，等等。一般来说，只有成为上述平台的付费会员后，卖家才能查看境外买家的关键需求信息。

2. 交易佣金

为了吸引大量中小企业及个人卖家，和B2B不同的是，大多跨境B2C、C2C平台不会向卖家收取高昂的会员费用，但会根据交易订单的金额向卖家收取一定比例的交易佣金。例如，速卖通和敦煌网的交易佣金一般是5%，而eBay的交易佣金相对较高，根据产品所在行业和类目的不同，一般向卖家收取10%。

3. 增值服务费用

平台掌握流量资源，会选择性地采取引流措施，来帮助企业进行产品的推广(站内推广)。例如，速卖通的"直通车""橱窗推荐"等，阿里巴巴国际站的"外贸直通车""橱窗产品""关键词搜索排名"和"顶级展位"等。另外，平台可以利用自身的实力资源为卖家提供金融、技术、人才、培训及认证等方面的增值服务。如阿里巴巴国际站的"网商贷""检测认证平台""阿里招聘"和"阿里通行证"等，其增值服务费则根据企业需要增值项目的内容及平台提供的服务套餐确定，金额可为数万元至十几万元。

4. 其他费用

如在线结算费用和产品刊登费等，速卖通的国际支付宝收取每笔15美元的费用，对每笔订单，eBay向卖家收取至少29%+0.3美元"交易手续费"，另外在提现时还需收取35美元的"提现手续费"。一般来说，在跨境电商平台上刊登产品是免费的，但有的平台在用户上传产品文字和图片超过一定的数量时，会收取一定的产品刊登费用，如eBay收取的刊登费可从0.25美元至800美元。

(三) 跨境电商第三方平台的优势

与企业自营平台等相比，跨境电商第三方平台一般由较具实力的第三方来投资、管理和运营，其在角色和地位、功能、流量、用户成本及用户效率等方面具有明显的优势。

1. 角色和地位

跨境电商第三方平台实际上充当了促成交易达成的媒介角色，并且处于买卖双方之外的第三方的"中立公正"地位，一般来说不明显偏袒于买家或卖家，加上平台运营方的知名度和实力容易获得境外买家的信任，可快速聚集人气，并形成网络流量的"马太效应"。

2. 功能

一般来说，跨境电商买卖双方对交易的需求是广泛的，跨境电商第三方平台为了吸引大量用户，在功能设计上相对比较完善。买家的商品搜索和浏览、订单制作和支付、后期的反馈和评价等，以及卖家的产品上传和展示、在线沟通洽谈、订单处理、物流服务、在线结算及库存管理等，都可以通过平台提供的相应功能来完成。

3. 流量

跨境电商平台之间的竞争,实质上是流量的竞争。一些大型跨境电商第三方平台网站,由于其有很高的知名度,因此每天会有大量的用户直接访问。除此之外,负责任的跨境电商第三方平台还会花费巨额的推广费用,来增加网站的知名度和访问量。这种推广方式包括网络推广和传统线下推广等。

4. 用户成本

卖家如果想"自立门户"建立平台网站,那么紧接而来的是不菲的网站开发及维护费用、网站推广及运营费用等。特别是对大多数中小企业来说,自建网站是件"吃力不讨好"的事。虽然大多数跨境电商第三方平台也会向卖家收取一定数量的费用,但与自建网络的巨额开支相比,跨境电商第三方平台的收费甚至可以认为是"微不足道"的。

5. 用户效率

一般来说,自建网站需要一个比较长的建设周期,企业自建网站的知名度的上升及流量的积累也需要较长的过程。而通过跨境电商第三方平台,卖家只要拥有有竞争力的产品,通过一系列标准化的平台操作,即可快速将自身产品推向全球市场。

二、跨境电商垂直自营平台运营模式

和综合性平台不一样,垂直网站(vertical website)注意力集中在某些特定的领域或某种特定的需求,提供有关这个领域或需求的全部深度信息和相关服务,作为互联网的亮点,垂直跨境电商与网站正引起越来越多的关注。一般认为,垂直网站提供的产品或服务比综合性平台更加专业。和跨境电商第三方平台不一样,跨境电商自营平台是由卖方根据自身的业务特点和发展需要搭建与运营的平台,如图4-2所示。一般认为,跨境电商自营平台要求卖家具有较强的行业认知能力和业务拓展能力。

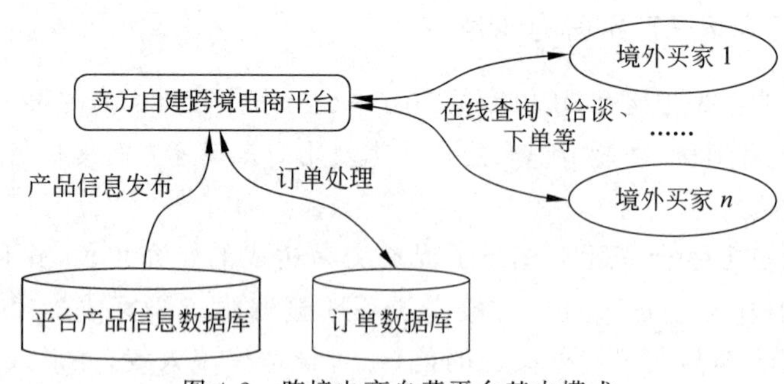

图4-2 跨境电商自营平台基本模式

(一) 跨境电商垂直自营平台的概念

随着电子商务网络平台技术的成熟,一些实力强、技术水平高的外贸企业开始自营跨境电商平台,并将平台的业务重点放在自身专长或资源丰富的行业及品类。这种平台就是跨境电商垂直自营平台。

如成立于 2007 年的兰亭集势就是一个典型的跨境电商垂直自营平台，在婚纱、家装、3C 产品（计算机类、通信类和消费类电子产品）等业务专长领域，该公司拥有一系列的供应商，打造跨境电商垂直自营平台体系，拥有自己的产品数据仓库和稳定的物流合作伙伴，在业界被认为是外贸垂直 B2C 网站的“领头羊”。以兰亭集势为代表，国内主要跨境电商垂直自营平台如表 4-1 所示。

表 4-1　国内主要跨境电商垂直自营平台

平台名称	成立时间	经营范围	优　势	盈利模式
兰亭集势	2007 年	婚纱、家装、3C 产品等，拓展至服装、玩具、家居、体育用品、化妆品及保健品等	1. 吸引巨额风险投资，发展快速； 2. 集合境内大量供应商向境外市场提供“长尾式采购”	平台直接向供货商采购进货，在自营平台上出售产品，赚取商品销售差价
米兰网	2008 年	服装服饰	拥有庞大的国际网络外贸销售平台：国际站、日本站、法国站、西班牙站等	
Chinavasion	2008 年	消费性电子产品	1. 网络 SEO（搜索引擎优化）手段突出； 2. 专注于消费性电子产品	
帝科思	2007 年	电子类消费品	1. 低价销售策略； 2. 论坛推广模式	

（二）跨境电商垂直自营平台的盈利模式

跨境电商垂直自营平台的盈利模式总的来说就是表 4-1 中的“平台直接向供货商采购进货，在自营平台上出售产品，赚取商品销售差价”。通过上述跨境电商垂直自营平台的内涵和特点，可以进一步分析得出这种商品销售差价来源于以下两个方面。

1. 产品采购成本的优势

跨境电商垂直自营卖家专注于熟知的特定产品领域，对产品行业的深度了解以及和供应商的合作，再加上对这些产品领域销量规模的提升，带来的是对产品采购的规模优势。显然对供货商而言，由于跨境电商垂直自营带来长期稳定或潜在的销量，其乐意为此提供品质稳定及价格优惠的产品。实际上，平台和供货商分享了在专长产品领域销量提升带来的规模效益，结果则是平台能够以更低的成本获得相关产品，同时供货商也可以获得更多的利润。

2. 产品销售的溢价优势

由于跨境电商垂直自营卖家专注于熟知的特定产品领域，这样其相关领域的产品具有一定的特色，质量更好、款式更新或功能更强，更易取得境外买家的信任，从而取得一定程度的销售溢价。值得一提的是，卖家还可以将自身产品的特色以网络品牌的形式加以固化，进一步深化网络品牌的内涵，增强买家购物的黏性，最终在销售上获得更多的“品牌溢价”。

实质上,跨境电商垂直自营平台打通了产品供货商和境外买家之间的所有环节,形成了垂直化的跨境产品供应链体系和分销体系,而这个供应链体系中,则以跨境电商垂直自营平台的运营为核心,并以自身的节奏从事跨境电商的运营。

(三)跨境电商垂直自营平台的优势

当前外贸零售电商平台的技术解决方案相对成熟,对实力较强的外贸企业,若能摆脱大型跨境电商第三方平台的束缚,根据自身外贸业务的特点和发展需要,建设和运营属于自己的跨境电商垂直自营平台,则将在以下几个主要方面具有明显的优势。

1. 成本上的节约

成本上的节约,实际上是大型外贸企业自建平台的根本动力。作为第三方跨境电商B2B或B2C平台的卖家,需要交纳一定数量的会员费(往往是交易额的一定比例),自建平台也需要高额的平台搭建、运营和推广等方面的费用,二者相害取其轻,大型外贸企业在其目标交易额超过一定的水平之后,往往会采取自营平台的策略。

2. 业务的专业化

跨境电商垂直自营平台往往把业务锁定在自身优势领域范围,关注特定买家群体的需求,所提供的产品和服务更加专业,更能树立企业产品形象,利于卖家网络品牌的打造,可以增加境外顾客购物的黏性。如果将第三方平台比作“百货商店”,那么垂直自营平台就是“专卖店”;如果将第三方平台的大量中小卖家比作“个体户”,那么垂直自营平台的卖家就是“品牌制造商”。

3. 界面和功能独特

和第三方平台几乎“千篇一律”的网店布局不同的是,自营平台可以根据企业所在的行业和跨境产品特点、产品定位及风格、卖家群体爱好等因素自行确定平台的界面和功能,体现买卖双方的个性。

4. 避免第三方平台日益激烈的市场竞争

在跨境电商第三方平台上,众多卖家往往会陷入商品同质化的竞争。平台卖家为了争得顾客的青睐、突出产品的特色,基于平台有限的总流量,往往需要投入不菲的广告费和推广费在站内引流。在第三方平台,广告引来的流量并不一定意味着订单的转化,对于同质化商品而言,在订单转化率上,高流量不如低价格。跨境电商自营平台方可以向特定的市场区域或群体,以特定的方式进行推广,如搜索引擎、网络社交媒体等。

5. 自主设定平台推广方案

将自身平台的独立域名[IP地址(国际协议地址)]、独特的产品定位和风格等进行推广,使引来的流量直接访问自己的网站,流量和提升一般也意味着订单量的同比例上升。更为重要的是,由于买家较高的购物的黏性,自营网站的阶段性集中推广还会给站点带来较为持续的后续直接访问量。

三、跨境电商“B2C+O2O”运营模式

过去一段时期,大多跨境电商模式似乎在形式上脱离了传统的外贸分销体系,特别是对境外零售终端的依赖越来越少。但实际上,庞大的传统境外零售终端的物理网络体系

依旧存在，并依然具有相当的人气。因此，利用传统的外贸分销体系及其境外零售终端，有可能会进一步提高跨境电商的效率。

（一）跨境电商“B2C+O2O”模式的概念

对 B2C 人们并不陌生，O2O 在跨境电商领域却是一个崭新的应用。O2O 概念来源于美国，是指“将线下的商务机会与互联网结合，让互联网成为线下交易的平台”。实际上 O2O 的概念非常广泛，从广义来说，凡是同时涉及线上和线下的电子商务模式都可以称为 O2O。

因此，这里的“B2C＋O2O”本质上就是一个 O2O，之所以提“B2C＋O2O”，主要是基于以下两点。

（1）“B2C＋O2O”中的“B2C”是指 O2O 模式采取的电子商务的一些做法，如产品或服务的在线展示和支付，这些线上部分在形式上和 B2C 类似。

（2）“B2C＋O2O”中的“O2O”则是指 O2O 模式对买家线下服务和购物体验的重视，同时加强对传统零售终端等线下渠道资源的充分利用。

典型的跨境电商“B2C＋O2O”模式如图 4-3 所示。

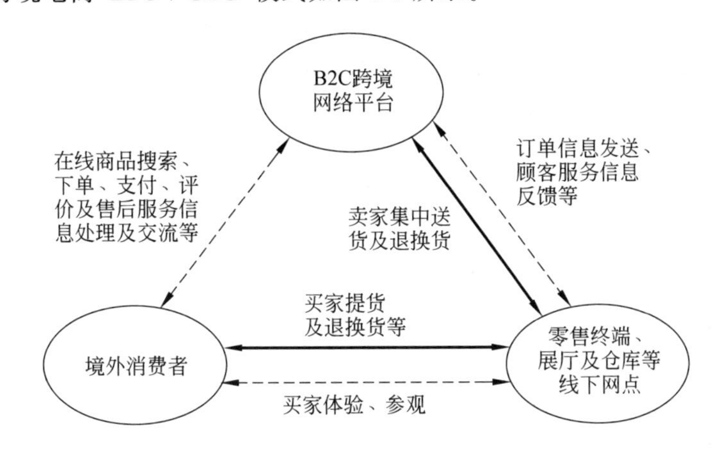

图 4-3　典型的跨境电商“B2C＋O2O”模式

2013 年以来，O2O 电商模式得到了快速的发展，很多电商平台企业及创业公司开始尝试 O2O，如天猫国际、聚美优品、eBay、洋码头、携程网、顺丰快递等都宣称在 O2O 领域有所开拓，推出“线上购买、线下自提”“线上下单、机场提货”“线下体验、线上下单”等。

（1）eBay 在澳大利亚全境推出跨境 O2O 项目，消费者可在全澳境内超过 1 500 家连锁超市网点自提在 eBay 购买的中国卖家的商品。此项服务是由澳大利亚最大的连锁超市 Woolworths 提供收货点，中国卖家可以通过澳大利亚邮政和澳大利亚本地物流商 Toll 的包裹配送服务将自己存储在万邑通海外仓中的商品递送至 Woolworths 以及更多的零售点。一旦消费者选择购买提供超市自提服务的商品，本地配送流程就会在当日启动，并保证在 7 天内运送至消费者指定的连锁超市网点。在商品到达自提点 10 天内，消费者均可凭提取码免费自行提取。

(2) 在与顺丰海淘合作的店铺中,中国游客可在线下挑选商品,并通过微信扫描二维码或摇一摇的方式进入顺丰海淘相关页面直接进行线上购买。通过该形式购买的商品由顺丰海淘邮寄到消费者在国内的家中,整个过程只需 3~5 天。而这些商品将全部呈现在顺丰海淘的"原汁原味"馆中,消费者回国后也随时可以在线进行二次购买。

(二) 跨境电商"B2C+O2O"盈利模式

跨境电商"B2C+O2O"模式由服务平台(卖家)、线下网点、境外买家三方组成,运营得好则可以达到三方多赢的效果。

1. 对服务平台(卖家)而言

跨境电商"B2C+O2O"的平台方,往往也是垂直自营的网络卖家,由于消费者可以在O2O 的零售终端、展厅及仓库等线下网点进行实际体验及接受服务,因此可以汇聚大量高黏度的买家,进而吸引大量的商家(卖家)资源。集聚大量买家及卖家的人气可以让自营平台在商品的交易中直接获利。通过"B2C+O2O"模式的搭建,卖家以最小的投入实现对境外线下网点资源的利用,减少渠道成本,提高买家的线下实际体验,增加销量。由于特定细分市场领域的订单交易的集中,及境外线下网点的支持,可以实现物流的规模化运作、加快商品的投递速度等。因为拥有特定境外消费者的流量资源,非自营的跨境 B2C平台也可以为其 O2O 卖家提供各种增值服务来获得利润。

2. 对线下网点而言

O2O 模式利用了很多卖家或商家的线下资源,如连锁专卖门店、零售超市、产品展厅及快速仓库等网点。这些线下网点的商家(也可以是卖家)可以借助 O2O 模式来提升其业务量。首先,电商平台的线下网点的商家收集的消费者购买数据,至少可以帮助超市了解消费者的需求,进而做到精准营销。其次,线下服务网点,实际上也可以充当卖家,在O2O 平台上出售产品、增加利润。再次,通过线上资源增加的顾客流,也会给线下网点的商家带来更多的销量。最后,值得一提的是,对传统线下卖家而言,在选址上可以避开繁华商业区,减少场地成本。

3. 对境外买家而言

利用线下网点,买家可以在跨境电商"B2C+O2O"上方便地查找和对比符合其需要的产品,可以在平台上快速地下单和完成支付:在下单之前,可以获得商品实物的试用体验;在下单之后,境外买家可以更快捷地拿到商品;在产品的使用过程中,也可以在线下网点获得重要的使用指导及退换货等售后服务。

(三) 跨境电商"B2C+O2O"模式的优势

跨境电商"B2C+O2O"模式最大的优势来自其线上业务与线下业务的完美整合,而由此引申的具体特点和优势如下。

(1) 跨境电商"B2C+O2O"模式几乎包含了一般网络购物跨边界、海量产品及需求信息的集聚、方便的在线产品浏览和对比、订单的制作和支付等所有的优点。

(2) 由于对传统线下网络和渠道的充分利用与整合,在成本付出相对较低的情况下,跨境电商卖家可以利用线下资源增加产品的销量。

(3) 购物前境外卖家可以通过实体网络渠道体验产品的用途和性能，也可以通过网络的搜索比对，在线加深对产品的了解，还可以快捷地完成网络订单和支付，更为重要的一点是，消费者还可以在线下接受更为全面的售后服务。

(4) 相比传统渠道销售，通过在线跨境电商平台的数据收集和整理，卖家可以对消费者的需求进行全面的评估和预测，对渠道推广的效果进行更为直观的评价和反馈，从而提升营销活动的效果。

(5) 跨境电商“B2C＋O2O”模式线下实体，也可以在跨境电商的发展中获利，可以将“B2C＋O2O”引来的客流转化为自己的顾客，增加自身产品或服务的销量。

(6) 买家可以及时了解和掌握产品的促销信息，避免由于信息不对称而购买到价格虚高的商品。

(7) 在物流运作方面，由于线上及线下垂直运营，特定产品领域的销量提升带来物流运作效率的提升，通过和线下物流配送网络的合作实现物流的适度规模化运作，降低物流成本，同时提高产品的配送效率。

第三节　跨境电商进口主要模式

目前，主要可识别和分析的跨境电商进口模式有海淘及境外代购、境外直发(drop shipping)或直运、自营 B2C、境外导购、闪购及微商等模式。下面就来整理和归纳这些跨境电商进口的主要模式。

虽然特定电商平台所采用的运营模式可能是多样化的，但通常仍会有比较强的模式定位倾向性。因此，下面将依据特定平台在现阶段的主要定位将其归入相应模式。另外，由于目前每种模式下的“玩家”众多，我们在每一种模式下只选取了少数几个较有代表性的加以举例说明。

一、海淘模式

海淘可以说是最早出现的一种跨境电商进口模式，海淘的一个典型流程是：国内(境内)消费者直接通过海外(境外)B2C 电商网站搜索选购产品(在线用信用卡或 PayPal 账户完成支付)，然后由海外(境外)电商网站的卖家以国际快递直邮给国内(境内)买家，或由转运公司代收货后再转运给国内(境内)买家。

(一) 海淘网络平台

海淘模式涉及的最核心的网络平台往往就是海外(境外)知名的 B2C 电商网站。但事实上，由于语言及习惯上的差异，普通海淘买家对海外(境外)B2C 电商平台的操作及其他业务并不熟悉，由此产生了一些为海淘买家服务的网站，如 55 海淘网，就根据中国境内买家的需求，提供海淘论坛、海淘转运栏目，为中国境内买家提供详细的海淘过程及相关攻略，同时推送境外亚马逊等各大购物网站的即时优惠折扣信息，还有重要的一点是，通过注册成为 55 海淘网会员，境内买家还可以获得一定的返利，以及通过“闪购”的方式实现代购。

目前中国境内类似有关海淘服务及经验交流的平台网站还有海淘贝、海淘网等。这些网站有很多有关海淘攻略、教程及海外(境外)商品折扣信息,有的还可以完成海外(境外)代购。另外还有各类与海淘有关的QQ交流群,也有丰富的海淘信息。有了针对海淘买家的这些服务网站,整个海淘过程就变得更为容易操作和控制。

(二) 完整海淘的基本操作流程

海淘流程可以归纳如下。

(1) 在海淘服务网站上注册成为会员,如55海淘网等。

(2) 登录海淘服务网站,查看海外(境外)购物网站的优惠或折扣信息,单击这些优惠信息后再跳转进入海外(境外)知名购物网站可以获得返利(大部分此类网站都有1%~10%的返利)。

(3) 注册转运公司,获取国内(境内)买家的海外(境外)转运仓库地址[如果海外(境外)购物网站的卖家提供免费直邮到国内(境内)的服务,可不经转运公司而省去这个环节]。

(4) 通过返利网站连接到海外(境外)购物网站。

(5) 在海外(境外)购物平台上挑选商品,加入购物车。

(6) 全部挑选完毕,确认数量及金额,直接结账。

(7) 输入国内(境内)买家的海外转运仓库地址及代收货人名称[如果海外(境外)购物网站的卖家提供直邮到国内(境内)的服务,则可直接填写国内(境内)买家的收件信息]。

(8) 输入信用卡账单地址、卡号、姓名、有效期限。至此,完成了海外(境外)购物网站的所有在线购物操作。

(9) 过几个小时后收到海外(境外)购物网站的扣款短信。

(10) 海外(境外)购物网站发货。

(11) 转运公司代收仓库收到包裹,国内(境内)买家支付转运费后,由转运公司将包裹转运至国内(境内)买家[如果海外(境外)购物网站的卖家提供直邮到国内(境内)的服务,则跳过此环节],经转运公司转运回国内(境内)一般需要5~7天。

(12) 快递送货上门至国内(境内)海淘买家。

(三) 海淘的优势

总的来说,海淘的兴起是由跨境电商购物方式的便利、人们对海外(境外)产品品质的信任及购买力的增加等因素促进的,具体来说海淘的优势主要有以下几点。

(1) 国外(境外)购物网站的兴起及其商品信息搜索在购物上提供了便利。

(2) 国外(境外)购物网站可以买到大量国内(境内)没有或比国内(境内)价格更为便宜的优质品牌产品。

实际上以上两点就是国外(境外)购物网站为国内(境内)买家采购国外(境外)商品带来的便利。相比之下,由于信息的不对称及路途的遥远,人们很难通过传统实体渠道到国外(境外)采购商品。一个有趣的事实是,一些实为国产的海外品牌产品,经出口再经海淘进口后,买家的"到手价"反而比国内的售价还低。

(3) 一些国外(境外)电商平台知识产权保护力度强,平台品牌形象良好,受到全球消费者的信赖。

(4) 国内生活水平的提高、人们收入的增长及人民币升值等提高人们购买力的因素,进一步促进了海淘的需求。

(四) 海淘可能存在的问题

海淘也有其不足之处,主要有以下几个方面。

(1) 沟通上的障碍。一方面,海外(境外)购物网站一般以外语界面显示,即便可以通过谷歌浏览器翻译,但对国内(境内)买家还是会造成一定程度的理解上的障碍;另一方面,有些交易中的一些环节,往往需要邮件、在线聊天甚至电话方式的英语交流和沟通,这对不少国内(境内)买家来说是一件相当困难的事情。

(2) 海淘需要的转运环节,往往需要较长的时间和较高的成本;值得一提的是,海外(境外)转运公司的转运实际上并没有国内(境内)快递企业那么规范,服务水平也参差不齐,国内(境内)海淘买家很可能会面临"丢包"或转运公司倒闭等风险。

(3) 网络支付安全问题。国内(境内)海淘买家在国外(境外)购物网站下单,往往需要用信用卡支付,买家提供信用卡号、有效期及验证码即可完成支付,无须支付密码。因此在信息传送过程中如果信用卡信息被盗,很有可能被盗刷。更为重要的是,一旦发生盗刷,国内(境内)发行的信用卡没有拒付权。

(4) 政策变动的不确定性。不同国家或地区的政府往往会对海淘实行某些不确定的政策。如一些国家或地区会限制某些产品门类的出口,我国政府则会在某些时间段内限制海淘进口,加大通关方面的监管力度,提高对海淘的进口关税,等等。

二、境外代购模式

境内消费者经常会遇到这样的情况,即通过特定的渠道(如网络、电视、报纸等媒体,或周边朋友的介绍)了解到自己喜欢的一款境外产品,但境内买不到或虽然能买到却价格很高,而在境外却通常可以方便地买到或价格更低,由于距离遥远,消费者专门出境购买显然不划算,另外由于操作流程烦琐、对相关政策的不了解及过长的商品在途时间,对很多境内消费者来说,海淘也不见得方便。

通过网络渠道的境外代购,已经成为继海淘之后又一个被境内消费者所熟知的境外购物方式。境外代购最原始的方式是通过在境外或经常出入境的亲戚朋友的帮助来购买境外的指定产品。随着电子商务的发展,各种通过网络实现境外代购的方式迅速发展,现在比较典型的有境外代购平台模式和微信朋友圈模式。通过微信朋友圈可以更方便地找到"朋友"实现境外代购,但事实上,朋友圈是一个较为松散的组织方式,微信朋友圈代购也缺乏一个完善的流程,产品的可靠性、代购的合法性及售后服务等方面都可能存在问题。基于以上种种原因,境外代购平台就快速发展起来了。这里重点介绍如下。

(一) 境外代购平台的模式

境外代购平台实质上也是为买卖双方提供的一个在线网络交易平台。一般来说,境外代购平台采用的是最为典型的C2C和B2C的平台模式,C2C模式是当前境外代购的主要方式。C2C模式的卖家是具有一定境外购物经验或从事境外代购业务的个人,平台以主流的第三方平台为主,如淘宝网的境外代购店铺等。而B2C模式的卖家往往是可以提供代购产品的企业,平台的组织形式可以是第三方,也可以是企业直营,如美国的代购网、易趣网等。一般来说,第三方境外代购平台的运营重点在于进行境外市场影响力的推广以及吸引更多的优质卖家入驻,而不会涉及具体产品的采购、销售及物流等交易的操作。特别针对我国境内消费者对境外产品的巨大需求,诸如境内的天猫国际、洋码头及境外的亚马逊、乐天等电商平台纷纷投巨资开展境外代购业务。

(二) 境外代购平台的操作流程

从买家角度来看,和海淘相比,境外代购变得更为简单,相关操作看起来似乎和境内网购同样简单。但从卖家的角度来看,入驻境外代购平台的卖家一般都是具有较强境外产品采购能力或者跨境贸易能力的商家或个人。从其服务方式来看,境外代购有两种较为常见的形式:一种是先由买家指定某款产品,在网上达成代购订单后,由卖家在境外购买,并以国际快递或随身携带的方式入境;另一种则是先由卖家将产品从境外购进境内,再将产品信息上传到代购平台上供买家选购。由于境内消费者对境外代购需求的增多,第二种方式的境外代购服务在最近几年发展最为迅猛。以天猫国际为例,通过和上海、宁波、杭州、重庆、郑州、广州等跨境电商试点城市保税区的合作,境外代购优质卖家先从境外大批量进口产品存放在保税区仓库(这样做的最大好处是关税上的减免及物流成本的下降),境内买家下单后,直接从保税区仓库发货。

(三) 境外代购平台的优势

相比海淘及传统形式的通过"朋友"的线下或线上代购,通过境外代购平台代购具有下列优势。

1. 产品种类更为丰富

由于大量卖家在平台的集聚,可供境内买家选购的产品种类更为丰富。当前境外代购产品已不局限于消费者的日常生活用品,从一开始兴起的"洋品牌"奶粉,到现如今的名牌箱包、化妆品、名牌手表及服装等奢侈品等,都可以在境外代购平台上方便地买到。

2. 平台购物更为简便

境内买家可以在境外代购平台上实现"一站式购物",操作和境内网购同样简单,卖家无须像海淘那样进行物流转运等环节。境外商品的采购、物流及通关等较为复杂或耗时的操作则由更为专业的境外代购平台卖家完成。

3. 价格更低

境外代购平台卖家往往可以对诸多境内买家的订单进行集中专业化处理,实现规模化的采购和物流配送,节省商品的境外采购成本以及配送环节的物流成本。这样境外代购的卖家提供的产品在价格上比海淘卖家更具竞争力。

4. 税收上的优惠

在传统进口方式下,国家往往要征收较高的关税,如对高档手表和高档化妆品征收50%的进口关税,对钓鱼用品和自行车类征收20%的进口关税,以及对书籍、刊物等征收13%的进口关税。除了关税,在国内流通环节,一般还需征收13%或9%的增值税。而对通过保税区海外代购的商品,往往只需征收10%的行邮税。

(四)境外代购平台可能存在的问题

基于境内消费者对境外产品的巨大需求及境外代购平台的成熟,加上境内外高档商品的差价以及人民币升值等因素,境外代购更为境内大量网络买家所追捧。但是境外代购也和海淘一样存在诸多的问题。

1. 产品质量问题

为了避税,境外代购商品往往以"个人物品"的名义进境,因此品牌标签、购物发票甚至商品包装等是不全的,对大多数普通买家来说难辨商品的真伪,仿制品充当真品的事件时有发生。

2. 售后服务问题

境内消费者通过境外代购平台购得产品,如果收到的产品存在质量问题,或对产品不满意,退货或换货比境内电子商务更为困难。另外在后续的产品使用过程中,也很难像正常渠道那样享受产品的退货或保修服务。总之,一旦发生产品质量问题,境外代购商和产品销售商往往会相互推诿,或提出更高的条件限制来规避其应当承担的产品售后责任。

3. 信用及交易风险

境内消费者对代购卖家的资质无法认证,产品的"正品"保障一定程度上依赖于消费者自身的辨别能力以及卖家的诚信。在缺少强有力监管制度制约的情况下,很多境外代购卖家甚至会采用以次充好、调包等不讲诚信的行为。在境外代购的支付结算中,可能存在买家个人信息泄露或被盗用的风险。

4. 物流配送问题

一些境外代购的产品和海淘一样,代购卖家不提供直邮中国境内的服务,而是先发到境外中转仓库,再由买家选定的境外转运公司将产品运回境内到达买家手中,因此在商品物流配送环节,存在快递时效过低、商品损坏甚至丢失等问题,削弱了买家的购物体验。

5. 法律上的维权问题

在规范境外代购卖家经营行为以及保护境内买家消费者权益方面,目前国内还没有出台专门的法规或制度。因此发生上述产品质量问题、售后服务问题及交易纠纷问题等,如果消费者不能从卖家那里得到妥善解决,那么采取司法途径来维护自身的权益也就更为困难,如由此引发的产品鉴定、调查取证及涉外诉讼等,维权成本高、周期长,也需要买家具有专业知识等。

6. 税收问题

境外代购的商品,以"个人物品"的名义进境,往往走非正常清关系统,一旦被海关严查,很有可能被征收高额总税,甚至还会由买家承担法律责任,如2012年的离职空姐代购案。另外,如果正常征收进口关税和增值税,通过保税区的代购商品较低的10%的行邮税会对其他从事境外代购的卖家造成一定程度的不公平。

三、直发或直运平台模式

直发原本指的是外贸行业供应链管理的一种方法,即零售商无须商品库存的情况下,把客户订单和装运要求发给供货商,供货商直接将商品发给最终客户的一种方式。在电子商务情境下,直发被更为广泛地应用。

(一)境外直发平台

直发或直运平台一般采用典型的B2C模式,其供货商往往是境外品牌商、批发商或者厂商。在跨境电商进口方面,很多知名电商平台对该业务均有涉及,如天猫商城、洋码头、海豚村及一帆海购网等。国内很多平台在特定的产品行业领域,开展了一些特色的直发或直运业务,如上海自贸区的"跨境通"、苏宁的"全球购"及走秀网的全球时尚百货等。

(二)直发跨境电商平台的操作流程

从境内买家的角度来看,除有的产品需要支付关税以外,在直发购物平台上购物并没有什么特别之处。对于很多产品,由于行邮税低于50元可以享受免关税的政策,对于境外直发平台零售卖家来说,无须积压库存,也无须实际发货,只需将获得的订单信息(包括地址及快递方式等物流信息)及时发给供货商就可以了。从境外供货商的角度来看,直发货最明显的变化就是原先的批量发货变成零售发货,采用直发的时候,根据卖家发来的订单信息(汇总),将每件商品直接发给不同的零售买家,而发货往往会采用国际快递的方式。

(三)直发平台的优势

根据以上直发平台的定义和操作流程,其具有以下显著的特点。

1. 更少的投资

直发零售卖家一般不需要库存,也不需要仓库。对于供货商而言,也可以通过平台数据对销售进行更为合理的预估,从而精细化管理库存。

2. 操作更为简单

直发零售卖家在无须打理库存的同时,也无须进行打包及运送操作,更无须对订单的快递信息进行跟踪,还无须进行退货或换货等售后服务工作。

3. 地点灵活

由于无须仓库及不参与发货等对地点有一定要求的物流业务,直发跨境电商进口方式可以让卖家彻底地摆脱地点的限制,可以真正实现只要在有网络的地方,就可以和供货商与买家进行有效的沟通,打理跨境直发生意。

4. 利润更高

对供货商而言,跨境直发模式可以将大量的小额订单集中起来,其利润总额往往会超过传统线下大额批发订单的数倍,而且供货商无须担心批发商压价。

（四）直发平台的问题

除以上优点外，直发平台也有其自身的问题，具体如下。

1. 招商要求更高

直发平台往往需要对供货商进行招商，再促成供货商和平台零售卖家之间的合作。从直发平台的特点可以看出，对零售卖家的要求虽然更低，但对供应商则提出了更高的要求。实际上直发平台能否吸引更多的零售卖家入驻及境外买家购买，关键在于能否吸引更多的供货商提供种类更为丰富的优质产品。而传统出口产品供货商基于自身因素的考虑，有的不愿意从事直发平台业务，因此直发平台在招纳供货商方面往往进展缓慢。

2. 物流要求更高

这一点也是针对供货商而言的，在直发平台模式下，供货商需要针对零售订单备货，还需安排专门的人手处理国际快递的包装及发货事宜，并支付运费。当然这一点对供货商来说也有好处，由于订单量较多，可以和国际物流企业合作，实现快递的规模化和专业化操作，有效降低物流成本，提高产品的竞争力。

3. 平台的盈利模式问题

从商业模式来说，很多直发平台有点类似于“大淘宝”的概念，也就是“C2C＋B2C”平台，但境外直发平台的竞争力来源是有众多愿意从事境外直发业务的供货商，因此平台方在推广之初并不会向供货商收取费用。实际上，直发平台的零售卖家一定程度上是在为供货商“打工”，所以很多平台也取消了对零售卖家的服务费。为了解决盈利问题，只能在前期投入更大的推广费用，等平台集聚相当的人气后再考虑向供货商或零售卖家收取费用。所谓自营，就是平台方充当卖家的角色，或反过来说卖家同时充当平台方的角色。

四、自营 B2C 进口模式

一些地方平台，看到某些行业巨大的潜在利润，往往会自己组织货源，并在自己的平台上售卖；而一些实力强、技术水平高的外贸企业或发展壮大起来的网络卖家等，在自身专长或具优势资源产品及行业领域，自建跨境电商平台，以出售相应的产品。显然，跨境电商自营模式采取的是 B2C 模式。

（一）自营 B2C 进口平台

按涉足的产品领域的广度和深度的不同，自营 B2C 进口平台可分为综合型和垂直型两类。

（1）综合型自营 B2C 进口平台往往由第三方跨境电商平台涉足自营业务转化而来，综合型自营 B2C 进口平台的产品领域相对较广，可供进口的产品种类也更为丰富。目前这类平台最为典型的是亚马逊和由其支持的 1 号店。

（2）与综合型自营 B2C 进口平台不同，垂直型自营 B2C 进口平台在选择自营产品时会更加集中于某些特定的领域，如母婴用品、食品、化妆品、服装及奢侈品等。如蜜芽宝贝网站等。

(二) 自营进口平台的运作

虽同为自营B2C进口平台,综合型平台和垂直型平台的运作方式有着明显的不同。

1. 综合型自营进口的运作

现还是以亚马逊为例,来简要分析综合型自营进口运作。亚马逊国内的自营进口业务基本可分为"海外购"和"海外直采+自贸区保税仓"两大块。"亚马逊中国的自营进口业务是一套'长短拳'的组合。海外购可以带来'浩瀚'的选品,有巨大的长尾在,满足了用户对品类'多'的需求,构建的是供应链和选品的宽度;进口直采和自贸区带来的是销售流转率高、购买频次高的选取,满足了用户对品类'快'的需求,构建的是供应链和选品的深度。"[①]这里所谓的长尾,就是指每种产品的销量并不是很大,但种类繁多,累计的销量可以达到一个巨大的规模。对这类产品,亚马逊采用的是"海外购"的模式;而对于那些单品销量大、购买频次高的产品,如母婴产品、日常消费品等,则采用"海外直采+自贸区保税仓"方式。

2. 垂直型自营进口的运作

现以奢侈品电商品牌寺库网为例,来简要分析垂直型自营进口运作。寺库网的品牌标语为"关于奢侈品的一切,一网打尽"。它开拓了全球新品境外直营业务,通过在米兰、纽约、东京、香港设立的分公司,实现在货源地直接采购,百余品牌直供,全球当季最新货品直邮境内。境内顶级奢侈品销售渠道货品数据全方位对接,从而实现"境外新品,分秒呈现"的效果。其闪购频道FamilySales更是为中国境内顾客甄选全球最负盛名的时尚品牌的服装与配饰,为时尚爱好者们源源不断地呈现独家合作的限量系列。寺库网是全球超过200个国际设计师品牌授权正品及独家销售的网上零售合作伙伴。其每周更新货品,让其会员闪购超值商品的同时,更能享受与品牌专柜完全相同的购物体验。依靠全新的经营模式和高端的消费体验,寺库网获得了消费者和资本的青睐,在美股市场成功上市,号称"奢侈品电商第一股"。

(三) 自营进口平台的优势

自营进口平台(包括综合型和垂直型)较为明显的优势有以下几点。

1. 对供应链的整合能力

综合型平台依托其知名度和平台实力,使大量品牌供应商纷纷按照平台的规则入驻,从而提升平台供应链整合能力;而垂直型自营平台则在特定的产品领域建立了用户口碑,加入平台方相应产品领域的深耕,取得供应商的信任,也形成了较强的供应链管理能力。

2. 对产品"正品"的保证

有了大量供货商及相关领域品牌供应商的入驻和合作,平台在货源上可以得到保证,从而平台方可以宣称产品"100%正品",取得良好的品牌形象。

---

① 资料来源:网易科技:https://www.163.com/tech/article/AO6RA05V000915BF.html.

3. 较为完善的物流解决方案

由于商品销量总体比较大，综合型自营平台或垂直型自营平台往往容易和物流企业形成深度的合作，并形成仓储及配送节点等方面的物流布局，物流配送效率更高，客户体验也更好。

（四）自营进口电商共同面临的问题和趋势

跨境自营进口平台上述优势的取得，往往需要境内外政策上的支持、供应链及品牌运营上的到位。但实际上在有些关键的环节有较多平台方不可控的因素，再加上跨境电商发展趋势的变化，自营平台的运营可能面临以下主要问题。

1. 政策的波动风险

综合型自营平台或垂直型自营平台在行业领域供应链及境外物流领域布局，往往需要相关国家或地区产业政策及开放政策的支持。而这方面的布局往往需要较大的资金投入，因此平台方可能会由于政策上的误判而产生风险，但实际上，相关政策可能基于多种因素而发生变化。因此针对境内跨境电商方面，境内保税区（自贸区）、电子商务及关税等相关的政策变化特别受到自营平台的关注。

2. 对跨境供应链的把控

自营平台的有效运营，需要采购、仓储、快递及通关等各个环节的有效配合及自营方对这些环节的把控。事实上，上述环节的具体操作均由相关合作方掌控，自营方对这些环节的把控能力，随着与相关合作方关系的减弱而减弱。因此，自营方往往需要评估上述各环节中不可控环节的潜在风险，充分利用有利因素，并对其可控环节进行优化。

3. 品牌形象的打造

目前还没有出现一家真正让境内消费者普遍认同的自营进口电商平台，因此如何通过良好的“正品”品牌形象及良好的用户体验确立平台的地位是跨境自营平台需要考虑的重要问题，针对境内对境外品牌商品的巨大需求，“100％自营正品”往往是基于平台方的宣称或定位，但能否真正做到这一点，以形成良好的品牌形象，需要自营方在上述跨境供应链领域的深耕及把控，然后在这个基础上配合以口碑传播和营销。

4. 跨境进口电商的发展变化

对自营跨境电商进口平台影响最大的是电商的移动化和社交化。境外品牌产品的用户群体是移动电商及移动社交网络最为活跃的主体。因此，在发展境内 PC（个人计算机）端用户的基础上，如何在移动端实现有效布局，争取相应的流量以及通过移动社交网络争取更多的高黏性用户是自营平台面临的一个重要问题。

五、跨境导购平台模式

“导购”从字面理解，就是引导顾客从而促成购买的过程。在跨境进口电商领域，由于对境外产品缺乏深入的了解，境内买家往往对境外产品心存疑虑，而导购平台则通过在线展示、详细介绍及用户体验等形式，消除潜在买家的各种疑虑，从而促成买家的购买行为。

（一）跨境导购平台

导购过程的完成，主要需要两步：一是“引导”，二是“购买”。在网络上，“引导”实质是引流,而“购买”则是完成商品的在线交易。一般来说,跨境导购平台的重点在于引流,而不是商品的交易。典型的导购平台模式是“导购+返利”模式,即导购平台在自己的商品介绍页面放置境外B2C电商平台商品销售页面的链接,由买家通过单击该链接和进入境外购物网站完成网络购物。

(二) 跨境导购平台的运作

以上述“导购+返利”模式为例,来简要分析跨境导购平台的运作。

首先,跨境导购平台往往应当具有自身的流量来源,具有一定的潜在用户群体。而这种流量往往是出于平台方对特定领域较高的专业能力和知识,如母婴用品类的导购网站、时尚产品类的导购网站及奢侈品类的导购网站等。

其次,跨境导购平台的关键在引流,在导购平台网站上,可以通过境外产品资讯、商家促销、商品详细说明、商品比价、用户论坛及博客等栏目和页面来引起用户的购买兴趣和欲望。

最后,用户通过单击上述导购站点页面上的导购链接,进入境外B2C购物网站完成网络购物。而一旦完成交易,境外B2C平台卖家则会给予导购平台5%~15%的返利作为导购平台的利润。需要指出的是,为进一步吸引、鼓励消费者通过导购平台进入境外网站购物,导购平台往往将上述返利的一部分或全部回馈给消费者。

(三) 跨境导购平台的优势

导购平台属于知识型的“轻资产”互联网企业,在跨境电商进口领域也具有其相应的地位和优势。

1. 较少的前期投资

导购平台模式较轻,同时基于对特定产品领域较高的专业能力和知识,可以在对该领域的信息进行低成本的整合后,轻松地开展业务。另外,由于其用户群体相对比较固定,无须刻意地进行网站的市场化推广。

2. 积少成多的流量

对境外综合型购物平台来说,虽然单个导购平台的流量可能并不多,但各行各业五花八门的导购网站集聚的流量巨大,如此积少成多的流量必然会引起境外综合型购物网站的关注。

3. 用户的黏性

从专业角度来说,导购平台更加了解消费者前端需求,因而由导购平台促成交易的客户往往黏性更高。所谓客户黏性,就是客户在形成对导购的依赖的同时,再对品牌商品提高忠诚度、产生重复购买等。

(四) 跨境导购平台存在的问题与转型

虽然跨境导购平台有其自身的优势,但为了谋得生存和进一步发展,跨境导购平台至少应解决以下几个方面的问题。

1. 在跨境电商供应链的话语权小

属于"轻资产"的导购平台在跨境电商供应链中，完全依赖于境外B2C电商平台，平台自身也不介入境外产品供应链整合及跨境电商交易，缺少必要的话语权。为了解决这个问题，不少导购平台开始转型，在导购功能的基础上，加入在线购物功能，但这种平台往往会被境外综合性购物平台"封杀"。

2. 平台难以做大

基于导购平台的特点，导购平台往往只针对特定产品领域，"难以做大"几乎是业内对导购网站的共识。针对这个问题，行业性的导购平台向综合型导购平台转型似乎是必要的，但事实上，如果缺少必要的专业性，导购涉及产品领域的扩大，并不能有效引发流量的同步增长，反而会使原先产品领域的有效客户群流失。

3. 盈利模式问题

单纯返点的盈利模式可能难以为继。实际上，从境外购物平台上获得的返利可能是暂时的，因为这个返利最终还是由买家承担，正所谓的"羊毛出在羊身上"。一方面，买家在经历境外购物平台的初次购物后，往往会跳过导购平台，进行重复购买；另一方面，从境外平台卖家的角度来说，在积累一定客户群和流量之后，会重新考虑是否给予来自导购平台的订单返点。这样，一些导购平台还会转型兼做境外代购或闪购等。

4. 导购平台面临的竞争

由于导购平台行业进入门槛相对较低，因此各行各业的导购平台五花八门，每个行业领域大部分存在多家同类型平台竞争的局面。为了开展竞争，一些导购平台可能会在相关产品领域向垂直电商平台转型，但事实上垂直电商领域的竞争更为激烈。以较早宣称做导购的"妈妈值得买"平台为例，百度搜索"妈妈值得买"，在搜索结果的前两页就出现了什么值得买、麦乐购及券妈妈等具有境外商品导购功能的网站，以及苏宁易购、麻麻货及蜜芽等境内垂直电商网站，加上多款"妈妈值得买"相关的移动端App下载链接，这说明母婴产品导购类平台在境内的竞争激烈程度。通过进一步观察发现，以上导购平台在做境内外产品导购的同时，往往在母婴产品经营自营业务和相关综合或垂直自营业务方面展开竞争。

六、境外商品闪购模式

这里讲的"闪购"指的主要是"限时限量抢购"概念。境外商品闪购则是在境外购物网站（一般是B2C）上，卖家以特价商品（一般以原价的1～5折）提供给平台会员进行限时限量的抢购，特别针对境外商品进行。"闪购"还有另外一个不同的含义，是"方便"和"快捷"，即买家无须像海淘及境外代购等跨境电商进口模式那样大费周折，境外商品闪购可以实现方便快捷的购物。

（一）境外商品闪购平台

境外商品闪购一般基于第三方B2C电商平台进行。境内外的许多知名B2C电商平台拥有境外商品闪购频道或曾经使用过境外闪购，如天猫国际"环球闪购"、苏宁易购的"全球闪购"、亚马逊的"海外购·闪购"及唯品会的闪购等。另外，境内外也有一些专门的闪购平台可供境内买家购物,如美国的奢侈品闪购网站Gilt、闪购与境外直购相结合的宝贝格子、会员制时尚奢侈品闪购网站魅力惠等。值得一提的是,境内结合型电商平台的闪购有进口品牌和国产品牌,境内外专门闪购平台则以名牌商品甚至是奢侈品为主。

(二) 境外商品闪购运作模式

现在,从事境外商品闪购的平台很多,每个平台都代表了境外商品闪购的一个具体模式,运作上也都有自身的特点,下面以亚马逊的"海外购·闪购"、时尚奢侈品闪购网站魅力惠,以及闪购与境外直购相结合的宝贝格子,来分述境外闪购的运作模式。

1. 亚马逊的"海外购·闪购"

亚马逊的"海外购·闪购"是境外综合性电商平台从事闪购业务的典型代表。2015年8月13日,亚马逊中国宣布其"海外购·闪购"正式上线。亚马逊中国总裁葛道远表示:"通过全新闪购模式,消费者可以在亚马逊中国购买到具有正品保障的海外(境外)爆款尖货,并享受到与境内购物同样的极速送达,以及全面的本地化购物体验。"在具体的运作上,亚马逊中国甄选其"海外购"商店中的畅销单品,将包括健安喜、自然之宝、美赞臣等品牌在内的广受"海外购"用户追捧的近70款产品首批上线,预先将这些进口货品运送至其合作的境内保税区(自贸区)仓库,然后通过境内快递直发的方式送到买家手中,这样境内买家下单后平均只需2天就可以拿到所购商品,给境内买家以境外正品闪购的极速体验。2015年8月13—18日,为了庆祝"海外购·闪购"的上线,"海外购·闪购"特别推出了全场爆款低至3.5折的优惠活动,在已有的优惠价格上还可以享受"折上折",甚至一些产品折后价格低于原产地的零售价;接着8月19—21日,还推出了为期3天的"低价爆款秒杀"活动。此外在促销期间,"海外购·闪购"订单还可享受全场免邮的服务。

2. 时尚奢侈品闪购网站"魅力惠"

魅力惠是一个会员制时尚奢侈品闪购B2C网站,于2010年4月6日正式上线。魅力惠官网显示,魅力惠与2 000多个品牌形成官方合作,所有商品均由品牌商直接提供,其中有280个海外品牌将魅力惠作为中国国内唯一的电商合作伙伴,魅力惠同时还宣称,通过其线上购买的产品可以享受该品牌线下渠道的专业售后服务。魅力惠以"限时限量"的闪购模式销售商品,平均折扣为55%,甚至有些商品低至1折。

3. 闪购与海外直购相结合的"宝贝格子"

在闪购方面,宝贝格子在模式上复制了美国闪购网站Zulily的运作模式,但Zulily主打非标品,而宝贝格子主打的是母婴用品,有奶粉、辅食、洗护用品等受大众欢迎的标品,妈妈们对这些产品有持续的需求。宝贝格子一般以特卖闪购的方式聚人气,快速扩大销量,同时也提供一些境外直购产品,以满足用户的实时需求。在宝贝格子境外直购商品页面,放置了境外网站对应的产品页面链接,并同步显示产品的人民币价格,为用户提供翻译。在结算环节,宝贝格子支持消费者使用信用卡付款,由平台进行二次境外结算。这样,由于价格信息的透明,很多用户会选择在宝贝格子进行境外直购。

(三) 境外商品闪购模式的优势

境外商品闪购模式具有以下优势。

(1) 相对于海淘或境外代购,闪购方式更为方便快捷,加上“100%境外正品”的承诺,“限时限量抢购”,流量和订单会快速集聚。流量和订单的快速集聚可以快速引爆人气,在短时间内聚集大量网络流量。

(2) 物流的规模化和集约化。通过闪购引起流量的聚集,一般来说,也带来订单集中。这样,卖家不管是从境外直接发货或是从境内保税区仓库发货,大量订单的物流操作的规模化优势明显。在境外直发的情况下,卖家容易和物流商达成合作,提高效率的同时,获得更高的运费折扣;在境内保税区发货的情况下,则可以避免从境外逐个订单发货的高额国际快递费用,物流成本节约更明显。

(3) 行业地位的确立。对卖家来说,流量和订单的快速集聚使境外品牌供货商看到闪购的巨大市场潜力,增加卖家(平台)和其供货商合作的筹码,而与更多境外品牌供货商的深度合作及其“100%境外正品”可以有效提高闪购平台在境内市场的影响力。

因此,一旦境外商品闪购平台确立行业地位,将会形成流量集中、货源集中的平台网络优势。

(四) 境外商品闪购模式可能存在的问题

境外商品闪购模式实质上也是一种自营 B2C 的进口模式,在面临境内外政策的波动、对跨境供应链的把控、品牌形象的打造及与其他跨境进口电商模式的竞争等方面,境外商品闪购模式也同样面临“自营进口电商共同面临的问题”(详见本节“自营 B2C 进口模式”部分)。

另外,境外商品闪购模式面临的问题还可能有以下两个。

1. 订单转换及利润来源问题

境外正品的“限时限量抢购”的确可以为闪购平台快速引流,但在网络时代,最后促成买家下单的还是价格因素。实际上,境内买家也会从其他不同渠道对比同类进口商品的价格,如果发现“限时限量抢购”实际上并没有明显的优势,订单转化率就可能很低。在境外商品闪购模式中,持续在高位的价格折扣所带来的销量提升,往往不能有效弥补利润的下降,境外品牌供货商最不愿意看到这种局面。

2. 库存积压风险

在境外商品闪购模式中,更为突出的一个现实问题就是商品库存的积压。为了做到“100%境外正品”“方便”和“快捷”,闪购卖家往往需要事先自己备货,备货数量往往基于闪购卖家对销量的主观预期,但稍有不慎,就会造成库存积压。

七、微商分销模式

微商简单来说就是微时代的电子商务。目前,微商分销的一个重要渠道是境外商品进入境内消费市场。

(一) 微商分销平台

从微商的网络端零售销售渠道来看,最为典型的就是境内微商卖家在其微信朋友圈从事商品销售。

(二) 微商分销运作模式

下面就以境内微信朋友圈为例,来总结微商分销典型的运作模式。

1. 微商代理

微商代理类似于传统的品牌代理,通过微商代理模式,境外品牌商也基于境内地区级别(或销量级别),通过微信渠道,建立多层代理分销商,其中零售商就是微信朋友圈卖家。目前,基于微信的代理分销模式是国内发展最快、销量最大的微商模式。

2. 关于微信朋友圈

微信朋友圈指的是腾讯微信 App 的一个社交功能,于微信 4.0 版本 2012 年 4 月 19 日更新时上线,用户可以通过朋友圈发表文字和图片,同时可通过其他软件将文章或者音乐分享到朋友圈。用户可以对好友新发的照片进行评论和点赞,用户只能看共同好友的评论和赞。微信朋友圈的用户和微商的供货商签订协议后,成为微信零售商(或代理商)。

3. 关于产品的发布

微商的零售商在其微信朋友圈上发布产品的图片、文字或价格,有时附上自己的说明和使用心得等,引起朋友圈内潜在买家的关注。

4. 订单及其支付

一种方式是,朋友圈的买家可以直接打款给微信上的零售商,由零售商给买家发货后完成交易。这种方式需要零售商事先从供货商(或上级代理商)那里进货,零售商最后赚取产品的批零差价。另一种方式是,零售商在发布的产品信息中,放置供货商产品销售页面的链接,由买家单击该链接进入供货商产品销售页面后完成订单,将货款支付给供货商,并由供货商给买家发货。利用这种方式,零售商无须备货,赚取产品一定额度的销售佣金。

(三) 微商分销模式的优势

在跨境电商进口领域,相比主流电商平台,微商分销模式具有以下优势。

1. 快速架构分销渠道

在境内微商创业浪潮的推动下,通过适当的网络推广,境外优势产品的合理的招商协议可快速吸纳一批合格的分销代理商,并完成分销渠道的铺设。

2. 新产品快速打开销路

对于一些境外新产品,境内消费者在没有充分了解产品性能的情况下,不会轻易在一般电商平台上购买。而微信卖家基于个人声誉,在获得微信朋友圈内亲戚和朋友的支持与信任后,可以较快地卖出产品。

3. 特殊的销量增长机制

利用朋友圈买家的评论、点赞和转发等,在促进更多朋友圈内买家购买的同时,买家在朋友圈转发的产品信息、使用体验和评价等内容还能被其朋友圈内的潜在消费者关注到,由此进一步提高产品的曝光度。通过这样一个特殊的机制,形成良性的链式反馈,境外优质产品可以快速获得销量的增长。

（四）微商分销模式存在的问题

虽然微商分销模式有上述独特的优势，但其具有更为明显的劣势，常常为人们所诟病。

1. 零售商的能力和资质

大多数朋友圈的零售卖家将微商作为“第二职业”或“业余补充”，如公司白领、学生及全职妈妈等。首先，零售卖家实际上对产品缺少必要的专业知识，和买家的沟通并不充分；其次，零售卖家并没有太多的时间来打理微商业务，如商品的包装及发货等；最后，在需要囤货及买断代理权的情况下，零售卖家在资金投入及其风险控制能力方面有限。

2. 分销商的管理和激励

相比传统线下分销渠道，多层次微商分销代理体系实际上是一个松散的组织架构，合作关系不稳定。为了给分销商带来足够的利润，微商分销模式往往允许其发展多层下级分销商，上级分销商控制着下级分销商，瓜分下级分销商和零售商的大量利润，甚至涉嫌“传销”。

3. 零售终端的利润来源

首先，在多级代理渠道下，零售商的利润更多地被上级代理商瓜分，只能以发展更多的下线来获得利润，这样就导致有更多级别分销商来分享有限的利润。其次，在渠道扁平化策略下，零售商不能发展下线，但其朋友圈内的销量往往有限，零售商就缺乏积极性。还有，当产品性价比不高时，通过朋友圈买家的评论、赞和转发等引发销量的增长实际上并不明显。

4. 朋友圈的商业文化问题

一些消费人群的思想较为保守，并不认同朋友圈的商业化，向朋友推销商品或把朋友发展成下线代理，“赚朋友的钱”或者“让朋友替自己赚钱”很可能不为人们所接受。

5. 物流及售后服务

首先，上级代理往往要求下级代理囤货，加上代理层次较多、渠道较长，代理商和零售商积压的库存是最终零售数量的数倍。其次，产品的转运和快递环节过多，损坏、丢失及调包等很容易发生。最后，如果产品质量出现问题，消费者如何维权是一个重要的问题，事实上，对于在朋友圈购得的问题商品，很多消费者都会采取放弃维权的态度。

第四节　跨境电商卖家的平台及模式的选择

现从跨境电商卖家需求的角度来分析跨境电商模式转变。一般来说，选择跨境电商平台，就应当注意到不同种类跨境电商平台一般具有各自的优势和劣势，企业或个人卖家应当根据自己的实力，根据跨境电商的模式，合理选择平台。

一、认准目标市场和产品定位

首先，外贸企业需要有明确的目标市场，如美国、欧洲、非洲或东南亚等。传统外贸实践证明，传统外贸企业均会在目标市场方面有明显的侧重，在跨境电商时代也是如此。相应地,大多数跨境电商平台在不同国家或地区的市场具有明显的优势,如亚马逊平台在美国具有明显的优势买家群体,而速卖通则在俄罗斯具有明显的市场优势。其次,卖家还要认准自身产品的档次和定位及买家的购买力,不同的跨境电商平台在买家的定位上也会有所差异。最后,卖家产品所在的行业领域及产品专业化程度对平台的选择也有一定的影响,典型的如跨境电商平台可以分为综合型和垂直型两种,前者以提供大众化的消费品为主,后者则面向特定领域专业化的产品,如化工原料、医疗器械等。

二、评估平台的规模和实力

首先,成熟的跨境电商平台应当具有高而稳定的流量。高而稳定的流量往往意味着多而稳定的订单。要考察平台在境外市场的知名度及口碑,卖家可以从新闻媒体或第三方评估机构那里获取这方面的情况,较高的知名度是获得稳定平台直接访问量的基础,而良好的平台口碑是平台可持续发展的保证。其次,任何跨境电商平台都是一个网络交易的在线解决方案,平台应当具有较为完善的保证交易完成的功能,往往功能因素并不成问题,但平台的稳定性容易被忽视,因此除平台功能外,还要重点考虑平台的访问速度及稳定性,即平台的日常维护所需的技术能力也非常重要,其实卖家期望的平台是访问速度快、页面稳定的平台,而经常处于维护状态的平台往往会困扰卖家。

三、评判跨境电商平台的成长性

其实,跨境电商的模式并不是一成不变的,一些名不见经传的跨境电商创新平台可能很快就会成为跨境电商的热点,而一些老牌的电商平台却会走下坡路。因此,卖家应当不断地学习跨境电商发展的趋势,以自身独立的眼光评判平台在未来的发展潜力。另外,卖家应当清楚,跨境电商平台的推广同样是一个充满市场竞争的领域,卖家在选择一个平台时,还要看这家平台在推广上是否舍得投入。负责任的跨境电商平台往往具有强大的市场推广能力,并在境外通过媒体广告、知名展会、搜索引擎、网络广告等途径进行宣传和推广,以吸引更多的境外买家和采购商,为平台卖家创造条件。

四、考虑平台对卖家的服务水平

一方面,平台的在线服务值得卖家考虑。完善的跨境电商平台在对卖家指导、用户推广、解决问题及售后服务等方面,为交易双方提供完善的平台在线服务。另一方面,值得一提的是,除了在线自动服务,对平台用户来说,必要的人工服务往往会提高效率。还有,有时平台提供的内容较为丰富的增值服务,也会大大提高卖家运营的效率。

五、衡量平台运营的费用和成本

一般来说,越是优质的跨境电商平台,功能越完善,平台技术也越稳定,提供的服务也越到位,但收费往往也越贵。事实上,同类型的跨境电商平台,在收费上却可能相差很大,有的平台佣金高,有的相对较低,有的平台虽然不收取佣金,但需要不菲的会员费。显然,卖家在平台的选择上也是"选最合适的,不选最贵的"。在平台的选择上,一是根据卖家自身的目标,如是从事跨境零售还是批发;二是根据卖家自身的身份,如是个人创业者、外贸公司还是生产企业；三是根据卖家在业务推广方面的需求情况，如是需要快速打开销路还是其他情形。以上述三点结合企业自身的规模，来合理选择一个或多个跨境电商平台。

第五节　跨境电商发展新趋势

一、跨境电商海外仓

海外仓顾名思义就是在海外建立的商品存储仓库。随着跨境电商的快速发展，商品跨境配送的数量猛增，海外仓的建设是提高商品跨国配送的效率及降低配送成本的重要方法。

（一）海外仓的运作流程

在跨境电商中，海外仓的基本运作流程如下。

（1）跨境电商卖家事先通过出口渠道，将数量较多的本国商品以海运、货运、空运的形式储存到海外指定仓库，即海外仓。

（2）卖家在跨境电商平台上同步展示和销售海外仓存储的商品，在取得海外订单之后将订单信息及发货指令发给海外仓。

（3）海外仓根据卖家的发货指令及订单信息，利用海外仓现代化的信息系统及分拣系统完成产品分拣、包装及出库的发货作业。

（4）由当地的快递渠道，海外买家可以快速地收到商品。收到商品后，如果产品质量有问题或需要退换货，海外仓可及时提供退换货服务。

（二）海外仓的优势

由于实现了物流运作的信息化和规模化，海外仓具有以下明显的优势。

1. 订单配送时间的缩减

国际快递包裹的投递，往往需要 10～60 天，而从海外仓发货，经由当地快递将商品配送给海外买家只需 2～7 天。

2. 订单平均物流成本的降低

由于避开了跨境运输阶段高昂的国际快递费用，对每个海外订单来说，包含在订单价格中的物流成本得到有效控制。

3. 顾客服务水平的提高

海外仓更快的发货速度，极大地提高了海外买家的购物体验，同时可为买家提供更为方便的退货或换货服务，维护买家利益，提升卖家信誉。

（三）海外仓的劣势

海外仓具有以下劣势。

1. 需要较高的投入

海外仓的投资主要有两大块：一是硬件的投入，包括仓库建筑及其自动化的仓储设备；二是功能完善的网络信息系统建设。显然，海外仓巨大的投资并非一般跨境电商卖家所能承受的，所以海外仓往往以第三方投资和运营的方式出现，其盈利模式是向跨境电商大卖家收取海外仓的仓储服务费。

2. 不适合跨境电商中小卖家

对于需事先将大批量的商品运往海外仓，中小卖家一方面没有足够的资金实力来提前承担高额的国内商品采购成本，另一方面对商品的销量缺乏充分的预期，无力承受大量产品在海外仓可能的积压风险，或无力承担产品在海外仓长期积压所产生的仓储服务费。

3. 不适合大量长尾订单

汇集大量境外长尾订单是跨境电商的一大优势。对于一些“新奇特”甚至“奇葩”类产品，单个产品的需求量并不多，但可以通过跨境电商汇集来自全球各地的零散订单，因此小众化但种类繁多的境外长尾订单是跨境电商出口的重要组成部分。但该类产品由于海外买家的分散性及其销量的不确定性，并不适合运用海外仓的模式。

二、整合分销

在交易量巨大的全球性跨境电商平台上，有大量的中小卖家。由于缺少有竞争力的货源，在平台上陷入价格战成为这类卖家的主要烦恼。同时，境内大批优质产品供货商也纷纷关注到跨境电商平台的销货能力，希望通过诸多平台中小卖家销售自己的产品。整合分销是跨境电商发展到当前阶段的一个新型模式，其实质就是一个连接平台中小卖家及境内供货商的中间桥梁。从2014年下半年开始，各种整合分销平台纷纷上线，如为深圳中小卖家提供货源及融资服务的中国好东西网、以俄罗斯为主要市场的俄优选、专注于服装外贸分销的中国好服饰网、一体化分销平台赢立方及ERP服务商赛兔推出的云仓分销等。

(一) 整合分销的基本运作流程

在跨境电商中，典型整合分销的基本运作流程如下。

1. 整合优质货源

境内大量优质供货商，通过和整合分销平台合作，成为其会员。供货商可以将其产品信息上传到整合分销平台进行展示，供境内跨境电商卖家在线采购。基于合理的产品销量预期，供货商可以将产品事先运抵整合分销平台设定的仓库(或海外仓)。

2. 推销产品

由于平台上汇集了大量供应商的优质产品，跨境电商中小卖家可以选择这些商品，下载产品信息资料，经编辑后上传至自己的店铺进行推销。

如果中小卖家取得了境外订单，可以从整合分销平台下单采购，进货后再转发给境外买家，也可以由平台为中小卖家提供物流服务，中小卖家将境外订单信息在线传输给整合分销平台，由其设定的产品仓库(或海外仓)直接代发货。

(二) 整合分销的优势

整合分销架起了大量境内供货商丰富的产品货源及大量跨境电商中小卖家销货能力

之间的桥梁。整合分销的优势主要有以下方面。

(1) 整合分销扩大了产品在跨境电商市场的销量,这是整合分销吸引境内供货商的主要因素。事实上,境内供货商的业务重点并不在于自营跨境电商,加上人手有限及面对大量中小卖家的竞争,境内供货商通常也不会从事 B2C 等跨境零售业务。而将境内供货商的产品直接发给大量跨境中小卖家销售成了较好的选择。

(2) 在采购、仓储及配送等环节,整合分销为中小卖家提供了一站式的物流服务。在货源及采购方面,可以由以上加入整合分销平台的供货商提供,由整合分销平台代理供货商产品的库存(包括海外仓储),同时还可以为中小卖家提供分拣、包装及配送服务。

(3) 整合分销平台的商品库存可以为中小卖家节省商品的前期采购成本和降低后期库存积压的风险。除此之外,在中小卖家取得境外订单时,如果没有足够的资金采购,整合分销平台可以方便地为中小卖家提供融资。

(4) 整合分销在采购、仓储及配送等环节的专业化及规模化运作,有利于从源头整体上保证产品的质量,发挥产品物流配送环节的规模效应,降低商品的平均采购成本及配送成本,最终进一步提高产品在跨境电商零售市场的竞争力。

(三) 整合分销的劣势

同样地,整合分销也具有其明显的劣势。

(1) 一方面,搭建功能完善的整合分销平台,需要在硬件及软件上的投入,硬件主要是仓储设施(包括海外仓),软件则是功能完善的整合分销信息系统。另一方面,除了以上硬件及软件上的投入,为了吸引境内大量供货商及跨境电商中小卖家入驻,整合分销系统平台的推广也是一笔巨大的开支。

(2) 对大量境内中小企业供货商而言,在整合分销模式的销货能力并不明朗的情况下,将大量产品事先运抵整合分销仓库可能造成库存积压风险,其对此具有明显的顾虑。由于产品可能处于“受制于人”的地位,供货商对整合分销渠道也缺乏足够的信任。

(3) 对于大量从事长尾产品销售的跨境电商中小卖家而言,其利润主要来自经过他们自己“精挑细选”的特色产品。而整合分销平台提供的规格款式较为统一的商品,由于会导致大量中小卖家之间的同质化价格竞争,实际上并不是他们看重的产品。

三、跨境电商多渠道运营

2013 年以来,大量境内优质跨境电商卖家为了突破在某单一跨境电商平台的局限,谋求更多的销量和市场占有率,纷纷采取多渠道运营策略。

(一) 跨境电商多渠道运营的主要形式

跨境电商多渠道运营,就是跨境电商卖家在多个渠道铺货,其主要形式有以下几种。

1. 多平台运营

事实上,不同跨境电商平台在不同时期存在此消彼长的竞争关系,在针对不同目标市场及客户群方面,每个平台也具有自身的市场细分和产品定位。因此,为了“不把所有的鸡蛋放到一个篮子里”,很多卖家会采取多平台运营的策略。

2. 传统线下渠道+线上渠道

传统线下渠道+线上渠道,是境内生产型企业或外贸企业通常采用的方式。一方面,由于销量依然较大,传统外贸出口企业对原有业务不但不会放弃,甚至还会加强;另一方面,基于跨境电商发展的巨大潜力,传统企业也纷纷以特定的形式强势介入跨境电商线上渠道。

3. PC端平台+移动端平台

移动电子商务是跨境电商发展的一个重要趋势,最近几年基于智能手机或平板电脑的移动端跨境电商平台发展迅速,基于境外移动端买家的消费特点,大批境内跨境电商卖家同时转战移动电商平台,收获颇丰。

4. 第三方平台+垂直自营平台

对于快速成长起来的一批跨境电商超级卖家而言,建立自己的跨境电商平台可以避免“受制于人”的处境,在市场推广方面更具有自主权,甚至自建平台比第三方跨境电商平台费用更低。

(二) 多渠道运营的优势

每种渠道均有其自身的优势或劣势,而多渠道运营的优势在于对不同渠道的取长补短。多渠道策略在一定程度上可以让跨境电商卖家快速找准产品定位,同时扩大销量。

(三) 多渠道运营可能存在的问题

多渠道运营的主要问题来自更高的渠道成本及更难把控的渠道管理等方面。一方面,渠道数量的增加,往往意味着渠道铺设成本及维护成本的成倍增加;另一方面,相比在某特定渠道深耕的卖家,多渠道运营的卖家在该渠道并不涉及产品线的延伸,中小卖家很难快速达到多渠道运营所要求的专业性。

四、跨境电商本土化运营

为了克服跨境电商环节多、周期长及情况复杂等不足,本土化运营的实质就是提高买家购物体验,在境外推出一系列的产品或服务。

跨境电商本土化运营是一个内容较为宽泛的概念,其主要内容和困难如下。

(一) 跨境电商本土化运营的主要内容

1. 本土化产品

本土化产品即符合境外本土消费需求和习惯的产品,最为典型的如服装,在样式和色彩等方面要符合境外特定区域的需求。跨境电商本土化运营首先要求产品是本土化的,也就是在功能、款式及规格等方面符合境外本土化的要求。

2. 本土化服务

在跨境电商中,本土化服务的主要内容有本土化物流和本土化支付。

先将大量商品发往海外仓,实现产品仓储、配送及退换货等物流服务的本土化运营,由于大幅度提高了跨境电商卖家的发货速度,用户体验提升显著,海外仓是当前优势卖家本土化运营的主要抓手。除了 PayPal 及国际支付宝等境外支付方式,为境外卖家提供当地更为流行或便捷的支付方式,也是跨境电商本土化的一个重要内容。例如,方便的信用卡支付方式可以普遍提高购买率。采用俄罗斯的 WebMoney、加拿大的 AlertPay、澳大利亚的 Paymate 和英国的 Moneybookers 及 Ukash 等本土化的网络支付方式,也是提高当地买家订单转化率的重要途径。

(二) 跨境电商本土化运营的困难

虽然跨境电商的本土化运营很大程度上提升了境外买家的体验,但其并非易事。首先,囿于现有产品生产及采购系统,在很难准确了解境外消费者需求的情况下,境内产品供货商为境外特定市场区域的买家提供"定制化"的产品具有更大的风险,不如直接在跨境电商平台上出售境内现有产品来得方便。其次,海外仓并不适合大量境内中小卖家,其可能造成的境外产品库存积压风险及资金周转问题也困扰着境内大部分外贸电商。最后,由于涉及境内外跨境电商平台之间的竞争及跨境跨行复杂结算,境内卖家往往只能采用有限的几种网络支付方式,单独采用目标市场流行的网络支付方式困难重重,如速卖通只能采用国际"支付宝",eBay 只能采用 PayPal,等等。

五、小语种市场

小语种从字面理解就是只有少数国家(地区)或少数人口使用的语言。对于小语种的界定,一般认为,除联合国通用语种(汉语、英语、法语、西班牙语、俄语、阿拉伯语)外的所有语种都是小语种。当前大部分主流跨境电商平台采用的是英语,因此对境内外贸出口电商而言,小语种则是指除英语(和汉语)之外的所有其他语言。

(一) 小语种市场的优势

兰亭集势和速卖通都开通了 10 种以上语言版本的网站,足以证明它们对本土化的重视。使用小语种开展跨境电商,也是跨境电商本土化运营策略的重要内容之一,且具有以下明显的优势。

1. 更多的潜在客户

虽然英语在全世界的通用程度较高,但在具体的一个以英语之外的语言为母语的国家,其母语的使用更为普及,因此使用该国母语开展跨境电商具有更多的潜在客户。

2. 更高的订单转化率

使用目标市场国家的语言,比使用英语有更高的订单转化率,这点不难理解。例如对俄罗斯卖家而言,如果平台提供的商品页面使用俄语,显然在全面理解商品的重要信息上比英语更为容易,从而有助于消除客户顾虑、提高订单转化率。

3. 避免境内卖家的同台竞争

大部分小语种国家都有当地本土化的电子商务平台,境内卖家入驻小语种国家当地平台,可以在一定程度上避免国际大型电商平台的价格竞争。早期进入小语种市场的跨境电商卖家,可以通过构建自有品牌等方式,对市场后来者形成一定的竞争壁垒。

(二)开拓小语种市场的困难

成功开拓跨境电商小语种市场,关键还在于为买家提供优质的服务,但要真正“伺候”小语种国家的潜在买家,对境内跨境电商卖家来说有诸多挑战和困难。

1. 大量的小语种本地化工作

面对大量产品的SKU(最小存货单位),需要进行精准的小语种翻译。显然Google及百度等在线翻译工具不能胜任,而境内能够胜任小语种产品SKU翻译工作的人才也凤毛麟角。

2. 小语种人才

在上述前期产品SKU翻译、客户沟通及后续的售后服务环节,均需要大量小语种人才。显然在售后服务环节,需要客服人员掌握更高的小语种应用水平。在境内高水平小语种人才短缺的情况下,许多卖家开始在当地招收本土小语种员工开展上述翻译及售后服务工作。不管是在境内招收小语种员工或是在目标国家或地区招收员工,小语种人才的成本显然是昂贵的。

3. 小语种本土化的服务

在小语种国家,一方面对跨境电商进口往往有更为严格或具体的法律法规限制,另一方面其买家对网购体验有更高要求。为了“搞定”这些,跨境电商卖家需针对小语种市场“练内功”,不断提高服务水平。

4. 市场容量的不确定性

对于一个小语种市场,经过一段时间的市场开发之后,最终的市场容量并不确定。对于一些中小企业来说,投入大量的人力和物力可能存在较大的市场风险。因此,在开发小语种跨境电商市场之前,有必要进行适当的市场调研和评估。

六、综合案例分析

跨境电商直播促进外贸高质量发展

党的二十大报告提出,发展数字贸易,加快建设贸易强国。近年来,各级政府高度重视跨境新业态的发展及其与传统外贸相融合。2021年10月,商务部等三部门发布《“十四五”电子商务发展规划》,提出“推动企业融合直播电商、社交电商、产品众筹、大数据营销等多种方式,建立线上线下融合、境内境外联动的跨境电商营销体系,利用数字化手段提升品牌价值”,首次提及直播电商在跨境电商领域的应用。跨境直播电商将网络直播技术应用于跨境电商领域,是跨境电商的新业态。跨境直播与短视频已成当下炙手可热的流量新风口。跨境直播电商加速兴起,不仅改变人们的消费方式,也助推企业拓展境内外市场。面对严峻复杂的国内外形势,研究跨境直播新业态,有助于外向型企业更好地开展跨境直播实践,是创新发展数字贸易的新举措、推动外贸高质量发展的新引擎。

一、跨境直播电商产业生态日渐成熟

(一)跨境直播电商产业发展方兴未艾

1. 境内外知名平台踊跃涉足跨境直播电商行业

近年来，随着直播电商的日益成熟，境内外知名社交、电商、短视频平台尝试复制境内直播电商的经验和模式，纷纷加入跨境直播电商行业，将跨境直播电商推到一个新高度。境内平台开展跨境直播电商始于2017年。2017年3月，全球速卖通上线直播频道AliExpressLive，在俄罗斯、西班牙、法国等国家启动直播。2020年5月，阿里巴巴国际站线上展会开启B2B直播。2021年3月，中国制造网在采购节中推出"在线直播带货"活动。2021年4月，TikTok在英国上线了TikTok shop功能，开展直播带货业务。2021年12月，TikTok正式宣布向中国境内卖家开放入驻，进入跨境电商领域，其超10亿月活流量红利吸引众多外向型企业参与。同期，Kwai与巴西当地零售商等合作伙伴进行了直播电商的测试。境外平台2018年陆续上线直播购物功能，并面向中国境内卖家开放。2018年5月，美国电商平台GravyLive采用互动直播电商模式。2018年11月，Lazada启动直播功能，覆盖泰国、越南、马来西亚等东南亚国家。2019年2月，亚马逊推出直播购物服务Amazon Live Creator。2020年3月，亚马逊开始向中国境内卖家开发Amazon Live直播功能。2019年6月，Shopee面向商家开通Shopee Live直播功能，覆盖马来西亚、菲律宾和泰国等。2020年5月，Meta正式上线Facebook Shops功能和Instagram Shops功能。截至2022年，亚马逊、Shopee、Lazada等电商平台，Instagram、Facebook等社交平台，YouTube、TikTok等视频平台，全都开通了直播带货功能。

2. 外向型企业积极拥抱跨境直播电商

近年来，跨境直播渗透率逐步提高，越来越多的外向型企业开始尝试跨境直播拓展业务。外向型企业开展跨境直播电商的主要原因包括：增加商品曝光和引流，抓住平台的流量优势；增加与潜在意向客户的互动，提升转化率；看好跨境直播与短视频的潜力，提前布局和打造海外品牌等。关于直播平台选择，外向型企业主要使用TikTok、阿里巴巴国际站、亚马逊、全球速卖通和Wish等新型短视频平台和传统跨境电商平台。关于跨境直播的模式，大部分外向型企业选择商家自播，也有部分企业选择寻找MCN(多频道网络)机构代运营和海外达人直播。关于产品品类选择，较多企业选择服装服饰、居家用品、美妆等品类开展跨境直播，大部分爆品有产品新颖、价格较低、体积小和质量轻等特征。

3. 跨境直播电商市场的深度与广度得到有效扩展

随着境内外平台涌入和外向型企业积极尝试，中国跨境直播电商市场的深度与广度得到有效扩展。艾媒咨询的数据显示，2020—2021年，中国跨境直播电商的市场规模呈上升趋势，预计在未来的4年内还会保持持续的增长趋势。2021年被称为中国跨境直播电商元年，预计到2025年，其产业规模将超过8 000亿元，产业发展潜力巨大。此外，跨境直播电商在境外市场和产品类目上也扩展迅速。直播电商兴起于境内，正在全球范围内流行，已拓展至东南亚、欧洲、北美洲、南美洲及澳洲。以欧美市场为例，直播电商虽起步稍晚但发展迅速，根据雨果跨境的数据，到2026年，美国直播电商渗透率将上升至5.2%，跨境直播电商的产品类目拓展至居家用品、服装、美容健康、饰品、宠物用品等多个类目。

(二) 跨境直播电商模式多样、特色鲜明

随着产业高速发展，跨境直播电商涌现出多种模式，与境内直播电商相比，跨境直播电商有着鲜明的特色。按主播属性，跨境直播电商可以分为商家自播、达人直播、机构直播和平台直播。调研发现,与境内直播电商不同,由于对外语和行业知识要求较高,大部分企业选择商家自播的方式。按交易主体属性,跨境直播电商可以分为跨境B2B直播和跨境B2C直播。跨境B2B直播是针对境外B端卖家的直播,其形式包括品牌直播和探厂直播。与境内直播电商以B2C为主不同,由于传统外贸和跨境电商中B2B交易占据主流,为了让境外经销商直观地了解企业实力,探厂直播成为跨境直播电商的特色方式。跨境B2C直播是主播针对境外C端用户介绍产品功能和特点,除了直播间直播外,商家也开启了海外仓直播、档口直播等特色方式。按直播平台类型,跨境直播电商既有传统电商平台跨境直播和社交平台跨境直播,也有新兴的兴趣平台跨境直播(表4-2)。

表4-2 跨境电商直播类型

类　　型	典型平台
电商平台+跨境直播	全球速卖通、亚马逊、Lazada、Shopee、阿里巴巴国际站
社交平台+跨境直播	Facebook、Instagram
兴趣电商+跨境直播	TikTok、Kwai

(三)跨境直播电商生态链与产业链日趋完备

在产业发展和政策支持下,跨境直播电商生产链与产业链日趋完备和成熟。阿里研究院报告指出,电商生态系统包含平台、MCN机构、主播、品牌商/商家。借鉴直播电商生态系统,结合跨境电商的特点,跨境直播电商产业链核心是由上游供应端(品牌商、外贸工厂、贸易商)、中游平台端(主播、MCN机构、跨境直播平台)、下游需求端(境外消费者)组成的产业闭环。此外,跨境直播电商产业链还包括跨境物流服务商、跨境支付服务商、境外营销服务商和技术方案提供商等提供的支撑服务。

二、外向型企业开展跨境直播电商面临的瓶颈

虽然跨境直播电商发展势头迅猛,但企业在实际开展直播业务时仍然面临一些障碍。企业开展跨境直播电商的主要问题与痛点包括:文化差异等因素影响跨境直播的境外落地,缺少复合型跨境直播电商专业人才,各大平台直播规则差异影响企业的市场拓展,不同经济体的法律规章影响行业发展以及缺乏国家层面系统性政策措施规范行业行为等。

(一)文化差异等因素影响跨境直播的境外落地

虽然跨境直播电商为企业提供了直面境外消费者的机会,但与境内直播电商不同,境内企业在跨境直播电商中面临跨文化的挑战。由于目标市场消费者与我国存在文化现象、风俗、需求偏好和消费习惯等差异或冲突,境内直播电商模式、内容、主题、场景等不能照搬到境外。企业能否应对跨文化差异将会影响跨境直播电商在文案策划、促销方式、商品展示、售后服务等方面的表现,是我国企业开展跨境直播电商的主要难点。

(二)缺少复合型跨境直播电商专业人才

主播是零售行业"人、货、场"的三要素之一,作为企业与境外消费者沟通的桥梁,在跨境直播电商中发挥着重要作用。企业急需复合型跨境直播电商专业人才。跨境直播电商专业人才不仅需要熟练掌握英语或小语种,还需要了解境外目标市场,如消费者所在国家和地区的文化、习俗、消费习惯、思维方式和法律法规等,以及具备很强的沟通能力、过硬的专业知识和熟悉电子商务与直播规则。跨境直播电商作为跨境电商新业态,主播等相

关专业人才匮乏尤为严重。根据调研，截至2022年底，TikTok官方主播人才库入驻17万，与行业需求还有很大的差距。此外，开展跨境直播电商所需的运营成本较高，据估算，一个直播间建设花费在数万元到20万元不等，加上搭建直播团队，企业需承担较高的运营成本。

（三）各大平台直播规则差异影响企业的市场拓展

随着主流平台陆续开放直播功能，由于跨境直播电商模式多样和不同平台类型差异，每个平台在直播权限、选品、直播间搭建、直播内容、店铺排名、流量分发和违规行为处罚等方面有不同规则，而且这些规则经常变动。这需要花费大量时间学习和适应规则，给跨境直播电商新手企业的市场拓展带来挑战。企业通过跨境直播电商拓展市场，首先要根据目标市场和产品品类选择合适的直播平台，达到平台直播权限，根据不同目标市场搭建直播间并准备直播脚本，根据时差设定直播时间，了解直播平台流量分发规则，通过设置标题、封面和标签，吸引更多流量，保证直播效果。

（四）不同经济体的法律规章影响行业发展

不同经济体的法律规章将影响行业发展，如果不熟悉境外目标市场所在国家或地区的法律法规，可能给企业开展跨境直播电商业务带来法律风险和隐患。境内企业开展跨境直播电商的法律风险主要体现在两个方面：一是主播在跨境直播中夸大产品功效和虚假宣传，可能会引起售后纠纷甚至侵害消费者权益和违反广告法；二是侵犯个人隐私，社交平台直播粉丝可以导流到私域流量，方便获取用户信息，但相比国内，欧美国家在消费者个人隐私保护上有较严厉的法案。

（五）缺乏国家层面系统性政策措施规范行业行为

随着跨境直播电商的蓬勃发展，2021年，商务部等三部门提出推动外向型企业融合直播电商等多种方式。截至2022年底，已有浙江、广东等10个省份出台了跨境直播电商相关的支持政策，主要内容包括鼓励跨境电商平台、商家开展跨境直播业务，推广“跨境电商保税备货仓＋直播电商”销售新模式，探索特色直播产业基地建设。厦门等城市商务部门率先制定跨境直播电商的具体扶持政策，主要包括根据外贸企业跨境直播带货金额进行奖励和对委托MCN机构、达人佣金补贴等。各级政府相继出台相关政策，使跨境直播电商行业迎来新机会和新利好，但现有政策难以全面解决系统问题：一是目前政策出台以地方政府为主，缺乏国家层面系统性政策措施；二是政策内容多为指导性建议，缺乏具体的扶持政策，可操作性不强；三是现有政策内容较为单一，以现金奖励和佣金补贴为主，缺少从产业链层面一揽子和专门性的配套政策；四是对于跨境直播平台、MCN机构的经营资质及跨境主播的从业资格等缺乏明确规定来规范行业行为。

三、跨境直播电商有效促进外贸高质量发展的对策建议

（一）利用新业态，助推外贸规模、质量双丰收

首先，跨境直播电商新业态能够助力外贸规模站上新高度。根据商务部官方数据，2022年，中国进出口规模再创历史新高，达到42万亿元人民币，突破40万亿元大关。根据艾媒咨询公布的数据，2022年，中国跨境直播电商市场超过千亿元，预计到2025年达到8 000亿元，届时跨境直播电商将助力外贸规模站上新高度。我国外贸B2B占据主导地位，B2C占比相对较低。跨境直播电商可以使我国境内外向型企业进一步向境外消费

市场渗透,提升跨境B2C出口的占比,挖掘外贸增长潜力。其次,跨境直播电商新业态能够促进外贸质量提升。长期以来,我国对外贸易依靠资源消耗和劳动力、土地的低成本优势,形成了一种低价竞争的国际贸易模式,跨境直播电商可以实现境内企业直面境外消费者,促进我国境内外向型企业从单纯的加工制造转型升级,打造品牌、提高溢价,形成新的竞争优势。部分传统外贸企业对跨境直播新业态缺乏了解、难以有效开展,建议地方政府通过财税手段鼓励传统企业试水跨境直播,降低进入门槛、减少风险。传统外贸企业主要依靠线下展会拓展渠道,建议将跨境直播展销会纳入外贸展会补贴范畴,并对通过直播实现企业自有货源年销售额超过一定数额的外贸企业,基于销售额的一定比例进行奖励。

(二) 产业集群与直播基地融合,谋划外贸高质量协调发展

随着研发投入加大和技术实力提升,我国高技术、高附加值、引领绿色转型的产业成为出口新增长点,但品牌打造、海外营销等环节依然是我国外贸行业的短板。产业集群与直播基地融合发展能够有效解决上述问题。建议各地区围绕区域经济,依托外向型产业集群,在产业园区、专业市场等载体建设"产业集群+跨境直播"试点,整合优势产品、特色产品供应链、直播平台、MCN机构、主播和物流等资源,推动外贸转型基地、产业基地等集群开展跨境直播电商。产业集群与直播基地融合发展,充分发挥产业资源集聚优势和电商直播基地的辐射带动作用,整合资源赋能增效,谋划外贸保质量协调发展。

(三) 拓展产业链发展空间,带动外贸进入高端价值链

直播平台是跨境直播电商生态的流量来源和"中枢",跨境MCN机构是生态直播内容与服务提供商,是将境内供给端与境外消费端连接的纽带和桥梁。扶持头部跨境直播平台、MCN机构或其在当地设立的分支机构有助于拓展跨境直播电商产业链发展空间、改善我国外贸空间格局和国际市场布局,带动外贸进入高端价值链。沿海地区凭借地理区位、资源禀赋和政策优势形成了外贸企业集聚效应,部分内陆地区外贸发展相对滞后,导致贸易空间格局失衡。跨境直播电商能够突破地域限制,实现虚拟集聚与协同。建议各地区充分发挥比较优势,选择合适的切入点嵌入跨境电商直播产业链,形成差异化发展定位,使内陆地区产业融入跨境供应链,从单纯的加工制造转型升级,打造境外品牌、提高效益,实现价值链跃迁,从而带动外贸进入高端价值链。

(四) 培育跨文化交流的复合跨境电商主播人才,凸显外贸新竞争优势

外贸高质量发展的核心是人才,鼓励将具有国际视野、熟悉海外文化和精通国际贸易的跨境直播主播纳入各类人才引进和培育计划,有利于强化我国外贸发展人才支撑。与境内主播不同,跨境主播不仅要求英文水平,也需要跨文化沟通能力和营销知识,目前跨境主播缺口制约了行业的发展后劲。通过政、校、企、社联动,探索育人、引人、留人、用人的模式——鼓励有外语学院的高校以产业学院的模式加强跨境直播专业人才的培养,筑牢人才的蓄水池;推进跨境直播人才社会化培养,对企业跨境人才培训费用按照一定比例补贴;举办各类跨境直播赛事,重视赛事的实践性,下好人才集聚的先手棋;鼓励跨境直播人才参评各类人才计划,符合人才政策的可按规定申请享受相关优惠待遇。

(五) 统一行业标准,推动跨境直播电商规范发展

凭借境内直播电商的先发优势和数字贸易领跑地位,我国应积极参与跨境直播、数字贸易、产业链供应链等新兴领域规则制定,增强中国在国际规则制定中的话语权。相关主

管部门或行业协会需率先建立跨境直播平台应该具备的资质、经营条件及合规性基本要求，规范跨境直播主体入驻及退出、产品和服务信息审核、直播营销管理和服务，保护境内外消费者隐私、交易及售后服务等消费者权益，助力行业健康持续发展。

资料来源：高帅，段炼.跨境直播电商促进外贸高质量发展的对策研究[J].对外经贸实务，2023，410(3)：55-59.

复习思考题

1. 结合本章学习内容(如有关跨境电商特点的内容)及以上案例内容，分析为什么跨境电商会成为外贸新引擎。

2. 结合案例中有关跨境电商发展现况及趋势的内容，谈谈以后跨境电商行业有哪些创业或创新的机会。

3. 境内自贸区有关的各项政策对跨境电商的发展有何影响？

练　习　题

第五章

跨境电商海内外市场环境

【教学目的和要求】

本章首先分析全球跨境电商发展的现况和特点，其次对美国、俄罗斯、德国、东南亚及巴西等主要国家和地区的跨境电商发展情况进行介绍，然后对国内跨境电商发展的政府环境进行梳理，对国内多个部门发布的跨境电商相关政策进行简要的解读，最后简单介绍国内的跨境电商试点城市的情况。

【关键概念】

跨境电商发展趋势　移动电子商务　跨境电商发展政策　跨境电商海关监管　跨境电商试点城市　共享经济

国务院办公厅于2021年7月9日印发《国务院办公厅关于加快发展外贸新业态新模式的意见》(国办发〔2021〕24号，以下简称《意见》)，旨在加快发展外贸新业态、新模式，推动贸易高质量发展，培育参与国际经济合作和竞争新优势，对于服务构建新发展格局具有重要作用。

《意见》以供给侧结构性改革为主线，深化外贸领域"放管服"改革，推动外贸领域制度创新、管理创新、服务创新、业态创新、模式创新，拓展外贸发展空间，提升外贸运行效率，保障产业链供应链畅通运转，推动外贸高质量发展。《意见》指出，要积极支持运用新技术新工具赋能外贸发展。要完善跨境电商发展支持政策。在全国适用跨境电商企业对企业直接出口、跨境电商出口海外仓监管模式，完善配套政策。便利跨境电商进出口退换货管理。优化跨境电商零售进口商品清单。稳步开展跨境电商零售进口药品试点工作。引导企业用好跨境电商零售出口增值税、消费税免税政策和所得税核定征收办法。研究制定跨境电商知识产权保护指南，引导跨境电商平台防范知识产权风险。到2025年，跨境电商政策体系进一步完善，发展环境进一步优化，发展水平进一步提升。

此外，要扎实推进跨境电商综试区建设。扩大跨境电商综试区试点范围。积极开展先行先试，进一步完善跨境电商线上综合服务和线下产业园区"两平台"及信息共享、金融服务、智能物流、电商诚信、统计监测、风险防控等监管和服务"六体系"，探索更多的好经验好做法。鼓励跨境电商平台、经营者、配套服务商等各类主体做大做强，加快自主品牌培育。建立综试区考核评估和退出机制，2021 年组织开展考核评估。到 2025 年，综试区建设取得显著成效，建成一批要素集聚、主体多元、服务专业的跨境电商线下产业园区，形成各具特色的发展格局，成为引领跨境电商发展的创新集群。

最后，要完善覆盖全球的海外仓网络。支持企业加快重点市场海外仓布局，完善全球服务网络，建立中国品牌的运输销售渠道。鼓励海外仓企业对接综试区线上综合服务平台、国内外电商平台等，匹配供需信息。优化快递运输等政策措施，支持海外仓企业建立完善的物流体系，向供应链上下游延伸服务，探索建设海外物流智慧平台。推进海外仓标准建设。到 2025 年，依托海外仓建立覆盖全球、协同发展的新型外贸物流网络，推出一批具有国际影响力的国家、行业等标准。

资料来源：中国政府网。

根据以上跨境电商新政策，分析未来我国跨境电商的发展趋势。

第一节 全球跨境电商发展现况特点

近年来，电子商务在全球形成快速发展的态势，而 2014 年更有全球“跨境电商发展元年”之称。纵观全球电子商务市场发展的现况，其特征主要有如下几点。

一、国际资本市场对电子商务的关注

近几年，电子商务备受资本市场青睐，2014 年更是达到一个新的发展高潮，全年共有 16 家电商分别在纽交所、纳斯达克、法兰克福、伦敦、瑞士及马德里等处成功上市，除了中国的阿里巴巴、京东、聚美优品及途牛（在线旅游）4 家和美国的 GrubHub 订餐、True Car 汽车电商、Wayfair 家具电商、Coupons. com 优惠券 4 家外，还有西欧、德国的 Zalando AG、荷兰的 Cnova. N. V、英国的 JustEat 和 Boohoo. com、瑞士的 Bravofly Rumbo 及卢森堡的 eDreams Odigeo 6 家时尚电商等。IPO 企业的规模越来越大，阿里巴巴和京东上市伊始就跻身全球最大的电子商务公司之列。

2014 年的私募市场也异常火爆，O2O 和移动电商成为风险投资的热点，融资额再创新高。创业公司在资本的推动下实现了快速发展，很多公司甚至创立不足 1 年时间就跻身“独角兽俱乐部”（估值 10 亿美元以上的企业）。

二、国际移动电子商务时代的到来

自 2007 年苹果公司推出智能手机以来，移动互联网已有十几年的发展历程。2014 年在移动电子商务发展史上是一个重要分水岭。根据 We Are Social 公司的数据，2014 年 9 月，全球独立移动设备用户渗透率超过总人口的 50%，这个数字在 2020 年已经增长到 60%；截止到 2021 年，全球移动互联网用户已超 49.5 亿。GSMA 智库的报告《2023 年全球移动经济发展》显示，截至 2022 年，全球独立移动用户数为 54 亿，其中移动互联网用户数为 44 亿，报告预测，到 2030 年，全球独立移动用户数将增至 63 亿，移动互联网用户数达到 55 亿。Statista 数据显示，截至 2021 年，移动端交易量已经占全球电商总交易量的 72.9%。

eMarketer发布的“2023年全球电子零售市场报告”预测,2023年电子商务销售额将占全球零售总额的20.8%,中国占全球电子商务总销售额的一半以上。根据该预测,2023年电子零售销售额增长在前十的国家分别是:菲律宾(24.1%)、印度(22.3%)、印度尼西亚(20.0%)、马来西亚(18%)、泰国(16.0%)、墨西哥(14.2%)、阿根廷(14.0%)、越南(12.5%)、韩国(10.6%)和美国(10.5%)。其中,东南亚作为电商增速最快的地区,2023年零售电商销售额将增长18.6%,远超全球电商8.9%的平均增速。

三、共享经济迅速崛起,改变传统消费方式

2008年国际金融危机使人们对自身的消费模式产生了深刻的反省,共享经济或合作性消费在此背景之下日渐流行,大有颠覆传统消费模式之势。共享经济是通过第三方平台把人们的闲置资源共享给其他人使用,“只要付费,我就是你的”(What's mine is yours,for a fee)。共享经济是一个新的市场、一种新的发展方式,可有效促进社会存量资源的充分利用。中国社科院姜奇平教授将共享经济誉为:“以支配权和使用权分离为标志的这场产权革命,是人类继法国大革命以来,产权制度的又一场巨大变革。”打车应用Uber和民宿租赁网站Airbnb是共享经济的典型代表,两者分别以580亿美元的交易总额和240亿美元的商品交易总额位列2020年全球电子商务平台企业交易排行的第9位和第13位。表5-1为2020年全球电子商务平台公司交易额排名。

表5-1 2020年全球电子商务平台公司交易额排名

排名	公司	国家	行业
1	阿里巴巴	中国	电子商务
2	亚马逊	美国	电子商务
3	京东	中国	电子商务
4	拼多多	中国	电子商务
5	Shopify	加拿大	互联网媒体与服务
6	eBay	美国	电子商务
7	美团	中国	电子商务
8	沃尔玛	美国	消费品零售
9	Uber	美国	互联网媒体与服务
10	Rakuten	日本	电子商务
11	Expedia	美国	互联网媒体与服务
12	Booking Hodings	美国	互联网媒体与服务
13	Airbnb	美国	互联网媒体与服务

共享经济已强势崛起,其代表企业还有酒店实时预订的HotelTonight,查找和共享办公空间的移动应用LiquidSpace,长途自驾拼车业务BlaBlaCar,图书分享企业BookCrossing,短期工作或小零工的新型市场平台TaskRabbit,以及Uber的竞争对手Lyft、Sidecar、Zipcar,Airbnb的竞争对手Vacation Rentals By Owner、Home Away、Housetrip及中国的途家和小猪短租。

共享经济的发展冲击了传统的经济社会秩序,传统行业对这类新兴竞争对手发起了

监管战争,声称这种个人对个人的房屋租赁以及自驾拼车违反了有关住房和交通的国家及地方法规。税务机关也盯紧了初创企业财务收入中的应税部分。共享经济的长远发展还需要政策层面的有效突破。

四、电商促销引发全球购物狂潮

全球最著名的两个电商促销节日分别是美国的“网购星期一”和中国的“双 11”。网络促销节已成为全球电子商务发展的重要时代特征。11 月和 12 月是美国的圣诞购物季。根据全美零售联盟(NRF)的数据,2021 年这 61 天的销售额达到 8 876 亿美元。其中,以“黑色星期五”“超级星期六”“感恩节”“网购星期一”和“绿色星期一”“免费送货日”6 天销量最大。“超级星期六”“黑色星期五”和感恩节最初是以传统商场为主,但电子商务占比已经很高。根据研究机构 Adobe Analytics 的数据,2021 年的“黑色星期五”线上销售额达到了 89 亿美元。“黑色星期五”是指感恩节后的第一天,这一天通常被认为标志着圣诞购物季的正式开始。

“网购星期一”“绿色星期一”和“免费送货日”是以在线零售为主。根据 ComScore 的数据,“网购星期一”是美国第一大在线零售节,2021 年的交易额达 107 亿美元;其次是“黑色星期五”,其在线零售交易额为 89 亿美元;“免费送货日”位居第五。

“黑色星期五”和“网购星期一”等购物节日起源于美国,后蔓延到英国、法国、德国、加拿大等西方国家,阿根廷、巴西等拉美国家,以及澳大利亚和新西兰等国。“网购星期一”在这些国家也结合了本国特征,如俄罗斯的“网购星期一”在每年的 1 月。

“双 11”是中国最大的网络促销节。尽管主要在中国一个国家,但单日交易额却位居全球之冠。2020 年“双 11”当天,天猫平台总交易额为 5 403 亿元,京东平台总交易额为 3 491 亿元,均创历史新高。除“双 11”外,我国还有其他多个网络促销节日,如京东发起的“6·18”大促、淘宝发起的“双 12”等。

五、机器人技术引领仓储配送领域新革命

相对而言,仓储配送是整个电子商务市场比较传统的领域。随着人们对效率要求的不断提高,仓储配送领域也在酝酿一轮新的革命,以机器人为代表的新技术将极大地提升仓储配送效率。

(一) 仓储机器人极大地提升效率

在仓储管理领域,亚马逊的现代化程度位居全球电商前列。2022 年,亚马逊发布了机器人系统 Sparrow。它是其仓库中的第一个机器人系统,可以检测、选择和处理其库存中的单个产品。Sparrow 代表了工业机器人最先进技术的重大进步,利用计算机视觉和人工智能来识别和处理数百万件商品。一旦物品被员工装箱,该公司现有的罗宾和卡迪纳尔机器人手臂就会在包裹开始运送前将其重新定向到仓库的各个位置。2021 年,亚马逊称其世界各地的员工拣选、存放或包装了大约 50 亿个包裹,或者每天超过 1 300 万个包裹。

2020 年,京东廊坊“亚洲一号”智能物流中心建成投用。作为京东集团华北地区重要

的运营节点,京东廊坊“亚洲一号”主要是通过大型自动化立体仓实现对家电等大件商品的自动化存储、拣选一体化服务,是京东京津冀地区针对大件商品应用自动化立体仓系统排名前列的物流配送基地;顺丰无人机在2021年获批中国民用航空局支线物流无人机商业试运行牌照;阿里菜鸟网络的无人机业务也获得了发展。

(二) 无人机将使即时送达成为现实

提高配送速度是提升用户体验的有效手段,是电商不懈努力的目标。当前,中国电商的配送速度位居全球首位,京东物流在2022年5月宣布,90%以上的自营订单可以实现当日达或次日达。亚马逊在2022年已开始使用Prime Air无人机送货,目标送货时效为1小时以内,其最终计划将这项服务推广到美国全境。无人机如大规模应用,快递领域将发生一场革命,即日送达将成为现实。

无人机投入使用需要政府部门的许可,德国在这方面走在了前列。2014年9月,德国政府批准物流公司DHL的申请,许可DHL使用无人机向尤伊斯特岛运送包裹。这是世界首例无人机快递的实际运用。

六、新兴市场跨境电商快速发展

北美、西欧、中国、日本是全球四大电商市场,发展相对成熟。近年来,电子商务渗透到其他国家和地区,特别是印度和非洲市场呈爆发势态。

印度传统商业不发达,电子商务起步也相对较晚,但是得益于其人口的巨大优势,其电子商务未来市场庞大。SaaS电商平台Unicommerce发表的《Unicommerce电子商务趋势报告》指出,截至2021年末,印度电子商务市场范围为5 250亿美元,至少有1 400万用户参与B2B电商市场,预计该国B2B电商市场将达到700亿美元。受到疫情影响,印度消费者更多地转向了在线购物以及非接触式付款和送货服务,印度电商市场范围不断扩展,印度仓储和物流部门为了应对包裹数目的快速增长调整了发展策略,如运用人工智能进行主动挑拣和包装,并且应用叉车等主动驾驶汽车以及自动存储和检索系统(ASRS)等操作;同时,还利用区块链和大数据来管理烦琐的供给链,在需要时优化过程,帮助预测激增的包裹要求,加大运营效力并更快地运送商品。此外,印度品牌价值基金会曾发表报告指出,印度2026年的电子商务行业的价值预测将达2 000亿美元。

据Statista数据统计,截至2021年,非洲约40%的人口年龄在15岁及以下,而全球平均水平为26%。因此,非洲拥有发展大量数字受众的潜力。由于智能手机和移动设备的广泛应用,互联网普及率一直在上升。2023年,非洲的互联网普及率约为40%,约有4.65亿互联网用户。预计到2025年,这一数字将达到近5亿。截至2020年,非洲的网购人数约为2.81亿。据Statista数据估计,到2025年,非洲网购人数会达到5.2亿。网购渗透率呈爆发式增长。非洲电商市场前景十分广阔。根据StockApps.com的数据,非洲电商市场收入在2021年达到280亿美元,到2024年收入预估达到423亿美元。相比2017年的77亿美元,其行业市场规模将在7年内增长约500%。非洲科技媒体公司TechCabal与支付公司Klasha联合发布的非洲电子商务白皮书显示,尼日利亚、肯尼亚、南非、摩洛哥和埃及走在非洲电子商务发展的前沿,这5个国家是非洲大陆最大的经济体，占整个非洲电商市场的78%。

当前，新一轮科技革命和产业变革正孕育兴起，互联网重构传统的商业模式，改变人们的生活方式。展望未来，电子商务将在此次大潮中继续引领发展，成为构建未来新型商业文明的重要基石。

第二节　全球主要国家和地区电商发展概况

一、美国电子商务发展现况及预测

根据Forrester的电子商务报告，美国电子商务在2020年增长了30%，这是自2002年以来的最快增长速度。随着数字商品变得成熟，实物将引领电子商务领域的增长。Forrester的预测报告为电子商务和渠道战略专业人士提供了见解，即哪些品类的增长速度最快以及如何能够在竞争日益激烈的网上零售环境中获取更多市场份额。

(一) 线下产品将继续引领电子商务领域的增长

Forrester的调查预测反映了实体店与零售的持久相关性。该公司估计，近3/4的零售销售将在线下进行，66%的非食品和饮料销售将在线下进行。报告作者指出："需要购物者触摸和感觉、需要店内建议或计划外小额商品购买的类别更有可能在店内购买。"

如今，零售商正在大力投资，将其数字平台与其商店网络相结合，让消费者以最方便的方式轻松购物。

零售商电子商务和全渠道销售的增长，为零售商增加了新的成本和困难。但那些能够同时提供良好线上、线下购物体验的零售商将会得到更好的发展。

(二) 电商发展瓶颈显现，拥抱全新商业模式

随着网络零售趋于成熟，许多零售商的增长速度显著超过行业平均增长速度，并从创新力不足和行动缓慢的网络零售商手中抢夺了市场份额。根据Forrester发布的《网上零售现状》报告，2021年，美国线上零售额增长了14%。比较来说，2020年的增长率高达31.8%，疫情暴发前的5年，该数字实际和2021年相仿。从表面来看，美国的电商增速回归了常态。再看美国的电商渗透率，虽然2021年美国的电商销售额增长了14%之多，但美国线下销售额也实现了创纪录的14.0%的增长，因此，美国的线上销售的渗透率并没有取得明显的增长，19.2%的渗透率相比2020年的19.1%几乎是滞涨状态。这都说明美国的电商市场迎来了发展瓶颈。要想对这个瓶颈有所突破，零售电商高管可以从下面几个方向出发。

(1) 开拓直播业务。几十年前，家庭购物撑起居家人士购物的半边天，时过境迁，已经改名换姓唤作"直播购物"。包括亚马逊、Facebook、Twitter和YouTube的购物平台以及社媒平台都纷纷开发直播购物功能，丰富消费者的购物体验。走红境内市场的消费模式正受到越来越多境外人士的欢迎，大把的投资也青睐于此。亚马逊在Prime Day、Black Friday活动中加入直播板块，沃尔玛在TikTok、Twitter办起直播活动，甚至杂货

连锁品牌 Albertsons 也开始为网民直播做饭,“顺带”卖货。电商公司要关注直播板块业务,利用全新的营销形式来精准打开市场、拓宽销路。

(2) 利用社交媒体运营。据悉,多家品牌将继续把更多的资源转移到 Instagram、Snapchat、TikTok 和 Twitch 等社媒平台,使之成为其商业版图更大的组成部分。Sour Patch Kids 与 Twitch 合作推出限量版,在上架第一天就卖光全部库存。“这对企业来说是一个重大突破”,Mondelez 全球媒体战略与规划总监 Jennifer Brain-Mennes 在 2021 年 10 月的商业直播(commerce live)中说道,“这种新消费模式不仅将企业更好地与消费者联系在一起,在一定程度上也推动了收入”。社媒本身附带巨大的流量属性和“种草”属性,能够帮助产品更快地走进消费者的视野。

(3) 提升发货和配送效率。当数量的增长遭遇瓶颈时,服务质量的提高可能会帮助销量再次爬升。伴随模式进步的,还有发货周期。从原来的两天内发货,到翌日发货,再到如今的半小时内发货,消费者变得耐心不再。GoPuff、Instacart 等初创公司将速达带进主流视野,在疫情的推波助澜之下发展迅速。零售巨鳄如塔吉特也已经推出名为 Shipt 的类似服务,且已经初获成效,沃尔玛的 GoLocal 也正在快马加鞭完善快件速达服务。

二、俄罗斯电子商务市场现状

作为横跨欧亚大陆的大国,俄罗斯因独特的地缘位置,成为我国“一带一路”倡议的重要部分,也是当今跨境电商领域较大的新兴市场。据俄罗斯互联网贸易公司协会统计数据,2022 年,俄罗斯电商交易额达 4.98 万亿卢布(约合 674.7 亿美元),同比增长超 30%。其中,俄罗斯本国电商平台占比 96.4%,交易额达 4.81 万亿卢布(约合 651.6 亿美元),同比增长 33%;外国电商平台交易额占比 3.6%,较 2022 年初下降近 10 个百分点。从商品种类看,电子产品和家用电器、家具和家居用品、服装鞋靴、食品、美妆和保健品分别占交易总额的 22%、18.3%、14.5%、13.2%和 7.7%。2022 年,电子商务在俄罗斯零售贸易中占比 11.6%,较 2022 年初增长 2.4 个百分点。预计 2023 年俄电商交易额或增长 25%~30%。[①]

可见,俄罗斯电商目前增长态势良好,有较为广阔的市场空间和极大的市场潜力。其具体原因有以下三点。

(1) 消费者需求量激增。受国际冲突的影响,大量品牌宣布退出俄罗斯市场,Asos、Matches Fashion、Yoox 和 iHerb 等电商平台纷纷宣布停止在俄罗斯发货。由此,大量俄罗斯消费者转向本土电商,导致俄罗斯本土电商销售额激增,许多商品供不应求。与此同时,俄罗斯电商平台 Ozon Global 表示,2021 年 4 月,俄罗斯消费者网购境外产品的数量同比增加 7 倍。由此可见,消费者需求大、购买欲强,本土商品供不应求等因素都极大地促进了跨境电商的发展,也带来了丰富的商机。

(2) 本地商品价格涨幅过高。2021 年 2 月 27 日至 3 月 10 日,俄罗斯本土的零售平台 Wildberries 价格上涨,原因在于:首先,国际冲突导致能源及原材料价格的上涨。俄乌两方均是的矿石原材料供应商国家,此次冲突对欧洲金属冶炼行业造成较大影响,导致

---

① 数据来源:商务部网站:http://ru.mofcom.gov.cn/article/jmxw/202303/20230303395987.shtml。

从铝到锌等金属的严重短缺，从而带来商品价格的上涨。其次，俄罗斯本土轻工业不发达，常年依赖进口，疫情等各种因素造成本土商品价格上涨。其中，家用电器的价格上涨比较明显。同时，领动领售研究院了解到，俄罗斯用户对洗碗机、血压计、电动牙刷、真空吸尘器等需求较大。

(3) 俄罗斯市场存在缺口。目前，国外的多家电商平台以及品牌相继退出俄罗斯市场，亚马逊也停止对俄罗斯的服务。2022 年 3 月，国际支付系统 VISA 和 MasterCard 也退出俄罗斯市场，导致俄罗斯整体电商市场出现巨大缺口。俄罗斯电子商务企业协会报告显示，2022 年 3 月，俄罗斯跨境电商购物量同比减少 55%，降至 121 亿卢布，这与西方国家对俄贸易举措息息相关。在这个电商市场真空期，俄罗斯市场急需新的跨境商品作为补充。

由于国际形势的变化和其自身电子商务的发展条件，目前俄罗斯电子商务整体发展迅速。但是，要获得俄罗斯消费者的青睐，必须解决好移动端电子支付有关问题，还要提供形式多样、快速的物流方法。

三、德国电子商务发展情况

无论是在欧洲市场还是在全球市场，德国电子商务都占有举足轻重的地位。德国的电子商务发展比较成熟。德国为世界第三大出口国及欧洲第一大经济体，语言为德语，互联网覆盖率为 83%，人均 GDP 接近 5 万美元，在线消费者高达 5 200 万，是欧洲网民数量最多的国家。德国电子商务成交额占欧洲电子商务市场的 25%，在世界电子商务成交量中排名第五。同时，德国在跨境电商的发展方面也走在世界前列，仅次于美国和英国，成为世界上第三大跨境电商国家。2013 年，欧洲主要国家和地区的电子商务平均增长率达到了 17%。涨幅前三位分别是德国(33%)、俄罗斯(28%)、东欧地区(22%)。整个欧洲电子商务市场，英国占了将近 1/3 的份额，法国占 1/6，德国也占将近 1/6。这些数据显示了德国电子商务市场的巨大潜力。

作为欧洲最大的电子商务市场之一，德国拥有最多的人口和网络用户，以及高消费能力，因此其电子商务发展迅速。上网购物已经成了大部分德国人的日常习惯。

(一) 德国电子商务基本情况

1. 消费者特点

根据德国联邦电子商务和邮购贸易协会的数据，德国是欧洲第三大电子商务市场，仅次于英国和法国，占欧洲电子商务总量的 25%。2020 年，德国有 95%的互联网用户和 5 200 万在线消费者，成为欧洲网民最多的国家。近年来，德国在线消费者数量逐年增加。2020 年，由于疫情的影响，其增长率达到 5.01%。高人口和高互联网渗透率给德国电子商务市场带来了巨大的活力。2020 年，德国电子商务规模为 833 亿欧元，比 2019 年增长 14.6%。作为人口最多、总购买力最高的欧洲市场之一，德国为寻求扩大业务的国际公司提供了有利可图的机会。德国拥有超过 6 330 万常规在线用户(比欧洲任何其他国家都多的互联网用户)，这显示了德国电子商务市场的巨大潜力。

近几年，德国的线上消费者数量正在逐年增多。2020 年，由于疫情影响，其增速达到了5.01%。在德国网购用户的年龄分布上,2019年,60岁以上年龄段的消费者占德国电商销售比例还不到1/4。2020年,几乎每3个网购者中就有一个是60岁以上的老人。高人口总量与互联网渗透率赋予了德国电商市场巨大活力。在电商市场规模上,2020年,德国的电商规模为833亿欧元,与2019年相比增长了14.6%。

2. 网购商品品类

根据《2022年德国跨境网购消费趋势报告》,德国跨境网购消费者年龄层分布为18~24岁(15%)、25~34岁(25%)、35~44岁(19%)、45~54岁(23%)、55~64岁(18%),他们购买的热门品类有服饰/服装(38%)、电子消费产品(15%)和玩具/爱好(15%)。这些消费者在跨境网购时一般会选择以下三种平台:电商平台(73%)、网店/零售商网站(38%)和品牌官网(36%),在把美国(22%)、英国(14%)和中国(30%)作为主要跨境网购市场的同时,他们还会通过搜索引擎(46%)、社交媒体广告(41%)和朋友/家人推荐(33%)来搜寻产品或者品牌。63%的社交电商销量来自服装品类,德国消费者逐渐重启社交生活,服装商品再掀购买热潮,成为网购的热门品类。数据显示,38%的服装订单来自跨境交易,而Z世代(指1995年至2009年出生的一代人)是这波服装消费的主力,德国消费者倾向于选择惯常使用的平台,如ASOS和Zalando等。

(二) 消费者网络购物的影响因素

1. 商品价格

由于电子商务缩短了交易流程,因此相对于传统贸易,其交易成本大大降低,消费者从这种新的贸易模式中受益。电子商务商品相对于传统实体店商品价格偏低,这也成为消费者进行网络购物的重要原因,同时极大地促进了电子商务的发展。德国作为比较成熟的电子商务市场,消费者的网络购物习惯已经形成。根据《2022年德国跨境网购消费趋势报告》,50%的消费者认为跨境网购的价格更实惠。

2. 物流服务

受到德国长期邮购业务发展的影响,德国的物流发展比较完善。完善的物流服务提供了更好的购物体验。根据PostNord对德国电商市场展开的调研,74%的受访者希望配送时间在3~5天,仅15%希望在1~2天内交货。这表明德国人对于速达并没有很强烈的需求,但德国人对于送达时间多达6天及以上的物流服务的容忍度低于其他欧洲国家,仅有9%。39%的受访者认为更好的产品描述、27%的受访者认为更优质的图片会是他们减少退货的原因。可持续性也是一个值得考虑的问题。14%的受访者表示对可持续性的关注将促使他们减少退货,32%的受访者称能为支持可持续性的配送方式支付溢价,这个比例仅次于意大利。究其原因主要是德国消费者更加注重产品质量,对商品品质期望较高。此外,德国网上购物消费等方面的法律比较完善,有效地维护了消费者权益。同时德国消费者被认为是风险规避型的消费者,他们希望有较长时间的付款确认,德国良好的物流水平影响了消费者的购物习惯,德国人网络购物时偏爱的付款方式也提高了退货率。

3. 售后服务

在售后服务环节,消费者有1~2年的保修时间。这与其他市场的情况很不一样,其他地方的保修服务是需要单独购买的。德国拥有完善的消费者权益保障方面的法律。

（三）德国电子商务发展的新特点

德国消费者越来越希望他们能够在浏览、购买、退回商品，以及售前售后服务中有更多的选择以帮助他们更好地作出去哪消费，以及何时消费的决定。因此，为了零售业的成功，整合不同的营销渠道变得越来越重要。

1. 德国跨境电商发展情况

根据德国 EHI 零售业研究所的数据，德国是欧洲第三大电子商务市场，仅次于英国及法国，占欧洲电子商务总量的 25%。2020 年，德国的互联网用户占比 95%，在线消费者高达 5 200 万，是欧洲网民数量最多的国家。近几年，德国的线上消费者数量正在逐年增多，2020 年，由于疫情影响，其增速达到 5.01%。高人口总量与互联网渗透率赋予了德国电商市场巨大的活力。在电商市场规模上，2020 年，德国的电商规模为 833 亿欧元，与 2019 年相比增长了 14.6%。德国电子商务市场规模正在迅速扩大。新思界行业研究中心发布的《2022 年德国电商行业市场现状及海外企业进入可行性研究报告》显示，2022 年，德国电子商务整体市场规模达到 990 亿欧元，相较于 2021 年的 830 亿欧元同比增长 19.3%，其中，除了服装、电子产品等热销板块外，食品、药品等日用品成为德国电子商务主要增长领域，销售规模快速扩大。

值得注意的是，2021 年，德国电商市场的增长主要来自跨境电商。德国电商协会的数据显示，2021 年，跨境电商在德国市场上的占比为 24%，同比增长了 20.8%。这表明德国的消费者越来越愿意在境外的电商平台上购物，并且德国的电商企业也在积极地拓展境外市场。

随着智能手机和平板电脑的普及，德国人越来越愿意使用移动设备进行购物。根据德国电商协会的数据，2021 年，德国有 71.7%的消费者使用移动设备进行在线购物，而这一比例在 2019 年仅为 57.5%。这表明移动端购物已经成为德国电商市场的主流趋势。另外，德国电商市场的渗透率也在不断提高。根据 eMarketer 的数据，2021 年，德国电商渗透率达到 63.0%，较 2020 年增长了 2.5 个百分点。可以看出，越来越多的德国人开始接受和使用在线购物服务。

在德国，最受欢迎的网上购物平台是亚马逊。根据数据，德国约有一半的网上购物流量都流向了亚马逊。此外，其他受欢迎的网上购物平台包括 Zalando、OTTO 和 MediaMarkt 等。

2. 移动电子商务

智能手机以及平板电脑的流行被看作德国电子商务快速发展的原因之一。德国消费者通过移动设备推动消费的迅速增长，成为德国电子商务发展的一个重要特点。根据市场研究公司 eMarketer 的数据，德国的移动电商正在稳定发展，消费者也在慢慢习惯使用移动设备购买和支付。2022 年，2 910 万移动用户在德国通过智能手机或平板电脑购物，同比增长 15%。这 2 910 万人占德国移动用户的 60%，但仍然落后于美国（80.4%）和英国（76.4%）。就德国的在线购物而言，智能手机要比平板电脑受欢迎得多，71.7%的移动端购物者在 2022 年通过智能手机购物，而使用平板电脑购物的移动端用户只有 46.5%。

智能手机使它们的使用者在任何时间、任何地点都可以接触到市场信息,这种需求给零售商及广告商带来了机遇,同时也带来了很大的挑战。

3. 物流模式不断创新

B2C的快速发展,导致物流配送成本的大量增加,因为B2C模式的商品特点为少量多频次。物流业的竞争会加大各物流商的压力,物流服务提供商加大对物流网络及服务的投资也会增加物流业成本。各大物流商也在开发新的物流模式,名称为click and collect,即线上购物,然后去实体店提取货物。面对电子商务快速发展带来的压力,德国物流企业积极进行不同方面的创新,提出了当日达等新服务模式。

(四) 德国电子商务发展对我国的启示

1. 加快物流基础设施建设

受到德国长期邮购业务发展的影响,德国的物流发展比较完善。像Hermes Logistics和GLS提供到门的配送服务,有超过10 000个包裹收发服务点。物流领域的竞争使德国成为欧洲配送价格最低的国家,在德国,很多物流公司可以提供可靠的SKU、拣选和包装服务。德国物流的发展情况无论是在欧洲还是在世界上都处于领先水平。德国的物流系统发展完善,对于提高企业物流效率、降低成本有重要作用,并且当德国的电子商务发展时,德国的物流能够提供很好的支撑,加快电子商务的发展。德国政府一直重视投资物流基础设施建设,并且不断加大建设力度,其物流业成为对GDP贡献最大的几大产业之一。而我国的物流发展水平低,成为制约电子商务发展的重要原因之一。像京东等企业已斥巨资建设自己的物流,以改善消费者的体验。我国政府应继续引导物流发展,加大物流基础设施建设,提高物流效率,从而更好地降低企业运营成本,促进相关产业发展。

2. 完善相关法律

德国是大陆法系的代表国家,法律体系完备健全。电子商务法律框架主要基于《民法典》和《新反不正当竞争法》,2002年1月1日,德国新《民法典》在经过重大修订后正式生效,将原来的《上门销售法》《远程销售法》及《欧盟电子商务指令》统一起来,以"特殊营销形式"为专节(新民法典第312条至312条之六)进行集中规定,将电子购物等新兴营销方式纳入民法典。同时,为适应近年来网上购物出现的新情况,德国政府也陆续修订和颁布了一系列专门法律法规,其中比较重要的有《新反不正当竞争法》和《远程销售法》(含《网络及其他电子交易特别规定》)。《新反不正当竞争法》反映了德国在该领域立法思维上的重大转变,颠覆了旧版法律借鉴英美普通法体系以案例判案的裁决原则,回归德国传统的大陆法立法思维,同时不排除法官的裁量权,法官依然可以通过法的续造来实现案件的裁决。新法凸显了以保护消费者利益为核心和通过加强企业及商家的互相监督来规范行业秩序的两大新特点,并在司法过程中强调了行业协会的作用;同时删除了禁止商家特价销售、清仓销售等限制性商业行为,有效地降低了先前过于严厉的法律干预门槛,进一步促进了市场有效竞争。①

---

① 参考资料:商务部相关信息 http://de.mofcom.gov.cn/sys/print.shtml?/ztdy/201503/20150300907141。

四、东南亚国家跨境电商现状

（一）越南、马来西亚和泰国的跨境电商发展状况

根据UseePay发布的东南亚电商市场报告，2021年，马来西亚全部电子商务中大约44%为跨境电商，这一比例远高于日本(18%)和韩国(25%)的跨境电商。同时，马来西亚继日本和韩国之后，成为亚洲第三个与中国贸易额超过1 000亿美元的国家。不仅如此，这个贸易渠道在不断扩大，近年来，中国与马来西亚在经贸、投资、旅游、教育、文化等领域合作成效显著，双方经济互补性强、合作潜力大。中马钦州产业园、马中关丹产业园建设开创了“两国双园”国际合作新模式。贝恩公司根据数据预测，到2025年，马来西亚电子商务的价值将增长超过168.3亿美元。预计收入增长也很强劲，预计2022—2025年的复合增长率为18.5%。

1. 本土跨境电商平台较为缺乏

跨境电商平台目前呈维度多样化状态。进口零售类电商根据不同业态可以分为如下五大运营模式：境外代购模式；直发/直运平台模式；自营B2C模式；导购/返利平台模式；境外商品闪购模式。以出口为导向的跨境电商平台又可以依据不同的交易主体分为商对商、商对单、单对单三种。跨境电商B2B平台从广义可分为“信息服务平台”(以广告引流为主)和“综合服务平台”(以促进订单交易为主)两种；B2C平台又可称为“跨境在线零售平台”，具有贸易量小、成交频繁的特点；C2C平台大多是附属于B2C平台下的海淘买手们的代购平台。

越南、马来西亚和泰国本土电子商务发展比较落后，几乎都是来自国际电商企业。在跨境贸易交易服务上，越南、马来西亚和泰国跨境零售平台的消费与应用均没有对接国外的跨境电商平台，双边的跨境电商交易主要借助国际跨境电商平台实现；马来西亚无论是在交易上还是在服务平台上多依靠进驻国内的国际企业资源，在跨境电商平台这方面还未形成一定的规模。如其物流多用DHL，支付多用PayPal，在线旅游票务多用亚航、Agoda，跨境电商平台多为阿里巴巴、亚马逊、ASOS；泰国本土大型跨境电商平台主要有泰国贸易网(Thaitrade.Com)和JIB，其中，泰国贸易网是由泰国商务部国际贸易促进厅推出的，而JIB原本是一家经营电脑和IT相关商品的泰国公司，随着上线自己的垂直电子商务平台，现在已经成长为泰国领先的IT产品在线交易平台。越南电子商务网(ECVN)与泰国贸易网相似，是一种典型的B2B信息服务平台，商家在平台展示产品信息，吸引询盘，双方对接商讨交易细节。此类B2B跨境电商平台还停留在信息服务阶段，目前无法提供在线支付、国际物流服务。

2. 电子商务发展迅猛，商品品类参差不齐

根据泰国电子交易发展署(ETDA)的有关报告，截至2020年，泰国互联网用户数约4 859万(互联网渗透率约69.5%)，电子商务用户数约3 660万(电商渗透率52.3%)，即超过一半的泰国民众正在进行电商购物。根据泰国曼谷邮报的报道，2020年，泰国电商销售额占总零售额的8%。根据泰国电子商务协会(Theca)的数据，在泰国，涉及B2C和C2C的在线零售市场预计在2025年达到4万亿泰铢，2022年到2025年平均增长率为

75%,而通过虚拟空间进行的在线销售将成为未来趋势。

随着科技的发展,智能手机逐渐普及,马来西亚的电商用户数量持续增长、消费意愿持续增强,推动了电商市场规模持续扩大。根据贝恩咨询的数据,2022年,超过2 600万马来西亚人使用互联网,互联网渗透率接近90%,其中,年龄在16~64岁之间的用户有80%使用了线上购物平台;据预测,马来西亚电商市场规模到2025年将达190亿美元。马来西亚在网上支付与国际支付的发展较为完善;拥有很高的互联网普及率和移动手机普及率;当地居民喜欢物美价廉,追求实惠、便宜,热衷购物,加上面向东南亚市场的几大电商平台入驻马来西亚后获得的成功,验证了其网购消费市场存在巨大的发展潜力,因此马来西亚也是一个进行产品输出的良好市场。

根据越南工贸部发布的《2022年越南电商白皮书》,2021年,越南经济增速仅为2.58%,为近30年来最低。在此背景下,越南电商仍保持16%的稳定增长,2021年零售收入达到137亿美元;电商零售额占全国社会消费品和服务零售总额的7%,同比增长27%。从2017年到2022年,越南的网购消费者从3 360万增长到了6 000万,再结合其较为年轻的人口结构,可以预见这个数字在未来还会继续增长。越南有可能在未来几年超越泰国成为东南亚第二大电子商务市场。

受物流条件和成本的制约,跨境电商的输出输入产品主要还集中在适合销售的商品,主要包括服饰、美容健康、珠宝手表、灯具、消费电子、电脑网络、手机通信、家居、汽车摩托车配件、首饰、工艺品、体育与户外用品等。

3. 跨境电商在线支付发展前景广阔

跨境支付是目前实现跨境电商快速发展的关键。Rapyd的研究表明,截至2020年5月,已有22%的马来西亚民众将电子支付作为首选支付方式。相比其他东南亚国家,马来西亚的电子支付使用率高达40%,领先菲律宾、泰国、新加坡等国家。可以说,在马来西亚,电子支付已开始成为人们喜爱的支付方式。此外,马来西亚政府还多次投入财政资金促进“无现金社会转型”,推出一系列措施助力电子商务、电子支付等新兴数字经济行业的发展。

国际支付软件公司ACI Worldwide、数据分析公司GlobalData及英国智库经济与商业研究中心共同进行的调查显示,泰国是排在印度和中国之后的全球电子支付第三大国,2021年的实时电子支付交易达97亿次。疫情下泰国电子支付系统PromptPay开始加速发展。截至2021年10月,PromptPay系统已覆盖5 520万用户。泰国支付产业由传统银行、本土支付工具、境外支付工具三类玩家共同主导,呈现出多方入场、百花齐放的市场格局。

在新冠感染疫情等因素的影响下,越南的支付方式慢慢地发生了改变,随着消费者适应在线支付,在线支付这一支付方式已逐渐成为越南主流。根据SBV的报道,到2022年的一季度,越南非现金支付交易数量增长69.7%,金额增长27.5%;互联网交易量也分别增长了48.39%和32.76%;通过手机支付分别增长97.65%和86.68%;2021年同期通过二维码支付分别增长56.52%和111.62%;与2021年相比,已成功激活的电子钱包总数增加了10.37%。为实现银行数字化、助力建设非现金支付发展的法律走廊,越南央行不断制定政策,形成运营无现金支付的合法走廊、机制和政策。

4. 中国物流企业加紧在东南亚布局

当国内快递市场饱和，“放眼国外”成为快递物流企业打开新增长空间的必然选择之一。随着“一带一路”倡议的实施、国内制造业迁移东南亚以及人口红利释放等因素，也给中国快递企业出海带来发展机遇。东南亚俨然成为快递企业出海的重要战场。2018年，圆通开通了首条东南亚航线，并与云南国际班列共同开发中国老挝铁路货运市场；2019年，顺丰斥巨资400万美元参与缅甸物流公司KOSPA Limited的战略投资，随后又收购了东南亚本土头部快递公司嘉里物流；百世集团则把国际化列为五大战略之一，将东南亚市场作为战略重心。根据财联社的报道，截至2022年，已经有11家家快递企业采取多种方式在东南亚建立了海外仓和经营网点，投资总额超过100亿美元。

（二）越南、马来西亚和泰国发展跨境电商存在的问题

1. 平台建设缺乏交易各方的政策支持

越南、马来西亚、泰国本土电子商务平台受到国际电子商务大平台的竞争压制，缺乏技术和经验，国内市场大部分被国外入驻的电商企业所占据。而中国出口跨境电商平台已呈现几家独大的局面，并且阿里巴巴等企业已经在海外产生了较大的影响力，中马两国的跨境电商平台发展程度悬殊，跨境电商平台的板块、内容、推广需要根据相应国情进行调整。中国可以对越南、马来西亚和泰国建立跨境电商平台进行扶持或加强合作，以促进双边跨境电商联系。

2. 支付及物流需要理顺交易标准

跨境电商带来的额度小、频率高订单使通关、结汇、退税等问题成为国际物流过程中最为显著的问题，由于各个国家和地区海关条件和法律都存在差异，国际上也没有达成统一的过境标准，急需各个国家和地区物流平台相互配合，为跨境电商打通过境绿色通道。

3. 与越南、马来西亚和泰国客户的语言交流存在困难

语言是一个能够增加跨境电商利润的强大的商业驱动力。大约67%的被调查企业认为，有相同语言的合作伙伴以及销售团队更能够理解当地文化，并将给跨境电商带来更多的利润。欧美资本对越南、马来西亚和泰国采取了各个击破的深入渗透模式，它们在越南、马来西亚和泰国的主要市场建立了该国家语言的电子商务平台，再在各国设立品牌经销商，线上线下紧密结合，经过几年的发展，已筑成比较稳固的基础，这样的方法非常值得借鉴。

（三）面向东盟开展跨境电商的启示

1. 积极制定单边和多边的跨境电商政策

全球跨境电商的发展已成为必然趋势，中国政府应积极投入跨境电商交易全球性争议解决体系的构建中去，成为亚洲的代表以反映发展中国家的诉求。我国应该做好引导和宣传工作，对跨境电商平台的运营商、供应商、消费者进行诸如信息安全、知识产权保护、通关流程等方面知识的普及，加大对计算机网络中的违法犯罪、偷税漏税等行为的监管力度，以提高中国电子商务进出口外贸企业或者个体用户的整体素质，在国际上树立良好形象。此外，中国可细化跨境电商的行业标准和相关专业监管职责。近年来，中国海

关虽已出台诸多相关政策,以便配合跨境电商行业的发展需求,但是还远远不足,完善的通关、结汇、退税体系有待建设,相关法律法规政策要不断完善并落实。

2. 充分利用第三方平台开展跨境电商

中国外贸企业要了解东盟国家的相关法律政策,正常通关、结汇、退税;要加强知识产权意识,注重产品质量和产品创新,以及自身品牌建设;还要对交易的安全性提供可靠保障,用良好的服务和真诚打动境外消费者,赢取消费者的信任。同时,要加强与国际物流平台和支付平台的携手合作,或者利用提供综合服务的第三方跨境电商平台,增强企业可信度,以合作带来共赢。

另外,还应当注重了解越南、马来西亚、泰国等国家的文化风情,入乡随俗,做到电商本土化,注重采用社交平台营销、邮件营销和手机 App 软件平台营销来强化客户关系,采用当地居民习惯的通信方式,如电子邮件、手机短信、热门手机通信软件等。

中国外贸企业,特别是中小型企业,可利用马来西亚热门的电子商务平台进行产品零售出口,据调查,马来西亚排名靠前的电子商务平台主要有:Lelong. my、Lazada、Groupon、Zalora、eBay、Rakuten、Qoo10、Lamido、Youbeli、Mudah. my。越南排名前十的购物网站是 Lazada. vn、Amazon. com、Thegioididong. con、Xdeal. vn、Horde. vn、Muachungvn、Cure. vn、Cungmua. com、Zamora. vn、Nguyenkim. com。泰国流量最大的前五位电商平台是 weloveshoping. com、tarad. com、lnwshop、shoppingline. bigc. co. th 以及 lazada. co. th。例如中国的华为、小米、OPPO、联想等手机就是通过马来西亚热门的电子商务平台出售,并打开了市场,对整个马来西亚手机行业产生了重要影响。

在物流建设方面,企业可以与国际物流快递公司合作,如美国联合包裹运送服务公司(UPS)、敦豪速递(DHL)等国际物流快递公司。当前跨境电商的物流模式主要包括境外建仓、跨境快递小包、外贸企业之间联合集货、第三方物流平台,以及外贸企业自行集货等。企业可以根据自身情况,选择适合的模式或者进行模式创新。

3. 大力培养小语种的跨境电商人才

资料表明,跨境电商特别需要掌握熟练外语+外贸基础知识+熟悉跨境电商平台的综合型人才,而目前高校还没有形成专业的教学培养方向,通过整合国际经济与贸易、电子商务等专业资源,加强国际电子商务方面的校企合作,搭建实训实践平台。例如,广西民族大学商学院采用的“3+1”模式,学生在大一上学期选定方向(越南、马来西亚、泰国、印度尼西亚),从大一下学期开始学习方向语言(越南语、英语、泰语、印度尼西亚语),大三的时候,学生到所选定的语言目标国留学,大四回国实习,学校组织学生到相关外贸电商企业工作。采用教学与实践操作相结合的模式,进行模块化教学,这样也能使高校的人才培养方式与企业对人才的要求相符合,实现校企共赢。

五、巴西电子商务市场报告

(一) 巴西电子商务的实际情况

拉丁美洲是世界上增长最快的电商市场之一,巴西则是世界上电商销售额增长最快的国家。CouponValido 的研究数据显示,2022 年,巴西线上销售额涨幅达到 22.2%,位居全球第一。2022 年至 2025 年，巴西电商市场线上销售额仍将以 20.73%的速度快速增长。

巴西是拉丁美洲最大的国家，总人口超 2 亿，城镇化率 87%，庞大的人口基数为未来的电商市场提供了想象空间。2021 年，巴西电子商务用户已经达到 1.15 亿，到 2025 年电子商务用户数量预计将增长 20%，达到 1.38 亿。[①]

中国产品是巴西消费者的最爱。2021 年，中国是巴西最大的贸易伙伴，巴西与中国的双边贸易额达到 1 381 亿美元，同比增长 30.9%，其中，巴西进口额达到 483.4 亿美元，同比增长 36.7%。[①]

根据 eCommerceDB 的数据，电子产品在 2021 年一直是巴西电商市场需求最大的品类，为巴西本土市场的收入贡献了 27%。其次是时装(22%)、玩具和爱好及 DIY(自己动手制作)物品(19%)、家具和电器(17%)、食品和个人护理用品(16%)。而巴西消费者在线上购物时对价格非常敏感，这与中国卖家的产品优势不谋而合。更值得卖家欣喜的是，62%的巴西消费者在进行跨境购物时都会选择中国商品。

(二) 巴西互联网购物情况

根据 E-Shopper Barometer 发布的关于 2021 年巴西网购的调查报告，巴西互联网用户中，网购消费者达到 63%。该调查显示，受新冠感染疫情的影响，越来越多的巴西消费者选择在线购物。在疫情期间，巴西网购消费者增长了 17%，平均每年进行 16 次购买。对比 2019 年的数据，增长幅度达到 128%。之所以有突破性的增长，是因为巴西消费者的购物习惯发生了彻底的改变，疫情前的巴西人更喜欢线下实体店购物。巴西网购消费者主要有两种：经常性网购消费者和千禧一代消费者。经常性网购消费者占总数的 15%，千禧一代消费者占比达到 54%。

(三) 巴西互联网用户分析

巴西网民在网络应用上花费时间最长，巴西网民数量高达 9 000 万人，男女比例为 49∶51，15～44 岁的网民占比达到七成。巴西买家的购物特点：在品类方面，主要有服饰配饰、运动、鞋包、美容美发、玩具、家居用品等；在风格方面，多休闲大气、配饰夸张、颜色丰富且紧跟潮流；在尺码方面，裤子尺码较大；在物流方面，更偏重免费的物流，时间可为 20～40 天；在购买习惯方面，喜欢和其他买家沟通并查阅其他买家的购买评价。

(四) 巴西本土化

巴西的节日：圣诞节、狂欢节、嘉年华节日、母亲节、父亲节、儿童节。巴西物流：巴西邮政、DHL、UPS。寄往巴西的包裹：如果估价超过 50 美元，那么所征收的关税最高达 60%。巴西本地征税：大件产品或者是重量大的，选择使用海外仓，亦可避免征税。

(五) 巴西人支付方式

巴西人首选支付方式为 Boleto，其他支付方式为信用卡、网银转账，其中，信用卡与众

---

① 数据来源：CouponValido。

不同地分为国内信用卡(包括带VISA、MasterCard标和本地卡组织以及Amex,所有信用卡都国际通用)和国际信用卡Boleto支付方式。

Boleto是巴西本土条形码(bar code)识别的一种支付方式,目前在巴西依然占据主导地位,可以到任何一家银行或使用网上银行授权银行转账,具体支付流程如下。

消费者提交并申请支付Boleto后,整个支付过程要持续1～3个工作日,因为在任何巴西银行进行支付,在确认交易之前各个银行需要彼此交流、进行数据交换。消费者在商户网站申请付款后,会收到相关单据,一旦消费者申请成功,消费者需要在付款有效期内去银行支付,或通过网上银行、ATM机(自动柜员机)、指定超市或彩票网点支付。

如果用户在规定期限内到相应网点支付成功,相应的合作银行就会收到信息并通知商户,商户一般会在1～3个工作日内收到银行Boleto支付信息的通知,并在第二天收到银行资金清算信息。

银行需要1～3个工作日的时间完成支付,具体根据银行和地区的不同,支付完成的时间会有差异,但一般情况下两个工作日内可以收到支付通知,最长不会超过一个星期。商户在收到银行通知的Boleto支付成功信息之后,就可以安排发货,而不需要等到资金清算(这主要与Boleto这样的支付方式不存在拒付等行为有关)。(注:买家即使申请了Boleto支付,也未必会转账。)

Boleto退款:其与原始的支付没有关联,需通过签发支票或银行汇款等方式手动转给消费者,Boleto会在每次结算的时候扣除退款的金额。(目前为止Boleto退款是一件非常麻烦的事情,由于这个过程存在大量的人工操作行为,可以改善的点非常多。)

(六)巴西跨境电商多元化

突破语言障碍:小语种网站建设翻译成本较高,可以建立多语言服务,这样会节省很多运营人员成本及推广、优化成本。

支付通道多样化:巴西在线支付的使用率非常高,尽管现在货到付款是巴西电子商务的大挑战,但是人们的习惯并不是那么容易被改变的,可结合多元化支付通道,扩大成交量。

推广手段多样化:巴西人喜欢登山户外活动、橄榄球、哑铃、跑步机等,结合这些喜好,同时也要迎合季节、活动时期做推广。

随着物流解决方案的发展,本来就极受欢迎的中国商品必然会加快涌入巴西,未来几年,巴西必然成为电商们的金饭碗,不仅如此,跨境电商企业的竞争将非常激烈。所以,大家一定要找准自己的市场定位,才能更好地赢得市场。

第三节 中国跨境电商政策环境

一、2012—2021年跨境电商相关政策

近年来,庞大的市场需求给我国跨境电商带来前所未有的发展机遇。国内各大电商巨头依托其已有优势在跨境电商领域快速崛起。国家针对跨境电商出台了众多配套政策及措施,而跨境电商的快速发展离不开政策的强大支持。对此,中国电子商务研究中心发

布2012—2021年我国跨境电商政策汇总,如表5-2所示。

表5-2 跨境电商相关政策汇总表

出台时间	发布部门	政策名称
2012年3月	商务部	《商务部关于利用电子商务平台开展对外贸易的若干意见》
2012年5月	国家发改委办公厅	《国家发展改革委办公厅关于组织开展国家电子商务示范城市电子商务试点专项的通知》
2013年7月	国务院办公厅	《国务院办公厅关于促进进出口稳增长、调结构的若干意见》
2013年8月	商务部等9个部门	《关于实施支持跨境电子商务零售出口有关政策的意见》
2013年11月	国家质量监督检验检疫总局①	《质检总局关于支持跨境电子商务零售出口税收政策的通知》
2014年1月	海关总署	《关于增列海关监管方式代码的公告》(12号文)
2014年3月	海关总署	《海关总署关于跨境贸易电子商务服务试点网购保税进口模式有关问题的通知》
2014年5月	国务院办公厅	《国务院办公厅关于支持外贸稳定增长的若干意见》
2014年6月	海关总署	《海关总署关于支持外贸稳定增长的若干措施》
2014年7月	海关总署	《关于跨境贸易电子商务进出境货物、物品有关监管事宜的公告》
2014年7月	海关总署	《关于增列海关监管方式代码的公告》(57号文)
2015年1月	国家外汇管理局	《支付机构跨境外汇支付业务试点指导意见》
2015年5月	国务院	《国务院关于大力发展电子商务加快培育经济新动力的意见》
2015年5月	国家质量监督检验检疫总局	《质检总局关于进一步发挥检验检疫职能作用促进跨境电子商务发展的意见》
2015年6月	国务院办公厅	《国务院办公厅关于促进跨境电子商务健康快速发展的指导意见》
2015年6月	国家质量监督检验检疫总局	《质检总局关于加强跨境电子商务进出口消费品检验监管工作的指导意见》
2015年9月	海关总署	《关于加强跨境电子商务网购保税进口监管工作的函》
2016年1月	国务院	《关于实施支持跨境电子商务零售出口有关政策意见的通知》
2016年1月	国务院	《国务院关于同意在天津等12个城市设立跨境电子商务综合试验区的批复》
2016年2月	财政部等5个部门	《财政部 商务部 海关总署 国家税务总局 国家旅游局关于口岸进境免税店政策的公告》
2016年3月	财政部 海关总署 国家税务总局	《财政部 海关总署 国家税务总局关于跨境电子商务零售进口税收政策的通知》
2016年4月	国家发改委等11个部门	《十一部门关于公布跨境电子商务零售进口商品清单的公告》

① 2018年3月,根据第十三届全国人民代表大会第一次会议批准的国务院机构改革方案,将国家质量监督检验检疫总局的职责整合,组建国家市场监督管理总局;将国家质量监督检验检疫总局的出入境检验检疫管理职责和队伍划入海关总署;将国家质量监督检验检疫总局的原产地地理标志管理职责整合,重新组建国家知识产权局;不再保留国家质量监督检验检疫总局。

续表

出台时间	发布部门	政策名称
2016年5月	国务院	《国务院关于促进外贸回稳向好的若干意见》
2016年5月	国家质量监督检验检疫总局	《质检总局关于跨境电商零售进口通关单政策的说明》
2017年6月	国家质量监督检验检疫总局	《质检总局关于跨境电商零售进出口检验检疫信息化管理系统数据接入规范的公告》
2017年11月	国务院关税税则委员会	《国务院关税税则委员会关于调整部分消费品进口关税的通知》
2017年10月	商务部等14个部门	《关于复制推广跨境电子商务综合试验区探索形成的成熟经验做法的函》
2018年7月	商务部等20个部门	《关于扩大进口促进对外贸易平衡发展的意见》
2018年7月	国务院	《国务院关于同意在北京等22个城市设点跨境电子商务综合试验区的批复》
2018年9月	财政部 国家税务总局 商务部 海关总署	《财政部 税务总局 商务部 海关总署关于跨境电子商务综合试验区零售出口货物税收政策的通知》
2018年10月	国务院	《优化口岸营商环境促进跨境贸易便利化工作方案》
2018年11月	海关总署	《关于实时获取跨境电子商务平台企业支付相关原始数据有关事宜的公告》
2018年11月	财政部等11个部门	《跨境电子商务零售进口商品清单(2018年版)》
2018年11月	商务部、国家发改委、财政部等6个部委	《商务部 发展改革委 财政部 海关总署 市场监管总局关于完善跨境电子商务零售进口监管有关工作的通知》
2018年11月	财政部 海关总署 国家税务总局	《关于完善跨境电子商务零售进口税收政策的通知》
2018年12月	海关总署	《关于跨境电子商务零售进出口商品有关监管事宜的公告》
2020年1月	商务部等6个部门	《商务部 发展改革委 财政部 海关总署 税务总局 市场监管总局关于扩大跨境电商零售进口试点的通知》
2020年3月	海关总署	《海关总署关于跨境电子商务零售进口商品退货有关监管事宜的公告》
2020年5月	国务院	《国务院关于同意在雄安新区等46个城市和地区设立跨境电子商务综合试验区的批复》
2020年5月	国家外汇管理局	《国家外汇管理局关于支持贸易新业态发展的通知》
2020年6月	海关总署	《关于开展跨境电子商务企业对企业出口监管试点的公告》
2021年3月	商务部、中国出口信用保险公司	《商务部 中国出口信用保险公司联合印发进一步发挥出口信用保险作用 加快商务高质量发展的通知》
2021年3月	商务部等6个部门	《商务部 发展改革委 财政部 海关总署 税务总局 市场监管总局关于扩大跨境电商零售进口试点、严格落实监管要求的通知》
2021年7月	商务部	《海南自由贸易港跨境服务贸易特别管理措施》(负面清单)(2021年版)
2021年9月	商务部	《商务部关于进一步做好当前商务领域促消费重点工作的通知》

续表

出台时间	发布部门	政策名称
2021年10月	商务部、中央网信办、国家发改委	《商务部 中央网信办 发展改革委关于印发〈“十四五”电子商务发展规划〉的通知》

从这些文件可以看出，在国务院办公厅的要求及商务部、国家发改委的协调下，国家外汇管理局展开了跨境支付的试点，海关总署明确了对跨境电商的监管流程，国家质量监督检验检疫总局提出了对出口跨境电商的指导意见，财政部/国家税务总局制定了出口跨境电商的退税政策。然而，一些部门仅出台了对出口跨境电商的政策，并不涉及进口。下面，根据各个政府部门，依次解读相关政策文件。

（一）国务院

出口是拉动经济增长的“三驾马车”之一，进口是平衡国际贸易、提升国民生活质量的重要方式。然而，全球经济的衰退，使我国对外贸易面临严峻挑战。因此，国务院办公厅分别在2013年7月和2014年5月下发了《国务院办公厅关于促进进出口稳增长、调结构的若干意见》和《国务院办公厅关于支持外贸稳定增长的若干意见》指导文件，以提升对外贸易。其中，跨境电商作为一种新兴的贸易方式，在这两份文件中都有提及，也即，跨境电商已成为国务院办公厅对外贸易文件中的常态事项。

在《国务院办公厅关于促进进出口稳增长、调结构的若干意见》中，特别强调完善多种贸易方式，要求“积极研究以跨境电子商务方式出口货物（B2C、B2B等方式）所遇到的海关监管、退税、检验、外汇收支、统计等问题，完善相关政策，抓紧在有条件的地方先行试点，推动跨境电子商务的发展”。可见，国务院希望先大力推动出口跨境电商，通过扫除出口电商中遇到的政策阻碍，提升零售出口额。

在《国务院办公厅关于支持外贸稳定增长的若干意见》中，国务院办公厅再次重申“出台跨境电子商务贸易便利化措施”，并明确商务部、国家发改委、财政部、海关总署、国家税务总局、国家质量监督检验检疫总局、国家外汇管理局为相关负责单位。该文件提及的不再仅仅是出口跨境电商，而是包含进口、出口两方面的跨境电商贸易，其传递的信号是：出口跨境电商需要先行试点，但各部委也要制定进口跨境电商的便利化措施。

对于出口跨境电商，最具标志性意义的文件是国务院办公厅转发的《关于实施支持跨境电子商务零售出口有关政策的意见》（89号文）。这个文件由商务部、国家发改委、财政部、人民银行、海关总署、国家税务总局、国家工商行政管理总局①、国家质检总局、国家外汇管理局九部委联合起草，并于2013年8月由国务院办公厅转发至各级政府、各部委和各直属机构。根据该文件，国家层面对出口跨境电商的政策支持主要有以下六项。

1. 通关便利化

通过“清单核放、汇总申报”的新型海关监管模式，出口电商企业只需在网上递交相关

① 2018年3月，根据第十三届全国人民代表大会第一次会议批准的国务院机构改革方案，将国家工商行政管理总局的职责整合，组建国家市场监督管理总局；将国家工商行政管理总局的商标管理职责整合，重新组建国家知识产权局；不再保留国家工商行政管理总局。

电子文件,并在货物实际出境后,再申请报关单。

2. 检验检疫便利化

整体上,还是实行全申报制度,但以检疫监管为主,一般工业制成品不再实行法检。此外,出口电商企业可以集中申报、集中办理相关检验检疫手续。

3. 收汇结汇便利化

此前,国家外汇管理局颁布了5号文(即2013年1月发布的《国家外汇管理局关于境外上市外汇管理有关问题的通知》,2014年12月发布《国家外汇管理局关于境外上市外汇管理有关问题的通知》,此通知同时废止),在相关省份进行跨境电商收汇结汇试点,出口电商企业凭海关报关信息即可正常收汇结汇。

4. 跨境支付便利化

鼓励银行机构和获得批准的第三方支付机构提供跨境支付服务,使出口电商企业可以通过境内的银行和支付机构进行收汇结汇。

5. 出口退税便利化

财政部和国家税务总局将为出口跨境电商制定相关的税收政策,让出口电商企业也能和传统贸易企业一样,享受国家的退税补贴。

6. 电子商务出口信用体系建设

出口电商中,部分企业的商业行为侵犯了他人的知识产权,有的企业甚至销售假冒伪劣产品,严重损害了国家产品形象。因此,国家工商行政管理总局建设电子商务信用体系,有助于规范行业秩序,保护守法企业的商业利益,促进跨境电商行业健康持久发展。

在国务院颁布89号文之前,人民银行、国家外汇管理局已组织了相关试点省份和试点支付机构进行跨境电商收汇结汇的探索,也即第3、4项已经开展了。对于第6项内容,一方面,现有的法规足以覆盖出口企业的侵害知识产权及其他违法问题;另一方面,2019年1月1日起《电子商务法》正式施行,从法律层面构建了电商信用体系。

在89号文发布之后,针对第1项,海关总署发布了《关于跨境贸易电子商务进出境货物、物品有关监管事宜的公告》(56号文),并增列了9610、1210海关监管代码。针对第2项,国家质量监督检验检疫总局制定了《质检总局关于支持跨境电子商务零售出口的指导意见》。针对第5项,财政部、国家税务总局联合发布了《财政部 国家税务总局关于跨境电子商务零售出口税收政策的通知》。

从以上分析可以看出,作为国家最高行政机关,国务院非常重视跨境电商,尤其是出口跨境电商,然而,这并不代表国家不支持进口跨境电商。截至2022年,国务院已先后分7批设立165个跨境电商综试区,覆盖31个省区市,基本形成了陆海内外联动、东西双向互济的发展格局。因此,从国家政策层面来看,国务院既鼓励出口跨境电商,也开放进口跨境电商。

伴随廊坊市、沧州市等33个城市和地区获批设立跨境电商综试区,截至2022年11月,中国跨境电商综试区数量达到165个,数次扩围的跨境电商综试区在推进贸易高质量发展方面发挥了明显带动作用。

(二) 国家发改委

2012年5月,国家发改委办公厅下发了《国家发改委办公厅关于组织开展国家电子商务示范城市电子商务试点专项的通知》。在该通知中，国家发改委委托海关总署组织有关示范城市开展跨境电商服务试点工作，以解决快件或邮件通关中的快速通关、规范结汇及退税等问题。

根据各地跨境电商的现实情况，从东、南、西、北、中的布局考虑，国家发改委和海关总署最后批准了郑州、上海、杭州、宁波、重庆5个城市作为首批试点区域。2012年12月19日，由国家发改委和海关总署联合推出的中国跨境贸易电子商务服务试点工作部署会在郑州召开，标志着中国跨境贸易电子商务服务试点工作全面启动。按照国家发改委要求，试点工作的重点是“支持电子口岸建设机构完善跨境贸易电子商务综合服务系统，外贸电子商务企业建立在线通关、结汇、退税申报等应用系统”。此后，各试点城市依次推出了相应的跨境电商服务平台。例如，郑州的“E贸易”、宁波的“跨境购”等。此后，跨境电商试点城市的范围不断扩大。2020年1月17日，国家发改委等六部委进一步扩大跨境电商零售进口试点范围，将石家庄、秦皇岛等50个城市(地区)和海南全岛列入跨境电商零售进口试点范围。2021年3月18日，国家改革委、海关总署等六部委发布《关于扩大跨境电商零售进口试点、严格落实监管要求的通知》，将跨境电商零售进口试点扩大至所有自贸试验区、跨境电商综试区、综合保税区、进口贸易促进创新示范区、保税物流中心(B型)所在城市(及区域)。

国家发改委组织的跨境贸易电子商务服务试点项目，一方面通过专项资金支持，对相关项目进行补助；另一方面鼓励有条件的城市先行先试，进而摸索出一套跨境电商相关基础信息标准规范、管理制度，以提高管理和服务水平。目前，越来越多的城市被列为国家电子商务示范城市，并开展跨境电商服务试点。虽然整个试点工作具体由海关总署负责，但国家发改委却在背后起到了积极的推动作用。

(三) 商务部

促进对外贸易一直是商务部的重点工作内容。跨境电商的兴起，早就引起商务部的重视。从2010年下半年起，商务部就启动了重点推荐对外贸易电子商务平台的工作。2011年4月，商务部公示了2011—2012年重点推荐的外贸第三方电子商务平台(简称“重点平台”)，分别为阿里巴巴速卖通、敦煌网、中国制造网和中国诚商网。

2012年3月，商务部下发了《商务部关于利用电子商务平台开展对外贸易的若干意见》，该文件明确了对出口跨境电商的两项政策支持：①资金支持。文件要求各级商务主管部门充分利用中小企业国际市场开拓资金等，支持重点平台对企业开展人员培训、品牌培育、宣传推介等服务；鼓励企业成为重点平台会员，各地结合实际情况，给予资金支持。②服务支持。根据该文件，商务部将把重点平台作为重点联系企业，重点平台所在地商务主管部门要将重点平台作为重点服务企业，协调解决其在开展对外贸易业务中遇到的重大问题。此外，各级商务主管部门要会同相关部门积极推动解决利用电子商务平台开展对外贸易过程中的通关、退税、融资、信保等政策性问题。

2013年8月，国务院办公厅转发了九部委起草的《关于实施支持跨境电子商务零售出口有关政策的意见》。其中，商务部牵头负责政策制定、实施指导、效果评估及政策宣讲等工作。

2020年1月,商务部联合六部委发布《商务部 发展改革委 财政部 海关总署 税务总局 市场监管总局关于扩大跨境电商零售进口试点的通知》,进一步扩大跨境电商零售进口的试点范围,本次扩大试点后,跨境电商零售进口试点范围从37个城市扩大到海南岛全岛和其他86个城市(地区)。经国务院批准,2021年3月18日,商务部等六部门联合印发《商务部 发展改革委 财政部 海关总署 税务总局 市场监管总局关于扩大跨境电商零售进口试点、严格落实监管要求的通知》,再次将跨境电商零售进口试点范围扩大至所有自贸试验区、跨境电商综试区、综合保税区、进口贸易促进创新示范区、保税物流中心(B型)所在城市(及区域)。

2021年10月,商务部、中央网信办、国家发改委发布了《商务部 中央网信办 发展改革委关于印发〈"十四五"电子商务发展规划〉的通知》。根据《"十四五"电子商务发展规划》,到2025年跨境电商交易额将达2.5万亿元,相比2020年的1.69万亿元增长47.9%。在对跨境电商的未来布局上,《"十四五"电子商务发展规划》在高水平发展、国际合作、国际规则构建等方面均作出了指引。发展跨境电商已被列为"十四五"时期我国电子商务发展战略的七项主要任务之一。

可以看出,商务部在推动中国跨境电商发展中,不仅协调海关、商检、外汇、税务等跨部门的政策活动,也通过政策宣传及资金补助等手段,让广大企业从这些政策中真正受惠。

(四)海关总署

在出口跨境电商中,企业将商品通过邮件/快件方式寄送到境外,虽绕过了海关的监管,但也因缺乏报关单而无法正常结汇退税;在进口跨境电商中,商品通过邮件/快件方式寄送到境内,虽逃避了海关监管,却有逃避关税甚至走私的嫌疑。企业希望阳光化经营,然而,2012年前的海关政策无法满足跨境电商批量小、频率高的业态模式。因此,海关的政策调整成为这个行业发展的关键。这也是为什么在整个跨境电商试点过程中,海关总署承担的工作最多,肩负的责任最大。

整体来看,海关的工作分为两块:①建立跨境电商新型海关监管模式并进行专项统计。②牵头负责跨境电商通关试点建设。其中,前者可以给予跨境电商一个合法的身份,提供一个阳光化通道。后者则通过试点,逐步优化新型监管流程,以吸引企业利用阳光化通道来从事跨境电商活动。

自从国家开始部署研究针对跨境电商的政策,海关总署便参与其中。2012年,海关总署联合国家发改委启动了跨境电商服务试点;2013年,海关总署密切关注试点城市情况,并逐步扩大试点范围。2014年,海关总署颁布了一系列政策文件,建立了"9610"和"1210"两种新型监管模式,并通过56号文明确了跨境电商进出境货物、物品的海关监管流程。

从2012年的服务试点启动,到2013年的试点城市探索,海关总署基本确定了一般出口、特殊区域出口、直购进口和网购保税四种跨境电商试点业务模式,简介如下。

1. 一般出口

出口卖家以邮件/快件方式,将商品寄送给境外消费者。在通关方面,企业将三单信息通过服务平台传输给海关，海关审核电子清单后放行，后期企业再汇总清单进行报关。

2. 特殊区域出口

出口卖家将货物放入境内的保税区，实现退税。境外消费者下单后，货物从境内的保税区发货。从目前的试点情况来看，这种模式优势不明显，实操性不强。

3. 直购进口

直购进口即进口B2C，也称“集货模式”。消费者网购后，商品从境外运输入境，并以个人物品方式向海关申报，缴纳行邮税后，再经境内快递发到消费者手中。

4. 网购保税

网购保税即进口BBC，也称“备货模式”。消费者网购后，商品以个人物品方式申报，直接从境内保税区快递到消费者手中。此前，企业已经把商品以货物形式报关，存放于保税区。

目前阶段，从实际运作来看，一般出口、直购进口和网购保税都得到了试点城市操作层面的验证，效果良好。除了上述方式，特殊区域出口的增长态势也十分明显。特殊区域出口又被称为保税备货出口，该模式依托综合保税区等海关特殊监管区域开展，跨境电商企业享受入区即退税政策（保税区除外），提高了企业资金利用率，降低了物流成本。这一模式下，境内企业将商品出口报关进入海关特殊监管区域，在特殊区域内完成理货、拼箱后，批量出口至海外仓，通过电商平台完成零售后，再将商品从海外仓送达境外消费者。该模式除了具有跨境电商“出口海外仓（9810）”模式的物流成本低、送达时效高的优点之外，还具有货物入区即退税、退换货方便等优势。比如，2022年12月1日，经青岛海关所属黄岛海关现场监管，在青岛海蛛供应链管理有限公司完成备货的一批家用电器通过跨境电商特殊区域出口海外仓零售（1210出口海外仓零售）模式从位于山东自贸试验区青岛片区的青岛前湾综合保税区申报出境。283台冰箱等家电装船运往美国的海外仓后，将通过电商平台进行网络销售。这是青岛海关辖区首票跨境电商特殊区域出口海外仓零售业务。

此外，在跨境电商监管层面，近年来海关总署也根据实际情况的变化出台了有关举措。2020年6月，海关总署发布了《关于开展跨境电子商务企业对企业出口监管试点的公告》；2021年6月，海关总署又发布了《关于在全国海关复制推广跨境电子商务企业对企业出口监管试点的公告》（海关总署公告2021年第47号），自2021年7月1日起，在全国海关复制推广跨境电商企业对企业（跨境电商B2B）出口监管试点。这标志着自海关总署公告2020年第75号公布的10个试点海关、海关总署公告2020年第92号增加12个试点海关后，跨境电商企业对企业出口监管试点正式向全国海关复制推广。

海关总署一直在努力推动中国的跨境电商发展，通过信息系统建设，对接跨境电商企业、仓储企业、物流企业和支付企业的信息数据，以实现高效通关管理。虽然这项工作需要相关企业进行一定的投入，但长期来看，海关总署的政策将疏通跨境电商的出入境通道，进而相关企业都将从中受益。

（五）国家质量监督检验检疫总局

跨境电商作为一种新型贸易方式，一直以来游离在国家质量监督检验检疫总局（现为

“国家市场监督管理总局”)的监管之外。2013年11月,国家质量监督检验检疫总局首次下发了《质检总局关于支持跨境电子商务零售出口的指导意见》,以支持出口跨境电商的发展。

在该文件中,国家质量监督检验检疫总局提出了以下三个关键要求。

(1) 企业与产品备案管理制度。跨境电商企业和产品的备案实际上也是海关要求的,这是部门实施高效监管的基础。实际上,提前备案有助于通关过程中快速地放行。

(2) 出口产品全申报制度。这意味着跨境电商企业需要将订单、支付单、运单等主单信息传输给国家质量监督检验检疫总局。

(3) 检疫监管为主。国家质量监督检验检疫总局对进出境商品的监管主要包括卫生检疫、动植物检疫和商品检验。检疫是必不可少的,这涉及最基本的安全性。检验是针对产品质量的,实际上在出厂时已经有所把控。因此,以检疫监管为主的政策,将减轻跨境电商企业的负担,有利于促进出口增长。

国家质量监督检验检疫总局于2016年5月15日发布了《质检总局关于跨境电商零售进口通关单政策的说明》,该说明主要提出了以下四点要求:①按照检验检疫法律法规规定,进口法检货物应凭检验检疫机构签发的通关单办理海关通关手续。跨境电商零售进口新政明确了跨境电商商品的货物属性,检验检疫应依法签发通关单。②按照检验检疫法律法规规定,进口法检货物应凭检验检疫机构签发的通关单办理海关通关手续。跨境电商零售进口新政明确了跨境电商商品的货物属性,检验检疫应依法签发通关单。③按照检验检疫法律法规规定,进口法检货物应凭检验检疫机构签发的通关单办理海关通关手续。跨境电商零售进口新政明确了跨境电商商品的货物属性,检验检疫应依法签发通关单。④清单内仅有约36%的编码在“法检目录”内,需要凭通关单验放,其余都不需要通关单即可办理海关通关手续。

(六) 中国人民银行/国家外汇管理局

一直以来,跨境电商都是通过邮件/快件的方式入境或者出境,并没有向海关正常申报,也即没有取得报关单。根据以往的外汇管理政策,正常贸易项目下没有报关单是无法结汇付汇的。因此,跨境电商企业通常采取个人境内身份证、汇丰银行ATM机取现甚至地下钱庄等方式结汇付汇,这些非正常结付汇方式要么手续费高、操作复杂,要么存在法律风险。

2013年2月,国家外汇管理局下发了《支付机构跨境电子商务外汇支付业务试点指导意见》,在上海、北京、重庆、浙江、深圳等地区开展试点,允许参加试点的支付机构集中为电子商务客户办理跨境收付汇和结售汇业务。2015年1月,国家外汇管理局发布通知,该试点业务拓展至全国范围内;同时,任何满足基本条件的支付机构都能申请跨境支付试点。该文件有两个突破点:①无报关单也能办理贸易结售汇业务。对于跨境电商小额的结售汇业务,只需要提供真实的交易信息而不需要报关单,就可以得到银行的受理。②跨境电商企业通过第三方支付机构向银行办理结售汇业务。在传统的国际贸易中,企业直接向银行办理外汇业务。然而,跨境电商的交易是通过互联网完成,而且存在批量小、频率高的特点,银行还不具备应对这种新型贸易方式的技术和经验。因此，通过第三方支付机构集中跨境电商企业的结售汇需求，既能弥补银行的不足，也能更好地服务电商企业。根据外汇管理局公布的有关数据，2022 年新增 4 家银行和支付机构凭交易电子信息开展跨境电商外汇服务，扩大资金结算服务范围，以满足市场主体多元化诉求，全年 23 家支付机构和 14 家银行共办理贸易新业态外汇结算 9.7 亿笔。此外，小微跨境电商企业货物贸易收支手续持续简化，年度贸易收汇或付汇规模低于等值 20 万美元的小微跨境电商企业可免于办理“贸易外汇收支企业名录”登记手续。

结售汇业务属于国家外汇管理局的监管范围，然而，从事结售汇业务的银行和支付机构却是受人民银行监管。因此，在跨境电商支付方面，国家外汇管理局和人民银行是相互配合的，正如商务部的解释文件所称：“外汇局会同人民银行负责支持电子商务出口企业正常收结汇。人民银行会同外汇局负责鼓励银行机构和支付机构为跨境电子商务提供支付服务。”

此外，人民银行一直在努力推行人民币跨境结算，为了加大对外贸新业态跨境人民币结算业务的支持力度和降低市场交易主体业务办理成本，中国人民银行在 2022 年发布了《中国人民银行关于支持外贸新业态跨境人民币结算的通知》。人民银行在多个文件中都鼓励货物贸易交易双方使用人民币结算。2021 年 12 月，随着我国进出口贸易在全球中的份额提升，人民币在国际支付中的比重已经提升至第四位。人民币在国际货币市场的地位已经有所提升。

从以上内容可以看出，在解决跨境电商结售汇问题上，人民银行通过鼓励银行和支付机构参与，积极配合了国家外汇管理局的试点政策。在试点政策成熟之后，国家外汇管理局将全面推广，以使更多的跨境电商企业享受阳光化的外汇结算。

（七）财政部/国家税务总局

在跨境电商中，除了以上谈到的通关、商检、结售汇问题，还有税收问题，也即跨境电商出口企业无法享受国家的退税补贴。在传统的国际贸易中，企业要享受出口退税，必须有海关报关单、增值税发票和消费税缴款书。显然，出口跨境电商企业无法满足这个条件。2013 年 12 月，财政部、税务总局联合下发了《财政部 税务总局关于跨境电子商务零售出口税收政策的通知》，明确了跨境电商零售出口的退税政策。

财政部 税务总局关于跨境电子商务零售出口税收政策的通知

一、电子商务出口企业出口货物（财政部、国家税务总局明确不予出口退（免）税或免税的货物除外，下同），同时符合下列条件的，适用增值税、消费税退（免）税政策：

1. 电子商务出口企业属于增值税一般纳税人并已向主管税务机关办理出口退（免）税资格认定；

2. 出口货物取得海关出口货物报关单（出口退税专用），且与海关出口货物报关单电子信息一致；

3. 出口货物在退（免）税申报期截止之日内收汇；

4. 电子商务出口企业属于外贸企业的，购进出口货物取得相应的增值税专用发票、消费税用缴款书(分割单)或海关进口增值税、消费税专用缴款书,且上述凭证有关内容与出口货物报关单(出口退税专用)有关内容相匹配。

二、电子商务出口企业出口货物,不符合本通知第一条规定条件,但同时符合下列条件的,适用增值税、消费税免税政策:

1. 电子商务出口企业已办理税务登记;

2. 出口货物取得海关签发的出口货物报关单;

3. 购进出口货物取得合法有效的进货凭证。

以上两条内容,一条关于退(免)税,也即出口不但不征增值税/消费税,而且退还此前商品流通中征收的这些税;另一条关于免税,也即出口不征增值税/消费税,但不退回此前商品流通中征收的这些税。从这两条规定可以看出,要享受出口税收政策,都必须有海关签发的报关单;此外,要享受退税,还得有增值税发票(或消费税缴款书)。由此可见,这个文件并没有很大的突破。随着后续海关总署"9610"监管方式和56号文件的出台,电子商务出口企业能够拿到海关签发的报关单;但是,对于以批发市场采购为主的出口跨境电商,依旧会有大部分产品因缺乏增值税发票而无法享受退税待遇。

2018年11月30日,商务部、国家发改委、财政部、海关总署、税务总局、国家市场监督管理总局六部门联合印发了《商务部 发展改革委 财政部 海关总署 税务总局 市场监管总局关于完善跨境电子商务零售进口监管有关工作的通知》,该跨境电商零售进口监管政策于2019年1月1日正式实施,在对跨境电商零售进口清单内商品实行限额内零关税、进口环节增值税和消费税按法定应纳税额70%征收基础上,进一步扩大享受优惠政策的商品范围,新增群众需求量大的63个税目商品,享受税收优惠政策的商品单次交易限值由2 000元提高至5 000元,年度交易限值由每人每年2万元提高至2.6万元。为了加大跨境电商出口退税支持力度,支持跨境电商持续创新发展,2022年5月,国家税务总局等十部门联合发布《关于进一步加大出口退税支持力度 促进外贸平稳发展的通知》。2023年1月,财政部、国家税务总局等部门又发布了《关于跨境电子商务出口退运商品税收政策的公告》。公告规定,对自本公告印发之日起1年内,在跨境电子商务海关监管代码(1210、9610、9710、9810)项下申报出口,且自出口之日起6个月内因滞销、退货原因原状退运进境的商品(不含食品),免征进口关税和进口环节增值税、消费税;出口时已征收的出口关税准予退还;出口时已征收的增值税、消费税,参照内销货物发生退货有关税收规定执行。已办理的出口退税按现行规定补缴,从而有效降低跨境电商企业出口退运成本。

二、深度解读海关总署5份跨境电商文件

(一)《关于增列海关监管方式代码的公告》(12号文)和《关于增列海关监管方式代码的公告》(57号文)

这两份文件的发布标志着海关正式承认跨境电商的合法身份,并开始将跨境电商纳入专项统计。表5-3阐述了两份文件的内容。

表 5-3　两份文件汇总

增列代码	代码名称	使用范围	说　明
9610	跨境贸易电子商务（简称“电子商务”）	境内个人或电子商务企业通过电子商务交易平台实现交易，并采用“清单核放、汇总申报”模式办理通关手续的电子商务零售进出口商品	通过海关特殊监管区域或保税监管场所一线的电子商务零售进出口商品除外
1210	保税跨境贸易电子商务（简称“保税电商”）	境内个人或电子商务企业在经过海关认可的电子商务平台实现跨境交易，并通过海关特殊监管区域或保税监管场所进出的电子商务零售进出境商品	海关特殊监管区域、保税监管场所与境内区外之间通过电子商务平台交易的零售进出口商品不适用该监管方式

为了满足对不同监管方式下进出口货物的监管、征税、统计作业要求，海关设置了监管方式代码。例如，一般贸易对应的代码为“0110”，保税区仓储转口对应的代码为“1234”，代码采用四位数字结构，其中，前两位是按海关监管要求和计算机管理需要划分的分类代码，后两位为海关统计代码，因此，“96”和“12”是海关分类代码，“96”代表“跨境电商”，“12”代表“保税”；“10”是海关统计代码，说明新增的这两个跨境电商监管方式和“一般贸易”(0110)的统计一致。

海关监管方式代码的全称是“进出口货物海关监管方式代码”。也就是说，监管方式是对“货物”的管理方式，而不是“物品”。“物品”是没有监管方式的，也不需要监管方式代码。我国的海关法和国务院颁布的海关统计条例规定，个人自用的商品在自用合理数量范围内实行建议报关的制度，不纳入海关的统计。因此，“9610”和“1210”代表的是“货物”管理方式，与个人物品、行邮税等无关。

根据当前试点情况，跨境电商模式分为一般出口、特殊区域出口、直购进口和网购保税，如表 5-4 所示。其中，直购进口涉及的是“物品”而不是“货物”，因此不需要监管方式代码。根据文件，“9610”适用“清单核放、汇总申报”模式，通过海关特殊监管区域或保税监管场所一线的电子商务零售进出口商品除外。因此，“9610”仅适用一般出口。然而，“特殊区域出口”模式还不成熟，目前与“一般出口”无异，因此也适用“9610”。文件规定，“1210”不适用海关特殊监管区域、保税监管场所与境内区外(场所外)之间通过电子商务平台交易的零售进出口商品，因此特殊区域出口不适用“1210”。从目前来看，只有进口的网购保税模式适用“1210”。要说明的是，网购保税只有在一线进区的时候申报“1210”，出区一般都以物品申报，不需要海关监管方式代码。

表 5-4　跨境电商不同模式对比

跨境电商模式	商品性质	商品存放地	监管方式代码
一般出口	货物	境内区外	9610
特殊区域出口	货物	海关特殊监管区域/保税监管场所	9610
直购进口	物品	境外	无
网购保税	入区为货物，出区为物品	海关特殊监管区域/保税监管场所	1210

关于“1210”,文件还特别规定,该监管方式用于进口时仅限经批准开展跨境贸易电子商务进口试点的海关特殊监管区域和保税物流中心(B型)。

(二)《关于跨境贸易电子商务服务试点网购保税进口模式有关问题的通知》

2014年3月4日,海关总署以“加急文件”的形式向上海、杭州、宁波、郑州、广州、重庆海关下发了这个通知。为什么只发给这几个城市呢?因为当时只有这6个城市是跨境电商进口试点城市(深圳在2014年7月才获得进口试点许可),而这个通知就是专门针对进口试点的网购保税模式。

从内容来看,这个通知是对此前提出的“四限”进行重申,并对试点城市实际运作过程中的一些问题进行了明确,以统一各地的管理要求和验放标准。

在开始试点的时候,海关总署等部门提出了“限企业、限品种、限金额、限数量”的“四限”要求,以确保试点工作健康有序开展。“四限”要求具体如下。

限企业:试点企业需在特殊区域内注册,具有独立法人资格,具备电子商务运营资质,在区内完成跨境电商操作流程。

限品种:严格筛选试点商品的种类,视实际运行情况逐步扩大范围。一是选取同品种商品货物税和行邮税相差较小的商品;二是选取境内需求量较大的商品;三是不允许经营二手商品。

限金额:参照海关总署2010年第43号公告,个人单次购买物品,每次限值为1 000元人民币,单次仅有一件商品,且该商品是不可分割的,经海关审核确属个人合理自用的,可不受上述金额限制。同时,试点初期,限制个人年度总金额为2万元人民币,该标准根据试点推进情况由海关总署统一实施调整。同时设置风险防控参数,对一定时间内消费总额超过一定金额的消费者分等级进行监管,所下订单采取人工审单机制。

限数量:由于总体金额和单次金额已经限制,除特殊情况外,不再设置数量限制。但在进境商品的数量不符合正常交易秩序等特殊情况下,海关认为必要时可以加以限制。

在加急文件中,海关总署用三个“关于”来强调并明确以上“四限”。在商品上,明确规定为“个人生活消费品”,以防止一些工业用品通过“化整为零”蒙混进来。对于企业,除了注册备案等要求,还必须实现与海关的信息系统互联互通。从当时的试点来看,很多参与试点的企业并没有做到这点,导致通关管理的混乱。对于金额和数量,以“个人自用、合理数量”为原则,且参照2010年7月下发的海关总署公告2010年第43号《关于调整进出境个人邮递物品管理措施有关事宜》要求。

除了三个“关于”,海关总署的这个文件还特别明确了税收问题和海关统计问题。关于税收,在试点过程中,有的试点城市按照商品采购小票上的价格来征税,有的则按照到岸价格征税。为了规范管理,海关总署在文件中明确:“以电子订单的实际销售价格作为完税价格,参照行邮税税率计征税款。应征进口税税额在人民币50元(含50元)以下的,海关予以免征。”其中,电子订单的实际销售价格应包括境外采购价格和国际物流费用。因此,试点城市在征税时,都必须按照到岸价格征税。至于海关统计,文件要求各地海关在“试点网购商品从境外进入海关特殊监管区域或保税监管场所运往境内区外”时,实施海关单项统计。

由此可见，从商品种类、金额和数量来看，网购保税模式没有突破原有的政策法规。网购税的优势还是在于其本身模式的创新：允许企业在特定的保税区域备货，并以行邮税出区，从而解决海淘物流时间长等问题，提升消费者体验。

海关总署这次加急文件的出台，也是为了规范各个跨境电商进口试点城市的通关操作，防止试点城市因“步子太快”而失去管控。

（三）《海关总署关于支持外贸稳定增长的若干措施》

这个文件不是专门针对跨境电商的。2014 年 5 月，国务院办公厅下发了《国务院办公厅关于支持外贸稳定增长的若干意见》，其中特别提到了海关总署需要负责的若干项目。2014 年 6 月，海关总署发布了《海关总署关于支持外贸稳定增长的若干措施》，以将国务院办公厅文件涉及海关工作的政策举措进一步细化。

这份文件的第十五条重申了对跨境电商的支持，并对外公布了出口和进口的试点情况。

出口方面：已建立“清单核放、汇总申报”监管模式，解决电商零售出口退税、结汇、专项统计等问题。

进口方面：积极支持和指导地方开展进口试点，扩大进口业务，建立阳光渠道，实现便民惠民。上海、重庆、杭州、郑州、宁波等城市已经开展了首批试点。

显然，海关总署的重心放在出口方面，并正将首批试点城市的经验推广到其他城市。由海关总署研发的统一版本跨境电商通关管理系统的推出，更是加快了出口跨境电商“清单核放、汇总申报”监管模式的大范围推广。进口方面，由于涉及进口商品关税的征收，预计海关总署近期不会大范围放开。

（四）《关于跨境贸易电子商务进出境货物、物品有关监管事宜的公告》（56 号文）

2014 年 7 月底，海关总署下发了这则公告，首次明确了对跨境电商进出境货物、物品的监管流程。

报告发布之后，媒体报道了各界人士对该文件的解读。然而，由于对公告内容理解的偏差，因此出现了不少误读，如“海淘代购将被定义为走私”等。要正确理解 56 号文，最重要的一点是明确公告的使用范围。该文件第一部分第一条规定：“电子商务企业或个人通过经海关认可并且与海关联网的电子商务交易平台实现跨境交易进出境货物、物品的，按照本公告接受海关监管。”显然，并不是所有从事跨境电商的企业及个人都得按照这个公告接受海关监管。根据海关总署的官方解读，适用该公告的跨境电商活动应该满足三个条件。

56 号文海关总署官方解读

同时满足以下三个条件的纳入公告调整范围：

一是主体上，主要包括境内通过互联网进行跨境交易的消费者、开展跨境贸易电子商务业务的境内企业、为交易提供服务的跨境贸易电子商务第三方平台；

二是渠道上，仅指通过已与海关联网的电子商务平台进行的交易；

三是性质上,应为跨境交易。

其中,需要特别强调的是"渠道",仅指通过已与海关联网的电子商务平台进行的交易。例如,上海的跨境通就经海关认可并且已与海关联网,其平台上的交易就需要完全按照56号文接受监管。而如果美国亚马逊没有与中国海关联网,那么消费者从该平台海淘购物,就不在56号文监管范围内。一般而言,海淘代购都是在境外的电商平台上进行交易,而且这些境外电商平台都没有与海关联网。因此,海淘代购不适用56号文。实际上,海淘活动如果没有产生二次销售,而且是"个人自用、合理数量",那么可根据个人邮递物品入境,并不违法。然而,代购一般都涉及二次销售,即甲从境外网站购买商品,再销售给境内的乙,这种存在二次销售的代购行为,实际上是一种贸易活动,需要正常报关进行,并缴纳关税、增值税;否则,就涉嫌违背《中华人民共和国海关法》。

虽然56号文受到进口跨境电商从业者的大量关注,但该文件实际上也会影响出口跨境电商。海关总署的官方解读也明确谈到了该文件对跨境电商出口结汇和退税的影响。

56号文海关总署官方解读

对于企业出口退税和结汇问题,公告明确:

海关对电子商务出口商品采取"清单核放、汇总申报"的方式办理通关手续。电子商务企业可以向海关提交电子《中华人民共和国海关跨境贸易电子商务进出境货物申报清单》,逐票办理商品通关手续。在此基础上,电子商务企业每月定期将上月结关清单所涉货物的数量、金额、件数等相加,汇总形成《进出口货物报关单》向海关申报,海关据此签发报关单证明联,从而有效解决跨境贸易电子商务出境商品出口退税和结汇问题。

也就是说,56号文有助于出口企业拿到海关出具的报关单,进而可以去办理结汇和退税。然而,为什么出口跨境电商从业者依旧对56号文不是很感兴趣呢?答案是:在当前情况下,对于大部分出口电商企业来说,即使有报关单也无法退税,即使没有报关单也能够结汇。根据财政部、国家税务总局2013年12月联合下发的《财政部 税务总局关于跨境电子商务零售出口税收政策的通知》,要享受出口退税,除了报关单,电商企业还得有增值税发票。然而,出口电商企业绝大部分是市场采购,并没有增值税发票,因此即使有报关单也无法退税。至于结汇,根据2013年2月国家外汇管理局综合司下发的《国家外汇管理局综合司关于开展支付机构跨境电子商务外汇支付业务试点的通知》(5号文,已于2015年废止),只要出口电商企业能够向支付机构证明交易的真实性,即使没有海关报关单,也能正常结汇。所以,56号文在退税和结汇方面对出口跨境电商企业的影响有限。从以上内容可以看出,56号文与海淘代购无关,对出口电商企业的影响也有限。其最大的意义在于海关总署明确了对跨境电商这种新兴贸易方式的监管思路。这个监管思路的核心是"信息数据匹配下的清单核放/汇总申报"。

1. 信息数据匹配

海关监管场所应将电子仓储管理系统的底账数据与海关联网对接,电商交易平台也应将平台交易电子底账数据与海关联网对接,电商企业/个人、支付企业、物流企业则分别把订单信息、支付单信息、运单信息发送给海关。当然,所有这些数据都是通过电子商务通关服务平台与海关对接的。只有这些信息数据相互匹配并且符合海关规定，海关才会放行，如图5-1所示。

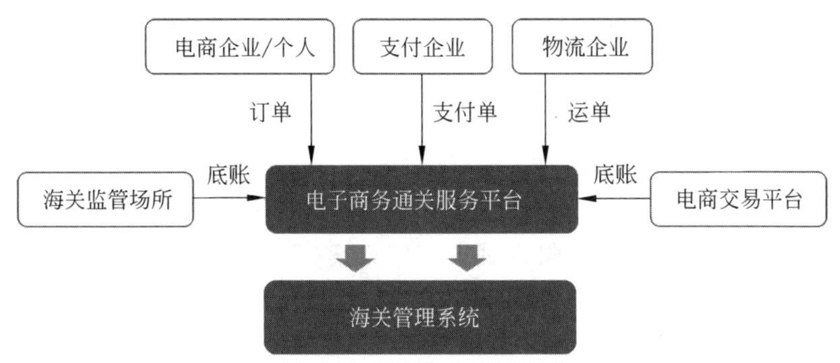

图5-1　信息数据匹配流程

2. 清单核放/汇总申报

在实现清单核放之前，电商企业必须在海关办理注册登记，且进出境货物、物品需要在海关备案。当跨境电商交易产生后，电商企业/个人、支付企业、物流企业要在清单申报前，将订单信息、支付单信息、运单信息传输给海关。之后，按照海关规定的时间期限，电商企业（或代理人）填写《货物清单》申报，个人（或代理人）填写《物品清单》申报。海关接到三单信息和货物/物品清单后，会进行自动匹配，并进行一定的风险布控，对某些订单进行人工查验，最后，对没有异常的货物/物品通关放行。如果是货物，则还需要企业后期进行汇总申报，即将《货物清单》汇总形成《进出口货物报关单》，如图5-2所示。

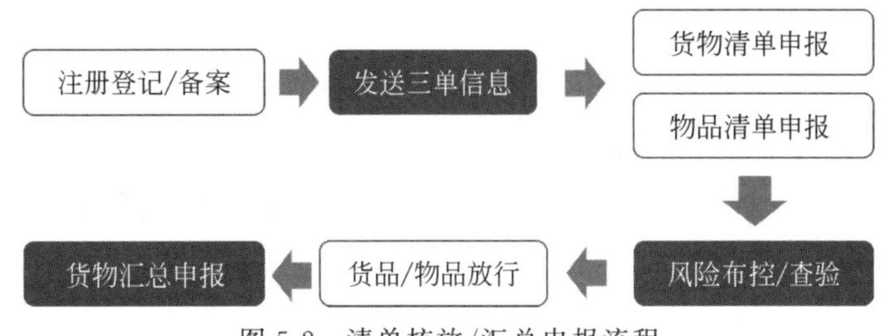

图5-2　清单核放/汇总申报流程

不难看出，这样的监管思路有两大特点：其一，"信息数据匹配"符合电商交易形式；其二，"清单核放/汇总申报"有助于快速通关。因此，56号文规定的监管流程有助于推动跨境电商行业的发展。

第四节　中国跨境电商试点城市运作情况

2012年5月，为了推动电子商务发展，国家发改委办公厅下发了《国家发改委办公厅关于组织开展国家电子商务示范城市电子商务试点专项的通知》（发改办高技〔2012〕1137号），其中一项重要内容便是跨境贸易电子商务服务试点。文件内容如下：

……开展跨境贸易电子商务服务试点工作。重点支持电子口岸建设机构完善跨境贸易电子商务综合服务系统，外贸电子商务企业建立在线通关、结汇、退税申报等应用系统。

研究跨境电子商务相关基础信息标准规范、管理制度,提高通关管理和服务水平。

同年12月,国家发改委、海关总署在郑州正式启动了国家跨境贸易电子商务服务试点,首批试点城市分别是郑州、上海、重庆、杭州和宁波。此后,广州、深圳、苏州、青岛、长沙等城市相继获得试点资格。

一、郑州

海关总署对于试点城市的工作计划分为实施方案编制审批、平台建设、试运行、初验、终验五个阶段。2013年5月,郑州市试点实施方案(E贸易)率先得到海关总署批复同意,由此,郑州成为所有试点区域中最早开始探索跨境电商政策的城市。此外,郑州试点区域设在新郑综合保税区和河南保税物流中心(B型),利用该特殊区域的政策优惠,可给发展跨境电商带来更大的便利。因此,相对而言,郑州具有一定的政策优势。

郑州跨境电商试点时间轴

2012年8月,国家发改委同意将郑州市跨境贸易电子商务服务试点项目列为国家电子商务试点。该项目由河南省进口物资公共保税中心有限公司(后更名为"河南省进口物资公共保税中心集团有限公司")申报。

2013年5月,海关总署批复同意郑州市试点实施方案("E贸易")。

2013年7月,郑州"E贸易"业务在河南保税物流中心启动并试运行。

截至2014年6月8日,试点项目共验放跨境贸易电子商务进出境物品总值1 607万元。其中进口申报32 592票,价值1 179万元。

2014年8月,省保税物流中心与韩国华唐国际正式签署了"中大门电商合作平台"协议,将共同运营"中大门"项目。

2015年,郑州被国务院批准为首批电子商务示范城市,这是基于郑州在电商创新和发展方面的积极表现。

2016年,郑州跨境电商公共服务平台正式上线运行,这个平台提供了商品展示、在线支付、物流配送、清关服务等一站式服务。

2017年,郑州新郑国际机场跨境电商物流中心正式投入使用。这个物流中心拥有先进的设施和技术,能够提供快速、高效的物流服务。

2018年,郑州市政府出台了一系列扶持跨境电商发展的政策,包括提供资金支持、优化税收政策等。这些政策的目的是创造有利的环境、鼓励更多的企业参与到跨境电商行业中来。

2019年,郑州跨境电商交易额首次突破100亿元人民币,这是郑州跨境电商发展的一个重要里程碑,显示了郑州跨境电商的强大潜力。

2021年,郑州市政府进一步加大了对跨境电商发展的支持力度,出台了新的优惠政策,推动了多项跨境电商基础设施建设项目。

郑州的跨境电商服务平台称为"E贸易",由河南进口物资公共保税中心有限公司建设。从当前的运作来看,虽然郑州试点是进口、出口同时启动,但进口的规模远超过出口。

毕竟，河南本地的跨境电商出口企业不多，当地的制造业远不如长三角和珠三角等地区发达。在进口方面，其缺少巨头入驻，导致进口申报量不高。

位于中部的郑州，拥有辐射全国的国内区位优势。然而，发展跨境电商的关键是国际区位优势。从这点来看，郑州劣势非常明显：①非港口城市，无法开展海运业务；②不与他国接壤，陆运也无优势；③机场航空的国际货运量不大。

尽管如此，郑州作为中国内陆的重要跨境电商试点城市，已经在跨境电商领域取得了显著的成绩，并且展现出强大的发展潜力。

二、上海

2013 年 9 月，上海可谓“双喜临门”：一方面，国务院批准了《中国(上海)自由贸易试验区总体方案》，允许上海先行试点贸易投资便利化等开放政策；另一方面，海关总署批复同意了上海市跨境电商项目实施方案，上海正式踏入方案执行阶段。上海将跨境电商试点项目落户于自贸区，通过跨境电商政策和自贸区政策结合，可创造政策“叠加”优势。

上海跨境电商试点时间轴

2012 年 8 月，国家发改委同意将上海市跨境贸易电子商务服务试点项目列为国家电子商务试点。该项目由东方电子支付有限公司申报。

2013 年 9 月，国务院批准《中国(上海)自由贸易试验区总体方案》；海关总署批复同意上海市跨境电商服务试点项目实施方案。

2013 年 11 月，跨境电商平台“跨境通”网站试运行。

2014 年 8 月，上海自贸区管委会、上海市信息投资股份有限公司与美国亚马逊公司签署了关于开展跨境电商合作的备忘录。

2014 年 9 月，上海海关正式批准上海松江出口加工区开展跨境电商业务试点。

2015 年，上海跨境电商平台建设取得了重大突破，一批大型跨境电商企业在上海设立了运营中心，如亚马逊、阿里巴巴等，扩大了上海电商的规模、提高了其影响力。

2016 年，上海跨境电商交易额突破 1 000 亿元人民币，成为中国最大的跨境电商交易市场。

2019 年，上海提出了一系列政策措施，如加强对跨境电商企业的扶持、促进跨境电商物流等，为跨境电商的发展提供了有力的政策支持。

2020 年，上海海关获批跨境电商 B2B 出口试点海关。

2021 年上半年，上海发布了新的跨境电商政策，进一步推动了跨境电商的发展。浦东机场年货邮吞吐量达 436.6 万吨，同比增长 8.47%，一跃超过 2017 年 423 万吨的历史高点。

2022 年，上海口岸出口跨境电商延续迅猛发展势头，全年出口申报达 1.52 亿票，同比增长 58%，申报总量跃居全国口岸第三位；出口总金额达 389.10 亿元，同比激增 2.8 倍。

根据上海市外贸产业一般贸易好于加工贸易、进口好于出口、保税区域进出口额全国领先的显著特点，上海申请的综合试点方案包括一般出口、直购进口、网购保税三种业务模式。在实际操作方面,先推行进口,再实施出口。进口方面的关键项目是2013年11月开通的"跨境通"网站。然而,这个导购性质的进口跨境电商平台并不被外界看好。虽然保证正品并提供一定的售后服务,但粗糙的网站设计、过于简单的商品描述及较高的价格均影响了消费者的购物体验。在出口方面,上海已建设3个平台来支撑跨境贸易电子商务的一般出口模式,分别是上海跨境贸易电子商务服务平台、上海海关跨境贸易电子商务通关管理系统和海关H2010系统。

相对其他几个试点城市,上海拥有很大的区位优势:①世界级港口。上海拥有洋山、外高桥和吴淞港区等码头,年吞吐量超过7亿吨,属世界第一集装箱大港。②世界级航空货运机场。上海浦东机场货运年吞吐量已连续多年位列世界第三。这样的区位优势无论是对于进口跨境电商还是对于出口跨境电商,都拥有非常大的吸引力。此外,作为一个国际大都市,上海本地对进口商品就有较大的需求,身处长三角生态圈,上海的制造业也具有很强的竞争力。上海作为中国跨境电商的先行者,通过不断优化政策环境、扩大商品和服务范围等措施成功地推动了跨境电商的快速发展,从而成为推动经济增长的重要力量。

三、宁波

作为一个港口城市,宁波具有深厚的传统国际贸易基础。2013年,宁波实现外贸进出口总额1 003.3亿美元,成为浙江省首个外贸总额过千亿美元的城市。依靠港口优势和传统外贸基础,宁波也开始了跨境电商服务试点的探索。

宁波跨境电商试点时间轴

2012年8月,国家发改委同意将宁波市跨境贸易电子商务服务试点项目列为国家电子商务试点。该项目由宁波国际物流发展股份有限公司申报。

2013年9月,海关总署批复同意宁波市试点实施方案。

2013年11月,宁波跨境贸易电子商务进口业务在宁波保税区试运行。

截至2014年7月22日,试点项目共验放跨境贸易电子商务进口申报单超过10万票,总值2 858万元。

2015年,宁波市跨境电商试点业务进出口总额81.38亿元人民币,其中,进口额为29.30亿元人民币,出口额约52.08亿元人民币,处于全国第一方阵行列。

2016年1月6日召开的国务院常务会议决定,在宁波等12个城市新设一批跨境电商综试区,用新模式为外贸发展提供新支撑。

2020年7月1日,全国跨境电商B2B出口监管试点在宁波等全国10个试点关区率先启动,宁波海关1日零点共成功审结放行B2B出口报关单10票,其中,9710(跨境电商B2B直接出口)报关单2票,9810(跨境电商出口海外仓)报关单8票,总金额340万元;成功申报放行9710清单5票,货值3 071元。跨境电商B2B出口业务迎来了换挡升级的全新时代。

宁波的进出口跨境电商试点分别落户于宁波保税区和海曙区。其中,宁波保税区旨在打造电子商务进口商品分销基地,利用电子商务模式的创新,推进进口食品、消费品跨境贸易便利化。海曙区则打造跨境贸易电子商务出口基地,实现电子商务企业办公、仓储和物流的集中运作。与上海一样，宁波也是进口先行，由宁波国际物流发展股份有限公司负责建设跨境电商服务平台——“跨境购”。“跨境购”拥有和上海“跨境通”一样的导购功能，但对电商功能进行了弱化，其功能以信息发布为主。显然，这种模式更轻，也更符合政府类项目的操作方式。宁波进口跨境电商试点是想打造一个进口商品集散地，并以“1+1+N”的实体市场为基础。“1+1+N”指的是1个宁波市场保税区进口商品市场、1个宁波进口商品展示交易中心、N个分布在全国各地的区域直销中心。宁波凭借其强大的港口优势和健全的电商基础设施，已经成为中国最重要的跨境电商发展和创新中心之一。但是，宁波的确面临来自上海的激烈竞争，因为上海拥有宁波无可比拟的国内国际货源分拨能力。

四、杭州

与郑州一样，杭州的试点方案也很早就通过了海关总署的批复同意。但与其他城市不一样的是，杭州先推出口试点。

杭州跨境电商试点时间轴

2012年8月，国家发改委同意将杭州市跨境贸易电子商务服务试点项目列为国家电子商务试点。该项目由浙江电子口岸有限公司申报。

2013年7月，全国首个跨境电商产业集聚区——中国(杭州)跨境贸易电子商务产业园举行开园发布会。

2014年5月，杭州经济技术开发区出口加工区正式运行跨境电商进口试点业务。

2014年，杭州被国家商务部确定为跨境电商服务创新试点城市。

2015年，中国(杭州)跨境电子商务综合试验区正式启动，试验区内的企业享有一系列的优惠政策。

2016年，杭州出台了《关于进一步支持跨境电子商务发展的若干政策》。

2017年，杭州市政府发布了《杭州市跨境电子商务发展三年行动计划(2018—2020年)》。

2018年，杭州市政府与阿里巴巴集团共同启动了全球电商大会。

2019年，杭州市政府出台了《关于加快推进跨境电子商务发展的实施意见》。

2020年，商务部发布《关于确定2022年全国跨境电商发展试点城市的通知》，确定杭州为首批全国跨境电商发展试点城市。

2021年，杭州市政府进一步加强了对跨境电商发展的支持，出台了一系列优惠政策，为跨境电商企业提供更多支持。

杭州既没有港口优势，也没有强大的国际航空货运吞吐量，但依靠天猫国际这样的巨型跨境电商平台，杭州的进口电商申报量很快就跻身前列。根据海关的数据，2022年，杭州市通过海关跨境电商平台出口150.4亿元，同比增长22%。杭州市商务局的数据显示，截至2022年，杭州已布局206个跨境电商海外服务点、335个海外仓，面积714万平方米，面积和数量分别占全国的1/3和1/6。

对于跨境电商试点，杭州的优势不在于区位，而在于其辖区内的跨境电商企业。只要服务好这些企业，杭州的跨境电商试点工作就能领先于其他城市。当然，前提是这些政策能解决跨境电商企业的实际需求。

杭州作为中国跨境电商的重要发源地,凭借其强大的互联网产业基础,已经成为境内外电商企业竞相发展的热土,展示出蓬勃的跨境电商活力。

五、重庆

在首批试点的5个城市中,重庆的试点实施方案是最晚得到海关总署批复同意的。然而,重庆的方案最为全面,覆盖一般出口、直购进口、特殊区域出口、网购保税四种模式。

重庆跨境电商试点时间轴

2012年8月,国家发改委同意将重庆市跨境贸易电子商务服务试点项目列为国家电子商务试点。该项目由重庆国际电子商务交易认证中心申报。

2013年10月,海关总署批复同意重庆市试点实施方案。

2014年6月,重庆跨境贸易电子商务公共服务平台优化升级后正式上线。

2014年9月,由重庆市外经贸委、重庆海关和中国移动通信集团重庆有限公司联合开发推出的移动手机网上跨境购平台正式上线。

2014年,重庆市被商务部批准为全国首个跨境电商综试区,开始了系统性的跨境电商创新和试点。

2016年和2017年,重庆市政府分别出台了《关于进一步推动电子商务快速发展的若干意见》和《关于加快推进跨境电子商务发展的实施意见》,推动了跨境电商的发展。

2018年,重庆市政府发布了《重庆市跨境电子商务发展三年行动计划(2018—2020年)》。

2019年,重庆市政府出台了《关于进一步优化营商环境服务跨境电子商务健康发展的若干措施》。

按照重庆的规划,渝中区负责出口跨境电商试点,两路寸滩保税港区负责进口跨境电商试点。在出口方面,重庆拥有大龙网这样的跨境电商龙头企业,可通过渝新欧铁路通道,重点开发俄罗斯等欧洲市场。在进口方面,依靠两路寸滩保税港区的水港和空港优势,重点培育"爱购保税"进口电商平台。

作为国家跨境电商综试区,近年来,重庆在制度、管理和服务上大胆创新,推动跨境电商高质量发展,跨境电商进出口规模在2014—2021年增长39倍。2021年,重庆跨境电商交易额达322.1亿元,同比增长63.3%。2022年1—5月,重庆跨境电商继续保持快速发展态势,交易总额达到197.9亿元,同比增长88.9%。总的来说,重庆作为西部的重要跨境电商试验区,仍有巨大的市场潜力。

六、广州

2013年10月15日,正值第114届广交会开幕之日,广州启动了跨境电商服务试点,成为华南地区首个跨境贸易电子商务试点城市。一年两度的广交会是中国产品"走出去"的重要通道,也体现了广州在中国外贸领域的重要地位。随着跨境电商试点服务的启动,广州的传统外贸进一步向跨境电商这种新型贸易方式转型。

广州跨境电商试点时间轴

2013年10月，广州正式启动跨境电商试点服务，成为华南地区首个国家电子商务示范城市和跨境贸易电子2013年12个商务试点城市之一。

2013年12月，由广东邮政主导的跨境电商服务平台——“跨境易”上线。

2014年4月，广州南沙保税港区启动“网购保税”业务。

2014年9月，广州白云机场启动跨境贸易电商“直购进口”平台，境内消费者可从与海关联网的购物网站上购买从境外直接发货的商品。

2014年，广州被国家商务部确定为跨境电商服务创新试点城市。

2015年，广州市政府出台了《关于加快推动跨境电子商务发展的实施意见》，明确了广州跨境电商发展的方向和目标。

2016年，中国(广州)跨境电子商务综合试验区正式启动，试验区内的企业享有一系列的优惠政策。

2017年和2018年，广州市政府分别出台了《广州市跨境电子商务发展三年行动计划(2018—2020年)》和《关于进一步支持跨境电子商务发展的若干政策》。

2019年，广州跨境电商交易额首次突破100亿元人民币，这是广州跨境电商发展的一个重要里程碑。

与杭州一样，广州也是先试点出口，再试点进口。从某种程度来看，杭州和广州很像：杭州拥有强大的出口产品制造基础，进口方面则可依靠天猫国际这个超级大平台；广州的制造业也非常有竞争力，进口方面同样拥有唯品会这样的著名电商。然而，广州的区位更胜一筹：①港口城市，海运物流强大；②白云机场综合保税区不仅国际货运航线充足，而且具有综保区政策优势；③靠近香港，可充分利用香港的自由港优势发展跨境电商。广州的这些区位优势甚至可以和上海自贸区媲美。广州凭借丰富的外贸资源、完善的物流网络取得了显著的跨境电商发展成就。根据广州市商务局的数据，广州跨境电商进出口规模已从2014年的14.6亿元增加到2021年的675亿元，增长约45倍，零售进口规模连续8年全国第一。

七、深圳

作为中国改革开放设立的第一个特区，深圳的外贸一直居于全国前列。其中，出口贸易连续20多年名列第一位。如此发达的传统外贸，催生了深圳高度活跃的跨境电商产业。根据深圳市商务局的数据，截至2022年，深圳拥有跨境电商企业逾2万家，占全国的半数，B2C企业和大卖家超过5 000家，活跃卖家数占全国40%，是中国跨境电商“大本营”。因此，深圳是跨境电商试点需求最强烈的城市。

深圳跨境电商试点时间轴

2013年，深圳前海湾保税港区率先开展跨境贸易电子商务特殊区域出口试点，实现实单运行并取得快速发展。

2014年，深圳市获批跨境贸易电子商务服务试点城市资格。同年，在深圳海关隶属蛇口海关开展网购保税进口试点。

2016年,深圳市获批跨境电商综试区。深圳跨境电商发展进入快车道,业态规模迅速扩大。

2017年,深圳海关关区网购保税进口零售总值达19.2亿元人民币,较2016年增长了19.1%。

2018年,深圳市政府出台了《关于进一步优化营商环境服务跨境电子商务健康发展的若干措施》。

2019年,深圳市跨境电商交易额首次突破1 000亿元人民币,这是深圳跨境电商发展的一个里程碑。

深圳市跨境电子商务协会的数据显示,2022年,深圳跨境电商进出口额超1 900亿元,同比增长超2.3倍,跨境电商产业年产值规模已超5 000亿元,成为深圳外贸新业态的"金字招牌"。

或许是因为体量太大,深圳遗憾错失首批跨境电商试点。直到2013年底,深圳才启动第一批跨境电商出口试点业务,进口试点则是在2014年9月正式启动。深圳将试点区域设在前海和深圳机场,以前海为主。前海可以说是一个政策高地,拥有深港现代服务业合作区和前海湾保税港区。前者作为国际级战略平台,其配套政策与跨境电商产业定位高度吻合;后者属于海关特殊监管区域,具有高效便捷的通关、结算环境,非常适合发展跨境电商。此外,深圳毗邻香港,可利用香港区位优势从事跨境电商的转运模式,使跨境电商试点变得更加多样化。目前,深圳跨境电商适应外部环境变化,正在积极转型;未来,其将以新一轮跨越式增长,继续为外贸高质量发展提供强劲动能。

八、综合案例分析

"丝路电商"国际电子商务合作

一边是"中国品牌"热销海外;一边是海外商品走进中国市场。近年来,"丝路电商"打开一条双向贸易通道,成为"一带一路"经贸合作的重要组成部分。商务部按照国家主席习近平提出的建设和平之路、繁荣之路、开放之路、创新之路、文明之路的要求,深入推进"一带一路"经贸合作,发展"丝路电商",打造国际合作新平台。2016年以来,中国已与多个国家签署电子商务合作备忘录并建立双边电子商务合作机制,合作伙伴遍及五大洲,"丝路电商"成为经贸合作新渠道和新亮点。

商务部发布的信息显示,"丝路电商"国际合作不断深化,"朋友圈"越扩越大。目前,与中国建立电子商务合作的国家包括菲律宾、老挝、泰国、巴基斯坦、新加坡、白俄罗斯、塞内加尔、乌兹别克斯坦、瓦努阿图、萨摩亚、哥伦比亚、意大利、巴拿马、阿根廷、冰岛、卢旺达、阿联酋、科威特、俄罗斯、哈萨克斯坦、奥地利、匈牙利、爱沙尼亚、柬埔寨、澳大利亚、巴西、越南、新西兰和智利。

广州白云机场的出口货站内,一批以家电、衣服、玩具等商品为主的出口跨境电商包裹"整装待发",即将搭乘出口航班,运往巴基斯坦、南非等"一带一路"沿线国家。作为国家"一带一路"倡议和"空中丝绸之路"的重要国际航空枢纽之一,这样热火朝天的画面经常在广州白云机场出现。1 000 多千米外的上海，青浦综合保税区的仓库内整齐码放着数不清的货物，包括第四届进博会展品同款。第四届进博会结束后，这些来自世界各个国家和地区的展品上线跨境电商平台，可供消费者在线购买。一旦有人下单，商品就能从青浦综合保税区仓库直接发货。如今，这种“展品变商品”的模式吸引世界各地客商来到进博会，成为“丝路电商”参与者。“丝路电商”加强了我国与沿线各国、沿线各国之间的沟通与合作，以下几个案例能够帮助我们更好地了解“丝路电商”，带我们领略“丝路电商”的风采。

（一）中国东盟电子商务合作欣欣向荣

2022 年 10 月 27 日，中国与新加坡签署电子商务合作谅解备忘录，双方将促进企业合作和地方合作，提升物流、移动支付等领域合作水平；2022 年 11 月 19 日，中国与泰国签署电子商务合作谅解备忘录，双方将促进优质产品贸易，加强物流、配送、电子支付等领域合作，开展联合研究和能力建设合作，为两国电子商务发展创造良好环境，进一步拓展双边经贸合作新渠道；2022 年 11 月 29 日，中国与老挝签署电子商务合作谅解备忘录，双方将通过电子商务促进优质产品贸易，加强物流、移动支付等领域合作，助力两国经贸关系向更高水平发展；2023 年 1 月 4 日，中国与菲律宾签署电子商务合作谅解备忘录，双方将通过电子商务促进优质产品贸易，加强企业、地方、智库等合作，共同为双边经贸关系注入新动力。

近年来，中国与东盟的跨境电商合作蓬勃发展。博鳌亚洲论坛研究院 2022 年 7 月推出的《从中国—东盟合作经验看“一带一路”跨境电商发展》报告显示，2022 年上半年，中国对东盟的跨境电商出口增长 98.5%。RCEP 生效后，中国与东盟国家的跨境电商发展势头进一步增强，进出口规模与日俱增。该报告认为，中国与东盟不断加深的经贸往来、快速提升的数字基础设施、政府政策的有力支撑、对外投资持续发力以及数字化跨境支付快速发展等，是双方跨境电商合作取得突破的重要推动因素。在 RCEP 生效、线上经济成为常态、政府支持和市场发力的共同作用下，中国与东盟的跨境电商合作前景广阔。

值得一提的是，广西作为中国面向东盟开放合作的前沿，与东盟在电子商务领域的合作正驶入快车道。目前，广西已支持企业在泰国、越南、马来西亚等东盟国家设立 10 余个海外仓，并引进 Lazada 和 Shopee 两大东盟头部电商平台，面向东盟的跨境电商供应链体系初步形成。2022 年 12 月 31 日—2023 年 1 月 1 日，广西新丝路跨年电商节晚会暨 2023 全国网上年货节广西分会场启动仪式在中国—东盟特色商品汇聚中心举行。其间，来自中国和东盟的相关商协会、院校、企业代表进行云签约，决定共建中国—东盟跨境电子商务产教融合创新中心。

面向未来，如何继续推动中国与东盟国家电子商务合作走深走实，共享电子商务发展红利？首先，要实施好 RCEP 与中国-东盟自由贸易协定，积极履行电子商务章节的规则义务，高质量实施贸易投资领域的自由化、便利化措施，为中国与东盟国家电子商务合作创造更优的发展环境。推动中国与东盟在自由贸易区 3.0 版谈判中引入更高水平和对企业更加友好的电子商务规则，进一步激发区域电子商务合作的发展潜力。其次，要进一步提高中国与东盟的电子商务合作水平与质量。与东盟国家积极推动跨境电商、智慧物流等新业态、新模式，鼓励中国企业在东盟国家布局海外仓，支持跨境电商综试区，加强与东盟国家的电商合作。中国已经提出创建“丝路电商”合作先行区,可面向东盟国家优先开展合作。通过中国-东盟博览会、进博会等平台载体,与东盟国家加强电子商务领域的贸易投资。

(二)中国(阿拉山口)跨境电子商务综合试验区首列跨境电商班列开行

2022年2月27日11时30分,首列中国(阿拉山口)跨境电子商务综合试验区“阿拉山口-塔什干跨境电商班列”从阿拉山口口岸驶出,驶向乌兹别克斯坦。

此次班列运载的货物主要是来自江苏、浙江等地的太阳能配件、钢铁配件、布料、纺织用品、卫浴产品、厨房用品、小家电等,货值约88.4万美元。作为中国(阿拉山口)跨境电子商务综合试验区首批货物运输代理企业,中铝物流集团中部国际陆港有限公司与顺丰多式联运有限公司密切合作,在中国(阿拉山口)跨境电子商务综合试验区获批复后率先组织发运跨境电商班列,进一步提高阿拉山口本地报关国际联运业务的承载体量。

为更好地畅通国内国际双循环战略通道、助力外贸经济发展,中国铁路乌鲁木齐局集团有限公司阿拉山口站与阿拉山口海关联合为跨境电商包裹运输开辟绿色通道。铁路部门提前和哈方铁路部门通报信息,畅通出境运输渠道,对跨境电商包裹运输实施“优先装车、优先制票、优先挂运”等措施。海关部门与铁路部门和跨境电商企业沟通协作,积极落实推动跨境电商发展各项措施,在货物到达后第一时间办理通关手续,立足海关职能,持续跟进优化跨境电商“公铁联运”模式。

“中欧班列使跨境电商发展空间更为广阔,这也给我们物流产业发展带来新机遇,我们将携手其他物流公司,抢抓‘一带一路’跨境电商发展的大好时机,推进全国各地货物在新疆集结发运。”顺丰多式联运阿拉山口跨境电商业务经理张婷说。

博尔塔拉蒙古自治州党委副秘书长皮履屏表示,中国(阿拉山口)跨境电子商务综合试验区获批后仅20天,就实现跨境电商综试区班列零突破。下一步,博州将加快建设阿拉山口进出口商品集散交易中心、进出口加工贸易产业集聚中心,叠加跨境电商综试区、阿拉山口综合保税区、西部大开发、沿边开发开放等政策,着力将阿拉山口建设成为我国向西开放的先行示范区。

(三)中巴电子商务合作助力巴西经济增长

根据知名市场调研公司尼尔森发布的报告,2021年上半年,巴西电子商务销售额同比增长31%,达创纪录的530亿雷亚尔,订单数量增长7%,突破1亿单大关。尼尔森电子商务负责人马塞洛·奥萨奈表示,消费者适应了电子商务的便利,经常购买并寻找不同类别的产品,而网购新手比老手消费额更高。

得益于广阔的市场和良好的潜力,来自新加坡、美国、墨西哥等跨境电商企业纷纷入驻巴西,巴西电子商务的蓬勃发展也吸引中国电商深耕本地,为本地企业服务。2021年,来自中国的全球速卖通巴西站宣布正式开通,欢迎巴西本地商家入驻,让本地企业也能够搭乘电商的顺风车,进一步释放巴西电子商务的发展潜力。菜鸟网络也将为巴西本地商家提供仓储、分拨和“最后一公里”配送等服务,提升巴西国内配送的物流时效与收货体验。

金融服务科技企业FIS旗下的全球支付服务提供商Worldpay发布的《2021年全球支付报告》显示,预计到2024年,巴西电子商务市场将增长57%。

“中国电商平台的出现,对巴西本土企业来说是个值得深入挖掘的机会。”中国社科院拉丁美洲研究所巴西研究中心执行主任周志伟表示,目前,中国-巴西贸易主要以大宗贸易为主。而电子商务则更为灵活,可以打通并连接广大终端消费者,有助于巴西疫情下的经济恢复。

速卖通在巴西颇受商家和消费者的欢迎。仅在速卖通巴西站开通的3周内,不少巴西商家争相报名注册。为了保证巴西消费者的物流体验,菜鸟开通了每周5班的中国—南美包机,保证中国货物直飞巴西,提升物流时效。菜鸟针对拉丁美洲消费者打造的高效跨境物流服务,联合速卖通已经实现在巴西核心都市圈“12日达”。此外,菜鸟还计划在巴西建立分拨中心,将本地物流配送时效提升至次日达甚至当日达,也计划与本地3～5家配送公司合作,进一步提高配送时效,打造覆盖巴西的物流网络。

“巴西是我们增长最快的市场之一,电商发展潜力巨大。”菜鸟出口物流事业部总经理熊伟介绍,目前,菜鸟已经通过境内优选仓、南美包机、秒级清关物流等,打通了中国到巴西的跨境物流全链路。

中巴电子商务合作让双方利用数字经济突破疫情阻碍,达到互利共赢和共同发展。中国电商企业利用其全球供应链与数智物流技术,为巴西商家和消费者提供高性价比、时效高的物流服务,拉动本地消费,助力巴西恢复经济发展。周志伟告诉记者,中国电商物流企业的到来,也可以进一步加深双方在数字经济与智慧物流方面的合作,对中国国内消费起到提振作用。

资料来源：中国商务部网站。

复习思考题

1. 跨境电商市场发展的方向有哪些?
2. 简要说明俄罗斯、美国、巴西及一些欧洲国家的跨境电商市场环境。
3. 最近几年,全球主要跨境电商市场国家跨境电商政策的变化有哪些?政策的发展趋势如何?
4. 我国鼓励跨境电商发展的政策有哪些?卖家如何享受国家跨境电商政策红利?
5. 什么是跨境电商试点城市?
6. 跨境电商试点城市发展措施及可享受的政策主要有哪些?

练　习　题

第六章

跨境电商产品及货源策略

【教学目的和要求】

跨境电商产品策略的本质就是结合境内的产业基础和企业自身的条件(优势产业)和境外买家的需求,决定卖什么的问题,因此选品策略是整个跨境电商运营策略的基石。本章对跨境电商选品问题进行了简要的探析,分析跨境电商选品的策略。采购货源是跨境电商产品策略的又一重要内容,找到一个可靠并有竞争力的货源是跨境电商运营的关键,对跨境电商卖家而言,淘宝、天猫分销、阿里巴巴批发、整合分销、专业市场、代理商或产家等,都是常见的采购货源。

【关键概念】

跨境电商选品　长尾产品　专利权　跨境电商采购　整合分销　当地专业商品交易市场　传统线下代理商或批发商

敦煌网作为中小额B2B境外电子商务的创新者,是为境外众多的中小采购商提供采购服务的国际网上批发交易平台。敦煌网新品类助推计划主要包括食品、家电和母婴三大门类。通过Google Trends分析,国外采购食品需求属于常规需求,每年的数据都很平稳并且在年底呈上升的趋势。但是,食品类在跨境电商出口平台中必须严格按照食品安全法的规定,卖家必须具备通过实名认证的企业资质;营业执照必须为食品类和相关品类;生产型企业须提供相应证明与其相关授权及进货证明文件才能进入平台进行食品饮料类的销售。家电方面,随着“一带一路”倡议的加快实施,互联互通项目建设、贸易和投资便利化、企业合作机制等项目的不断推进,中国家用电器出口规模也明显有所扩大。Statista数据显示,截至2021年,全球母婴产品的市场规模已实现多年连续增长,预计在2026年全球母婴产品市场总规模将达到887.2亿美元。

资料来源:敦煌网. https://seller.dhgate.com/promotion/465-xinpinleizm.html?d=f-xinpinzmsyy2; Statista数据库. https://www.statista.com/study/65177/baby-products-market-worldwide/.

结合敦煌网案例,试分析跨境电商选品有哪些特征。

第一节　跨境电商选品问题探析

作为跨境电商的一个重要环节,选品会直接影响到店铺销售。错误的产品选择不仅浪费卖家的时间，而且使产品面临滞销等问题。而跨境电商的货源策略，则是跨境电商卖家根据各地的优势产业和对产品的销量情况的预测，构建产品的供应链和采购方式等。

初创跨境电商卖家可能通过平台的搜索及销售情况，通过“跟卖”或“试错”等方法，逐步明确自身的选品方向。在跨境电商平台上，以什么样的方式展示包括产品属性、图片、标题、详细说明等方面的全貌，也是跨境电商产品策略的重要内容。

在不久前，跨境电商卖家沉浸在跨境电商的“狂欢”中，似乎在批发市场随便进一批货，甚至在境内电商渠道“搬家”，上架产品至第三方电商平台后就可以获得较大的销量，而且利润还不错。但很快，这种粗放的选品方式就难以为继，具体表现为大量新入行的中小卖家卖不动产品，或者是还有一大批老卖家库存积压和利润下降。

实际上，跨境电商品类选择是一个内容广泛的话题。站在跨境电商出口卖家或是进口卖家、第三方平台卖家或是独立垂直网站卖家、同一平台的不同卖家等角度，针对不同市场区域和买家群体，会对跨境电商的品类选择问题有不同的看法。然而，对于大部分跨境电商卖家来说，品类选择问题存在一定的共性。实际上，品类选择问题也是卖家的市场定位问题，即决定在跨境电商市场卖什么的问题。接下来就以第三方跨境电商平台为例，来阐述跨境电商出口的品类选择问题。

一、目标市场国家（地区）的产业比较

传统国际贸易理论认为，国际贸易得以发生的前提是国（地区）与国（地区）之间存在的产业差异，即国际贸易产品所在的行业，出口国（地区）相比进口国（地区）具有产业比较优势。因此，发现目标市场国家（地区）相比国（地区）内弱势的产业，可以为国（地区）内出口电商卖家提供一个更大范围的品类选择方向。如俄罗斯作为军事强国，重工业发达，但轻工业、纺织品及食品产业相对较弱，这为纺织品、日用品、玩具及食品等相关行业的卖家提供了广阔的市场前景。另一跨境电商主要市场国巴西，和我国具有较为明显的产业差异，巴西的比较优势的产品主要是食品、烟草、饮料、原材料（非矿物燃料）、动植物油、脂和蜡，而中国的优势产品是机器交通设备、房屋装饰用品、家具寝具、箱包容器、服装、鞋帽、各种仪器和自动化设备等各种制成品。[①] 由此证明，中国和目标市场国之间的产业比较差异及互补性，对跨境电商交易进一步发展也是十分有利的。

关于国际的产业差异及比较研究，从传统外贸企业或研究机构等不同途径获取的资料很大程度上可以为境内跨境电商卖家提供参考，在此也不再深入阐述。

二、关注境外买家的需求

（一）平台热卖产品

如果目标市场国家（地区）的产业比较研究，可以为境内跨境电商卖家提供经营品类选择的大方向，那么不同出口电商平台针对特定市场国家（地区）发布的热卖产品的报告，则可以为境内卖家提供一个具体的视野。

---

① 卫灵，王雯．“金砖四国”中的巴西及中国-巴西双边贸易分析[J]．当代财经，2010(10)：98-102.

事实上,各大跨境电商平台均会不定期发布一段时间内全球各大城市区域的热卖产品情况。境内卖家如果能充分利用这些平台的热卖产品报告进行产品类目的选择,则不失为一种良策。以东南亚某热门跨境零售平台为例,该平台2020年和2021年的巴西一级类目与二级类目销量变化情况如表6-1所示。

表6-1 东南亚某跨境零售平台巴西站热卖品变化

2020年热卖品		2021年热卖品	
一级类目	二级类目	一级类目	二级类目
手机配件	可穿戴设备	手机平板及配件	配件
	手机壳		智能穿戴
	音频设备		手机
美妆保健	美妆	时尚配饰	眼镜
	护肤		项链
	个人护理		戒指
家居生活	厨房用品	家居生活	家居装饰
	家居装饰		厨具
	灯具		装修用品
饰品 & 手表	手表	美妆保健	化妆品
	饰品		化妆工具
	手表配件		护肤品
时尚配饰	眼镜	影音娱乐	耳机
	发饰		视听器材
	更多配饰		多媒体播放

从表6-1可以看出,东南亚某跨境零售平台巴西站热卖品的销量在行业分布上发生了一定程度的变化,但排名靠前的以东南亚相比巴西具有产业优势的行业为主,手机配件这类热卖产品一直稳居第一。另外,一些类目(时尚配饰)的销量上升,这背后无非是基于供需两方面的原因:一方面,巴西市场对这类产品需求上升;另一方面,东南亚相关行业卖家数量增长,其在选品策略方面也进行了调整。

(二)平台搜索数据和结果

以上平台热卖产品类目,往往是跨境电商的"红海"行业,"红海"行业的特点就是行业竞争非常激烈,总体销量虽大,但利润率并不高。这是参考以上平台热卖产品进行品类选择所不足的地方。如果可以撇开当前的销量不谈,那么各大跨境电商平台的"关键词"搜索情况则可以在很大程度上反映境外买家的潜在需求。

以境内某热门跨境零售平台为例,其在卖家用户的后台操作平台,可以利用"生意参谋"下的"搜索词分析"功能,下载特定行业及特定区域近7天的平台热搜词报表。现以"精品珠宝"行业在全球市场为例,下载热搜词报表,截取Top 10搜索词,如表6-2所示。

表 6-2 某平台"精品珠宝"行业 Top 10 搜索词

排名	搜索词	是否品牌原词	搜索人气	搜索指数	点击率/%	支付转化率/%	竞争指数
1	earrings	否	57 729	182 381	19.06	0.61	6.45
2	jewelry for women	否	39 970	165 876	22.06	0.40	11.38
3	halloween	否	69 743	164 814	19.80	0.12	1.09
4	rings	否	55 332	158 622	21.39	0.79	6.17
5	hello kitty	是	56 173	151 206	13.83	0.09	0.95
6	earrings for women	否	34 599	143 613	20.83	0.82	6.75
7	natal	否	38 505	142 168	11.54	0.05	2.11
8	pandora 925 original	否	25 996	129 730	36.57	1.42	19.85
9	rings for women	否	26 857	116 598	25.03	0.73	8.52
10	ring	否	34 057	110 228	23.72	0.71	6.47

表 6-2 中排名前三的"earrings""jewelry for women"和"halloween"平台热搜词，在一定程度上代表了潮流产品和特殊节日需求品的类别，以上三种产品的共同特点是都具有较大的境外市场需求，但在平台销量或竞争程度方面存在差异。

1. 潮流产品搜索词"earrings"

在表 6-2 中，"earrings"的搜索指数最高。从字面来看，"earrings"的意思是"耳饰"。利用该平台的搜索引擎用"earrings"搜索后了解到，该产品款式多种多样，如图 6-1 所示。

在表 6-2 中，"earrings"不但具有最高的搜索指数，还有 19.06%的点击率和 0.61%的支付转化率，更值得注意的是，其竞争指数为 6.45，处于相对中等的水平。因此可以初步判断，如果境内卖家能找到类似的产品投置该平台，将会在该平台热搜的国家或地区，如排名前三的美国、英国和加拿大有不错的市场前景。

2. 潮流产品搜索词"jewelry for women"

另一个搜索指数较高的词是"jewelry for women"，从字面不难理解，平台买家是想通过这个词找到适合女性的珠宝。实际搜索"jewelry for women"得到的典型产品如图 6-2 所示。

图 6-1 某平台搜索词"earrings"搜索结果产品示例

图 6-2 某平台搜索词"jewelry for women"搜索结果产品示例

该搜索词不仅具有较高的搜索指数和点击率，竞争指数还达到了 11.38。从实际搜索结果来看，与该搜索词相关的产品包括耳饰、戒指、手链和项链等多种类别，销量较高。这说明：一是女性珠宝的境外需求潜力大；二是该类产品平台内卖家间的竞争较为激烈。

3．特殊节日需求品搜索词“halloween”

“halloween”意为“万圣节”，是西方的传统节日。通过该词的字面意思，我们可以了解到境外买家是需要与“万圣节”相关的珠宝饰品。用该平台的搜索引擎搜索“halloween”后发现，其结果多为南瓜、女巫等元素的节日衍生品，如图6-3所示。

图6-3 某平台搜索词“halloween”搜索结果产品示例

通过上述搜索结果发现，“万圣节”产品在该平台销量不大，表6-2中0.12%的支付转化率也可以说明这一点。事实上，“万圣节”在西方国家非常流行，临近节日出现与之相关的产品热搜似乎不足为奇。该搜索词的竞争指数只有1.09，搜索结果中链接多达几千条，说明该类产品竞争力较低。另外值得关注的是，境外买家对此类产品以注重创意与设计感为主。因此，境内卖家可以从设计优势入手，抓住节日的销售时机。

（三）搜索引擎搜索情况

如果说以上搜索结果具有一定的局限性(或者说不同平台的搜索结果存在差异)，那谷歌趋势(Google Trends)和百度指数等搜索日志分析的应用产品就可以帮助我们分析全球数以亿计的搜索中，某一搜索关键词各个时期的搜索变化趋势及该关键词被搜索的频率和相关统计数据等。这样就可以以相关网络搜索事件及搜索统计，来了解产品市场需求变化趋势。

现以Google Trends(https://trends.google.com)为例，来尝试查看上述“珠宝饰品”行业的关键词“earrings”搜索趋势统计情况。Google Trends获得的关键词“earrings”相关的搜索热度随时间变化趋势及相关搜索分别如图6-4和图6-5所示。

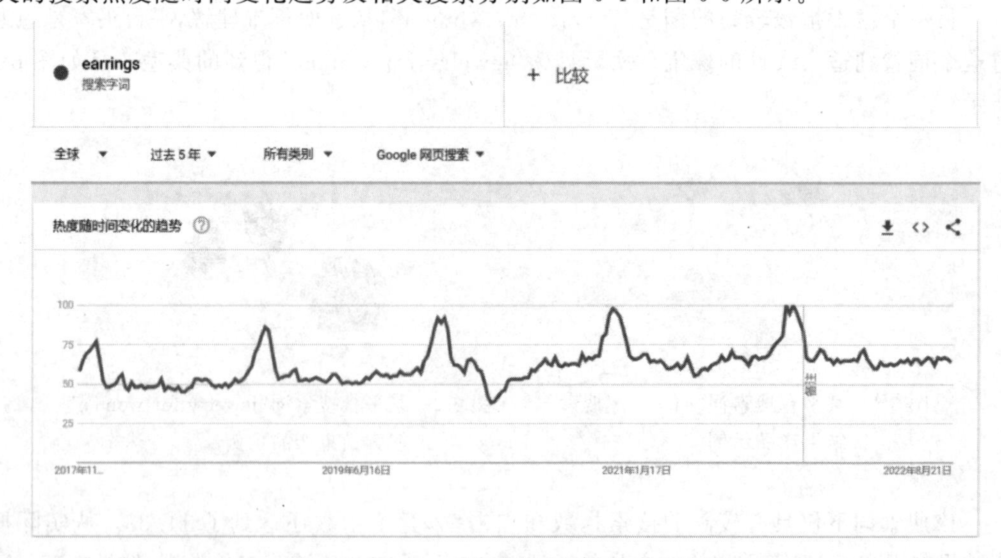

图6-4 “earrings”搜索热度随时间变化趋势

相关主题	搜索量上升
1 灶门炭治郎 - 主题	飙升
2 Mejuri - 主题	+3,000%
3 Paparazzi - 主题	+800%
4 黏土 - 主题	+250%
5 聚合物 - 主题	+200%

相关查询	搜索量上升
1 hanafuda earrings	飙升
2 tanjiro earrings	飙升
3 demon slayer earrings	飙升
4 shein earrings	+4,050%
5 mejuri earrings	+2,700%

图 6-5　“earrings”的相关搜索

从图 6-4 可以看出，关键词“earrings”的搜索量一直较高，热度基本都维持在 50 以上。此外，还可以看出，“earrings”在每年 12 月中上旬都会达到一个高峰，这可能是因为国外 12 月份的节日较多。这说明，“earrings”是一个货真价实的热门行业或热销产品。

在境内某跨境电商平台，“earrings”区域搜索量前三是美国、英国和加拿大，而 Google Trends 则显示该关键词区域热度依次是英国、澳大利亚和美国，其原因很有可能是该电商平台在境外不同区域市场影响力并不均衡，同时 Google 搜索引擎在不同区域用户数量也存在差异。

拓展阅读 6-1　美国取暖产品爆了！卖家备货不足

“earrings”相关搜索标题主要有“灶门炭治郎”和“Mejuri”等，即漫画《鬼灭之刃》和加拿大某高级珠宝品牌。看来搜索“earrings”的用户需求的并不是普通的耳饰，而是与流行漫画或高级品牌相关的潮流耳饰。

（四）关注浩瀚的“长尾”产品

在以上境外目标市场的产业分析、平台热卖产品、平台搜索词分析及搜索引擎趋势分析工具等的运用中，实际上试图把注意力集中在境外市场需求大、当前销量大或具有较大发展潜力的产品类目上。在当前跨境电商竞争日趋激烈的情况下，这些产品类目大多属于“红海”。

如在表 6-1 中，除了 Top 5 行业类目，还有诸多销量并不起眼的其他类目。长尾产品正是这些单品销量并不起眼的诸多产品，它们的总销量累计却可以达到一个惊人的程度，甚至超过任何一个 Top 10 的一级类目。

1. 长尾产品的特点

长尾产品的特点是需求少、种类数量多、销量规模庞大及利润高。

（1）某种长尾产品的需求往往是针对特定市场区域而言的。这里的需求少是指虽然存在需求，但由于市场容量很小，不足以支撑传统市场营销规模化的要求，因此不被传统营销所重视。

（2）种类数量多是指长尾产品在各行各业广泛存在，如快速消费品行业的一些极具个性化的产品、特殊行业的特殊产品等。

（3）销量规模庞大是指所有长尾产品的销量可以达到一个很高的水平。特别是在跨境电商环境下,信息传递范围更广,可以汇集来自全球的订单,单个产品的销量实际上还是比较可观的,甚至有的产品由于电子商务的运用,不再是长尾产品。再加上各行各业长尾种类众多,总销量大也就更不足为奇了。

(4) 少量特定买家对特定长尾产品需求往往比较迫切,提供长尾产品的卖家往往可以避免大宗商品卖家间存在的激烈价格竞争,因此单个长尾产品的销售利润率往往可以达到较高的水平。

2. 长尾产品的种类

下面通过几个例子来说明在跨境电商环境下,长尾产品的广泛存在。

(1) 行业内的非标品。在某个成熟行业,往往会有一些主打产品,其需求量和销量大,生产商也多,一些实力较强的生产商往往采用品牌化运作手段,产品的种类、规格及性能趋于统一。而行业内往往同时会有大量非标品正好和主打产品相反,形成该行业的长尾产品。

以户外露营用品行业为例,帐篷是主打产品,大量相关产品则可以认为是长尾产品,如帐篷垫、帐篷灯、地钉、防风绳及户外挂钩等,如图6-6所示。

图6-6 “帐篷”及其长尾产品示例

(2) 行业内的个性化产品。个性化产品在服装行业最为突出,除了西装、衬衫、T恤及裙子等细分类目外,也有一些极具个性的产品,如图6-7所示。

图6-7 服装行业个性化产品示例

如果说以上个性化服装甚至一度还很流行,销量还很好,因此算不上什么长尾产品,那么种类繁多、大量存在于服装行业典型的“奇装异服”就一定算得上是长尾产品了。这类服装产品,强调的是奇特,用户似乎并不关注品牌或品质,虽然销量不多,但也几乎可以说“只要你敢卖,就会有人买”。该类产品如图6-8所示。

(3) 行业内特殊用途的产品。在某行业内部,除规格化的通用产品外,还有一些在功

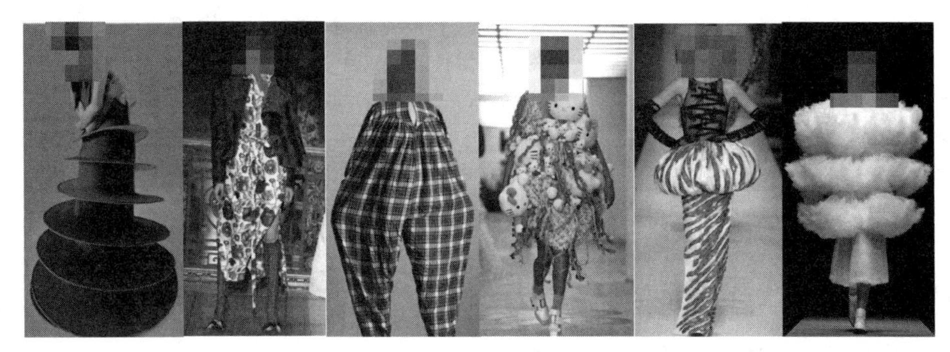

图 6-8　服装行业极具个性化产品示例

能上具有特殊用途的产品。如服装行业的婚纱、礼服、演出服、舞台服、芭蕾舞服及马戏服等,如图 6-9 所示。由于这类服装需求量相对较少,一定程度上也可以被认为是服装行业的长尾产品。

图 6-9　服装行业特殊用途的产品示例

(五) 综合案例分析

2022 年下半年"国货出海六大趋势",AliExpress 助力国货出海

日前,速卖通发布 2022 年下半年"国货出海六大趋势"报告,指出下半年销售趋势持续看涨的六个大类。受多重因素影响,网上购物以不可逆增速持续发展。对跨境电商卖家而言,这无疑是一个利好消息。跨境电商,数据先行,选择合适的行业、产品、平台,对商家而言,便是一种"选择大于努力"的最佳现实注解。跨境电商卖家紧抓热门趋势,把握热销产品风口及对应的适售区域,是其弯道超车或者逆势成长的必要前提。

从速卖通公布的报告内容来看,平板电脑、智能小家电、宠物用品、户外运动用品、车库经济等品类火爆异常,中国出海产品在海外受到消费者热烈追捧。

1. 国产平板电脑正在占领海外市场

国产品牌在功能上的创新和进步带来了国产平板电脑体验上的升级,同时也促成了国产平板电脑市场份额的提升。更多国产品牌加入市场竞争,2021 年以来,平板电脑市场需求的增加吸引了不少品牌重新进入该市场,如小米此前发布了小米平板电脑 5 系列。OPPO、vivo、realme 等品牌也开始在平板电脑产品上发力。

图 6-10 Blackview 新品平板电脑

在极具科技含量的3C数码领域,中国品牌正在占领海外市场,在速卖通上,国产平板电脑品类增速达到100%,极具竞争力。“国货品牌出海季”大促刚刚结束,一家来自深圳的3C数码品牌Blackview表现亮眼,其在大促上首发的新品平板电脑成为首日销量冠军(图6-10)。

Blackview因其优质的产品体验、极致的性价比让中国的3C数码产品成为海外消费者的新宠。

2. 中国智能小家电在海外出圈

几年前在国内掀起“懒人经济”热潮的智能小家电品牌,现在也正在“占领”外国人的家庭,国内知名的扫地机器人品牌添可、追觅、石头科技等都纷纷通过速卖通布局出海。

在咖啡机领域,一批智能家电中国品牌在海外做火了。2019年创立的HiBREW,本来是一家做咖啡机代工的外贸工厂,在入驻速卖通做自己的出海品牌后,快速用其新品牌进入西班牙、法国、中东等多个市场(图6-11)。

HiBREW的负责人说,他们现在一款很火的咖啡机,可以让消费者自主选择用胶囊还是咖啡粉进行冲泡,就是根据速卖通上的海外消费者反馈,针对其痛点进行创新后一举打开市场的。速卖通维持HiBREW这个品牌60%的境外生意,切中“懒人经济”的痛点,中国智能小家电品类下半年增长趋势非常稳定。

图 6-11 在海外深受消费者喜爱的国货咖啡机品牌 HiBREW

3. 创意宠物用品受海外消费者追捧

宠物用品历来是海外消费者消费的重要板块,只是相对前几年的基础款宠物消费产品,2022年以来,海外消费者对国货创意宠物产品的需求更加旺盛,这一趋势还在不断攀升。以在此次宠物产品消费热潮中的国货宠物品牌宠恒为例,其设计、生产的一款名为“天空之城”的猫爬架正在热卖中,150美元的售价也完全没有阻碍到海外消费者的购买热情(图6-12)。

这款猫爬架融合古城堡建筑风格,兼具趣味性设计,售价则高于市价基础款产品3倍。起初该品牌方如此定价也稍显忐忑,但后来该产品的热卖为其注入一针强心剂。这从一个侧面反映出创意设计的重要性,创意过关、品质精良,海外消费者便愿意为之买单,同时也启迪国内中小品牌跨境商家,国货品牌出海既要搭乘行业东风,也要秉承差异化发展策略,围绕产品研发、设计、生产等各环节下足功夫,产品优质,自然有人买单。

4. 户外运动赛道中国制造“后起之秀”

近年来,像垂钓、露营经济等从海外流行起来的户外及运动方式,在“火”进中国后,却被中国产品反向输出,现在全世界相关爱好者都开始买中国生产的商品。在全球速卖通上,截至2022年,露营用品已经连续3年增速超过50%。

比如疫情下火起来的精致露营,热潮持续高涨。挪客(Naturehike)便是其中的佼佼者,也是中国品牌成功出海的一个代表,2021年“双11”,该品牌一款充气帐篷单日卖出

50 万美元(图 6-13)。

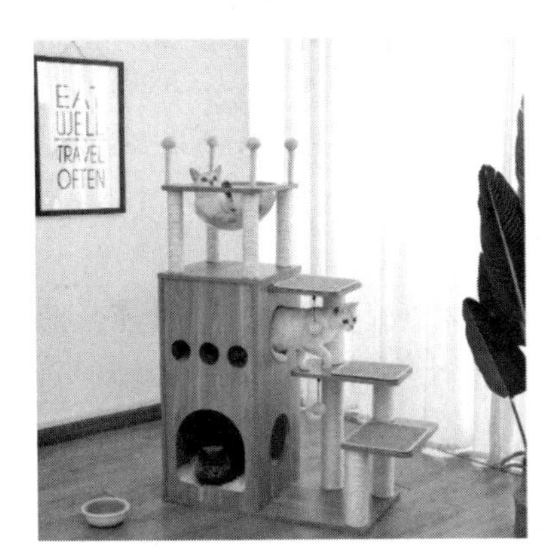

图 6-12　宠恒原创设计的猫爬架

图 6-13　挪客产品覆盖露营全场景

另外还有爆火的钓鱼运动，在全球范围吸引“入坑钓友”。根据中研产业研究院发布的数据，截至 2022 年上半年，中国已有近 24 万家渔具相关企业，出产了全世界 80%的渔具产品。

中国渔具行业早就奋发图强，不少自主品牌不再受制于人，如鱼线制造品牌渔猎(SeaKnight)，把中国渔具远销至全球 200 多个国家及地区、卖出的渔线可绕地球 N 圈……中国品牌走出了一条从代工到自主研制再到制霸全球的进击之路。

5. 车库经济中国品牌快速崛起

除此之外，还有一些国货出海，迎合了海外消费者独特的生活方式。

例如在国外，很多消费者都喜欢在车库改造一些家具、制作一些手工艺品等，“自己动手”是一种生活方式，形成了一种独特的“车库经济”，因此像 WOSAI、HOTO 等国货工具类品牌也正在速卖通上快速崛起。

一年线上业务 GMV 达 3 600 万的 WOSAI，在速卖通成长 9 年，如今其 95%的跨境线上业务都来自速卖通，见证了中国跨境电商和速卖通平台的飞速成长(图 6-14)。

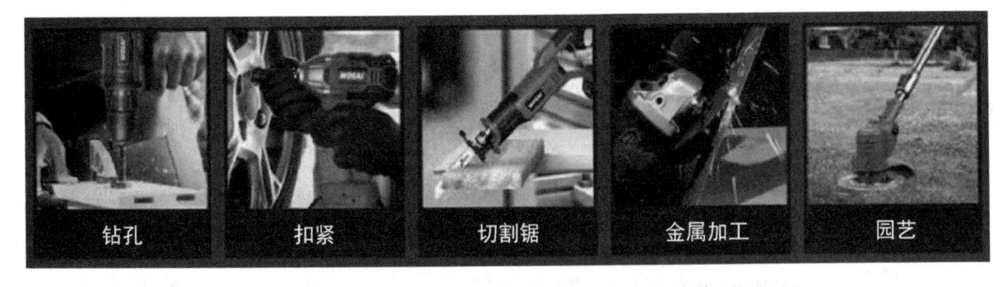

图 6-14　千万海外家庭在用的中国电动工具品牌 WOSAI

与深耕跨境市场多年的品牌不同，HOTO 决定出海后首先选择了速卖通，入驻一年，跨境业务 GMV 突破 100 万美元，海外用户提到 HOTO，都是“颠覆的设计、精致的做工、超前的想法”，中国品牌的理念早就不输海外品牌了。

6. 家用能源品类成海外消费者刚需

还有一个品类,很多中国商家可能尚未注意到,但在海外市场如今已经成为刚需,那就是家用能源。

受到极端天气和能源危机的双重夹击,能源成本在上涨,同时户外运动场景带动了户外储能设备的发展。根据中信证券的数据,2021—2025年,全球储能市场年复合增长率将保持在60%以上,行业处于高速发展阶段。

在速卖通上,也有踩中商机的国货品牌——Liitokala,这个从内贸转向海外市场的“夫妻店”,在速卖通上经营9年,让中国锂电池成为老外口中夸赞的“中国好货”(图6-15)。

图6-15 Liitokala的核心产品

资料来源:最新出炉!国货出海六大趋势公布,2022下半年这些产品在海外最好卖~[EB/OL].(2022-09-02).https://www.cifnews.com/article/130943.

1. 请简要分析,为什么本案例所涉6款产品会在跨境电商平台热销。

2. 从跨境电商产品策略的角度来看,这6款热销产品有什么共同的特点?

对全国各地的优势行业和产品的了解,不但有助于卖家进行合理的选品,还可以为卖家在构建产品货源及供应链整合方面提供必要的决策基础。对产品属性、图片、标题、详细说明等方面进行全面合理的展示,也是跨境电商产品策略的重要内容。而对店铺进行必要的装修,则关系到卖家的整体形象。

跨境电商的货源策略,则是跨境电商卖家根据各地的优势产业,根据对产品销量情况的预测,构建产品的供应链和采购方式等。构建可靠的产品货源,是进一步提高跨境电商卖家竞争力的重要方式。在构建产品货源的过程中,应当关注境内各地的优势行业,并通过淘宝、天猫分销、阿里巴巴批发、整合分销、专业市场、代理商或产家等渠道进行合理的采购。

三、跨境电商具体选品策略

实际上,完全根据境外市场调研,以在精准地了解境外卖家潜在需求后进行选品具有非常大的难度。首先,开展专门境外市场调研具有一定的难度,其实施成本也非常高;其次,即便是深入专业的境外市场调研,也只能掌握境外买家需求的大致情况,很难锁定境外买家对具体产品的需求;最后,就算精准地掌握了境外买家的需求,也很难快速在境内找到或开发出相应的产品。因此境外需求推动的选品方法是相对的,也就是说要根据现有或较容易获得的境外买家需求信息,进行相对准确的选品。而本章第一节“关注境外买家的需求”中,实际上已经较为充分地阐述了相应的选品方法。

在大致了解境外买家的需求之后，接下来卖家则要在境内市场找到并选择相应的产品上传至跨境电商平台，这就是跨境电商品类选择。选品的正确与否，直接影响境内卖家后续的经营表现。但事实上，对大量中小卖家而言，相比前期事无巨细的市场调研，快速地完成选品以抓住潜在的市场机会显得更为重要。因此接下来阐述适用于中小卖家的几种快速和相对准确的跨境电商品类选择方法。

（一）直接从境内优势行业中选品

无须前期充分的境外市场调研，卖家在了解境内或当地的优势产业后，直接和境内或当地的相关厂商取得联系，把相应的优势产品上传至跨境电商平台。大部分早期成长起来的跨境电商卖家实际上就是采取了这种选品方法。

特别是在通用性较强的产品领域，这种选品方法非常有效。因为对通用性较强的产品而言，境内外买家的需求差别不大，将境内具有产业优势的这类产品上传到跨境电商平台后，应当也会有不错的销量。但这种选品方法有一个明显的缺点，那就是容易形成跨境电商卖家间激烈的竞争，在经营过程中相互压价，导致利润的下降。

（二）跟卖式的选品策略

跨境电商的一个特点是，如果选品得当，那么该产品上传后稍加推广手段，就可以快速获得良好的销售效果。因此可以利用跨境电商平台的这一特征，来进行选品的测试。

在亚马逊平台上，亚马逊统一管控所有卖家上传的产品链接，并允许多个卖家共用一个产品链接。这样，某一卖家在上传产品后，其他卖家也可以在此基础上填写一些价格信息，一起销售同样的商品。这就是亚马逊跟卖。当然，对于有品牌商标的商品，跟卖是不允许的。对于新卖家来说，跟卖平台上热销的中性商品，很容易提高成交量。

然而，此处谈及的跟卖并不局限于亚马逊平台，更多的是指一种模仿竞争对手的跟随策略。简单来说就是，人家什么产品卖得好，我们也跟着卖类似产品。就像在中国的饮料行业，娃哈哈凭借跟随策略一举成为饮料霸主。在中国的互联网行业，腾讯也是凭借不断模仿竞争对手的运营模式，屡获成功。

在跟卖之前，需要找到销量好的商品。不管是在亚马逊，还是在 eBay、速卖通，都很容易就能发现那些爆款。接下来就是比对自有商品类目，如果有相同或接近的，在不侵权的情况下就应该主推这些产品；如果没有，则在产品开发方面下功夫，向上游寻找相关产品。在自主开发产品的过程中，一定要贴上自己的商标，以在知识产权方面占得先机。对于销量很好的品牌商产品，要主动去联系品牌商，获得相应授权进行分销。要知道，在对价格有一定管控的基础上，品牌商是非常愿意更多的商家来帮其分销商品的。

（三）试错式选品策略

著名心理学家桑代克提出了“试误说”(trial and error)，也即学习的过程就是一个不断试错的过程。实际上，“试误说”也能很好地运用于品类管控。

从很多大型外贸电商企业的发展中，都能找到运用试错策略的痕迹。例如，FocalPrice 从 3C 数码起家，后来发展很快，上线了很多非 3C 类产品；然而，在 2014 年

5月，FocalPrice 砍掉了其他不重要的品类，专注于3C数码等。又如，DX早期定位于游戏机和配件，后来品类延伸至3C数码及配件，再后来拓展到婚纱礼服、箱包等；2014年9月，DX关闭了子站DX Mall，对品类进行了大幅缩减。

显然，品类管控中的试错策略就是一个品类扩展再收缩的动态过程。对于独立网站来说，这和网站的目标人群定位也有很大的关系。对于平台卖家，通过试错策略，能够从大量的商品中发现精品，进而将其打造成爆款甚至有品牌的商品。或许在eBay和速卖通，通过海量产品来提高曝光率依旧是主流模式，但是在亚马逊，打造精品才是制胜之道。

另外，从企业发展的角度来看，任何一个卖家在发展过程中都会受到规模扩张的诱惑，这个时候上线更多的产品SKU有助于提升销售额；然而，受制于资源限制(如编辑人员的不足、营销精力有限等)，必然要对SKU进行缩减。这其实也充分体现了试错策略在外贸电商企业中的运用。

(四) 产品组合策略

店铺SKU似乎是每个大卖家的必经之路。面对浩瀚的产品，必须做到轻重缓急。也即，在整个产品线中，要有核心产品和补充性产品的组合。这就是产品组合策略。

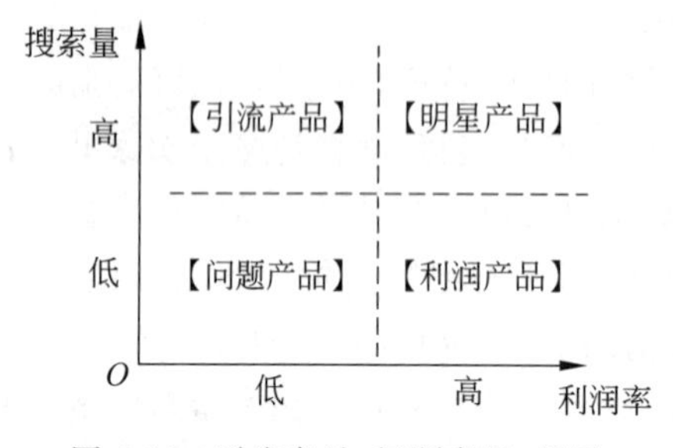

图 6-16 引流产品、问题产品、明星产品及利润产品划分

那么，如何判断核心产品和补充性产品呢？在不考虑品牌因素的情况下，对于一件产品，往往可以从两个维度来分析：搜索量和利润率，如图6-16所示。

根据搜索量的高低和利润率的高低，把产品分为四种：①明星产品。毋庸置疑，如果有这类产品，那么肯定是处在蓝海市场中。从当前外贸电商的竞争程度来看，这类产品几乎绝迹了。当然，如果把品牌因素考虑进去，那么还是有不少明星产品。例如，Anker在美国市场拥有不错的知名度，那么Anker很有可能就是一个高搜索量并且高利润率的明星产品。因此，对于广大卖家来说，要打造明星产品，应该从品牌入手，或者自建品牌，或者代销知名品牌。②引流产品。这类产品的搜索量很高，但在激烈的市场竞争下，整体利润率偏低。实际上，这类产品非常适合充当引流产品：依靠其高搜索量，辅以非常低的价格，吸引消费者光顾店铺，进而带动店铺其他产品的销售。例如，苹果手机壳的搜索量很大，卖家可以尝试平价(零利润)销售该产品，在招来顾客后，向其推荐数据线等周边产品。③利润产品。这类产品的搜索量虽然不大，但却拥有较高的利润率，刚刚提到的苹果手机壳的例子中，如果把苹果手机壳作为引流产品，那么周边产品就可以作为利润产品来主推。④问题产品。这类产品不仅比较冷门，而且利润率很低。通常这样的产品很少见，如果发现，应在品类管控中及时清除，避免占用资源。

在产品组合中，毫无疑问，明星产品应该作为核心产品，而且越多越好。引流产品虽然不能带来利润，但却能带来流量，因此也应该作为核心产品。至于利润产品，如果其跟引流产品高度相关，则可作为核心产品；如果相关度不高甚至不相关，那就划为补充性产品。一般来说，一个店铺80%的销量都是来自那20%的核心产品，符合二八定律。

以上四种策略对于绝大多数商家都适用。此外，在品类管控中，还应该重视产品风险控制。在外贸电商中，主要的产品风险有三种：①国（地区）别区域的政策风险。例如，电子烟是一种特殊商品，不同国家和地区有不同的管制政策，因此开发这类产品时一定要先了解清楚目标国家或地区的相关政策。②知识产权风险。知识产权包括商标权、专利权等。做仿品的商家，很可能因商标权的侵犯遭到投诉，导致资金冻结甚至账号永久性被关闭。对于做正品的商家，也应该防范产品涉及的专利问题，对于未授权的专利产品要谨慎销售。③认证风险。各个国家和地区的政府为了规范市场，对某些产品有强制性认证要求，如欧盟的CE认证。如果没有相关认证，产品将面临召回销毁的风险。

品类管控是一个非常繁杂的工程，对于那些拥有成千上万个SKU的大卖家尤其如此。然而，通过高效的品类管控策略来优化上游供应链，是每一个卖家构筑竞争壁垒的关键。只有理顺了上游的产品供应，才有可能在下游的销售中获得突破性的发展。

四、盘点境内优势产业

可喜的是，改革开放以来，我国境内产业结构日益发展完善，特别是中国产品在国际上声名大振，各国采购商纷至沓来。境内日益形成的制造业产业优势资源及巨大的境外需求，为境内跨境电商创业者提供了丰富的货源。从当前实际情况来看，具有较大全球影响力，并可以和跨境电商发展紧密联系的境内优势区域产业主要有以下几种。

（一）深圳的通信电子产品

深圳是全国乃至全球重要的通信设备、电子元器件和软件研发、生产、出口基地，产业规模全球领先。它是全球最大的移动终端制造基地，每年手机出货量居全球首位。

深圳通信产业链条完整，产业配套率达99%以上，程控交换机设备、光网络设备、移动通信设备、DSL（数字用户线路）设备等产品的产量和性能均位居全国前列。华为、中兴两家本土企业是全球先进的通信设备生产商和电信设备供应商，自主创新能力极强，国内外专利申请量屡登榜首，成功跻身全球通信企业专利产出大户之列。

（二）义乌的小商品

义乌是目前全球最大的小商品集散中心、日用商品批发市场、展示中心和我国重要的商品出口基地，已被联合国、世界银行等权威机构确定为世界第一大市场，享誉海内外。截止到2022年，义乌已成功举办11届中国国际电子商务博览会，成为“打通内外贸，构建双循环”的典型案例。

40多年的发展，义乌市场历经5次升级、10次扩建，先发优势显著。小商品城2021年年度报告显示，截至2021年，义乌市场经营面积达600余万平方米，商户数量超7万个，经营销售26个商品类别及下属200万件商品，实现一站式采购，围绕市场形成巨大的商流、物流、资金流、信息流等资源优势、规模聚集。义乌市场依托210万家以上的中小微企业,与全球230多个国家和地区保持贸易往来,外向度高达65%。围绕市场进出口总额近4 000亿元的货物聚集,跨境铁路、空运能力蓬勃发展,以境内物流的低成本带来超高拼箱出口物流效率,带动了相当数量的新兴B2C跨境电商涌现和发展。义乌不仅是境内出口商品的集散地,也成为境外商品的集散地。由商务部主持编制的“义乌·中国小商品指数”被誉为全球小商品生产贸易价格变动的“风向标”和“晴雨表”。2020年10月,义乌小商品城的官方网站正式上线,标志着这个全球著名的小商品市场全面开启数字化转型。截至2021年,义乌中国小商品城成交额已达1 866.8亿元。

拓展阅读6-2 中国国际电子商务博览会介绍

(三) 东莞IT制造业

东莞是制造业全球化的典型代表。在全球IT产业的产业链中,东莞聚焦在“配套加工制造”这一环节,跃升为全球最大的IT产业加工制造基地,电脑配套设备产量居世界第一位,配套率近100%。

电子信息制造业产业是东莞的支柱产业之一,更是东莞率先迈入“万亿俱乐部”的产业,如今规模仍在不断成长扩大。2022年,东莞电子信息制造业规上工业增加值占全市规上工业的31.8%,是2018年的1.2倍。而智能移动终端是东莞电子信息制造业的主导细分产业,代表企业有华为、OPPO、vivo等一批龙头,全球每销售6台就有1台是东莞生产的,全国每销售3台就有1台是东莞生产的,一部智能手机90%的零部件都可以在东莞一小时通勤圈内迅速配齐,东莞已成为全国最大的移动通信终端生产基地之一。2022年,OPPO、vivo在全球智能手机出货量排名前5,两品牌合计全球出货量达2亿台,占全球总出货量的1/6。

(四) 境内主要服装产业集聚地

近年来,境内服装产业日益向集群化发展,以长江三角洲、珠江三角洲、环渤海三角洲三大经济圈为辐射中心,在服装主产区广东省、浙江省、江苏省、山东省、福建省等地,围绕专业市场、出口优势、龙头企业形成了众多以生产某类产品为主的区域产业集群。

例如:河北容城的衬衫;山东诸城的男装,即墨的针织服装;江苏金坛的服装出口加工,常熟的羽绒服;浙江杭州的女装,宁波、温州的男装,嵊州的领带,织里镇的童装,枫桥的衬衫,平湖的服装出口加工;福建晋江、石狮的休闲服;广东中山的休闲服,南海的女士内衣,虎门、深圳的女装,大朗的毛衣,均安、增城、开平的牛仔服,潮州的婚纱晚礼服;江西共青的羽绒服;等等。这些服装产业集聚地产业链完善,呈现良好发展势头,已成为当地经济发展的主体,人口、企业和产业的集聚促进了区域经济迅速发展,对当地经济发展的贡献率日益增长。

(五) 境内三大家电产业集聚地

家电产业在我国经过多年的发展,已经成为一个成熟的行业,一些家电企业经过激烈的市场竞争,已经成为家电行业的领导者,在这些家电企业周围,已经形成了强大的产业集群。我国境内主要的家电生产集聚地有3个：第一个是以广州顺德为代表的珠江三角洲基地，主要生产空调、小家电和微波炉；第二个是以浙江慈溪为代表的长江三角洲基地，主要生产洗衣机、厨房电器和空调；第三个是以山东青岛为代表的环渤海经济圈基地，主要生产空调、冰箱和冷柜。

（六）境内玩具产业发展及分布

我国境内玩具企业具有显著的区域分布特征，主要集中在最早对外开放的广东、山东、江苏、浙江等沿海地区，这些地区也是我国境内玩具产业发展比较成熟的地区。广东是我国最大的玩具生产和出口基地，而汕头市是广东玩具生产企业最为集中、科技创新能力和产品科技含量最高的地区之一，形成了较成熟和完整的产业链，产业集群效应明显。

境内玩具企业数量众多、规模较小，外销为主，自主品牌少。目前，我国是全球最大的玩具生产国和出口国，拥有各类玩具企业超590万家，以出口贸易为主。截至2022年6月，规模以上玩具企业有6 000余家。

随着新兴市场国家经济实力逐步增强，玩具消费观念也从成熟的欧美地区逐渐延伸至新兴市场，东欧、南美、亚洲等地区玩具消费增长迅速。其中，中国玩具市场表现出强劲的增长趋势，根据中研普华产业研究院发布的《2022—2027年中国玩具制造行业发展现状分析及投资前景预测研究报告》，到2023年，中国玩具行业的市场规模将超过3 000亿元。

虽然我国是玩具生产和出口大国，但还未成为玩具生产强国，国内自行生产的玩具主要停留在中低档产品水准，与国际知名企业相比，研发设计水平有一定差距，市场集中度较低、品牌知名度不高。然而，随着部分国内企业在研发能力、技术水平、品牌、IP(知识产权)设计方面有所突破，市场占有率提升，竞争力不断增强，品牌知名度也在不断提高。2018年以来，国产品牌泡泡玛特市场份额不断提高。2020年，中国潮玩行业代表性企业中，泡泡玛特的市场占有率最高，达到10.97%。[①] 未来，随着国内更多玩具生产企业品牌效应不断提升，行业内的龙头格局将会进一步形成，行业集中度也将进一步提升。

（七）中国境内五大家具产业集群

中国境内有五大家具产业集群，它们分别是华南家具产业区、华东家具产业区、华北家具产业区、东北家具产业区、西部家具产业区，这五者集中了中国90%的家具产能。

以珠江三角洲为中心的华南家具产业区，具有产业集群、产业供应链和品牌优势。

以长江三角洲为中心的华东家具产业区，具有产品质量和经营管理的优势。

以环渤海地区为中心的华北家具产业区，具有企业规模和市场需求优势。

以东北老工业基地为中心的东北家具产业区，具有实木家具生产和木材资源优势。

以成都为中心的西部家具产业区，具有供应三级市场产品的优势。

前4个家具产业区在我国东部沿海地区由南向北分布，家具出口生产企业和大型生产企业集中，是供应我国境内市场和家具出口的主要地区。西部地区家具产业区主要面

① 数据来源：前瞻研究院《2023—2028年中国潮流玩具(潮玩)行业市场前瞻与投资战略规划分析报告》。

向境内市场。

在这5个家具产业区中,华南产业区和华东产业区是产量最大、出口额最高的两个主要产业区,广东省、浙江省是我国家具的生产大省和出口大省。2021年,中国家具行业规模以上企业6 647家,其中,广东省企业占比21.9%,共有1 454家,吸引了100多万从业人员。改革开放以来,广东省东莞市形成了家具生产、配套、销售的重要基地,东莞市厚街镇有"家具之都"的美誉,东莞市大岭山镇是我国家具出口第一大镇。佛山市顺德区的乐从镇、龙江镇是全国知名的家具产销集散地。2021年,浙江省共有规模以上家具企业1 070家,雇员人数50万人。浙江省近年来涌现出一批大型家具企业,在境内外都有广泛的影响。

不管是销售大宗消费品还是行业长尾产品,在理解境外买家的需求之后,卖家还需在境内找到具有竞争力的供应商,以提供相应的产品,才能解决卖什么的问题。

第二节 高质量网络产品及店铺展示

一、产品图片的拍摄和处理

网上购物,买家对商品的第一印象就是图片。图片的好坏,往往直接影响买家决定是否查看产品,同时也是影响买家判断产品价值的一个重要因素。要拍摄一张优秀的商品图片,主要有两个方面的因素:拍摄技巧和图片处理。

(一)拍摄技巧

(1) 对产品拍摄环境进行适当的布光,让商品画面整体亮度协调无暗角,并且整个产品有足够的亮度。

(2) 合理设置相机的分辨率、曝光、白平衡和其他参数,以利于所有产品照片的亮度、色彩及层次感等趋于协调统一。必要时采用三脚架拍摄,以确保画面清晰。

(3) 尽量选择单一色彩背景以突出产品主体内容。通常纯白色背景可以给深色或黑色物品带来强烈的对比效果。黑色或深色背景较难以掌控,但运用恰当则可以为某些珠宝首饰类产品营造沉稳高档的氛围。

(4) 恰当合理地使用道具进行拍摄,注意避免杂乱的背景和与拍摄主题无关的物品进入拍摄画面,避免买家注意力转移以及产生混淆或误解。

(5) 拍摄几张多角度体现产品整体的图片作为商品销售页面的主图。

(6) 对体现产品功能、材质、性能及结构等方面的重要细节,应当进行近距离、多角度的拍摄,必要时可以拍摄产品细部特写(如服装的面料纹理和质地等),以供买家全面地了解物品的实际情况。

(二)图片处理

图片拍摄完成后,上传到本地电脑,并用 Photoshop 等图片编辑软件进行处理和优化。

（1）裁剪图片，删除画面中不必要的杂物，突出主题。

（2）调整画面的对比度及亮度等，必要时进行锐化处理。

（3）根据对图片的展示要求及最佳展示效果，调整图片大小。

（4）必要时可以在产品图片上添加标识（logo）及水印等。

（5）根据图片的展示顺序及位置等，进行合理编号命名并保存。

二、有关产品的信息及详细描述

在当前技术条件下，文字比图片还多了一项重要的功能，那就是“搜索”，即境外买家可以通过搜索引擎——文字搜索功能，找到和搜索条件相符的产品销售页面或链接。一般来说，完整的产品销售页面文字，应当包含以下内容。

（一）产品标题

合理的产品标题应当有助于该产品取得靠前的搜索排名和方便买家对该产品进行快速的理解，因此卖家必须对产品的“名称”“性能”“规格”“用途”“款式”“品牌”及“型号”等重要关键词进行适当的排列组合，形成完整的标题，如某平台销售的夹克（Jacket）产品图片及标题如图 6-17 所示。

2022 New Waterproof Fishing Suit DAIWA Men's Outdoor Mountaineering Jacket Spo
rts Breathable Fishing Windproof Jacket

图 6-17　某平台销售的夹克产品图片及标题

以该标题为例，一个完整合理的产品标题应当具有以下内容。

（1）产品的主关键词，如本产品“Jacket”等。

（2）体现该产品用途和性能的关键词，如本产品“男性”（Men’s）、“户外登山”（Outdoor Mountaineering）、“防水”（Waterproof）、“透气”（Breathable）和“防风”（Windproof）等。

（3）体现该产品风格和款式的关键词，如本产品的“运动”（Sports）和“钓鱼服”（Fishing Suit）等。

（4）其他相关内容，如体现该产品品牌的“DAIWA”等。

(二) 产品属性

针对特定行业品类的商品,有的跨境电商平台会要求卖家提供产品的重要信息,并在产品的上传过程中自动产生下拉选项菜单方便卖家输入。一般来说,这些选项主要包括产品的规格、用途、款式、材料、风格、结构、品牌及型号等。

(三) 产品的详细说明

一般来说,跨境电商平台都会在卖家的后台提供产品详细说明编辑功能,卖家在编辑时可以同时上传图片和文字说明。在此,我们可以按之前设定的产品图片编号,依次上传图片,并配以相应的文字说明,以做到图文并茂的效果。但在输入文字时,有以下几点事项需要卖家注意。

(1) 尽可能地多次强调产品的主要信息,如上述产品标题体现出来的那些关键词。必要时可以在文本的开始处复制一遍该产品的标题(这样做,一方面有利于产品的搜索排名,另一方面可以增强买家对产品重要信息的印象)。

(2) 利用产品详细描述突出产品的优势与特点,写清楚该产品的所有详细参数,以便买家详细了解,以利于买家消除顾虑决定下单,避免误解产生纠纷等。

(3) 使用合适的字体、大小及颜色,确保描述文本整齐有序、清晰易读。避免多种杂乱的字体和颜色,在需要强调的地方,可进行适当的加粗或用突出的颜色处理。

(4) 注意文字的拼写和语法,确保用词准确,文本使用简单的陈述句,易于理解。

(四) 其他注意事项

在以上产品的展示和信息制作过程中,还应注意以下事项。

(1) 不管在产品信息的哪个部分,都要做到如实描述,避免标题的夸大其词、产品属性的填写错误及产品详细描述的虚构等。

(2) 和图片相应的文字信息,注意不要画蛇添足将这些文字编辑到图片中,因为这样可能破坏图片的整体效果。另外,如果文字单独以文本的方式放置在图片下面,可以通过自动翻译将其译成各个国家的文字,便于更多不同国家买家的理解。

(3) 在平台支持多语种输入的情况下,如果卖家能够熟练运用小语种,则可以有效提高相应语种买家的购买率。

三、产品相关的知识产权问题

相比境内电子商务,跨境电商对产品知识产权问题更为敏感。大部分跨境电商平台均设置了较为严格的知识产权规则,并对违反知识产权规则的卖家予以处罚。因此,境内跨境电商卖家应当充分重视产品相关的一系列知识产权问题,以避免不必要的风险和纠纷。

(一) 盗图

盗图是指不经图片创作人允许而使用他人图片作品的行为。在跨境电商平台上,一些中小卖家往往未经图片著作权人允许，擅自使用来自其他网站(如其他电商平台产品销售页面或产品的官方网站等)的图片。这种盗图行为一旦被图片创作权人发现，卖家就有可能被投诉而承担侵权责任。

（二）侵犯他人品牌权利

在跨境电商平台上，侵犯他人品牌权利有以下几种常见的情况。

(1) 未经品牌持有人授权，卖家擅自在平台上出售该品牌的产品。

(2) 未经品牌持有人授权，卖家擅自在其产品销售网站、产品销售页面、产品标题、图片及文字说明中使用其品牌文字、logo及图片标识。

(3) 销售仿冒的品牌产品，即出售非品牌商品，并声称是品牌商品；或虽未声称是品牌商品，但在出售的产品实物及包装上具有品牌产品标识。

（三）侵犯他人图案著作权

侵犯他人图案著作权的情况中，以下两种方式最为常见。

(1) 出售产品上的图案，未经权利人授权。如产品上印刷的凯蒂猫等具有一定影响力的卡通形象或动漫影视作品等。

(2) 出售产品的外观形状，侵犯他人著作权或外观专利。如一些玩具外形照抄或酷似具有一定影响力的卡通形象或动漫影视作品等。

（四）侵犯他人专利权

专利权有两种：一种是外观专利，另一种是发明专利。跨境电商卖家有意或无意地侵犯他人专利权的现象有以下两种。

(1) 卖家所出售的产品，使用了未经授权的外观专利。

(2) 卖家所出售的产品或构成产品的部件、材料，包含未经授权的发明专利。

四、产品相关的服务

现代营销理论认为，服务是产品本身应当包含的一项重要内容。因此做好相关服务，也是跨境电商产品策略的一项重要内容。如果买家可以感受到卖家优质的产品服务，其购买率将会大大提高。

（一）合理设定服务基本选项

一些基本的服务内容，平台方会有所限制地让卖家自由设定，如发货期限、配送方式、在途期限及退货方式等。

（二）及时沟通

一是卖家保持在线状态，随时和买家沟通；二是如果经常不在线的，可以在产品的销售页面说明，注明卖家不在线时可以发邮件或留言，并及时回复(一般应在24小时以内)买家的邮件或留言。

(三) 产品相关的提示性内容

这些内容,一方面可以增加买家对产品及相关服务的全面了解,减少卖家的工作量;另一方面也可以增强买家的信任,增加购买量。

(1) 用户需知之类的提示内容。在某个商品或某类产品的销售页面,针对该种产品的特征,进行使用、保养及安全等方面的说明及提示。

(2) 常见问题集锦。在所有的销售页面,罗列产品及购买相关的常见问题集锦往往是必要的。如对有关付款方式、发货方式、退换货及缺货等问题的解决方法及相关政策进行更为详细的说明等。

除此之外,卖家应切忌在商品描述页面添加语气强烈的排斥性内容,如“本店概不接受退款、退货”及“不接受差评”等。

五、装修你的店铺

一般来说,网络产品是放在卖家的网络店铺中出售的。事实上,其他卖家的店铺也会出售同样的商品。如果两家店铺对同一种商品的售价相同,那么买家会选择哪家店铺下单,一个重要的因素当然就是上述产品描述的详细程度及相关服务的完善程度,另一个重要的因素则是店铺总体状况的差异,如店铺的信用、好评率及装修等。而店铺的装修是卖家在开店之初便可以完成的内容。

其实店铺装修并不复杂,一些花里胡哨的装修实际上也没有必要。一般来说,店铺装修做到以下几点就可以了。

(1) 店铺首页整体美观整洁,无繁杂、多余或残缺的内容,店铺的整体风格和色系基本上符合店铺主打商品的特点等。

(2) 店铺主要内容模块布局合理,分类导航、产品分类及主推产品等模块布局合理,方便买家查看和点击。

(3) 店铺应内容合理,如店铺名称、店铺使用的图片大小形状合适,内容符合店铺的整体定位等。

第三节 跨境电商货源和采购

构建可靠的产品货源,是进一步提高跨境电商卖家竞争力的重要方式。在构建产品货源的过程中,应当关注境内各地的优势行业,并通过淘宝、天猫分销、阿里巴巴批发、整合分销、专业市场、代理商或产家等渠道进行合理的采购。

选品和上传完成后,只要这个前期工作做得好、价格合理,一般来说稍加推广,就可以获得订单。对于大多数卖家来说,一般情况下是先有订单、后备货。那么卖家一旦有订单,如何采购及备货成了又一个重要的问题。接下来谈谈货源和采购。

一、产品线上采购方法

不管是零售或批发,当前境内电子商务都比较发达。而境内较为发达的电子商务平台则为跨境电商卖家提供了方便的采购渠道。

（一）淘宝采购策略

淘宝是境内最大的网上零售市场，其出售的产品五花八门。一般来说，境内卖家在跨境电商平台上出售的产品，淘宝上都能找到。但淘宝以零售为主，淘宝卖家需要一定比例的利润，采购价格比较高。因此，采用淘宝采购应当注意以下几点。

(1) 对于中小卖家来说，如果对后期的销量不确定，在不愿准备产品库存的情况下，淘宝不失为一种合理的采购途径。

(2) 为了完善产品线和产品组合，一些大卖家的店铺内往往有一批非主打的产品，对于此类产品，如果不愿意做库存，也可以考虑采用淘宝采购。

(3) 对比多家淘宝店铺，往往在价格方面有较大的差距，卖家应当选择价格和服务都相对较优的淘宝店铺采购。

(4) 在某淘宝店铺进行多次采购后，可以适当地在价格及服务方面进一步协商，但注意不要一味地压价，在价格相对合理的情况下和淘宝店主在多种类似产品的采购方面达成较为稳定的合作关系。

（二）天猫分销平台

天猫分销平台是天猫一些大卖家(生产企业或实力较强的批发商)为更多淘宝卖家开通的在线批发平台。这些天猫大卖家在自己销售产品的同时，在线设置一定的批零差价，以吸引更多的淘宝卖家代销其产品，并提供一件代发服务。跨境电商卖家有时也可以利用天猫分销平台进行产品采购，但应注意以下几点。

(1) 天猫分销平台的下家是淘宝卖家，必须开设淘宝店铺才能使用天猫分销平台的功能。

(2) 天猫分销平台的供货商往往对淘宝卖家在信用、注册日期及主营行业等方面具有一定的资质要求。在不能完全满足相关资质要求的情况下，可以和供货商取得联系，要求其开通分销功能。

(3) 天猫分销平台的商品往往是境内网络品牌商品，相比无品牌的同类商品价格较高，在当前的跨境电商市场环境下，跨境电商卖家有必要考虑这类产品的市场潜力。

（三）阿里巴巴境内批发平台

阿里巴巴境内批发平台 1688 是境内最大的商品批发网店，其特点是交易方便，产品门类也较齐全。采用 1688 采购应当注意以下几点。

(1) 1688 对进货批量往往会有一个最小数量的要求，进货量越大，价格折扣也越大。因而 1688 适合那些有一定销量但销量不大的产品。

(2) 对于商品货值较高的产品，很多 1688 卖家也提供一件起批，但注意其一件起批的商品往往和淘宝零售价格相差不多。这时需要进一步了解 1688 卖家的真实情况，以便在多次合作后，获得更为合理的价格条件。

(3) 一批 1688 卖家实际上是传统线下批发商转变而来，另一批 1688 卖家实际上是批零兼营的以零售为主的网络卖家,当然还有一批1688卖家是直接由生产企业在网上设的销售窗口,因此跨境电商卖家可针对自身的销量情况和不同类型的1688卖家取得合作。

二、利用整合分销平台

整合分销实际上也是一种线上产品采购方式。但整合分销平台是随着跨境电商的发展而发展起来的产物,其目的就是为跨境电商中小卖家提供货源,其实质就是一个连接平台中小卖家及境内供货商的中间桥梁。从2014年下半年开始,各种整合分销平台纷纷上线,如为深圳中小卖家提供货源及融资服务的中国好东西网、以俄罗斯为主要市场的俄优选、专注于服装外贸分销的中国好服饰网、一体化分销平台赢立方及ERP服务商赛兔推出的云仓分销等。选择此类整合分销平台进货,跨境电商卖家必须综合考虑以下几个方面的问题。

(一)整合分销平台的优势

从可整合营销分销平台进货,跨境电商卖家可以获得以下方面的优势。

(1)整合分销平台直接和境内生产企业对接,可为跨境电商卖家提供一手货源。

(2)整合分销可为跨境电商中小卖家提供一站式的物流服务,具体包括产品的仓储(包括境外仓储)、分拣、包装及配送服务。

(3)中小卖家取得境外订单时,如果没有足够的资金采购,整合分销平台可以方便地为中小卖家提供供应商融资。

(二)整合分销平台的劣势

同样地,当前实际运用整合分销进货也具有其明显的劣势。

(1)大多数整合营销分销平台还在起步阶段,其对跨境中小卖家的服务还不够完善。

(2)由于整合营销分销平台实力限制,境内生产企业对入驻整合分销平台存在运营风险方面的顾虑或对整合分销平台没有足够的信任,因此整合分销平台可提供的货源有限。

(3)整合分销平台往往“整合”的是特定市场区域的热销产品,如俄优选等,或专注于特定行业的商品,如中国好服饰网等,再或是境内特定产业区块的商品,因此当前整合分销平台可提供的货源的产品种类较为有限。

三、产品线下采购方法

除了以上线上采购方式,跨境电商卖家同时还应积极地对各种传统线下采购渠道进行考察,以找到更具竞争力的产品货源。

(一)当地专业商品交易市场

一般来说,在境内的某个城市,往往会基于当地的产业特色设立相应的专业性较强的商品交易市场。如义乌的小商品市场、深圳华强北的电子产品交易市场、杭州四季青的服装交易市场、福建石狮的服装交易市场及上海东方汽配城等。从当地专业商品交易市场采购，跨境电商卖家需要考虑的综合因素有以下几点。

(1) 当地专业商品交易市场货源充沛，在进货量大时，价格具有明显的竞争优势，甚至还可以在产品款式、功能及包装等方面提供定制化的服务。

(2) 大多当地专业商品交易市场经营者一般不提供单件或小批量的批发，即便提供，也很难提供单件或小批量的物流服务，需要采购商上门提货，给开展跨境电商带来诸多不便。

(3) 很多当地专业商品交易市场的经营者实际上往往也是二手批发商，其提供的批发价格相比网络批发(甚至是淘宝零售)并没有明显的竞争优势。

(4) 相比网络在线采购，线下采购要求采购商具有丰富的专业知识，加上很多当地专业商品交易市场鱼龙混杂，产品质量良莠不齐，价格不透明，增加了采购难度。

(二) 传统线下代理商或批发商

对于一些优质品牌产品，境内生产商往往会在境内建立多级分销体系，有的产品还具有较大的批零差价，因此跨境电商卖家可以从当地此类产品的传统线下代理商或批发商处进货，但需要考虑以下几点因素。

(1) 传统线下品牌批发商对跨境电商卖家的态度。一方面，传统品牌产品线下批发商由于其上游产家的授权限制，不能将产品流入网络渠道。另一方面，很多传统线下品牌产品越来越多地受到网络品牌的冲击，传统线下品牌转战网络市场是一个总体的趋势。因此，在品牌产家授权不是非常严格的情况下，跨境电商卖家往往可以从当地传统线下代理商或批发商那里采购商品。

(2) 境内传统线下品牌产品主要受到两个方面的竞争：一是类似非品牌商品，二是近年来风生水起的网络品牌商品。但在跨境电商市场，境内传统线下品牌产品在境外市场的影响力暂时有限。因此在价格偏高的情况下，境内品牌产品的后期销量值得跨境电商中小卖家考虑。

(3) 为了扩大产品在境外市场的影响力，也有一批境内品牌商品的厂商，对跨境电商卖家经营其产品并不反对。但如何和境内品牌产品厂商建立长期的合作是值得跨境电商卖家考虑的关键问题。事实上，在当前境外市场影响力有限的情况下，境内品牌产品在跨境电商市场的销量实属有限，而一旦扩大影响力，销量增加，跨境电商卖家则会面临品牌授权问题。

(三) 直接和生产商的合作

如果跨境电商卖家的销量足够大，那么直接和生产商合作生产则是最佳的选择。但直接和生产商合作，跨境电商卖家也有相应的问题需要考量。

(1) 库存的压力问题。一般来说，和生产企业一次合作生产产品的数量相对比较多，而产品的销售则是细水长流式的日积月累，如果跨境电商卖家对产品销量没有一个准确的判断和预期，由此引发的库存积压风险将是致命的。

(2) 事实上，当前热销的产品，并不一定代表将来一段时期内也会持续热销，因为很多网络上热销的产品往往具有一过性的特点。更何况,网络热销产品马上会有人跟风,甚至会很快超过境外市场的饱和需求,这样一来,残酷的价格竞争及长期的去库存化就很有可能出现。

(3) 跨境电商卖家要在境内找到合格生产企业生产出合格的产品本身并不是一件容易的事情,另外直接和生产商合作生产,需要跨境电商卖家对产品的生产工艺、原材料及生产成本等方面进行深入的了解,并对产品生产质量具有一定的把关能力。

复习思考题

1. 如何根据境外买家的需求,对卖家选品提供参考?
2. 单品销量并不起眼的"长尾"商品在行业中发挥着什么作用?
3. 你所在的当地有哪些优势的行业或产品?这些产品能否成为平台热卖品?
4. "跟卖"或"试错"是如何进行的?二者各有什么优缺点?
5. 如何根据产品组合策略做好跨境电商的品类选择?
6. 跨境电商卖家有哪些货源采购途径?这些途径各有什么优缺点?

练　习　题

第七章

跨境电商价格策略

【教学目的和要求】

跨境电商产品定价，关系到产品的销量，也关系到卖家的利润水平，因而跨境电商定价是跨境电商运营策略的重要组成部分。本章将主要介绍跨境电商的价格策略，使学生了解基本的定价方法。

【关键概念】

跨境电商定价目标　“量本利”定价综合分析法　“差异化”定价　招徕定价　尾数定价

2022年9月1日，拼多多跨境电商平台正式在境外上线，该平台命名为Temu，App Store应用详情页显示意为“Team Up，Price Down”，与“拼多多”的意思相近，即买的人越多，价格越低。Temu的引流方式很简单，就是价格优势。在Temu上，1美元以下的商品比比皆是，如0.49美元的小型加湿器、0.99美元的外套和2美元一双的拖鞋等。同样的商品，在Temu上也会比亚马逊或者境外其他电商平台便宜。以女装类目为例，亚马逊上裙子的价格普遍在40～50美元，SHEIN多为10～20美元，而在Temu上可以定价到10美元以内。此外，Temu推出了“1美分选1”的优惠活动，每个账号都能花0.01美元选一件商品，还包邮。Temu为新用户提供了30%的折扣力度。虽然境内流行的“砍一刀”活动还没有复制到境外，但是Temu也推出了分享连接打折扣的活动，只要将链接分享给朋友，双方最低都能享受40%的折扣，这点类似境内的拼多多的拼单功能。

资料来源：拼多多出海：以投放换下载，低价低质未赢得用户[EB/OL].(2020-10-28). https://baijiahao.baidu.com/s?id=1747929290936912909&wfr=spider&for=pc.

结合案例，试分析跨境电商平台定价的目标与依据，以及与线下定价的区别。

第一节　跨境电商产品定价目标

跨境电商市场的竞争日益激烈，在维持生存的前提下，业务扩张，追求更高的市场定位，最终达到利润最大化，是跨境电商卖家对产品进行定价的主要目标。

而跨境电商产品定价目标,必须根据卖家自身的条件及跨境电商市场的竞争环境,在充分了解影响跨境电商产品定价主要因素的基础上,通过一系列跨境电商产品定价方法的运用以及合适的定价策略的选择来实现。

跨境电商产品价格制定必须和卖家的发展战略相结合。不同的跨境电商卖家所处的发展阶段、市场的竞争程度以及自身的竞争能力上的差别,导致可能有不同的定价目标。

一、维持生存

对于一些处在初创期、转型期或具有较大库存压力的跨境电商卖家而言,争取一定的销量,保持生存或减少亏损也是需要考虑的重要问题,取得利润是次要的问题。这时只要销售收入可弥补跨境电商运营的可变成本,卖家就可以维持生存。

二、业务扩张

很多跨境电商卖家开始关注某个产品的销量排名以及该产品在某跨境电商平台的市场占有率,并以该产品来带动店铺其他产品的销售。产品销量大幅增长所引发的业务扩张,给跨境电商卖家带来了规模优势,并使其在产品的平台销售及上游的供应链整合方面取得一定的主导地位。在这种情况下,跨境电商卖家往往以较低的价格来压制同平台的竞争对手,并以较大的销量来取得产品采购上的价格折扣。

三、利润最大化

对于一些提供全新产品或新奇特产品的跨境电商卖家或在某产品领域具有一定市场影响力的卖家而言,利润的最大化往往是其产品定价的主要目标。利润最大化的定价要在产品成本、价格、销量及利润等方面综合考虑,卖家需要就跨境电商买家对价格的敏感程度制定一个合理的价格,以达到利润最大化的目的。

四、市场定位

还有一大部分卖家考虑自身产品及店铺的整体定位,将跨境电商系列产品的定价维持在一个相对固定的水平。这样的产品定价往往是结合产品当下的品牌、产品质量等方面来综合考虑的。

第二节　影响跨境电商产品定价的主要因素

在定价策略上,跨境电商卖家可以结合其价格制定的导向,灵活运用。在合适的跨境电商交易环境中,卖家综合运用价格折扣、国(地区)别定价及心理定价等策略,往往可以使交易量和利润同时上升。

明确了跨境电商产品定价目标,就可以利用“量本利”的定价方法来对产品进行定价。但在跨境电商产品定价之初,销量只是一个预测值,因此在可变成本可控的情况下,可以根据直接影响跨境电商产品定价的因素来对产品进行定价。

一、产品的采购成本

很多跨境电商卖家通过相对的产品供货渠道，根据自身的销量情况向供应商采购。在采购周期和采购批量相对固定的情况下，产品的采购价格（成本）也是相对固定的。

一些垂直一体化运营的跨境电商卖家，出售的往往是自己生产的产品，在某一个时期内，卖家也可以根据产品的产销量估算出产品的制造成本。

二、跨境电商的运营成本

跨境电商的运营成本大体上有两种：一种是固定成本，另一种是可变成本。固定成本是短期内和跨境电商销量无关的成本，而可变成本则是随着跨境电商销量变化而变化的成本。

（一）人力成本

跨境电商卖家往往会组建一个运营团队，那么所需支付的薪酬往往是运营成本的最大支出部分。对于按固定时间支付的固定工资部分，可以认为是运营固定成本，而根据交易业绩计算的激励性报酬，则是运营可变成本。

（二）办公成本

办公成本包括跨境电商运营所需办公场所、设施、仓储及展示等方面的支出，是跨境电商运营的另一个重要成本。这个成本往往是固定投入的成本。

（三）平台佣金

不同的平台，会根据每笔订单的交易额，收取一定比例的佣金，佣金比例为5%～30%。跨境电商卖家必须根据不同平台的佣金政策，知晓所售产品的交易佣金比例。

（四）平台推广费用

对于单个跨境电商平台出售的产品而言，平台推广费用有可能属于可变成本，也有可能属于固定成本。如速卖通平台的促销折扣有联盟营销，可认为是可变成本，而直通车费用根据买家的点击付费，往往属于固定成本。

（五）平台使用费用

大多数跨境电商平台，往往会在一个年度内，向卖家收取一定的使用费用，这笔费用往往在数千元到数万元，是跨境电商卖家的固定投入成本。

三、产品的销量

一般来说，产品的销量增长，产品的采购成本或制造成本可以得到明显的下降，在价格不变的情况下，也就可以取得更多的利润。

跨境电商产品的销量总体增长，可在很大程度上摊薄跨境电商卖家在运营过程中支付的上述人力成本、办公成本、平台佣金、平台推广费用及平台使用费用的固定成本部分，从而取得更大的产品定价空间和更多的利润。

四、利润水平

显然，在其他情况不变的情况下，价格越高，利润水平也越高。但利润水平往往是根据“量本利”预测和计算得出的一个合理的总体利润水平。

在价格下降时，如果跨境电商买家对价格非常敏感，销量往往会有明显的增长，跨境电商卖家反而可以取得更高的利润水平。

五、市场的竞争状况

在产品生命周期初期，由于同质卖家相对较少，跨境电商卖家可以有更大的定价空间。随着更多跨境电商卖家的加入，市场竞争日趋激烈，为了取得足够的销量，跨境电商卖家则必须考虑适当降价。

另外一种情况则是由于在专利、技术或款式等方面，跨境电商卖家对某款产品获得了垄断性的地位，那么跨境电商卖家就可以获得更大的自主定价空间。

六、买家的需求

买家的需求大，而卖家数量没有相应地增多的情况下，跨境电商产品的价格一般可以适当地上调；相反，如果买家的需求处于萎缩的情况，则不可避免地会引起价格的下降。

值得一提的是，跨境电商目标市场消费者的收入水平及对价格的可承受能力是市场需求的重要内容。在目标市场消费者的收入水平及对价格可承受能力高的情况下，可以适当地提高产品的定价，此时的高价往往以更高的产品定位(品牌或质量等)为前提。

第三节 跨境电商产品定价的一般方法

为了对产品设定一个合理的价格，跨境电商卖家必须考虑以上影响跨境电商产品定价的主要因素，根据“量本利”的计算方法，得出一个合理的价格。

但是在实际的跨境电商运营中，跨境电商的定价往往重点考虑以上影响因素的某些方面，以某个方面需重点考虑的因素为导向，形成不同的定价方法。

在产品跨境电商的产品定价方法上，“量本利”定价综合分析法是基础原理，具体运用则是以成本导向、竞争导向或需求导向的几种定价方法为主。

一、“量本利”定价综合分析法

“量本利”定价综合分析法实际上体现的是产品定价的一般原理，其基本公式如下：

$$(P-C_1)\times Q-C_2=S$$

其中，P 为产品价格；C_1 为可变成本；Q 为销量；C_2 为固定成本；S 为总利润。

但在跨境电商实际定价过程中，通过上面这个公式很难计算出产品的价格。

首先，根据市场对价格的反应，销量 Q 实际上是一个变化值。如果设定了价格，对销量进行预测，往往是基于乐观或悲观的预测，销量 Q 的预测很难有一个足够准确的范围。

其次，总利润 S 也是一个卖家的期望值。如果盲目设定一个较高的利润水平，市场有可能不认可。

最后，以上公式只针对一款产品，如果有很多款产品同时出售，固定成本 C_2 的认定就显得非常困难。

因此，在销量 Q、固定成本 C_2 及总利润 S 无法明确的情况下，产品价格 P 也很难确定。

二、成本导向的定价方法

成本导向的定价方法是将产品的各项成本作为产品定价的主要依据。

（一）成本毛利定价法

在实际跨境电商运营中，往往会采用简化的成本毛利定价法，该方法是在“量本利”定价综合分析法的基础上简化而来，其基本公式如下：

$$P=[C_1\times(1+S\%)]\div(1-C_2\%)\div(1-C_3\%)/T$$

式中，P 为产品的定价；C_1 为产品的所有可变成本，主要包括采购价格、运费等，这些成本一般情况下是已知的；$S\%$为跨境电商卖家期望的毛利水平，卖家可能根据自身的需要和对市场的把握情况，合理设定一个毛利水平；$C_2\%$为平台佣金比例，一般在选定平台及产品类目的情况下，平台佣金比例是确定的；$C_3\%$为各项固定成本分摊比例，主要包括人力成本、办公成本、平台费用及推广费用等固定成本，通过对固定成本的总量控制，结合以往卖家的销量情况，也可以大致计算出各项变动成本占销售的比例；T 为人民币对美元的汇率，卖家在做定价决策时，汇率是已知的。

【例 7-1】 产品的采购价是 60 元，运费是 90 元，卖家期望的毛利率是 25%，平台的佣金比例是 5%，各项固定成本占总销量的比例控制在 6%左右，即期的汇率是人民币∶美元＝1∶6.5(美元卖出价)。

那么，产品的定价 $P=[C_1\times(1+S\%)]\div(1-C_2\%)\div(1-C_3\%)\div T$

＝[(采购价＋运费)×(1＋毛利率)]÷(1－佣金比例)÷(1－固定成本比例)÷汇率

$=[(60+90)\times(1+25\%)]\div(1-5\%)\div(1-6\%)\div6.5$

＝32.3(美元)

（二）边际成本定价法

所谓边际成本，就是指在固定成本投入已给定的情况下，每增加一个产品销量，所增加的成本，在跨境电商的运营实际中，边际成本往往是可知的。其定价公式如下：

$$P=C\times(1+S\%)\div(1-C_2\%)\div T$$

式中，P 为产品的定价；C 为产品销量的边际成本，即在当前情况下，每增加一个销量，由于这个销量的增加而带来的成本增加；$S\%$为跨境电商卖家期望的毛利率。

【例 7-2】 同例 7-1,即产品的采购价是 60 元,运费是 90 元,卖家期望的毛利率是 25%,平台的佣金比例是 5%,各项固定成本占总销量的比例控制在 6%左右,即期的汇率是人民币∶美元=1∶6.5(美元卖出价)。

那么,产品的定价 $P = C \times (1+S\%) \div (1-C_2\%) \div T$

=[(采购价+运费)×(1+毛利率)]÷(1-佣金比例)÷汇率

=[(60+90)×(1+25%)]÷(1-5%)÷6.5

=30.36(美元)

通过以上例子,可以看出,和成本毛利定价法不同的是,边际成本定价法没有考虑各项固定成本在该产品售价中的分摊比例。

在跨境电商的运营实际中,在较大的跨境电商运营规模变动范围内,所投入的人力成本、办公成本、场地及仓储成本等固定投入相对来说是固定的,不会因为销量的增长而增长,因此在较大销量规模的基础上,用边际成本定价法不失为一种简单而实用的方法。

三、竞争导向的定价方法

竞争导向的定价方法就是指卖家在制定价格时,将平台其他卖家同款或相近产品的价格作为定价的主要依据。

(一)"随行就市"定价法

跨境电商的"随行就市"定价法,就是根据同类产品在跨境电商平台上的普遍定价水平进行定价的方法。

在同类产品卖家较多的情况下,如果卖家自身的产品在功能、款式、规格及材料等方面没有特殊的地方,大部分消费者除产品的基本使用功能以外,也没有特殊的要求,那么"随行就市"定价法则是一种最简单、直接的定价方法。

【例 7-3】 某跨境电商卖家准备在某跨境电商平台上出售一款固定型号的玻璃杯,通过该平台的搜索发现,该款玻璃杯的卖家有很多,销量也不错,其售价大部分为 5~6 美元。该卖家所在地具有多个这款杯子的生产商。通过调查,扣除各项可变成本之后,在平台上出售这款产品至少可以获得 20%的毛利。

那么,该卖家完全可以在该平台上出售这款玻璃杯,并也将价定在 5~6 美元,如 5.5 美元。

(二)"差异化"定价法

在卖家数量众多的情况下,虽然产品本身可"差异化"的变量非常有限,但对于跨境电商的买家需求来说,可"差异化"的变量往往是存在的。

【例 7-4】 同例 7-3,该卖家还发现,大多数平台卖家采取的是"价格+运费"的不包邮定价方式。经过准确计算,该卖家发现该款杯子到达某潜力市场国家的中邮小包运费在 1.5 美元左右,那么该卖家可以将自己的定价设置成 7 美元包邮。

四、需求导向的定价方法

需求导向的定价方法就是卖家将跨境电商买家的需求和感受作为定价的主要依据。

（一）逆向定价法

该项定价方法是指卖家根据跨境电商买家的需求及可接受的最终销售价格，在对自身的成本和利润进行合理的计算后，逆向推算出产品价格。

【例 7-5】 某卖家发现，在某个国家，有一群一定数量规模的芭蕾舞爱好者，她们中有很多人都想拥有一套自己的芭蕾舞装，而一套芭蕾舞装在这个国家当地的售价一般在800 美元左右。该卖家发现，平台上还没有出售相近款式芭蕾舞装的卖家。另外，通过打听，该卖家附近城市的一个特种服装产家可以提供该款芭蕾舞装的定制，价格大致在1 500 元/套。经过包装后，这款芭蕾舞装的重量为 1.5 千克左右，尺寸为 50 厘米×30 厘米×15 厘米。于是，该卖家开始尝试以 588 美元包邮的价格在某平台上出售这款芭蕾舞装，不久后就开始陆续取得订单，基本上每周 1～3 个订单，虽然订单数量不多，但利润还可以。

（二）产品价值认知定价法

所谓产品价值认知定价法，就是指卖家根据消费者对产品的价值认知来制定价格的方法。在同一类产品中，消费者对该类产品的品牌、款式、结构、材料、可靠性及服务等方面具有一定的价值认知，在满足需求的情况下，愿意为其价值认知支付更高的价格。

【例 7-6】 在某跨境电商平台上，有一款热销的双人三季帐篷，其重量是 2.5 千克，支撑杆是玻璃钢材质，双层结构，外层面料防水指数为 2 000，品牌为一普通品牌，其主要市场国家包邮售价为 90 美元左右。

某卖家手上有一款新型的双人三季帐篷，其重量只有 1.6 千克，采用超轻航空铝合金支撑杆，双层结构，外层面料采用抗撕拉尼龙布，覆盖新型硅胶防水材料，防水指数达8 000，品牌则是国内知名成长型品牌，那么该产品的定价应该是多少呢？

通过调查发现，在该平台上，2 千克以下的超轻帐篷，价格平均高出 15 美元，平台上暂时还没有卖家出售 1.6 千克上下的超轻帐篷，而航空铝杆帐篷一般要比玻璃钢杆帐篷多出 10 美元，该平台上出售的防水指数高于 5 000 的帐篷，平均售价也要高出 10 美元左右。另外，该卖家曾经在该平台上出售过该品牌的帐篷，销量还不错，顾客的反馈也很好，该品牌的帐篷比同款一般品牌的帐篷售价高出 20 美元左右。

该卖家认定，潜在的户外爱好者，对帐篷以上特性的价值认知是明确的，于是该卖家将这款产品的价格暂时定为

新型帐篷价格＝某热销帐篷价格 90＋超轻价值认知 15＋航空铝合金材质价值认知 10＋超高防水性能价值认知 10＋品牌价值认知 20

＝145(美元)

结果，这个卖家以 145 美元的价格在该平台上出售了一批该款新型帐篷，并在取得不错的顾客反馈后，将价格调整为 158 美元。

第四节 跨境电商定价策略

事实上,在跨境电商运营实际中,纯粹的成本导向定价、竞争导向定价或需求导向定价非常少见,以上不同导向的定价方法往往和跨境电商卖家的定价策略相结合。

根据产品的生命周期、同平台卖家间的竞争情况、平台的活动、季节的变化以及产品推广活动的开展等不同情况的需要,跨境电商卖家需要以灵活多变的定价策略来应对市场和消费者需求的变化。

一、价格折扣策略

出于提高销量、清理库存、回笼资金及提高店铺考核业绩等方面的考虑,跨境电商卖家往往会以不同的形式和不同的幅度降低产品的售价。

(一) 功能性折扣

功能性折扣是指跨境电商卖家为了实现某项功能,如产品的推广、活动等,对产品设定的一种价格折扣。例如,在新产品上架不久,发现有较多的产品曝光和点击,但就是没有订单。此时为了打开销路,在1周内,实行15%的价格折扣,以刺激买家下单。还有,为了配合平台的活动,对店铺内的产品设置不同的价格折扣,以吸引平台更多的流量等。

(二) 数量折扣

当顾客购买超过一定的数量时,可以给予适当的折扣。在某跨境电商平台中,当买家一次性购买超过设定的数量,可以享受卖家为其设定的批发价。

(三) 季节性折扣

对于服装、食品、电器等行业中一些需求随着季节变化的产品,卖家可以设定较大幅度的季节性折扣,以及时清理库存、回笼资金。

(四) 综合案例分析

案例一 亚马逊卖家究竟该不该进行"价格战"?

产品价格与赢得亚马逊Buy Box之间有很大的关系,不过电商卖家似乎太过于看重产品售价。其实,卖家们不需要因竞争对手的低价策略而过于担心,而且要避免"价格战",才有可能从竞争中脱颖而出。

1. "得不偿失"的"价格战"

在"价格战"中,有三方会受到影响:卖家、竞争对手以及买家。大幅降价对卖家自身和竞争对手造成的利润损失是显而易见的,但对买家来说,他们是否会对此买账就不那么清楚了。买家在"价格战"中也遭到"伤害"似乎是一件很奇怪的事,因为如果一个人得到了想要的低价产品,他又怎么可能会遭受损失呢?表面上看,这似乎是有道理的,但事实却并非如此。

首先,买家会一直期待低价产品。在“价格战”背景下,如果卖家不提供给买家最低价产品,消费者会继续寻找下家,因为他们知道终究会有人满足其价格需求。其次,随着时间的推移,消费者开始将“低价”与“廉价产品”等同起来。这可能不是一个公平的判断,但人类有一个内在的倾向观念,将低价与较低的产品质量联系在一起。

2. 卖家长期维持低价将是一场灾难

并不是说绝对不要在产品上使用定价软件,这实际上是一个很好的策略。如果想要提升滞销库存的销量或吸引买家购买昂贵商品,你可以把产品价格降到很低的水平,或进行捆绑销售,并相应地提高库存。这有点像吃巧克力,定量地食用巧克力会让你感觉是一种享受,不过当你开始每天都吃巧克力的时候,它的吸引力就会下降;你的牙医也会提醒少吃为妙。降价也是一样。当它偶尔发生时,每个消费者都会感到兴奋。不过如果你一直将价格维持在最低价,那么很可能会破产。

3. “价格战”带来不了真正的胜利

假设你是少有的几个避开了陷阱的幸运卖家,可你的运气会一直持续下去吗?当你变成大卖家之后,会有更大的竞争对手想要击垮你。假设沃尔玛发现你的店铺导致它每年损失10%的顾客,它可不会坐以待毙,相反,它会竭尽全力地狙击你的业务。这并不是说公司不要成长壮大,只是不要靠着低价销售商品来实现这一目标。你已经看到了无数的例子,说明“短而快”的路径几乎总会导致灾难(如美国的住房危机、互联网泡沫破灭等),而缓慢且稳定的成长方式意味着打下一个坚实的基础,这将在未来给你带来更大的利益。

资料来源:亚马逊卖家究竟该不该进行“价格战”?[EB/OL].(2018-05-22). https://www.cifnews.com/article/35325.

案例二 破局内卷!带你跳出亚马逊“价格战”

近年来,亚马逊的内卷化加剧。自2021年5月以来,卖家亏本甩卖抢坑位,价格一降再降,甚至“清仓大甩卖”,产品单价已不足2美元,这一系列的操作远远无法抵消投入,甚至连邮费都赚不回来。

由于“价格战”的不断升级,所以亚马逊卖家为了稳住排名,不得不开展折扣促销,这本也是在情理之中,但后来发现,事情远远不止如此简单。一直以来,中国境内卖家习惯调侃自己是跨境韭菜,一茬又一茬被平台和服务商收割,交过的智商税不计其数。现如今,有卖家自黑解锁了一个全新的身份,做梦都不会想到自己会有从跨境电商卖家转身成为跨境慈善家的一天。

多位亚马逊卖家表示,“价格战”疯狂“内卷”的原因:一是大批工厂卖家想以“低价+高折扣”率先夺下排名;二是头部卖家通过“清仓大甩卖”快速回款的同时提高库容。

亚马逊平台以前主要是“赛跑制”,卖家跑得快、跑得慢都还有生存的空间,现在是“淘汰制”,适者生存;随着头部卖家降价清库存和大批工厂卖家进场的冲击,卖家们在“价格战”加剧的“内卷”旋涡中仅能想尽办法求生存。

卖家们为什么不考虑把产品做精细化,打造自己的品牌价值,从而摆脱随波逐流的窘况呢?

有跨境电商卖家认为,环球易购就是一个典型的案例,环球易购原本是卖手机,基本上都是标品,手机品牌本身在境外有市场,有专属渠道,环球易购采购肯定要先付现金,再压库存慢慢销售,这都是成本,手机又是明码标价,卖到境外去就不一定有优势了,加上利润率本身就低,迅速扩张之后又大量铺货,即便在众多采取铺货的卖家里面,它的SKU数量也一骑绝尘,以至于走向如今的局面。

招商证券的研报显示,2016年之后,众多跨境卖家在线上大面积铺货后,慢慢出现了不同程度的存货积压问题。

然而,在环球易购走下坡路的时间里,安克创新靠卖充电宝起家,随后慢慢扩展精细品类,布局了充电类、无线音频类、智能创新类"三驾马车"系列。据悉,安克创新能飞速达到现在的行业规模,与其旗下产品品牌定位清晰密不可分,它从三个不同维度精细化运营,深耕于各自擅长的领域和市场,其数字化品牌管理为众多出海企业提供了一条清晰的道路。

亚马逊精细化运营其实也是一种发展的趋势,面对亚马逊上众多产品的选择,境外消费者未必能认可你产品的优势;相反,当卖家把一个主线产品细分出来,并构成精细化类目,境外消费者能精确了解到,一个平台上它最具有优势的产品在哪儿。

一家专注于亚马逊平台的运营服务公司创始人拉里(Larry)曾表示:"亚马逊是重产品的平台,通过这个平台,卖家用心做好品牌,做好营销,生意就会好起来,它不适合通过不断上货来获得订单,适合做精。"

亚马逊自发布调整FBA(Fulfillment by Amazon,亚马逊物流服务)补货限制政策以来,对库存容量的限制一再缩减,空派补货、备货海外仓也无法解决,基于亚马逊对库容的调整原则,头部卖家开始"清仓大甩卖",低价甩货,加快回款,同时调整库容上涨,为即将到来的Prime Day(会员日)做准备。

一位卖家曾目睹令人难以置信的一幕:一件单品成本价在30~50美元,预估每天至少也有70单,原价不足20美元,现在疯狂大甩卖,售价12美元不到;除此之外,逛了一圈基本都是"降降降",并且很多类目的新品一上来就是"低价+高折扣",冲得很快,七折不行就五折,五折不行就三折,逼得中小卖家不得不促销,活下去最重要。

双重冲击操作下,已经卷成蚊香的亚马逊"价格战"越来越响,这下境外消费者可以货比三家,铺货模式下选择众多。曾经鄙视低价玩法的卖家们一直认为它们迟早自己玩死自己,但是遇上这种工厂或者抱着拿着几百万元进场玩一玩的心态的贸易商,并且数量还越来越多,当蔓延到相关类目,卖家们该怎么应对呢?是躺平还是跟着一起降价做慈善?还是及时转向精细化运营?

面对"价格战",何去何从?

资料来源:破局内卷!带你跳出亚马逊"价格战"[EB/OL].(2021-05-27).https://www.amz123.com/thread-722199.htm.

1. 结合以上案例材料,你认为引起跨境电商价格战的主要原因是什么。
2. 跨境电商的各交易主体能否真正从价格战中获利?为什么?
3. 谈一谈跨境电商为避免恶意的价格战,应采取哪些有效措施。

二、国别(地区)定价策略

在跨境电商运营实践中,不同国家和地区的卖家所需支付的价格往往是可以不一样的,其中的原因是多方面的,如不同国家和地区的快递成本不一样、不同国家和地区买家的购买力不一样以及不同国家和地区交易风险上的差异等。

显然,对于快递成本较高的国家和地区,价格应当相应高一些,针对不同国家和地区买家购买力的定价策略也是如此。另外需要注意的是,对于交易风险较大甚至存在战乱情况的国家或地区,价格则更应定得高些,必要时也可以设定为不发货。

(一)“价格+运费”定价

为了便于计算,很多卖家采取这种定价策略,将产品的成本以及必要的利润折算在价格中,根据不同国家或地区不同快递方式的收费标准,利用平台运费的设置功能,在产品的价格之外设定一个根据国家或地区与快递方式而变化的运费,供买家选择。

这种定价策略,往往适用于产品重量较重、运费占售价比例较高的产品,避免了包邮定价方式的价格“一刀切”,可使运费较低的国家或地区的买家感觉更实惠,运费高的国家或地区的买家也不会吃亏。

(二)全球统一的包邮价格

和“价格+运费”定价相反,也有一些跨境电商卖家对其产品设置了一个全球统一的包邮价格。

这种定价策略往往使用在产品本身价值不同、重量较轻、运费较少乃至占产品销售价格比例并不高的情况,或较高的利润水平足够覆盖快递费用因国家或地区变化的范围。这种定价策略还有一个好处就是便于卖家的操作,免于较复杂的运费计算和设置。

(三)分区定价

分区定价就是将全球所有国家和地区根据运费的高低分成若干个区,对于同一个运费级别的区域,采取同样的定价策略,对于运费最低的一个区或几个区,可以采用“包邮”的定价方法;对于运费较高的区,则可以采用“价格+运费”的定价方法。

在跨境电商运营实践中,跨境电商运费占产品总售价的比例一般为20%~50%,再加上快递成本随国家或地区变化的幅度不能太大,因此分区定价是跨境电商最常见的一种定价策略。

三、心理定价策略

拓展阅读7-1 7亿包裹或被美国拦截!商家悲鸣:谁的时代要终结?

心理定价策略实际上是根据跨境电商买家的心理因素,如“图便宜、好处”或“图档次、地位”等,而采取的一种定价方法。

(一) 招徕定价

招徕定价,实际上就是利用顾客贪图便宜的心理,特意安排几款特价商品,特价商品往往是顾客较为熟悉的产品,因此特价商品的存在,往往会使顾客潜意识地认为卖家其他产品的售价也不会太高,从而带动其他产品的销售。

招徕定价也是跨境电商最常用的定价方法之一。跨境电商卖家往往对其店铺中的几款产品设定一个超低价(甚至无利润或亏本价格)来吸引境外买家的点击和浏览,并在该几款超低价产品的页面中设置较多其他同类和相关产品的图片与链接,以促进其他同类和相关产品的曝光,吸引买家的关注,进一步促成点击和交易等。

(二) 尾数定价

尾数定价,是利用顾客对价格的数字认知而进行的定价,其表现形式往往是不超过某个具体整数或保留价格的零头。

如某个产品的定价是 9.98 美元,显然从顾客感受的角度来说,这个价格没有超过 10 美元的关口,也就不会让人觉得贵;某个产品的定价是 4.89 美元(而不是 4.8 美元、4.9 美元或 5 美元),则让顾客潜意识里觉得"4.89 美元的价格是卖家经过严谨的成本核算得出的较为精确合理的价格"。

(三) 声望定价

声望定价实际上是针对顾客追求名牌或产品档次的心理,采取的高价策略。

声望定价往往利用产品的品牌定位、名人代言、奢华包装、质量上乘、特定产地、特殊工艺、昂贵材质及创新设计等方面的元素整合打造,使顾客认定产品的"高品质",甚至认为购买该产品是其个人品位、身份和地位的象征。

拓展阅读 7-2 速卖通如何通过心理学定价吸引消费者

可能基于境外买家的购买力及购买理性,或者境外买家对于我国跨境电商产品品质的整体认识,声望定价在跨境电商出口中并不常见。但在一些垂直跨境电商进口平台中,很多跨境电商进口商通常利用产品的产地、品牌及功能等方面的因素,对进口产品进行声望定价,如法国红酒、意大利服装、瑞士手表、新西兰奶及日本纸尿裤等。

复习思考题

1. 不同的跨境电商卖家分别有哪些产品定价目标?
2. 影响跨境电商产品定价的主要因素有哪些?
3. 简述成本毛利定价法,它与边际成本定价法有什么区别?
4. 什么是竞争导向的定价方法?它适用于哪些情况?
5. 跨境电商定价策略主要有哪些?请就不同的定价策略,举几个相应的例子。

练　习　题

第八章

跨境电商多平台运营

【教学目的和要求】

本章介绍了第三方跨境电商平台的概念，然后对当前全球主流的第三方跨境电商平台的发展概况进行了简要的分析和评述。本章的目的是使学生在认识多个跨境电商主流平台的基础上，掌握对跨境电商多平台运营的概念、主要模式、优势和策略等进行简要概括的分析能力。

【关键概念】

第三方跨境电商平台　亚马逊、eBay、速卖通、敦煌网等跨境电商平台　跨境电商多平台运营　跨境电商多平台策略

Mercado Libre 平台于 2022 年 8 月 1 日在拉丁美洲的厄瓜多尔市场正式运营。早在 2022 年 3 月初，Mercado Libre 就对外宣布将在厄瓜多尔设立配送中心。同时，对于厄瓜多尔市场，Mercado Libre 将完善平台线上的支付方式，建立平台线下的物流及仓储设施，而且这些举措将分阶段进行。根据 Statista 的数据统计，2021 年，厄瓜多尔占拉丁美洲电商市场份额的比例为 2.41%，排名第 7。Mercado Libre 在拉丁美洲已经覆盖了 18 个国家，排名前 6 的都已经正式运营了，也是时候轮到厄瓜多尔了。另外，在整体数据上，截至 2022 年 1 月，厄瓜多尔总人口为 1 800 万，该国 64.6%的人口居住在城市中心，而 35.4%的人口居住在农村地区。截至 2022 年 1 月，该国有 1 360 万互联网用户，互联网普及率达到 75.6%。虽然厄瓜多尔是一个小国，但其互联网普及率很高，而且与邻国相比，厄瓜多尔的物流基础设施也更加完善。截至 2021 年年底，Mercado Libre 在厄瓜多尔的交易网站约有 3 万名活跃卖家，这一数字高于 Mercado Libre 在智利正式运营之前的卖家的注册数量。总而言之，拉丁美洲的厄瓜多尔市场是个巨大的机会，Mercado Libre 对该市场在当下及未来的发展也是十分看好。

资料来源：第 9 个站点！Mercado Libre 厄瓜多尔将在 8 月 1 日正式运营[EB/OL].(2022-04-06). https://www.cifnews.com/article/120380.

结合案例，试分析 Mercado Libre 如何借助国际环境以及厄瓜多尔的政策、基础设施和市场优势更好地运营平台。

第一节　第三方跨境电商平台

从理论来讲，企业可以自建跨境电商平台从事跨境电商的运营。例如：戴尔(DELL)电脑曾经自建网上订货系统，为顾客提供电脑的定制和配送；美国通用电气公司(GE)也曾经自建网上采购系统，在全球范围内招纳优质供货商，进行全球化采购；等等。这类企业自建的跨境电商平台虽然有成功的先例，但并不是跨境电商发展的主流。另外，在境内发展较好的自建(自运营)平台模式，如独立商城(如京东商城等)、银行网上商城(各大商业银行及其庞大的用户群开设的网上商城)及运营商平台(国内移动及联通等运营商开设的电子商务平台)等，并没有在跨境电商平台应用方面得到复制。

真正的跨境电商平台应该是交易功能完善、服务规范、平台规则合理，可为跨境电商买卖双方提供"公用性"和"公平性"交易环境的第三方跨境电商平台。而第三方跨境电商平台的实质就是为跨境电商买卖双方(特别是中小企业或个人用户)提供公共平台来开展跨境电商。第三方跨境电商平台由买卖双方之外的第三方来投资、管理和运营(如阿里巴巴、eBay 及亚马逊等)，其特点是处于买卖双方之间相对"中立、公正"的地位，功能完善，方便买卖双方的操作，并且能对信息流、资金流及物流等进行有效的运作和控制等，第三方跨境电商还能聚集足够的人气和流量，形成"马太效应"。

第二节　知名跨境电商平台巨头运营模式

当前，功能完善、交易机制相对合理、交易量巨大及人气相对较旺的跨境电商平台主要有以下几个。

一、"新晋黑马"——速卖通[①]

阿里巴巴旗下的速卖通(http://www.aliexpress.com)于 2010 年 4 月上线，这是一个面向国际市场打造的跨境电商平台，被广大卖家称为"国际版淘宝"。速卖通面向境外买家客户，通过支付宝国际账户进行担保交易，并使用国际物流渠道运输发货，是全球第三大英文在线购物网站。但和 eBay 不同的是，速卖通为境内卖家提供了更低的进入门槛、更方便的操作界面及更低的交易费用。

(1) 通过简单的实名认证和上传产品等，个人卖家便可以在速卖通完成店铺的开设。

(2) 速卖通对卖家的每笔订单收取 5%的手续费，这是目前全球同类服务中最低的费用。

(3) 和 PayPal 不同的是，速卖通的国际支付宝无须"交易手续费"，提现时收取的"提现手续费"降到了 15 美元。

在吸引境内卖家及境外买家群体上，速卖通和 eBay 展开了竞争，很快，速卖通在这方面成为后起之秀。经过上线之后短短几年的迅猛发展，速卖通在 2013 年交易额的增速已

---

① 根据百度百科 http://baike.baidu.com/"速卖通"摘录和整理。

经高达400%。2022年,速卖通在全球共有1.5亿消费者,商品可以销往全球220个国家和地区。同时,速卖通可以提供丰富的物流解决方案,一方面,速卖通有较为完善的海外仓服务;另一方面,速卖通在境内还做了优选仓,商家可以把货直接备在境内仓,之后物流妥投和运输都交给菜鸟解决;此外,还有境内直发。高效便捷的物流为速卖通的商品畅销全球提供了保障。现阶段速卖通的重点国家分别是俄罗斯、法国、西班牙、波兰和沙特阿拉伯,另外南美市场如巴西等,也是速卖通比较重要的地域市场。

二、阿里巴巴国际站——出口通①

阿里巴巴国际站(https://www.alibaba.com)提供帮助中小企业拓展国际贸易的出口营销推广服务,它基于全球领先的企业间电子商务网站阿里巴巴国际站贸易平台,通过向境外买家展示、推广供应商的企业和产品,进而获得贸易商机和订单,是出口企业拓展国际贸易的首选网络平台。阿里巴巴国际站的业务走过了三个阶段:第一阶段,阿里巴巴国际站的定位是"365天永不落幕的广交会",为大宗贸易做产品信息的展示;第二阶段,阿里巴巴国际站收购一达通为商家提供通关等方面的便利化服务,并在这个过程中开始沉淀数据;到了第三阶段,才将此前沉淀的数据形成闭环,也就是阿里巴巴国际站在做的事情,数字化重构跨境贸易。其核心价值有以下几点。

(1) 买家可以寻找搜索卖家所发布的公司及产品信息。

(2) 卖家可以寻找搜索买家的采购信息。

(3) 为买家、卖家提供了沟通工具、账号管理工具等。

阿里巴巴多语言市场已于2013年7月17日正式向供应商开放,它是为帮助供应商开拓非英语市场而建立的,且致力于建立阿里巴巴国际站(英文站)的语种网站体系,其截至2022年底包括西班牙语、葡萄牙语、法语、俄语等16个主流语种,除覆盖传统欧美市场中的非英语买家群体外,南美、俄罗斯等新兴市场更是多语言市场重点的拓展区域。阿里巴巴国际站主要非英文站点如表8-1所示。

表8-1 阿里巴巴国际站主要非英文站点

语种市场	网　址	主要应对国家或地区
西班牙语	http://spanish.alibaba.com	墨西哥、西班牙、阿根廷、秘鲁、智利、哥伦比亚、委内瑞拉等
俄语	http://russian.alibaba.com	俄罗斯联邦、哈萨克斯坦、乌克兰等
葡萄牙语	http://portuguese.alibaba.com	巴西、葡萄牙、安哥拉等
法语	http://french.alibaba.com	法国、比利时、多哥、贝宁等
日语	http://japanese.alibaba.com	日本
德语	http://german.alibaba.com	德国、瑞士、奥地利、卢森堡等
意大利语	http://italian.alibaba.com	意大利
韩语	http://korean.alibaba.com	韩国
阿拉伯语	http://arabic.alibaba.com	阿联酋、沙特阿拉伯、埃及等
土耳其语	http://turkish.alibaba.com	土耳其

① 阿里巴巴国际站服务中心,http://service.alibaba.com/supplier/faq.htm。

续表

语种市场	网　址	主要应对国家或地区
越南语	http://vietnamese.alibaba.com	越南
泰语	http://thai.alibaba.com	泰国
荷兰语	http://dutch.alibaba.com	荷兰、比利时、南非、苏里南等
希伯来语	http://hebrew.alibaba.com	迦南地
印度尼西亚语	http://indonesian.alibaba.com	印度尼西亚
印地语	https://hindi.alibaba.com	印度

截至2022年6月，阿里巴巴国际站只开放了前11个市场的产品发布功能；后5个市场暂未开放产品发布功能，其网站产品仅基于英文站自动翻译产品。

阿里巴巴国际站会员可分为两大类型，即收费会员和免费会员。收费会员主要有CGS、GGS、HKGS、TWGS，免费会员有IFM、CNFM、VM。企业要在阿里巴巴国际站上成为卖家，需要办理出口通会员，只有成为会员以后，才能在阿里巴巴国际站上建站销售产品、联系境外买家报价。其办理条件是：有市场监管部门注册的做实体产品的企业（生产型和贸易型都可以），收费办理。注：服务型如物流、检测认证、管理服务等企业暂不能加入，另外离岸公司和个人也办理不了。在办理时要提供的资料主要有营业执照、办公场地证明、法人身份证件等，对进出口权没有要求。

出口通服务内容包括：可以在阿里巴巴国际站上建立企业网站，发布产品信息，向境外买家报价，橱窗产品（10个），另外有数据管家、视频自上传和企业邮箱等服务内容。出口通会员是需要收费办理的，按年收取，费用由基础服务费用和增值服务费用组成。其中，基础服务费用一般是29 800元/年，而阿里巴巴国际站可提供“阿里通行证”“金品诚企”“外贸直通车”“橱窗产品”“关键词搜索排名”“顶级展位”“网商贷”“检测认证平台”“阿联招聘”及“外贸服务市场”等增值服务，增值服务费用则根据企业需要的增值服务内容及阿里巴巴国际站可提供的增值服务套餐确定。

三、“大小通吃”——敦煌网[①]

敦煌网（https://www.dhgate.com）于2004年正式创立。其致力于帮助中国境内中小企业通过跨境电商平台走向全球市场，开辟一条全新的国际贸易通道，让在线交易变得更加简单、安全和高效。实际上，敦煌网是境内首个为中小企业提供B2B网上交易的网站。它采取佣金制，2019年2月20日起开始对新卖家注册收取费用，只在买卖双方交易成功后收取费用。

敦煌网“为成功付费”打破了以往的传统电子商务“会员收费”的经营模式，既减小了企业风险，又节省了企业不必要的开支，同时避开了与B2B阿里巴巴、中国制造网、环球资源、环球市场等的竞争。在敦煌网，一个标准卖家的生意流程是：把自己产品的特性、报价、图片上传到平台，接到境外买家的订单后备货和发货；买家收到货后付款，双方通过多种方式进行贸易结算。整个周期为5～10个工作日。

① 根据百度百科 http://baike.baidu.com/“敦煌网”摘录和整理。

在敦煌网,买家可以根据卖家提供的信息来生成订单,可以选择直接批量采购,也可以选择先小量购买样品,再大量采购,可以说是做到了对订单的“大小通吃”。这种线上小额批发一般使用快递,快递公司一般会在一定金额范围内代理报关。举例来说,敦煌网与DHL、联邦快递等国际物流巨头保持密切合作,以网络庞大的业务量为基础,可使中小企业的同等物流成本至少下降50%。一般情况下,这类订单的数量不会太大,有些可以省去报关手续。以普通的数码产品为例,买家一次的订单量在十几个到几十个。这种小额交易比较频繁,不像传统的外贸订单,可能是半年下一次订单,一个订单几乎就是卖家一年的“口粮”。“用淘宝的方式卖阿里巴巴B2B上的货物”,是对敦煌网交易模式的一个有趣概括。

拓展阅读8-1 MyyShop战略提级!敦煌网集团全新亮相 双擎驱动剑指社交电商

回顾上述敦煌网的发展历史,敦煌网一开始就采取了一个适合境内中小企业的跨境电商技术解决方案和收费策略,相应的交易流程、平台架构和收费策略很大程度上被后起之秀速卖通所借鉴。敦煌网似乎一开始就将其业务定位在跨境B2B的小额批发,实际上这种模式在后来的跨境C2C上也取得了很大的成功,而作为后起之秀的速卖通将这种模式在跨境C2C上发挥到了极致。

截至2020年底,敦煌网拥有超过230万的累计注册卖家,年均在线产品数量超过2 500万,包括鞋类及配件、手机及配件以及运动和户外设备等,累计注册买家超过3 600万,覆盖全球223个国家及地区。但是,历经将近20年的发展,敦煌网已经不止于佣金收入了。敦煌网招股书显示,2020年,公司的收益除佣金收入外,还包括物流、支付和营销等增值服务。

四、中国制造网(B2B)[①]

中国制造网国际站(http://www.made-in-china.com)创建于1998年,其汇集大量中国产品信息,面向全球采购商提供中国产品的电子商务采购服务,旨在利用互联网将中国产品推向全球。中国制造网是由焦点科技开发和运营的,国内最著名的B2B电子商务网站之一,已入选2021年度中国跨境电商“百强榜”。中国制造网是境内中小企业通过互联网开展国际贸易的首选B2B网站之一,也是国际上有影响力的电子商务平台。

截至2020年,中国制造网拥有注册会员超过1 820万,仅2020年就有来自超过220个国家和地区的用户访问了中国制造网,访问量超过8.3亿人次。中国制造网为中国中小企业发掘了商业机会,创造了大量就业机会,并且为中小企业提供各类电子商务软件服务,以软件服务业带动和提升了传统制造业的信息化能力。

中国制造网国际站为中国制造商、供应商、出口商提供了会员服务。会员分为金牌会员和钻石会员,金牌会员价格31 100元一年,钻石会员价格59 800元一年。金牌会员和钻石会员的区别体现在可发布的产品条数不同、主打产品个数不同、拍摄服务权益不同、访客营销权益不同等,具体如表8-2所示。

---

① 根据百度百科“中国制造网”摘录和整理。

表 8-2　中国制造网国际站会员服务项目

功　　能		会员级别	
		金牌会员	钻石会员
产品	产品数量	1 000 条(产品详情最多添加 12 张照片)	3 000 条(产品详情最多添加 25 张照片)
	主打产品	7 个	10 个
	优化助手	√	√
	产品分组	20(一级组)×30(二级组)+1(加密组)	20(一级组)×30(二级组)+1(加密组)
	产品图册	在线生成 200 个 (仅支持详情模式) 本地上传 10 个	在线生成 200 个 (详情模式、精简模式、橱窗模式) 本地上传 10 个
	产品排序	√	√
展示升级包	图片拍摄	×	可选,最多 100 张
	高清全景	×	可选,最多 6 张
英文展示厅	企业横幅	3(普通)	3(普通)+1(全景)
	企业横幅制作工具	×	√
	公司 logo	√	√
	产品展台	3 组	4 组
	自选栏目版式	1 种	3 种
	企业风采栏目	7×20 个	7×20 个
	二维码名片	×	√
	Discover 频道	×	√
广告	TopRank(PC 端)	可链接至一个产品、展示厅首页	可链接至一个产品、一组产品、展示厅首页
素材库	图片容量	1 GB	10 GB
	视频容量	10 GB	50 GB
多语	系统翻译	√	√
	管理产品信息(西俄葡法)	√	√
	管理公司信息(西俄葡法)	√	√
	10 个多语展示厅	√(金牌版)	√(钻石版)
账户	子账户	7	7
	下载认证报告	√	√
询盘	发送询盘	100 封/天	100 封/天
	下载询盘	√	√
自主营销	主动报价	10 个/天	10 个/天
	访客营销	×	√
	SNS 智营销	√	√
	视频频道	√	√
	直播营销	×	√
数据罗盘		√	√

资料来源:中国制造网会员 e 家,https://service.made-in-china.com/。

五、小红书[①]

小红书作为跨境电商行业的"黑马",从最初的UGC(用户生成内容)社区用户共享平台,发展到后来在不到5年的时间里拥有超过7 000万粉丝,其成长速度令人惊讶却又合情合理。究其原因,就在于小红书从UGC社区开始,逐步转型成为顾客体验良好的跨境电商平台,刷新了消费者对跨境电商的刻板印象,给跨境电商的发展模式提供了新的可能性。小红书的定位是UGC社区和境外购物的跨境电商平台。它利用境外购物分享社区吸引和积累用户,并将用户转移到购物平台,实现了一个完整的商业闭环。在整个过程中,存在两个较难解决的问题:首先是面对新用户,如何迅速吸引他们的注意,便于他们找到自己喜欢的购物信息,留住新用户;其次是对于已经有消费需求的用户,如何使其迅速找到自己想要购买的产品并且下单付款。总之,让用户快速找到自己喜欢的购物攻略是小红书的核心,这就对小红书"购物笔记"的内容和形式提出了更高的标准,即"更多"(尽可能丰富的笔记数量)、"更好"(高质量的笔记内容)、"更智慧"(更好地识别用户的购物偏好)。经过5年的发展,小红书从"海淘版知乎"逐步开拓跨境电商业务,跃居成为我国移动跨境电商App第一位,为移动电商创造了一种新的模式,给跨境电商的发展提供了新的可能性。

前期阶段,小红书的境外购物攻略板块是以PDF格式呈现的,最新动态无法实时呈现。虽然其在苹果App Store上线后,吸引了很多用户的眼球,但PDF格式的信息无法与用户进行实时交流和互动。虽然有这样的缺陷,但其下载量却依然持续走高,这让小红书有了继续改进的动力。之后,小红书针对这一问题,推出了改进版的模块——"购物笔记"。这是一个基于用户共享信息的UGC社区,在这个社区中,每个用户都能够发布自己的购物笔记,分享境外购物攻略。对于一些经常分享购物笔记、活跃度和点击率较高的用户,系统会自动筛选,增加这些用户的积分,提升他们的用户等级,并根据用户等级的不同给予用户相应的特权。与此同时,系统还会根据用户撰写的购物笔记的标签,对其内容进行不同形式的分类,如美妆、护肤、健身等。这些不同类型的标签会被系统智能识别和整合,最终形成不同的购物笔记专题,用户只需要搜索想要了解的关键字的标签,就能轻松找到相应的专题。

1. 用户定位分众化

在现阶段,小红书的用户大多是年龄为18～30岁的学生和白领,其中70%～80%是女性。这些数据使小红书对自己的市场定位有了更加清晰的认识。但是,小红书的用户定位也在实时更新和完善,小红书的最初定位是为想要分享购物经验或者获得出境购物攻略的人士提供一个可以共享信息的平台。然而,随着网购特别是近年来海淘的兴起,以及新时代的年轻人对于境外产品的好奇心,境内涌现出越来越多小红书的追随者,他们即使没有出境的打算,但仍想要更加快速便捷地获得一些境外商品的相关信息和购物体验。

2. 笔记内容分类化

在大数据时代的今天,小红书通过信息整合和结构化分类,把一些有相同购物需求的

---

① 仓宇薇.跨境电商小红书的运营模式分析[J].山西财政税务专科学校学报,2020,22(5):40-43.

用户通过不同的标签集中到不同的购物分享专题中。用户撰写购物攻略时，可以在编辑文字的同时上传相关商品的高分辨率图片，在图片中通过标签标注产品的名称、购买地点和价格等。同时，其他用户在浏览购物笔记后可以在评论区留言，和笔记的发布者进行实时交流，形成一个动态的良性互动。用户在首页的搜索栏中输入产品名称或者关键字标签，就可获得相应的购物笔记、商品和用户这三类信息，用户可以根据自己的需求对相关信息进行浏览。小红书将购物笔记做成了垂直社区的形式，给 UGC 模式开创了一种新的可以借鉴的发展方向。

3. 购物平台多元化

当前，小红书拥有多个国家的购物客户端，包括美国、日本、法国、韩国等，用户可通过想要购买商品的原产国，进行商品交易。除此之外，小红书还拥有多元化的购物方式，不仅可以通过电脑端购物，还可以通过手机移动端 App 进行购物，十分便捷。在亚马逊、京东、唯品会等几大跨境电商巨头林立的时代，小红书却依靠独特的 UGC 分享社区拉近了自己与用户的距离，在众多巨头中脱颖而出，独树一帜。小红书通过分享社区积累了大批忠实用户后，巧妙地抓住了新的商机：用户在购物笔记中发现好物不知道在哪里购买，于是小红书的购物社区——小红书“福利社”应运而生。

“购物笔记”分享社区建立后，小红书逐步积累了大批忠实用户，而此时新的问题出现了，即用户该如何购买通过购物笔记发现的好物。通过大量的数据分析，小红书于 2014 年 10 月推出了全新的板块——“福利社”，以跨境电商购物平台的方式实现境内消费者对想买却买不到的境外商品的购买愿望。

小红书首先根据数据分析筛选出最受用户欢迎的商品，并以这些商品为基础引进品牌，然后与品牌方达成合作，将其商品放在“福利社”进行售卖。近年来，“福利社”的商品种类随着用户需求而不断丰富并持续增多，逐渐从化妆品扩展到了家电、保健品和箱包饰品等领域。为了保证商品的来源渠道正规，“福利社”采用自营模式，包括境内保税仓发货和境外直邮两种模式。

1. 基于用户无意识的信息分享，进行社区营销

小红书从最初单纯的购物分享社区进阶成为如今的社区电商，依靠的就是其与用户之间直接无缝隙的联系。在小红书的社区中，用户可以自由发表自己的观点，和其他用户交流商品的使用心得，分享购物攻略，利用用户的口碑形成天然广告，以此实现商品的营利。此阶段是小红书社区营销的起步阶段，接下来还需要进一步挖掘用户数据，完善商品标签的分类，给用户带来更优质的购物体验。

2. 顺应用户多样化需求，发展社区电商

从最初的境外购物攻略到现在的社区电商，小红书始终坚持用户原创内容，充分尊重用户的购物取向和习惯，用户可以分享自己真实的购物心得或获取感兴趣的商品信息和标签分类，充分做到了想用户所想，照顾到每一位用户，为其营造了良好的购物氛围。

总之，小红书通过分享社区—“购物笔记”与购物社区—“福利社”两个完整的板块，构成了其完整的运营模式，顺利解决了用户跨境购物中“不知道”和“买不到”这两个棘手的问题。

六、“实力悍将”——亚马逊[①]

亚马逊是美国最大的一家网络电子商务公司，位于华盛顿州的西雅图，是网络上最早开始经营电子商务的公司之一。亚马逊成立于1995年，一开始只经营网络的书籍销售业务，现在则扩及范围相当广的其他产品，已成为全球商品品种最多的网上零售商和全球第二大互联网企业。目前，亚马逊电子商务平台上出售的商品有图书、软件、家电、厨房项目、工具、草坪和庭院项目、玩具、服装、体育用品、鲜美食品、首饰、手表、健康和个人关心项目、美容品、乐器等，应有尽有。

依托传统美国邮政物流配送，亚马逊电子商务公司最初以在网上销售图书和音像制品为主，成立不久便取得不错的业绩，其网上书籍的销量远远超过实体书店，其股票早在1990年5月便在美国纳斯达克上市(股票代码：AMZN)，之后通过一系列的资本运营和并购，其业务向多元化方向发展，并成功地经历了三次“定位转变”。

1997年以前，虽然电子商务物流不够发达，但由于图书及音像制品标准化程度高，其物流配送可以方便地通过美国传统邮政包裹的方式解决，而且美国书籍市场规模大，非常适合电子商务。为了和线下图书巨头竞争，亚马逊创始人贝佐斯把亚马逊定位成“地球上最大的书店”。为实现此目标，亚马逊采取了大规模扩张策略。经过快跑，亚马逊在图书网络零售上建立了巨大优势。到1997年5月上市后，亚马逊最终完全确立了自己作为美国最大书店的地位。

随着在图书网络零售市场中地位的巩固，亚马逊开始布局商品品类扩张。经过前期的供应和市场宣传，1998年6月，亚马逊的音乐商店正式上线。仅一个季度，亚马逊音乐商店的销售额就已经超过了CDnow，成为最大的网上音乐产品零售商。此后，亚马逊通过品类扩张和国际扩张，到2000年，其宣传口号已经改为“最大的网络零售商”(the Internet's No.1 retailer)。

2001年开始，除宣传自己是最大的网络零售商外，亚马逊同时把“最以客户为中心的公司”(the world's most customer-centric company)确立为努力的目标。此后，打造以客户为中心的服务型企业成为亚马逊的发展方向。为此，亚马逊从2001年开始大规模推广第三方开放平台(Marketplace)，2002年推出网络服务(AWS)，2005年推出Prime服务，2007年开始向第三方卖家提供外包物流服务FBA，2010年推出KDP(Kindle Direct Publishing)的前身自助数字出版平台(Digital Text Platform，DTP)。亚马逊逐步推出这些服务，使其超越网络零售商的范畴，成为一家综合服务提供商。

尽管在全球范围内，亚马逊的竞争对手数量不断增加，但它在全球范围内的业务仍在不断增长。如今，除了在线零售，亚马逊还涉足了云计算、数字广告、电影和电视节目制作等多个领域。亚马逊Web服务(AWS)已成为全球领先的云计算服务提供商，为数百万客户提供高质量的云计算解决方案。截至2021年3月，亚马逊在全球十多个国家拥有运营项目，进口产品渠道遍布全球。

---

① 根据百度百科 http://baike.baidu.com/“亚马逊(网络电子商务公司)”摘录和整理。

七、“创新先驱”——eBay[①]

eBay 创立于 1995 年 9 月，当时奥米迪亚(Omidyar)的女朋友酷爱 Pez 糖果盒，却为找不到同道中人交流而苦恼。于是，奥米迪亚建立一个拍卖网站，希望能帮助女友和全美的 Pez 糖果盒爱好者交流，这就是 eBay。令奥米迪亚没有想到的是，eBay 非常受欢迎，很快网站就被收集 Pez 糖果盒、芭比娃娃等物品的爱好者挤爆。eBay 可以说是在线销售式电子商务平台的开创者，目前已成为全球最大的电子商务平台之一。

2003 年，eBay 的交易额为 238 亿美元，净收入 22 亿美元。为了在全球各地开展业务，其分别在美国、英国、澳大利亚、中国、阿根廷、奥地利、比利时、巴西、加拿大、德国、法国、爱尔兰、意大利、马来西亚、墨西哥、荷兰、新西兰、波兰、新加坡、西班牙、瑞典、瑞士、泰国、土耳其等国家和地区设立分站点。如 eBay 外贸门户信息网(https://www.ebay.cn)定位为向中国境内卖家推广和介绍直接面向境外进行销售的方法，致力于推动中国跨境交易电子商务的发展。截至 2022 年第三季度，eBay 在全球 190 个不同的市场中有 1.35 亿用户，这是指在过去 12 个月内至少在 eBay 上购买过一次商品的消费者人数。eBay 的商品总销量的一半以上来自其国际用户，其正致力于通过允许卖家使用更多视频和图片功能来提高销量。

2003 年 7 月，eBay 以 15 000 万元现金合并了中国最大电子商务公司 EachNet(中文名称“易趣”)，并推出联名拍卖网站“eBay 易趣”。在几乎相同的时间点，阿里巴巴集团的淘宝于 2003 年 5 月创立。不久，易趣在与淘宝的竞争中落败。淘宝一开始采取了对交易双方都免费的策略，而易趣的收费策略却更加保守，其向卖家收取的主要费用(盈利模式)包括以下项目。

(1) 向每笔拍卖收取刊登费(费用从 0.25 美元至 800 美元)。

(2) 向每笔已成交的拍卖再收取一笔成交费(成交价的 7%～13%)。

(3) 由 PayPal 收取的结算手续费。

PayPal 是 eBay 的全资子公司，类似于国内的支付宝和淘宝，但和支付宝免费的策略不同，对每笔订单，PayPal 会收取至少 2.9%＋0.3 美元的“交易手续费”，提现时还需收取 35 美元的“提现手续费”。

eBay 在全球的业务扩张并非一帆风顺。在美国本地，eBay 的主要竞争者是 Amazon Marketplace 和 Yahoo 拍卖。在对外扩张中，eBay 曾在日本落败。雅虎在日本经营的拍卖业务在日本国内已占据领导地位，迫使 eBay 铩羽而归。eBay 最初通过收购易趣的方式进入中国内地市场，但之后在与淘宝的竞争中落败，最终以与 TOM 合资成立“新易趣”的方式退出中国内地市场。由于公司调整运营战略，易趣网已于 2022 年 8 月 12 日停止平台运营。

八、“移动电商巨头”——Wish[②]

Wish 成立于 2011 年 9 月，总部位于美国，创始人是出生在欧洲的彼得·舒尔泽斯基

---

① 根据百度百科 http://baike.baidu.com/“eBay”摘录和整理。

② 李鹏博. Wish，跨境电商移动端平台的黑马[EB/OL].(2014-08-04). https://www.cifnews.com/article/10270.

(Peter Szulczewski)和来自中国广州的张晟(Danny)。它最初只是用于收集和管理商品的工具。2013年,Wish正式进入跨境电商领域,被打造为专注于移动购物的跨境B2C电商平台。2017年9月,Wish进行新一轮2.5亿美元融资,估值超过80亿美元。2018年,Wish App荣登年度全球购物类App下载量排行榜榜首,安装量超过1.97亿。2019年,按销售额计算,Wish已成为美国第三大电子商务平台。截至2021年第一季度,Wish平台已有50万注册商户,Wish的月均活跃用户数突破了1.07亿,覆盖全球100多个国家和地区,实现了新的跨越。该平台根据用户喜好,通过精确的算法推荐技术,将商品信息推送给感兴趣用户。Wish主张以亲民的价格给消费者提供优质的产品。

虽然上述亚马逊、eBay、速卖通等平台也适时推出移动端App,但这些移动端App很大程度上保留了PC端的商品展示和推送模式,其移动端App和PC端的区别不过是在其"交互设计方面进行了屏幕适应性调整",其页面布局还是以"品类浏览"和"搜索"为主。

Wish完全抛开PC端购物平台设计思维,根据移动用户"随时随地随身"的特点,将注意力转向将移动用户"碎片化"需求订单集中起来。因此,Wish淡化了品类浏览和搜索,专注于关联推荐。当一个新用户注册登录的时候,Wish会推荐一些不令人反感的商品,如T恤、小饰品等。此后,Wish会随时跟踪用户的浏览轨迹以及使用习惯,以了解用户的偏好,进而再推荐相应的商品给用户。这样,不同用户在Wish App上看到的界面是不一样的,同一用户在不同时间看到的界面也是不一样的。这就是Wish的魅力所在,其通过智能化推荐技术,与用户保持一种无形的互动,从而极大地增强用户黏性。

因此,和亚马逊、eBay及速卖通等传统PC端跨境电商平台相比,Wish移动跨境电商平台具有以下明显的特点。

(1) Wish有更多的娱乐感和更强的用户黏性。Wish虽然本质上也是提供交易服务的电商平台,但其专注于根据移动端用户的偏好进行一个"算法推荐"模式的购物,呈现给用户的商品大都是用户关注、喜欢的商品图片和链接。

(2) Wish具有类似于Wanelo等社交导购网站的功能,但所不同的是,Wish还可以直接实现闭环的商品交易。所以从这点来讲,Wish是一个以消费者网络行为、习惯和需求为导向的,具有网络导购功能的移动跨境电商平台。

(3) Wish推送大量消费者喜欢的精美商品图片,这点类似于Pinterest等社交图片网站,用户可以收集并分享自己喜欢的图片,但重要的是,只要用户喜欢,在Wish上用户就可以购买这些精美图片的商品。

九、兰亭集势(B2C)[①]

兰亭集势成立于2007年,并于2013年在纽约证券交易所挂牌上市(NYSE: LITB),是国内首家在美国上市的在线B2C互联网跨境电商公司。公司由海内外具有丰富国际管理与技术经验的人才组成,截至2021年,员工规模1 500多人,总部位于上海,同时在北京、深圳、成都、广州和新加坡等地设立了分公司。

兰亭集势拥有多个国内领先的在线B2C跨境独立站,其中,以具有国际影响力的

① 资料来源:兰亭集势中文网站,https://www.lightinthebox.cn/。

https://www.lightinthebox.cn/为代表，支持26种语言，客户遍及全球200多个国家和地区，注册客户数千万人，涵盖婚纱礼服及配件、服装鞋包、珠宝手表、电子及配件、运动户外、玩具宠物、家居假发、文身美甲等近百万种商品。同时，该公司支持遍布全球的20多种支付方式，如Paypal、VISA、EBANX等。

兰亭集势从创始发展至2010年已经取得50倍的销售增长，并获得硅谷与国内顶级风险投资，也为CNN(美国有线电视新闻网)、路透社等世界新闻机构所报道。兰亭集势已经发展成为国内的外贸出口B2C业界最好的网站之一，是其他外贸出口B2C争相模仿的对象。2018年，兰亭集势以8 555万美元收购了新加坡跨境电商平台ezbuy，在供应链、物流、仓储和市场推广方面的整合效应非常显著，形成了具有国际市场影响力和竞争力的平台。2021年与2022年，兰亭集势均进入BrandZ中国全球化品牌50强榜单。兰亭集势将继续将欧洲、美国、加拿大、澳大利亚等发达地区作为平台发展的重点市场，并发力东南亚、中东等潜力无限的新兴市场。

拓展阅读8-2　拖欠商家2亿货款，这平台要倒了？

拓展阅读8-3　环球资源(B2B)

第三节　跨境电商多平台运营的优势和策略

近年来，平台越来越多，包括以上实力强的，又不断有新发展的。当选定一个平台时，往往会遇到一个流量和销量的瓶颈，那么，多平台运营往往是一个突破口。

一、多平台运营的概念和优势

跨境电商多平台运营是指同一卖家同时采取多个跨境电商平台开展跨境电商的运营模式。一般来说，多平台运营的卖家，会选择至少两个第三方跨境电商平台开展业务。

狭义的跨境电商多平台运营是指卖家在相同品类下(基本的业务模式相对固定)，选用多个平台开展跨境电商业务，如某服装卖家在做速卖通平台的同时也做eBay等。

而广义的跨境电商多平台运营是指卖家开展跨境电商业务时，其所选择的平台、产品品类及供应链模式等都是变化的，随之产生的是业务模式的多元化。例如，某个跨境电商卖家会选用速卖通平台开展跨境电商零售，同时也会选用阿里巴巴国际站开展跨境电商批发。

总的来说，跨境电商多平台运营主要有以下几种模式。

(一) 多个同类平台模式

多个同类平台模式即对于同一种业务，同时选用多个功能、定位及模式等较为类似的平台开展业务。如同时选用速卖通、敦煌网、eBay等B2C跨境电商平台。这是一种较为常见的模式。

(二) B2B+B2C模式

B2B+B2C模式即卖家在开展跨境电商业务时，会同时选择不同的B2B、B2C平台。

如某小商品卖家既在阿里巴巴国际站从事跨境电商批发业务,也在速卖通平台开展零售业务等。这种模式通常适用于规模较大、货源较为丰富或产品品类较多的卖家。

(三) 第三方平台+自营平台模式

第三方平台+自营平台模式即卖家在选择一个第三方平台开展跨境电商业务的同时,会投资构建一个企业网站,该企业网站几乎具有跨境电商交易的全部功能。开展跨境电商第三方平台+自营平台模式的卖家往往具有超大的交易规模、强大的平台推广能力及雄厚的资金实力。

(四) 综合平台+垂直平台模式

综合平台+垂直平台模式即卖家同时选用某综合平台和垂直平台开展跨境电商业务。垂直平台是面向特定行业或品类的平台,如日用品、奢侈品、服装、玩具或母婴产品等。采用综合平台+垂直平台模式的卖家,往往在其出售产品的相关行业有核心的竞争力,特别是在产品供应链方面具有较强的整合能力。

(五) 传统平台+移动平台模式

传统平台+移动平台模式即跨境电商卖家会同时选用传统电商平台和移动电商平台开展业务。实际上,随着移动电子商务的兴起,大多数传统跨境电商平台具备了移动交易的功能。但如Wish这样以移动跨境电商见长的平台的兴起,使很多跨境电商卖家将移动跨境电商作为一个多元化的重要手段。移动跨境电商平台往往更适合有新、奇、特产品的卖家。

(六) 线上平台+线下平台模式

这里的线下平台是指接近传统意义上的产品分销的线下系统。严格地说,很多线上平台+线下平台模式算不上多平台。但值得关注的是,很多线下平台的功能越来越强大,有电子化和网络化的发展趋势,并具备了大部分的电子商务功能,如O2O的发展和应用等。线上平台+线下平台模式往往适用于某些特定行业,如生鲜农产品、家具家居产品及快速消费品等。

二、跨境电商多平台运营的优势

不同于境内电商的淘宝一家独大,跨境电商平台发展更趋多元化,可供选择的实力强大的平台也很多,而且每个跨境电商平台都有自己发展的特色和定位。一般来说,多平台运营可以给卖家带来更多的市场机会,如果运用得当,跨境电商多平台运营可从以下几个方面给卖家带来优势。

(一) 获取更多的订单

在一个平台的订单数量受到限制的情况下,采用多平台运营后,卖家获取的订单数量一般来说会有不同程度的增加。

（二）业务的多元化发展

采用多平台运营后，卖家会根据不同平台的特点及其主推的产品类目等，逐步形成跨境电商的多元化发展策略。

（三）快速的市场渗透

多平台运营可以更加快速地占领目标市场，在提高销量的情况下，提升卖家的形象和知名度等。

（四）找准定位打造爆款

根据平台订单数量及用户反馈等，卖家可发现更多有价值的市场信息，以便找准定位，提供适销对路的产品，配合适当的推广措施，成功打造爆款的机会显著增加。

三、跨境电商多平台的运营策略

（一）跨境电商多平台运营主要策略

在跨境电商平台运营中，主要的策略有以下几点。

1. 店铺和产品定位

每个跨境平台在目标市场（国家或地区）、目标客户等方面都会有一定的区别。因此，多平台运营卖家根据不同平台顾客的需求，进行精准的店铺和产品定位显得非常重要。

找准店铺和产品的定位是后期推广运营的基础。这一点往往被很多中小跨境电商卖家忽视。作为一个成功的跨境电商卖家，应该全面地掌握自身产品的主要消费市场在哪里、客户的需求和诉求有哪些、店铺的特色应当如何打造、产品定位及产品线应当如何开展等。

2. 合理运用价格策略

实际上，同类产品在不同跨境电商平台上的价格往往是不一样的，即使在同一个平台内部，同类产品或同种产品在价格上也会有明显的高低差别。

跨境电商多平台卖家应当根据不同平台的运营和推广成本，结合顾客的需求特点，制订一个相对统一的价格策略。显然，片面地追求低价以获取竞争力并不是长期有效的策略。

3. 提升服务品质

跨境电商产品的定价包括一定比例的服务成本。高品质的服务显然是顾客所看重的。对一些特殊的行业、类目或具体产品来说，服务的重要性反而会超过产品本身。

因此，跨境电商多平台卖家应当根据顾客的实际需求，制定一个高水平的产品售前、售中和售后服务标准。服务标准的形成，一方面保障了较高的服务水平，另一方面也使服务成本得到有效的控制。

4. 品牌化策略

统一品牌下的运作，往往是开展多平台运营的基础。实际上，跨境电商多平台运营的成功开展，也会给品牌形象的打造带来正面的效果。

品牌化运营，要求跨境电商卖家在客户群体、产品款式及风格等方面有更加精准的把握。例如，同样是秋冬季节的风衣和羽绒服，在亚马逊平台上往往简约高品质款式更好卖,而在速卖通平台上则是低价新颖款最热销。

(二)跨境电商多平台运营策略运用

多平台运营和单一平台运营相比,其运营成本并不意味着成倍的上升,在有效管控的情况下,成本的上升有限。而在流量和订单数量方面,多平台运营可以给卖家带来明显的优势和发展潜力。根据不同跨境电商平台的市场定位,通过适当的平台及产品的多元组合,往往会取得更多意想不到的收获。

1. 先确立根据地,再开展多平台[①]

对大多数中小卖家(或创业者)而言,"首先应该在某一平台作出成效后,再发力开展下一个新平台"。中小卖家根据自身的实力及产品货源等情况,选定一个合适(或自身擅长)的跨境电商平台作为"根据地",将该平台做精,等销量有一定的规模之后,再开展跨境电商的多平台运营。

如很多中小卖家先从速卖通平台开始运营,等实力有明显的提升、规模扩大之后,再开展 eBay、亚马逊或阿里巴巴国际站等多平台的运营。

2. 研究不同平台及其选品的特点

不同跨境电商平台在卖家的资质、平台的费用及交易的流程等方面会有一些区别,但平台本质的特点应当在于其市场定位(档次、价格及买家群体等)和交易模式(批发或零售)等方面。掌握平台的特点是开展选品的基础。在选品方面,可根据不同平台的销售情况进行区别对待,但不同平台的产品或品类尽量做到关联、共享或交叉,尽量不要大量开拓新的 SKU,以免造成后期管理的困难。

3. 组建跨境电商多平台运营团队

业务达到一定的规模后,不同平台尽量由不同团队来运营,这样可以保证足够的专注和专业,确保多平台运营的效果。一般来说,新开发一个平台,应建立一个至少有 2 人的小团队。

4. 积极打造爆款

在多平台运营环境下,某 SKU 的多平台铺货,使其成为爆款的可能性大大提升。卖家应当时刻关注市场的反应,分析和筛选最有可能成为爆款的 SKU,并积极采取有效的多平台综合推广措施。

5. 构建高效的供应链体系

销量的提升或爆款的打造,需要一个高效的产品供应链体系来支撑。在产品货源方面,应当具有足够的库存,必要时应当取得供货商的支持,争取及时适量地补货。另外,在产品种类、库存及供应商数量较大的情况下,还需构建一个智能化的供应管理系统。

四、综合案例分析

封号潮后,一批中小卖家多平台布局亏损离场

2021 年 9 月,著名电商平台亚马逊以商家"操纵评论""刷单"和"违规账号关联"等违

---

① 跨境电商多平台运营技巧,https://www.cifnews.com/article/116599。

规操作为名，封掉了涉及约 1 000 家企业的 5 万多个账号，造成了超过千亿元的损失，其中，电商账户被冻结金额从数千万美元至数亿美元不等。

封号潮后，原本主营亚马逊平台的卖家有了危机意识：单一平台的运营风险太大，不能把鸡蛋放在一个篮子里了。于是，这些卖家开始拓宽销售渠道(如其他第三方平台及独立站等)。但是在布局多渠道之后，部分卖家发现，耗费精力却无法达到预期的效果，到底是其中哪个环节出了问题？

从目前中小卖家拓宽销售渠道的表现情况来看，除了亚马逊之外，部分第三方平台貌似并不值得投入大量精力去做。可是，在如今的大环境下，多平台销售仍是跨境企业的发展方向，而对卖家造成"威胁"的并不只是平台。

1. 卖家布局多渠道"碰壁"

封号潮后，eBay、Wish、速卖通、Shopee、Lazada、独立站以及一些境外本土的电商平台成为部分卖家规避风险、布局多渠道的首选。

"封号暂且不论，亚马逊的订单也不是很稳定，我想着多个平台多条路，然后就开了 eBay 和 Shopee 的账号。"一位 2020 年下半年开始做的卖家说道。当谈及这两个平台的运营情况时，该卖家表示："做了之后才发现，投入倒不是很多，但是情况属实差劲，尤其是虾皮，利润简直太低了……"

开拓新平台，本就是为了在规避风险的同时增加收入，然而在短时间内卖家还不能摸清平台的条条框框，见不到成效的确不可避免。

无独有偶，另一位在封号潮中受损的卖家表示："被封了几个号之后，其余账号还可以正常运营，不过为了规避风险，我开通了 Wish 和 Newegg 的账号。过了三四个月后发现，两个平台的单量情况不是很好，而且 Wish 这平台很不公道，霸王条款也很多……"

此外，还有卖家表示，公司开通了很多新平台，虽然竞争没有那么激烈，但新平台流量相对较小，运营人员精力分散，效果也不佳。

回顾跨境电商野蛮生长的那几年，不论做什么平台、做什么产品，大概率都会分到一杯羹。但是现如今的跨境电商，对卖家的要求逐渐提高，没有优质的产品和供应链，不论做什么平台，都会很"煎熬"。观望整个跨境电商圈，几乎每个平台都有大卖，更不乏出色的品牌卖家，这也反向印证了做跨境电商和平台关系不大。而很多中小卖家在对新渠道的选择上，往往注重的是平台的好坏，却忽略了产品的重要性。

没有竞争力的通货，在哪里都会面临低价的内卷。对于卖家来说，产品的重要性远大于平台，若想在平台上有所成就，不仅要清楚地了解目标受众的需求，更要持续投入精力去优化产品。环金科技供应链总监鞠培泉曾表示："DTC 品牌出海，最重要的是产品，选择好的产品是品牌出海的基础。"

2. 跨境大卖多平台布局成效渐显

值得注意的是，自封号潮后，通拓、有棵树、泽宝等大卖就开始多渠道布局，并且也取得了一定的成效。

通拓在被封号之后，提高了在 eBay、沃尔玛、速卖通、Lazada 等其他电商平台的销售占比，并且加大通拓科技自营网站投入，积极拓展欧洲和美国线下实体店渠道。

有棵树积极通过其他电商平台深耕，2021 年大力开拓沃尔玛平台，实现营业收入近

6 000 万元,同比增长 141.56%;而拉丁美洲、东南亚等新兴市场业务,2021 年度仅通过 Shopee 平台就实现营收 2 亿元,占有棵树 2021 年跨境电商业务整体营收的 10%以上。

泽宝母公司星徽精密此前在公告中披露,公司加快推进线上多平台经营策略,持续加大在 eBay、沃尔玛等电商平台的资源投入,并着力打造公司自营平台(独立站),2021 年 7—9 月,自营平台实现销售收入折合人民币约 3 923 万元,较 2020 年同期增长 152%。2021 年,泽宝通过自营平台、沃尔玛平台、线下渠道等非亚马逊渠道实现营业收入共计约 6 亿元人民币,较 2020 年度的 3.15 亿元人民币同比增长 90.48%;跨境电商总收入的占比为 23%,较 2020 年同比提升 16.4 个百分点,逐渐降低对单一平台的依赖。

从被封号大卖的运营数据来看,多平台布局并不是错误之举,反而可以降低单一平台的运营风险。雨果跨境 COO(首席运营官)刘宏曾表示:"多平台多条腿,主流平台并不是唯一选择,今天还依赖某个平台发家致富已经不现实。"

或许会有部分卖家认为,自己目前已经在亚马逊上做得很出色,但是拓展其他平台效果不佳,还是深耕较好。

就目前的情况来看,中小卖家将精力都投入亚马逊是正确的选择,但是从长远的发展角度来看,亚马逊未必能一直"繁华"下去。以我们熟知的电商平台为例,VOVA、Jollychic 这些平台的兴起与没落也不过是在转瞬之间。谁也不确定亚马逊能一家独大多久,未来跨境电商会发生什么变化谁都无法预知。不过万变不离其宗的是,不论是单一平台运营还是多平台运营,产品才是重中之重!

科沃斯 IT 总监、跨境电商 POC(项目官员协调员)Peter 曾在分享时提道:"好的品牌来自好的产品,好产品是能真正给用户带来价值的。在找准产品定位的基础上,利用过硬的技术,打造质量过硬的产品,是赢取客户的关键。"对于跨境电商卖家来说,平台确实可以造就卖家,但真正决定卖家"生死"的还是产品,铺货模式逐步走向衰退就是最好的案例证明。

3. 产品是多平台布局的本源

2022 年 3 月初,Jungle Scout 发布了一项有关卖家现状的调研报告,此次调研共统计了来自 117 个国家/地区、20 个市场的 3 500 个企业家、品牌和企业。调研数据显示,超过一半的亚马逊卖家也在沃尔玛和 Shopify 上销售,此外还有 30% 的卖家正在探索在其他平台上销售,包括 eBay、Facebook 和 Etsy。

跨境市场人汪航表示:"2022 年,不管是新手卖家,还是老卖家,想找一个新的业绩增长点,试试直播电商和视频电商赛道。新手卖家,做直播电商是非常好的思路。视频电商和直播电商是最大的机会。未来新卖家以及增量市场,肯定是在新兴电商平台以及本土化的电商平台。"

多平台、多渠道布局是有必要的,不过对于跨境电商卖家来说,多平台布局的前提是要在一个平台上站稳脚跟,找准自己的优势,然后通过多渠道逐步将自身的优势扩大。

以跨境大卖安克创新来说,其最初也是从亚马逊起家,将品牌做出一定知名度后,开始逐步拓展其他销售渠道。目前,安克创新在全球多个电商平台均有销售。不难想象,安克创新若是没有过硬的产品和技术,在拓展其他平台的道路上又怎会顺利。

此外,资深卖家 Marty 曾分享过一个案例:"一位'90 后'的女生,从毕业开始入局跨境电商，首先开店做美妆工具类目，通过不断努力将品牌做到美妆工具类目第一名。在做出成绩之后，她开始在阿里巴巴国际站上布局，开通十几个店铺来做美妆品牌的分销渠道，之后在全球范围内持续寻找不同的分销渠道。她本身并不是工厂，只是一个贸易商，能够获得成功的最大原因是她不管做什么平台，都很专注某一个品类，非常专一，目前每天的订单量都在5 000单以上。”

这个案例也证明了，回归到产品的本质，把主要精力放在产品的定义和供应链上，才能为拓展其他市场和渠道做好充分的铺垫。

“任何时候，产品都是王道，所有的营销技巧和销售模式的创新都必须建立在强大的产品上，过硬的产品才能让研发投入和品质检测不打折，脱离了这个本源，一切暂时看似热闹的喧嚣都是泡沫。”一位从业外贸近20年的卖家谈起经验如是说道。

不难发现，大部分亚马逊卖家还在寻求新的增长点，并且也在进行多平台布局，但是如果不分析自身和目标平台的利弊，就去盲目拓展，终将会落得惨淡收场……对于跨境电商中小卖家来说，其实每个平台的运营模式都差不多，卖家能否在某个平台做出成绩，大部分还是取决于卖家对平台目标受众的精准把控以及产品的优劣程度。

资料来源：破局内卷！带你跳出亚马逊“价格战”[EB/OL].(2021-05-27). https://www.amz123.com/thread-722199.htm.

拓展阅读8-4　详解京东国际最新布局：三大业务齐头并进

拓展阅读8-5　碳中和是跨境品牌长期主义的自救

拓展阅读8-6　跨境电商“几何式”壮大发展过程，也滋生了较多法律问题

拓展阅读8-7　夏某诉A公司、B公司产品责任纠纷案——跨境电商消费者权益纠纷的裁判路径

复习思考题

1. 结合本章学习内容和以上案例，简述跨境电商多平台运营的必要性。
2. 在跨境电商多平台的运营中，如何进行多平台的组合，选择合适的运营策略？
3. 跨境电商多平台运营存在哪些挑战？

练　习　题

第九章

跨境电商推广策略

【教学目的和要求】

网上推广是跨境电商运营的一项重要内容，跨境电商平台为其他卖家提供了丰富的跨境电商工具。本章重点以跨境电商零售平台速卖通为例，介绍跨境电商平台一些常用的推广方法和工具，包括自主营销、直通车、平台活动以及联盟营销等。灵活运用这些推广方法和工具，是跨境电商推广策略的主要内容。

【关键概念】

跨境电商推广　推广工具　自主营销　单品折扣　联盟营销　互动活动　满减活动　店铺优惠券　直通车　平台活动

希音成立于2008年，是一家专注于女装领域的快时尚出口跨境电商互联网公司，目前也拓展了男装、童装等业务板块。它在全球各地都设有分支机构，拥有近万名员工，在海外可以说是家喻户晓的品牌。在过去的短短几年时间，希音暴风式崛起，从无名的电商小作坊到横扫海外市场的新晋服装王者，目前业务已覆盖全球230多个国家和地区。尽管在自媒体蓬勃发展的今天，找网红合作稀松平常，但在网络不像今天那么发达的2011年，转型专做女装并且找网红带货这一模式可谓创举。并且当时的网红合作费用低，有时甚至不需要希音出钱，只要免费的商品就能换来曝光。开箱视频、产品测评、试用解说，尽管这些套路在现在非常常见，但在当时效果很好，投资回报率也高。可网红流量红利期逐渐过去，希音合作的一位网红 YouTube 几年间合作费用涨了上千倍。显然，如今找网红带货的性价比已大打折扣，希音需要寻找新一轮模式的营销。因为我国产品输出多、品牌输出少，希音改了营销重点，走了注重品牌营销的路，营销的内容从低价促销变为宣扬生活方式，营销的侧重点从单纯薄利多销以量取胜转向品牌自身。希音的运营渠道几乎覆盖了国外主流社交媒体，并且结合地区和业务的不同，有不同的账号来区分针对，努力做到国际化。除了社交媒体，希音也做了许多慈善活动来提升品牌形象。

资料来源：中国版 ZARA：跨境电商 SHEIN 的营销之路[EB/OL].（2021-04-10）. https://zhuanlan.zhihu.com/p/363708012.

结合案例，试分析企业可以采取哪些方式借助跨境电商平台进行推广。

推广(promotion)也称促销,是促进产品销售的简称。传统的促销策略包括促销组合、人员推销策略及广告策略等;相比传统营销推广,一系列跨境网络推广工具和方法的应用则是跨境电商推广的重要特点。

基本上每个跨境电商平台都会提供较为丰富的站内推广工具,本章以速卖通为例,来介绍跨境电商平台一些常用的站内推广方法和工具。

登录速卖通平台的卖家后台,单击“营销”中的“活动首页”一栏,就可以看到平台活动和店铺活动两大类营销活动。其中,店铺活动包括“单品折扣”“满减活动”“店铺 code”及“互动活动”。速卖通平台的推广设置页面如图 9-1 所示。

图 9-1　速卖通平台的推广设置页面

第一节　店铺自主营销

在图 9-1 中,“单品折扣”“满减活动”“店铺 code”及“互动活动”4 个“营销活动”可以由卖家自主设定,通常被称为“店铺自主营销”工具。

一、单品折扣

速卖通平台为卖家提供单品折扣工具,即卖家可以对店铺内销售的某个产品设定一个折扣以促进销售。

(一) 单品折扣的特点

(1) 单品折扣是由速卖通平台提供给卖家的免费营销工具。

(2) 在卖家有清库存、打造爆款、推新款及打造活动款等需求时,结合单品折扣运用,会有更好的效果。

(二) 单品折扣的设置方法

登录速卖通平台的卖家后台,单击“营销活动”中的“活动首页”一栏,进入图 9-1 所示界面后,单击“单品折扣”一栏,即可进行“限量折扣”的设置。

第一步:单品折扣活动创建。

单击图 9-2 中的“创建活动”按钮,在图 9-3 所示的界面中继续输入活动的名称及时间,单击“提交”按钮,即可完成单品折扣活动创建。

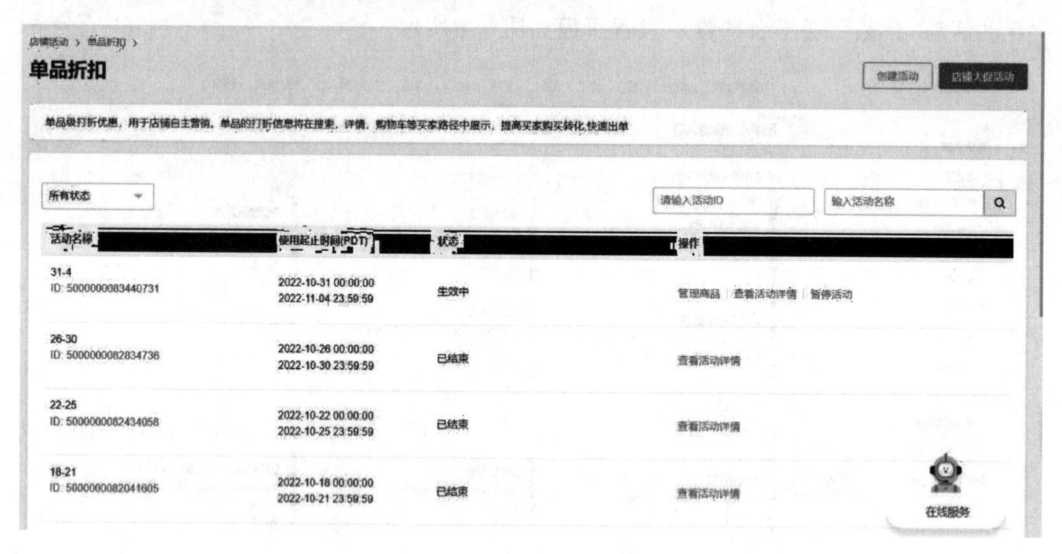

图 9-2 单品折扣活动创建

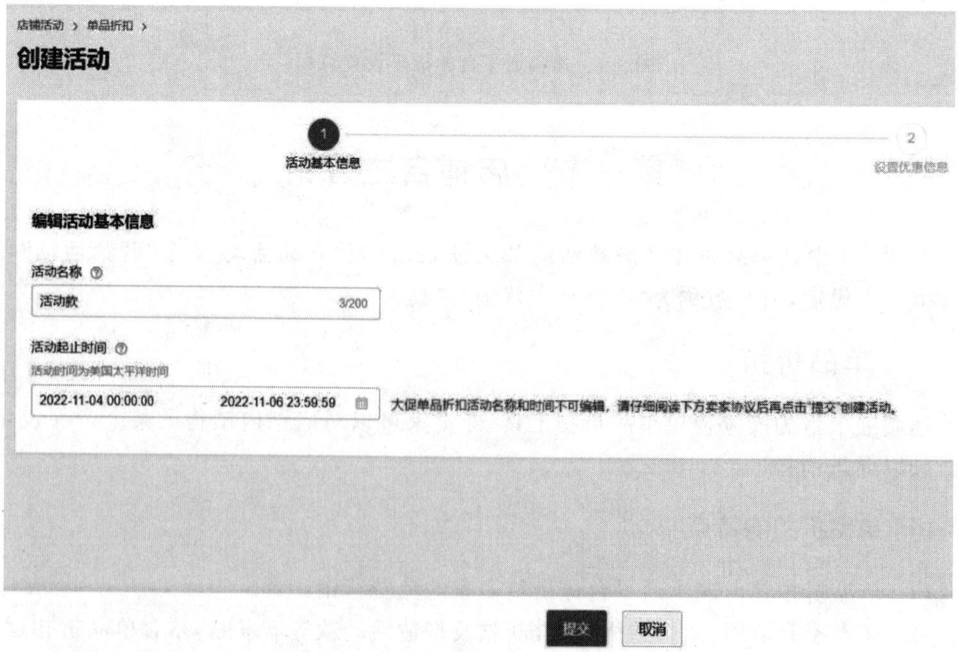

图 9-3 限时限量折扣活动名称和时间

第二步：选择打折的商品。

在图 9-4 中，利用下拉菜单选择折扣商品所在的商品分组，在速卖通平台限定产品类目经营的情况下，可直接选定产品分组“Prom Dresses”。

图 9-4　选择折扣商品所在商品分组

在图 9-5“Prom Dresses”商品组的产品列表中，在将要参加单品折扣的商品所在信息的左侧打“√”，即选定了该商品为本次折扣活动的商品。注意：每个折扣活动最多可以选定 100 个商品。

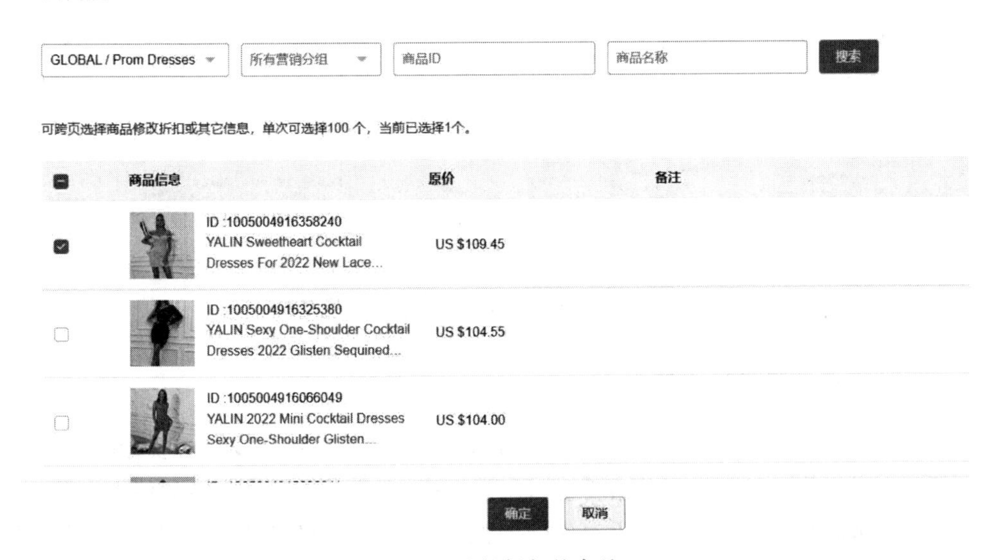

图 9-5　选择折扣的商品

按上述方法选定本次限时限量折扣活动所有的商品以后，单击图 9-5 中的“确定”按钮,进入下一步。

第三步:设定折扣率和促销数量。

在图9-6中的每个折扣商品信息栏内,填写“折扣率”50%和“促销数量”10。

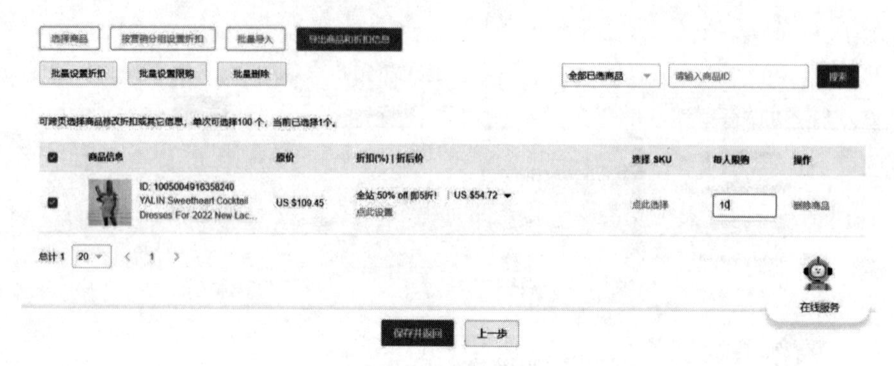

图9-6 单品折扣率和促销数量的设定

注意:结合促销力度,“折扣率”可根据产品的初始定价及利润水平合理设置。“促销数量”则应结合商品库存情况及活动的需要,设定一个合理的数值,不宜过大。

如果本次限时限量折扣活动所有商品的“折扣率”和“促销数量”都是一样的,则可以利用“批量设置”工具。

设置好本次限时限量折扣活动所有商品的“折扣率”和“促销数量”后,单击图9-6中的“保存并返回”按钮,即完成本次限时限量折扣活动的设置,如图9-7所示。

图9-7 单品折扣活动设置完成后等待开始

(三)单品折扣运用注意事项

(1) 单品折扣可在当天及之后90天内随时开始,活动时间为美国太平洋时间。

(2) 不提倡将商品事先提价后再进行打折,这样会严重影响该产品的搜索排名。

(3) 打折商品的数量不宜设置过大,时间也不宜过长,以给买家一种“数量有限,卖完即止”的紧迫感,同时可避免产品销量上升时产品库存缺货。

(4) 结合其他营销工具,单品折扣的效果会更好。

二、满减活动

速卖通平台为卖家提供满减活动工具，即通过满减活动工具的设置，买家可以在订单超过一定金额时，享受一定金额的优惠。满减优惠包含满立减、满件折、满包邮三种活动类型，均不限制活动时长和活动次数。其中，满包邮活动以包邮作为利益点，可有效提升客单。另外，满减优惠同店铺其他活动优惠可累计使用。对于已经参加单品折扣活动的商品，买家购买时以单品折扣活动后的价格计入满减优惠规则中。

(一) 满减活动的特点

(1) 搜索页面和店铺首页有满减标志和标识，吸引买家点击和关注。

(2) 商品详情页面有满减标识，对买家下单有刺激作用。

(3) 一笔订单“满多少，减多少”的策略，可有效提高店铺的客单价。

(二) 满减活动的设置方法

登录速卖通平台的卖家后台，单击“营销活动”中的“活动首页”一栏，进入图 9-1 所示界面后，单击“满减活动”一栏，即可进行“满减”的设置。

第一步：满减优惠活动创建。

单击图 9-8 右上角的“创建活动”按钮，即可进入满减优惠活动的创建界面。

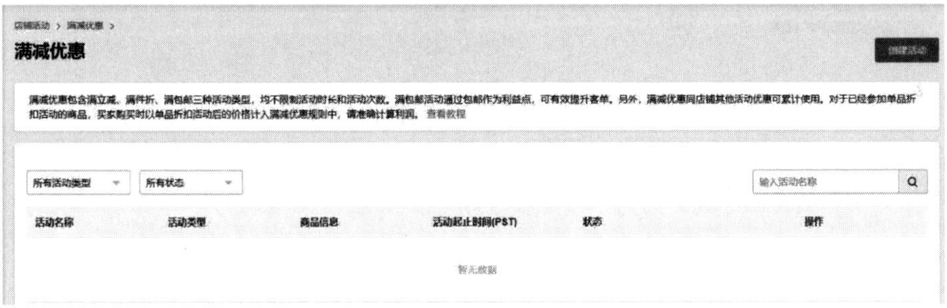

图 9-8　满减活动创建

第二步：设定满减活动名称和时间。

在图 9-9 所示的界面中，可以输入本次满减活动的名称和时间。

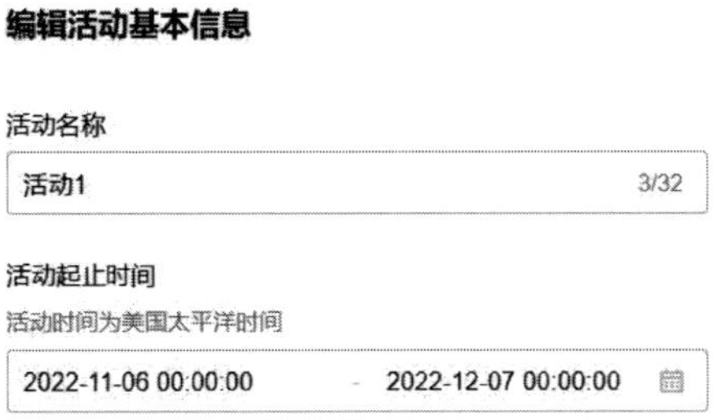

图 9-9　设定满减活动名称、时间

第三步:设定满减活动商品和促销规则。

在图9-9所示界面的下方,可以设置活动类型和活动详情。活动类型分为满立减、满件折和满包邮三种,分别如图9-10、图9-11和图9-12所示。

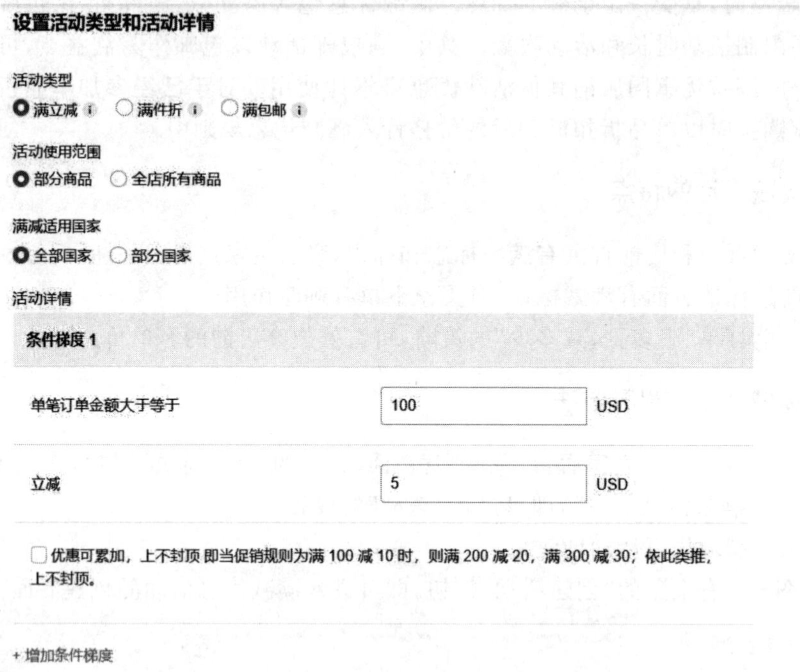

设置活动类型和活动详情

活动类型

满立减 满件折 满包邮

活动使用范围

部分商品 全店所有商品

满减适用国家

全部国家 部分国家

活动详情

条件梯度1

单笔订单金额大于等于 100 USD

立减 5 USD

优惠可累加,上不封顶 即当促销规则为满100减10时,则满200减20,满300减30;依此类推,上不封顶。

+增加条件梯度

图9-10 设定满立减活动商品和促销规则

设置活动类型和活动详情

活动类型

满立减 满件折 满包邮

活动使用范围

部分商品 全店所有商品

满减适用国家

全部国家 部分国家

活动详情

条件梯度1

单笔订单件数大于等于

折扣 % off 即折!

+增加条件梯度

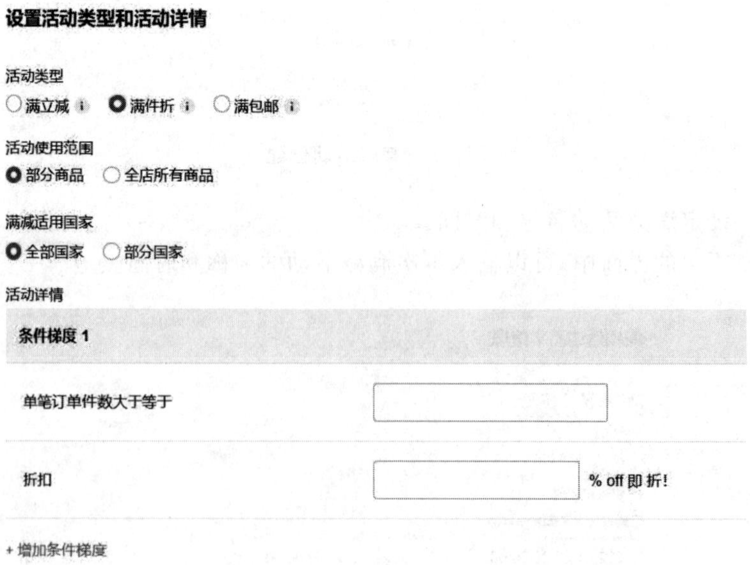

图9-11 设定满件折活动商品和促销规则

设置活动类型和活动详情

活动类型

○满立减　○满件折　◉满包邮

活动使用范围

◉部分商品　○全店所有商品

设置包邮条件和目标区域

包邮条件

包邮条件	配送国家	物流线路
	暂无数据	

图 9-12　设定满包邮活动商品和促销规则

在设置满立减活动商品时，有“全店铺满立减”和“商品满立减”两种活动类型可以选择。当选择“全店铺满立减”时，单个订单总额超过规定额度，买家就可享受“满立减”的优惠，而设定为“商品满立减”时，在单个订单内，当那些活动设定产品的总金额累计超过规定额度时，买家才可享受该笔订单“满立减”的优惠。一般情况下，可以选择“全店铺满立减”。

在设置满立减活动促销规则时，有“多梯度满减”和“单层级满减”两种方式可以选择，在图 9-10 中，设置了满 100 美元减 5 美元的优惠方式，卖家可以单击左下角的“增加条件梯度”按钮，设置 100 美元、200 美元和 300 美元三个梯度，在订单金额超过设定的梯度时，买家相应地可享受 5 美元、15 美元和 40 美元的优惠，如图 9-13 所示。

条件梯度 1

单笔订单金额大于等于　100　USD

立减　5　USD

条件梯度 2　删除

单笔订单金额大于等于　200　USD

立减　15　USD

条件梯度 3　删除

单笔订单金额大于等于　300　USD

立减　40　USD

+增加条件梯度（最多允许设置 3 个梯度）

提交　上一步

图 9-13　满立减活动多梯度设定

完成以上满立减活动商品和促销规则设置后,单击“提交”按钮即可完成满立减活动的设置。如图 9-14 所示,可以单击下方“选择商品”或“批量导入”按钮来添加活动的商品。

图 9-14　活动信息及详情

添加完活动的商品后,单击“上一步”按钮,即可看到该满立减活动已经开始,显示为“生效中”,如图 9-15 所示。

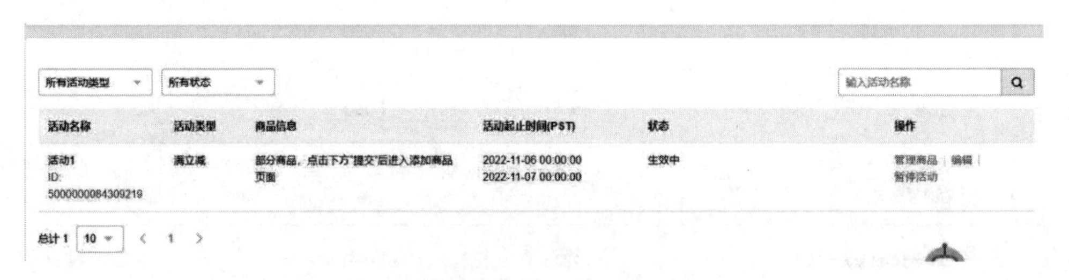

图 9-15　满立减活动设置完成并生效

(三) 满减活动工具的注意事项

(1) 满减活动可在当天及之后 90 天内随时开始,活动时间为美国太平洋时间。

(2) 满减活动的优惠额度和店铺优惠券活动的优惠额度可以叠加,设置时需综合考虑,两者综合运用,效果会更好,但也要注意两者的额度要合理,以免出现亏损。

(3) 满减结合其他营销工具,会有更好的效果。

三、店铺 code

速卖通平台为卖家提供店铺优惠券工具,即通过店铺 code 工具的设置,买家输入

code 后提前领取优惠后续使用或即时使用，在优惠券设定的有效期内使用即可，当订单超过一定金额时（该金额也可设置为零），买家就可享受优惠券券面金额的优惠。新版店铺 code 工具沉淀了原有优惠券和优惠码的优势，同时对原有链路进行简化和升级，具有活动生效更快、操作界面更加简洁等优势。

(一) 店铺 code 工具的特点

（1）平台在买家页面的 all coupons 中推广，吸引更多的流量。

（2）商品详情页面有明显的优惠券标识，对买家下单有刺激作用。

（3）平台直接以邮件的方式推送给买家，进一步增加流量。

（4）类似于满减活动，优惠券对提高店铺的客单价有明显的作用。

(二) 店铺 code 的设置方法

登录速卖通平台的卖家后台，单击“营销活动”中的“活动首页”一栏，进入图 9-1 所示界面后，单击“店铺 code(新版)”一栏，即可进行“店铺 code”的设置。

第一步：创建店铺 code。

单击图 9-16 右上角创建店铺 code(新版)。

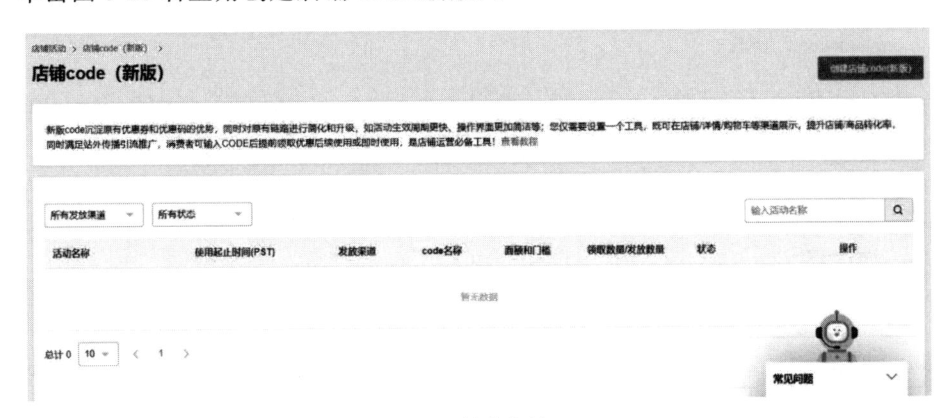

图 9-16　创建店铺 code

第二步：店铺 code 优惠设置。

在图 9-17 所示页面中，可以设定店铺 code 的优惠规则，包括优惠 code(可随机生成)、优惠名称、优惠面额和门槛、发送总数、每人限额、使用时间、领取时间、投放设置以及使用商品的设置。

若优惠面额是 5 美元，优惠门槛是 50 美元，则买家在领取该店铺 code 之后，在本店铺下一笔超过 50 美元的订单时，即可享受 5 美元的优惠。

完成以上设置后，单击“创建”按钮，即可弹出活动的具体信息，卖家可以再次核对和编辑店铺 code 的设置信息，如图 9-18 所示。

(三) 店铺 code 的注意事项

（1）店铺 code 活动可在当天及之后 90 天内随时开始，活动时间为美国太平洋时间。

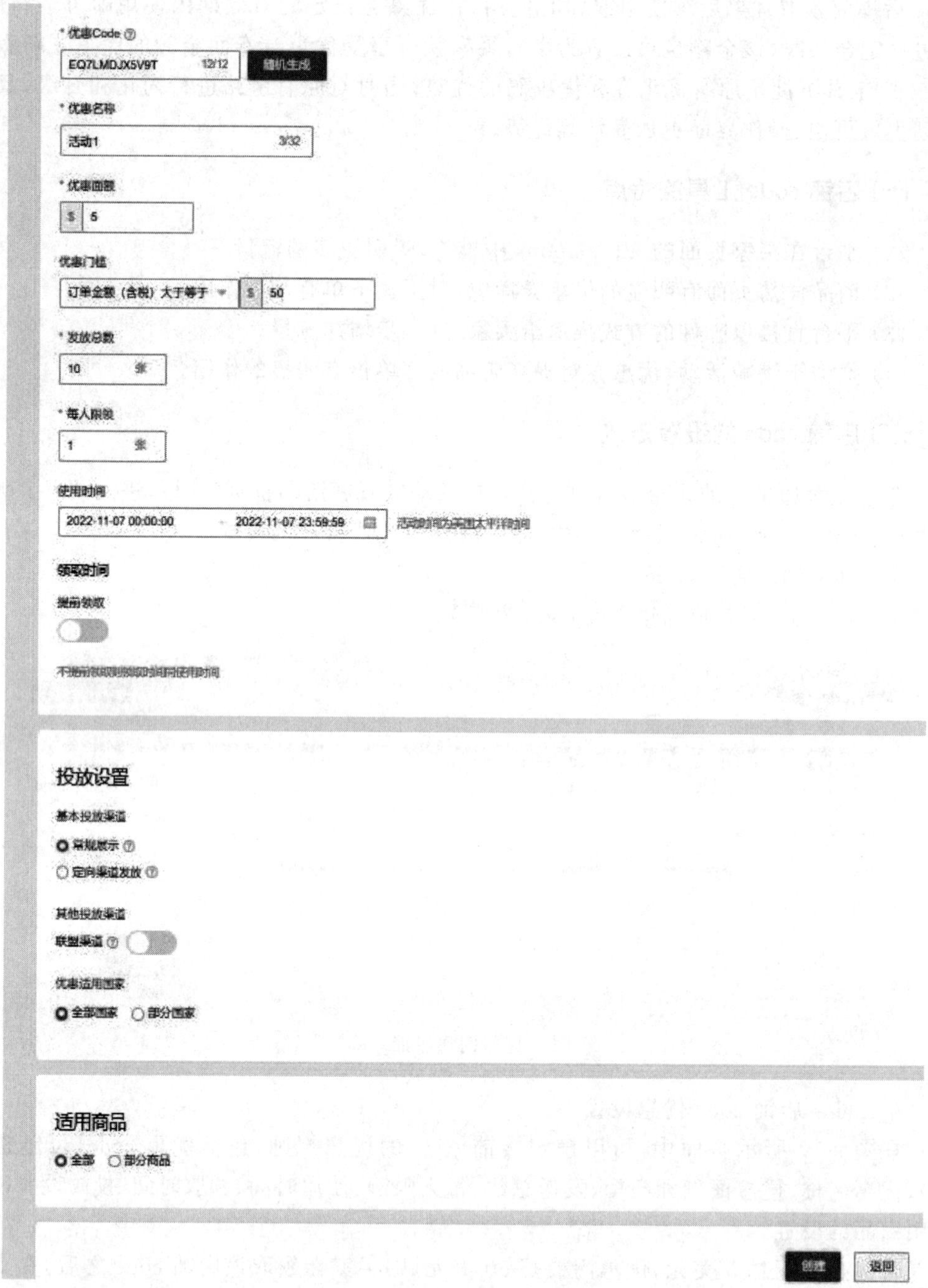

* 优惠Code

EQ7LMDJX5V9T 12/12 随机生成

* 优惠名称

活动1 3/32

* 优惠面额

$ 5

优惠门槛

订单金额(含税)大于等于 $ 50

* 发放总数

10 张

* 每人限领

1 张

使用时间

2022-11-07 00:00:00 - 2022-11-07 23:59:59 活动时间为美国太平洋时间

领取时间

提前领取

不提前领取则领取时间同使用时间

投放设置

基本投放渠道

常规展示

定向渠道发放

其他投放渠道

联盟渠道

优惠适用国家

全部国家 部分国家

适用商品

全部 部分商品

创建 返回

图 9-17　店铺 code 优惠设置

(2) 店铺 code 可以设置为无条件使用,也可设置成订单满足一定条件才能使用。

(3) 满减活动的优惠额度和店铺优惠券活动的优惠额度可以叠加,设置时需综合考虑,两者综合运用,效果会更好,但也要注意两者的额度要合理,以免出现亏损。

图 9-18　店铺 code 设置完成未开始

四、互动活动

速卖通平台为卖家提供互动工具,即卖家可设置互动游戏。卖家可设置“翻牌子”“打泡泡”“收藏有礼”三种互动游戏。其中,活动时间、买家互动次数和奖品都可自行设置。

(一) 互动活动的特点

(1) 互动活动是由速卖通平台提供给卖家的免费营销工具。

(2) 互动活动可以给速卖通平台带来明显的流量增长。

(3) 互动活动可快速吸引流量到店,显著增加客流量。

(二) 互动活动的设置方法

登录速卖通平台的卖家后台,单击“营销活动”中的“活动首页”一栏,进入图 9-1 所示界面后,单击“互动活动”一栏,即可进行“互动活动”的设置。

第一步：互动活动创建。

单击图 9-19 中的“创建互动游戏”按钮。

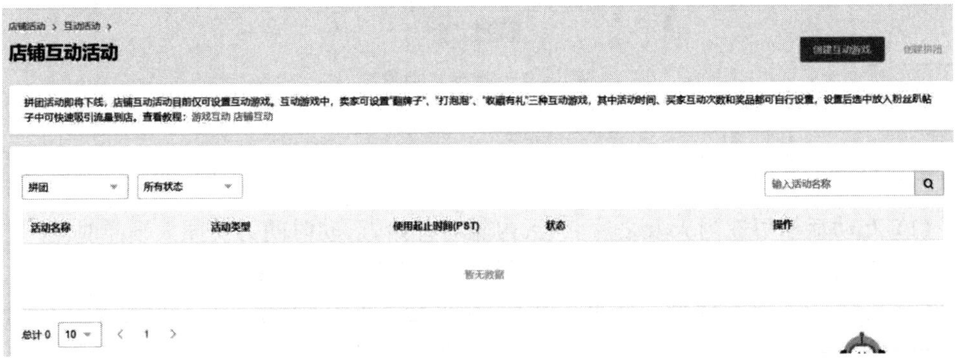

图 9-19　互动游戏创建

第二步：互动活动信息设置。

在图 9-20 所示的界面继续输入活动的名称及时间,并设置互动游戏的类型和详情,接着设置游戏奖励(图 9-21),设置完成之后,单击“提交”按钮,即可完成互动活动创建。

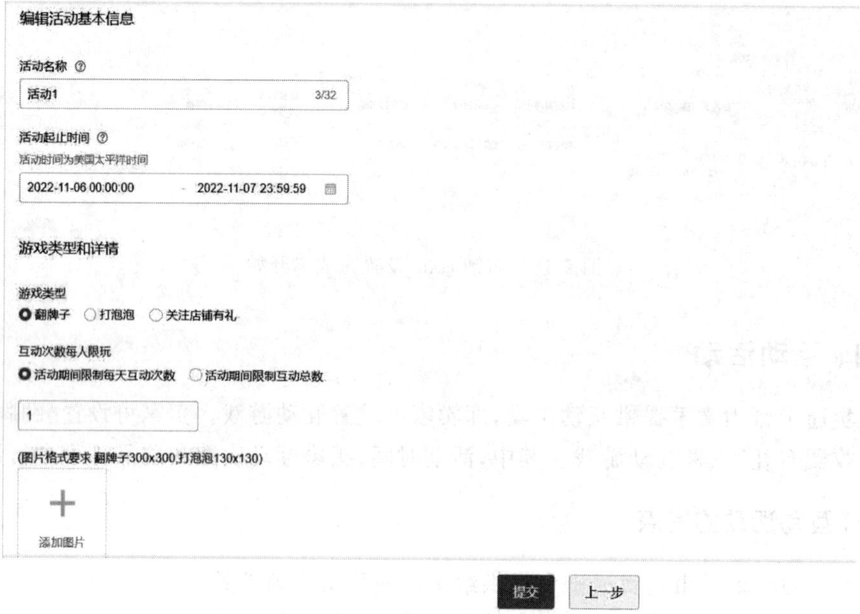

编辑活动基本信息
活动名称
活动1
3/32
活动起止时间
活动时间为美国太平洋时间
2022-11-06 00:00:00
2022-11-07 23:59:59
游戏类型和详情
游戏类型
翻牌子
打泡泡
关注店铺有礼
互动次数每人限玩
活动期间限制每天互动次数
活动期间限制互动总数
1
(图片格式要求 翻牌子300x300,打泡泡130x130)
添加图片
提交
上一步

图 9-20　互动活动基本信息设置

奖励设置
选择奖励
奖励类型
面额和门槛
操作
请单击上方按钮选择奖励
在线服务
提交
上一步

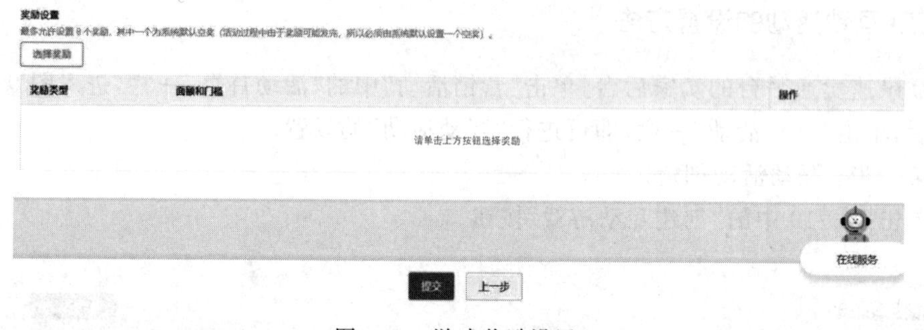

图 9-21　游戏奖励设置

(三) 互动活动注意事项

(1) 互动活动可在当天及之后 90 天内随时开始,活动时间为美国太平洋时间。

(2) 互动活动的奖励仅可以选择不可传播的店铺 code(新版)活动。

(3) 互动活动奖励数量不能少于 2 个,最多设置 8 个,其中一个为系统默认空奖(活动过程中由于奖励可能发完,所以必须由系统默认设置一个空奖)。

第二节　直通车营销

和以上四种免费店铺自主营销工具不同的是,直通车营销是一种基于平台竞价的收费推广工具,相比自主营销工具,直通车的推广效果更快、更直接也更精准。

一、直通车营销的价值

根据平台买家的搜索关键词，直通车营销是一种精准投放的营销工具，可以帮助卖家快速提升产品的曝光量及店铺的流量，抓住潜在的买家，提升产品销量。卖家进行直通车关键词设置，可以实现以下目的。

（一）将产品显示于特定的展示位

如图 9-22 所示，通过卖家对裙子“dress”关键词的直通车设置，买家在速卖通平台用“dress”进行搜索时，在搜索结果的第 1 页或前几页的右侧或底部找到卖家出售产品裙子“dress”的图片和链接。

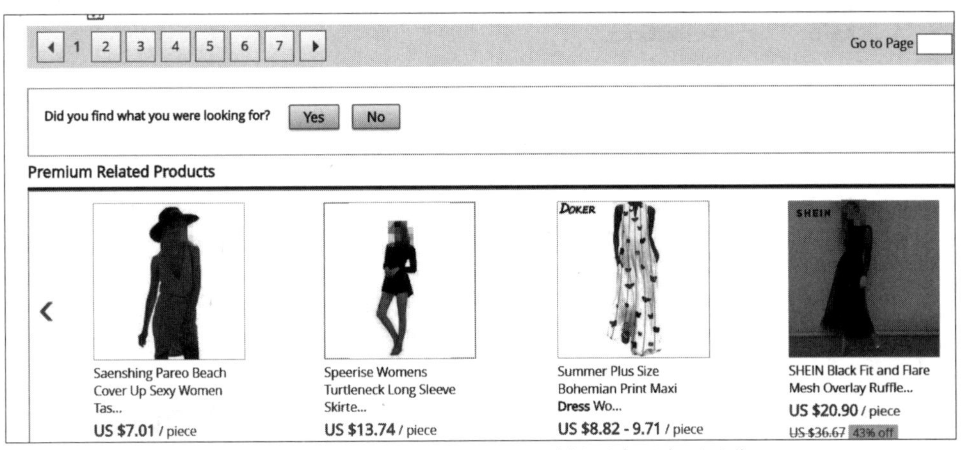

图 9-22 速卖通首页底部“dress”关键词直通车展示位

（二）迅速提高产品的点击量

由于直通车的产品在以上显眼的位置展示，很容易被买家通过关键词搜索的方式发现，从而迅速提高产品的点击量。

（三）提升商品的销量，甚至将其打造为爆款

有了点击量，如果价格合适，买家就会下单。如果产品具有明显的特点，或价格具有明显的竞争优势，再加上其他营销工具的运用，产品销量则可以迅速提升，甚至成为爆款。

二、直通车营销的开通方法

登录速卖通平台的卖家后台，单击“营销活动”中的“活动首页”一栏，除了可以看到“平台活动”“店铺活动”等“营销活动”外，在其下面还有一个“直通车营销”，如图 9-23 所示。

第一步：创建直通车推广计划。

在图 9-23 中，单击“直通车营销”栏下方的“查看更多”按钮，进入图 9-24 所示的新建直通车推广计划页面。

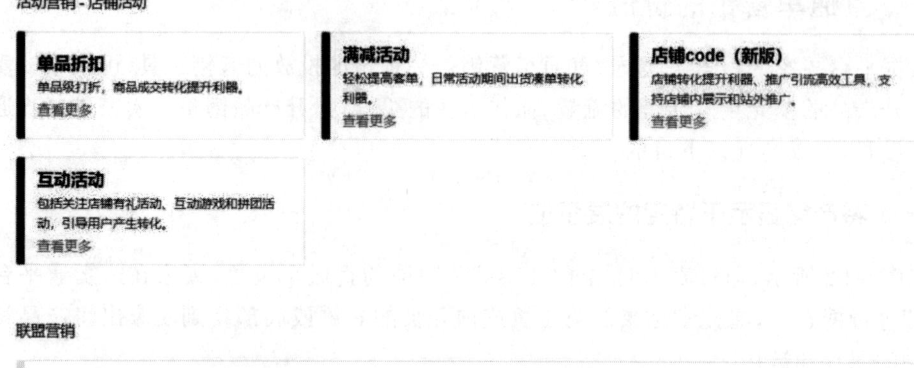

联盟营销

联盟营销

商家自主操盘，网罗全球海量买家；按成交付费，预算可控；效果可清晰衡量，您获取海外流量的性价比推广首选。

查看更多

直通车营销

直通车营销

自主操盘优化流量 精准匹配买家需求，按照点击扣费，商家成本可控，全面进行效果追踪

查看更多

图 9-23　速卖通平台营销活动设置界面

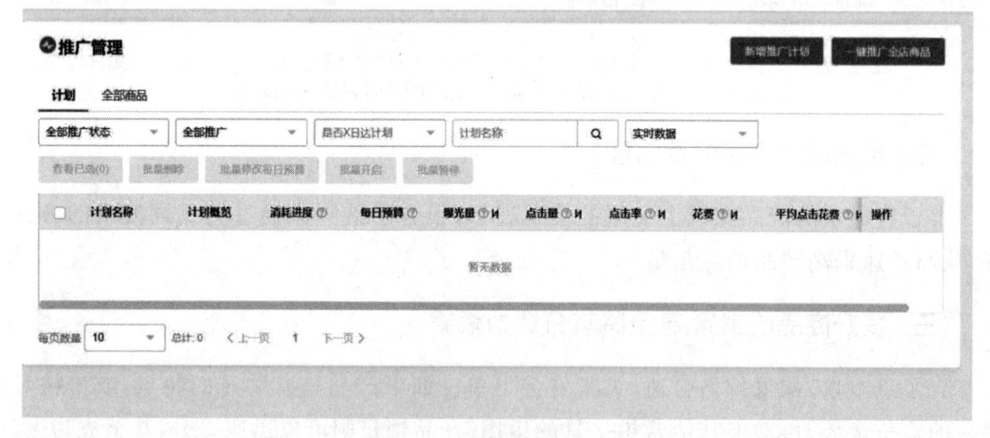

图 9-24　新建直通车推广计划

在图 9-24 中，单击“新增推广计划”按钮后，进入下一步。

第二步：选择要推广的商品。

在产品列表中，选择要推广的商品，如图 9-25 所示。如果产品列表过长，则可以选择“商品种类”缩减产品下拉式列表，缩小产品的查找范围，或在“查找商品”的输入框直接输入产品名称或 ID(身份标识号)，进行搜索，以查找和选择要推广的产品。

第三步：设置推广详情。

在图 9-26 所示页面，卖家可以设置推广方式和推广计划的名称以及每日预算。

图 9-25　选择要直通车推广的商品

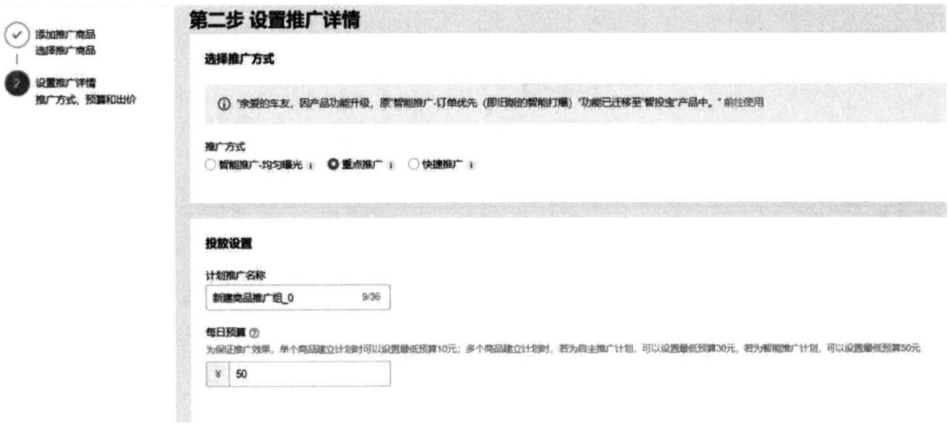

图 9-26　设置推广详情

第四步：选择关键词并出价。

在图 9-27 所示页面，平台会自动推荐数个产品相关的关键词，这些关键词实际上是产品标题所出现的单词的排列组合。系统还给出了关键词的推广评分、30 天搜索热度、竞争度及市场平均价格等数据，卖家可以结合产品自身特点的推广需求，选中关键词后，添加关键词，在图 9-27 所示页面，选择并添加关键词“new bracelets”。

如果卖家对关键词出价没有把握，直接在图 9-27 所示页面，按照系统的推荐价格出价，然后单击“提交，开始推广”按钮后即可完成关键词出价和推广计划的设置，并进入图 9-28 所示界面。

如果卖家想对直通车关键词的出价进行修改，以获取更好的直通车展示位或节省直通车成本，则单击图 9-28 中的“查看详情”按钮，进入图 9-29 所示界面，进行关键词出价的修改。

卖家可以在图 9-30 所示的页面，根据某关键词的搜索展示位的出价情况，合理设定关键词的出价，完成出价后单击“确定”按钮。

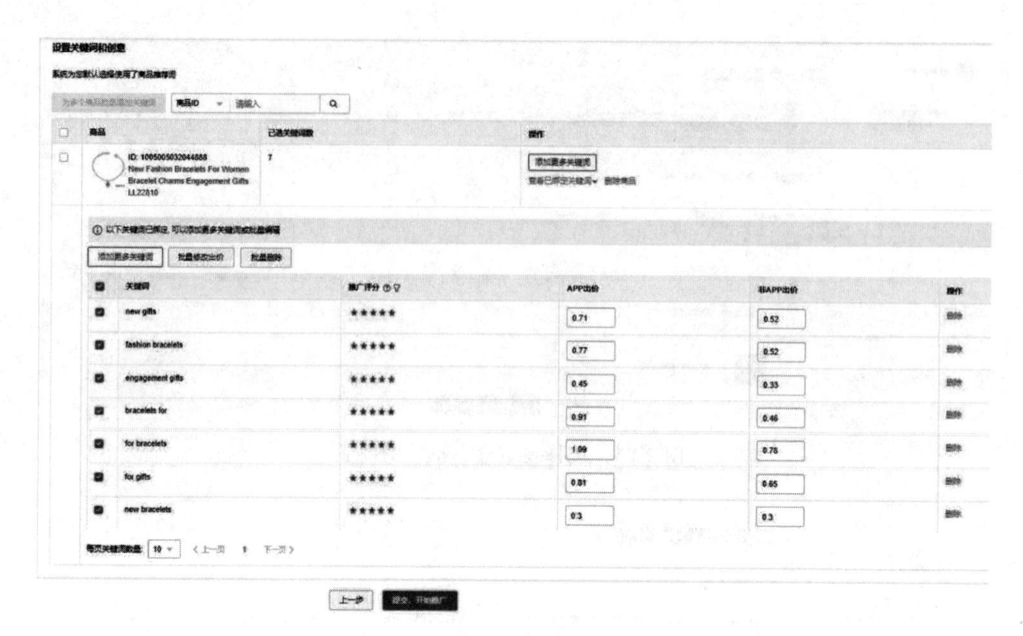

图 9-27 直通车关键词选择

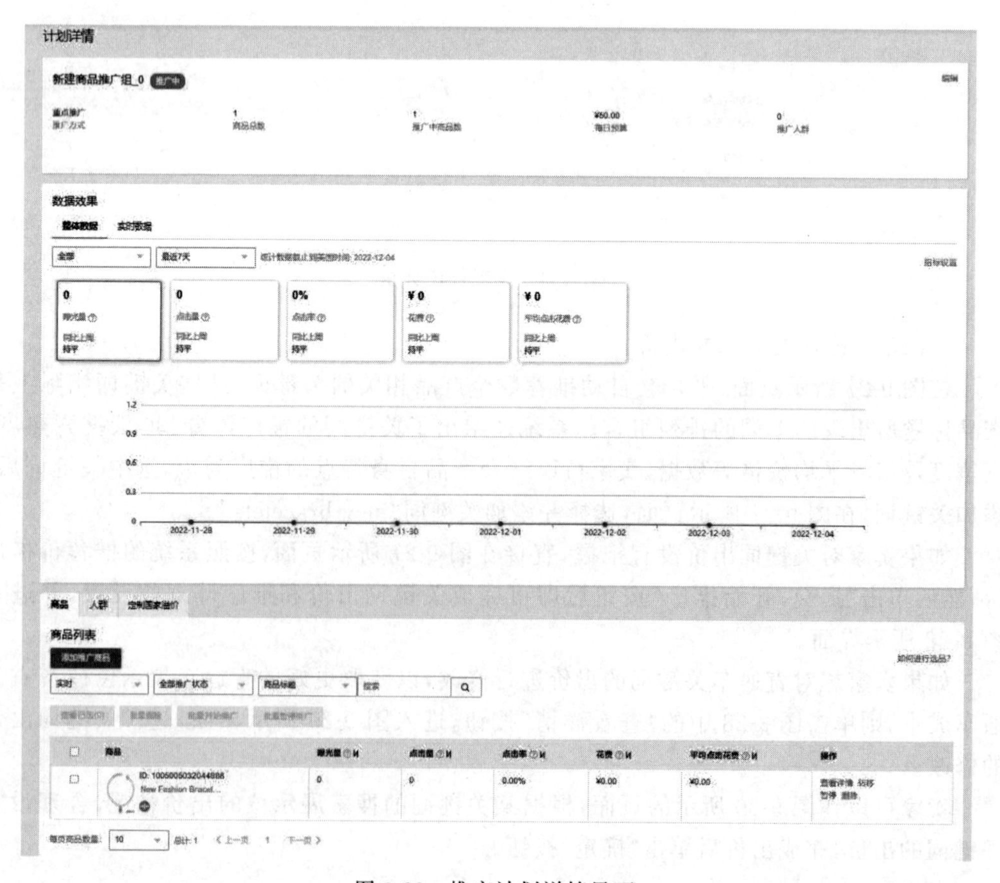

图 9-28 推广计划详情界面

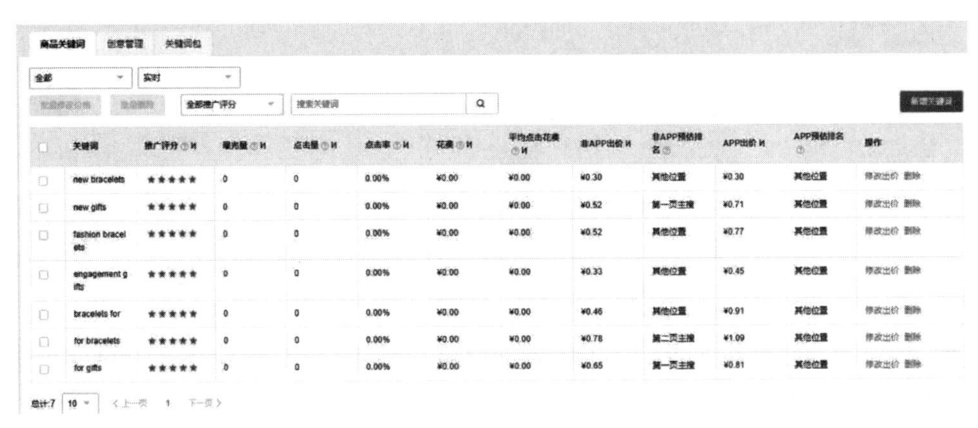

图 9-29　修改直通车关键词出价

图 9-30　直通车关键词出价

完成关键词出价后，系统会根据卖家的关键词出价高低，对关键词排名进行预估，如图 9-31 所示。

三、速卖通直通车的注意事项

（一）关于直通车推广的产品选择

一般来说，买家需要选择有竞争力的产品进行直通车推广，即选择直通车推广的产品具有价格优势或鲜明的个性和特色。如果是没有价格优势的相同（或相近）的产品，在平

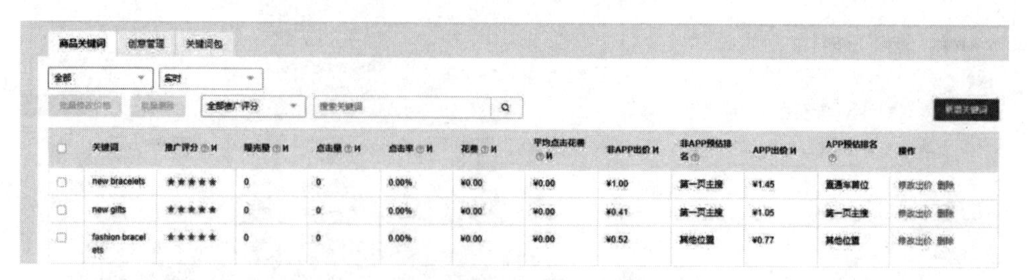

图 9-31　直通车关键词排名预估

台搜索排名首页(或前几页)的产品形成同质竞争的情况下,即便出现在首页直通车展示位,也很难获取订单。

(二) 直通车关键词的选择

在直通车关键词的选择过程中,一定要体现出产品的个性或特色。如一款“豹纹紧身T恤”Leopard tight slim T-shirt,其主关键词“T-shirt”的直通车平均报价可能会很高,而且对本产品来说,投放“T-shirt”直通车关键词并没有实际意义。相反,选择“Leopard T-shirt”或“Leopard slim T-shirt”等关键词,其直通车报价更低,提高投放的精准度更高,获取的点击率和订单转化率也更高。

(三) 关于直通车展示位

直通车展示位并不一定要片面追求在第1页,因为这样所需的直通车报价往往会很高。相反,如果选择直通车展示位在第2页或第3页,其关键词所需的出价往往会低得多,甚至是底价就可以了,并且会给买家以“踏破铁鞋无觅处”的感觉。

(四) 对产品的优化处理

在开通直通车之前,对直通车产品的优化往往是必要的,如对产品标题的优化、主图片的优化、价格的优化以及产品详细说明的优化等。高质量的主图片可以吸引买家的点击,而产品编辑质量的全面优化,可以确保一定的订单转化率。

第三节　平 台 活 动

一、平台活动概述

速卖通平台活动(AliExpress Promotion)是速卖通平台面向其卖家推出的免费推广服务。其主要包括平台大促活动(如3·25大促、8·19大促及11·11大促等)、团购活动以及针对特定行业和特定主题的专题活动(如Super Deals、Weekend Deals、Brand Showcase等)。

对于每一期平台活动,速卖通平台都会在其卖家后台的“营销活动”的“平台活动”栏目中进行招商,如图9-32所示。

图 9-32　速卖通平台活动招商页面

针对平台推出的某次平台活动，卖家可以提取自身店铺中符合招商条件的产品，报名参加平台活动，速卖通平台会根据平台活动的报名情况，对报名参加平台活动的商品进行筛选，产品一旦入选，将出现在活动的指定展示板块，入选产品有可能获得平台活动的大力推广和海量曝光。速卖通平台首页 7 Days Delivery 及 Super Deals 活动产品展示位（入口链接）如图 9-33 所示。

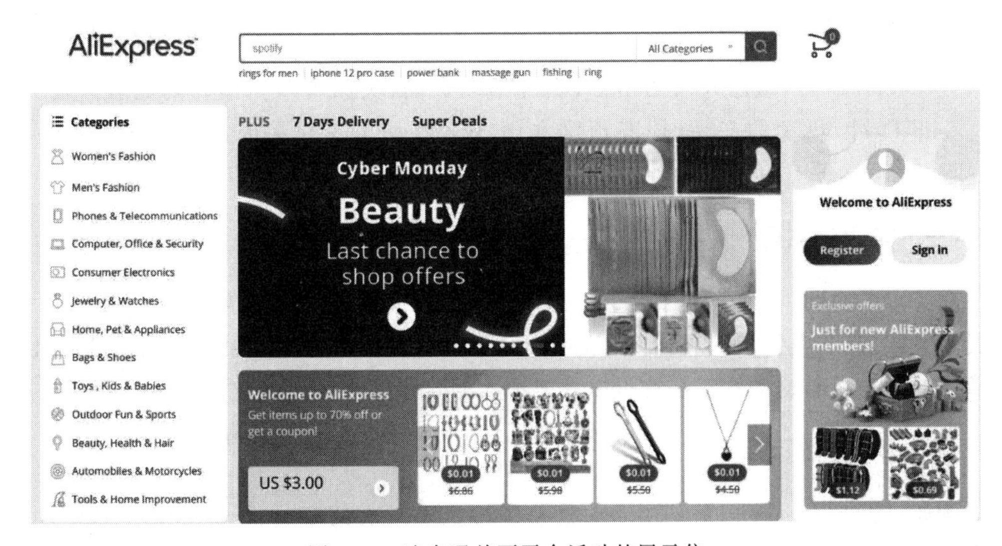

图 9-33　速卖通首页平台活动的展示位

二、平台活动的作用

(一)获得海量的流量

平台活动商品占据活动期间的最高流量,其成交量往往也是最高的,在平台活动期间销量的刺激下,活动商品很有可能成为爆款。

(二)获得平台的奖励

经常性地参与平台活动的报名,有利于提升店铺的活跃程度,避免出现“僵尸店铺”;成功入选平台活动的卖家,根据在平台活动中取得的业绩,获得平台的额外奖励,如橱窗推荐、黄金展位及直通车红包奖励等。

(三)平台对于参与平台活动产品的预报

对于成功入选平台活动的产品,平台系统会预先在产品的链接和销售页面打上平台活动标记,让大量有意向的买家提前将产品放入“购物车”或“收藏夹”,以便使产品在平台活动开展期间获得海量销量。

三、平台活动的分类

(一)Super Deals

Super Deals类似于境内淘宝网的聚划算,Super Deals商品可以在速卖通首页进行新式单品曝光,具有超高的流量,所以一旦参加了Super Deals平台活动,就很容易成为爆款。Super Deals平台活动的招商时间为周六到下周四,下周五平台审核后投放产品。

(二)Weekend Deals

Weekend Deals现已并入Super Deals活动页面,买家可以在周一到周五查看往期Weekend Deals热卖的产品,周五预览本周Weekend Deals,在周六和周日可以下单。Weekend Deals平台活动的招商时间为周六到下周四,下周五平台审核后投放产品。

(三)阶段性大促

在特定的时间内,速卖通平台会推出一些和节日、季节及事件等相关的平台活动,如圣诞节大促、夏季大促及世界杯期间的大促等。每逢重大节日的促销活动,符合阶段性大促产品的卖家参与这类活动往往可以获得惊人的流量。

(四)平台主题活动

例如,男装新品活动、无线端活动以及每月推出三次的童装、母婴行业主题活动等。平台会不间断地推出这些活动,卖家应当及时关注后台这些活动的招商。

（五）团购活动

如特别针对俄罗斯及巴西市场的团购。俄罗斯团购每周一次，巴西团购每周两次。速卖通平台团购类似于境内淘宝的“秒杀”，虽然利润率很低，但对于以走量和打造爆款为目标的卖家来说是不错的选择。

（六）平台大促

在一年内平台选定的几个重要时间节点（如3月25日、8月19日及11月11日等），速卖通平台会推出平台大促活动。这些平台大促活动也往往会有一定的主题内容，而卖家参与平台大促的途径一般有两种：第一种是报名参加主会场的大折扣商品活动，其特点是折扣很高（一般是30%～60%），一旦入选，对产品走量、打造爆款及店铺引流会有很大的作用；第二种是报名参加平台大促期间全店铺打折活动，这个活动卖家只要报名，就可以参加，但平台大促期间全店铺打折的折扣一般也至少要在15%，速卖通平台对大促期间的全店铺打折商品会有直接的流量导入，对提升店铺的曝光量及成交量具有明显的效果。

四、报名参加平台活动的方法

由于平台活动可以给产品和店铺带来巨大的流量，因此越来越多的卖家想要报名参与平台活动，下面简要介绍报名参加平台活动方法。

（一）参加平台活动的基本流程

在卖家报名和平台审核通过后，其产品才能最终参与活动，因此报名是参加活动平台的前提，如图9-34所示。

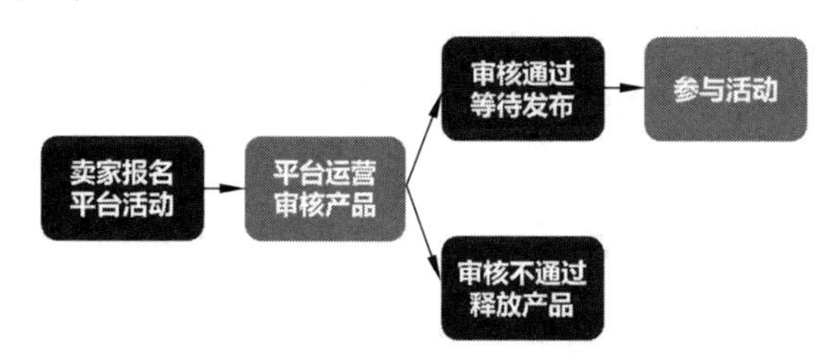

图9-34 报名参加平台活动的基本流程

（二）平台活动报名的操作方法

登录速卖通平台的卖家后台，单击“营销活动”中的“平台活动”一栏，可以查看速卖通平台最近推出的各种平台活动，如图9-35所示。

第一步：查找和选择想要报名的平台活动。

卖家可以直接在活动界面选择招商类型、活动类型、报名类型和报名状态，从而快速找到可以报名且符合要求的平台活动，如图9-36所示。

第二步：查看活动报名要求。

在图9-37所示页面，单击“查看活动详情”按钮，可展开查看店铺各项资质是否符合

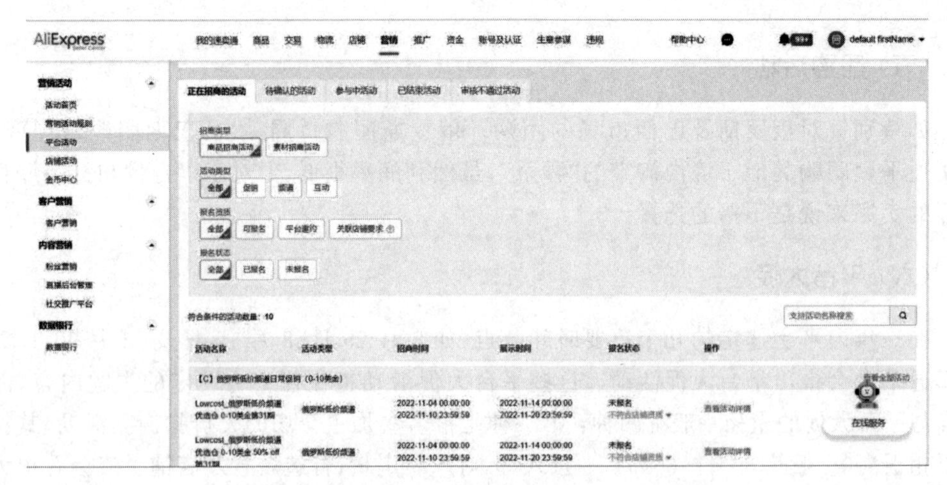

图 9-35　速卖通平台最近推出的各种平台活动

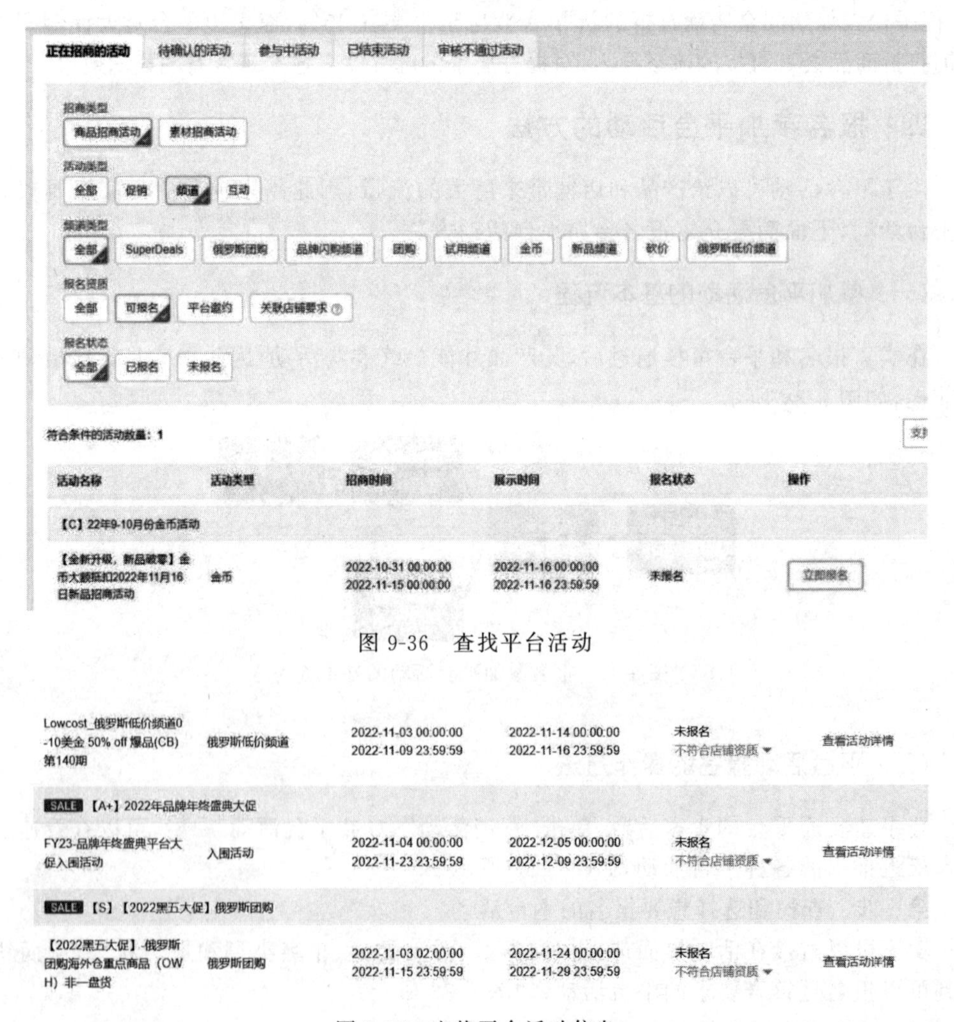

图 9-36　查找平台活动

图 9-37　查找平台活动信息

活动要求，如图 9-38 所示。

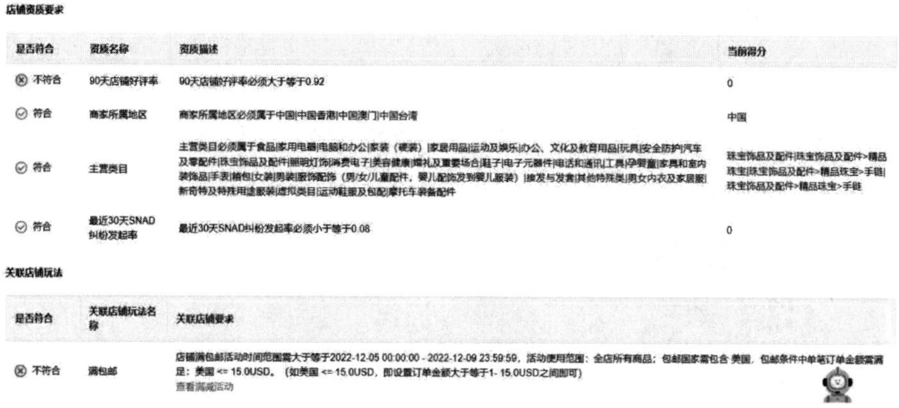

店铺资质要求

是否符合	资质名称	资质描述	当前得分
不符合	90天店铺好评率	90天店铺好评率必须大于等于0.92	0
符合	商家所属地区	商家所属地区必须属于中国|中国香港|中国澳门|中国台湾	中国
符合	主营类目	主营类目必须属于食品|家用电器|电脑和办公|家装（硬装）|家居用品|运动及娱乐|办公、文化及教育用品|玩具|安全防护|汽车及零配件|珠宝饰品及配件|照明灯饰|消费电子|美容健康|婚礼及重要场合|鞋子|电子元器件|电话和通讯|工具|孕婴童|家具和室内装饰品|手表|箱包|女装|男装|服饰配饰（男/女/儿童配件，婴儿配饰发到婴儿服装）|接发与发套|其他特殊类|男女内衣及家居服|新奇特及特殊用途服装|虚拟类目|运动鞋服及包配|摩托车装备配件	珠宝饰品及配件|珠宝饰品及配件>精品珠宝|珠宝饰品及配件>精品珠宝>手链|珠宝饰品及配件>精品珠宝>手链
符合	最近30天SNAD纠纷发起率	最近30天SNAD纠纷发起率必须小于等于0.08	0

关联店铺玩法

是否符合	关联店铺玩法名称	关联店铺要求
不符合	满包邮	店铺满包邮活动时间范围需大于等于2022-12-05 00:00:00 - 2022-12-09 23:59:59，活动使用范围：全店所有商品；包邮国家需包含 美国，包邮条件中单笔订单金额需满足：美国 <= 15.0USD。（如美国 <= 15.0USD，即设置订单金额大于等于1- 15.0USD之间即可）查看满减活动

图 9-38 店铺资质要求

只有符合图 9-38 所示活动要求、店铺要求及类目要求等所有条件的商品，才能报名参加该项平台活动。

第三步：报名参加平台活动。

仔细查看图 9-38 所示的平台活动要求，当符合要求时，可在图 9-36 所示的页面单击“立即报名”的按钮参加报名(若不符合要求，“立即报名”不可单击，其报名状态处显示“不符合店铺资质”)。

第四步：选择符合要求的产品。

在图 9-39 中，已选择了一个产品报名本次平台活动，若还可以添加平台活动的产品(一般平台活动限制报名活动产品的数量并不多)，可以继续单击“添加商品”按钮选择报名平台活动的产品。

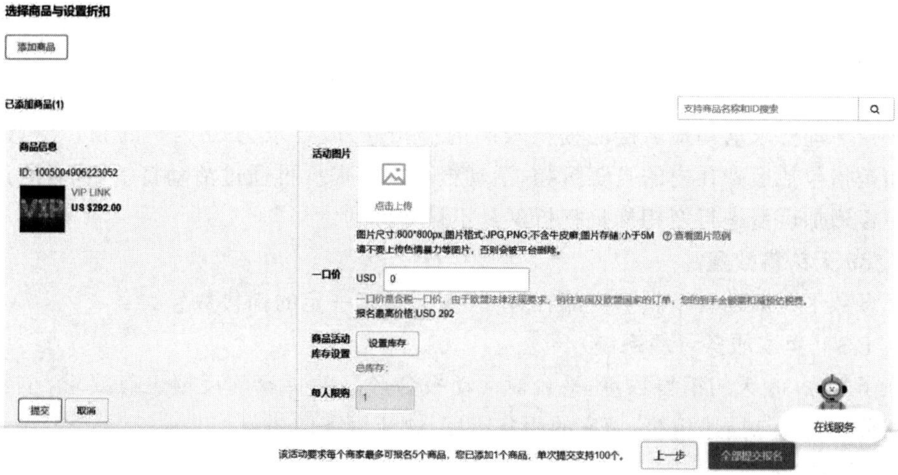

图 9-39 选择报名平台活动的产品

第五步：活动库存及折扣设置。

在图9-39中,可以在界面右侧进行活动产品库存及折扣设置,如图9-40所示。

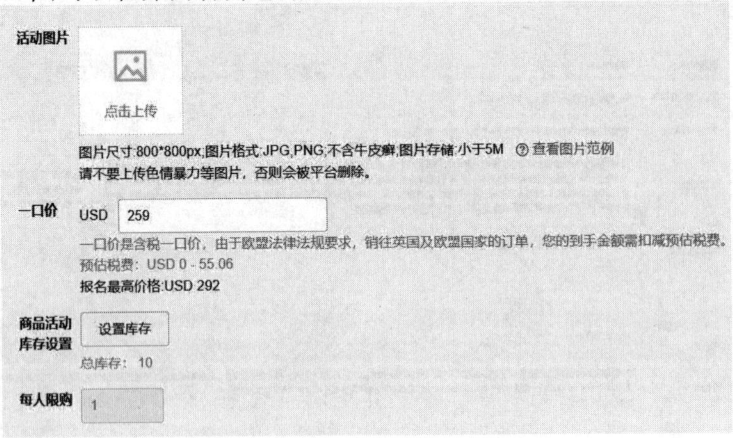

图9-40 活动库存以及折扣设置页面

填写好合理的折扣价之后,提交即可完成本次活动的报名。

五、平台活动报名的注意事项

报名参加平台活动,应当注意以下事项。

(一) 关于活动报名的基础条件

只有满足活动报名基础条件的产品,才能报名参加平台活动。一般来说,报名参加平台活动的基础条件主要有以下几个方面。

1. 店铺等级

一般平台活动都会对店铺等级有所要求,如2勋章以上或1钻以上等。

2. 店铺好评率

如很多平台活动一般要求店铺的好评率保持在90%以上。

3. 折扣

平台活动要求活动报名产品提供较高的折扣,一般要求为35%~50%。注意,这里的折扣是指包括运费在内的真实折扣,活动报名之前提价再通过活动打折,或者通过修改运费模板增加运费进行变相提价打折都是不被允许的。

4. 30天销售数量

大多数平台活动要求报名产品在过去30天里有一定的销售数量。

5. DSR(卖家服务评级系统)

除了过去30天的销售数量,平台对活动报名产品的买家的反馈也有要求,主要包括三项评分:宝贝与描述相符、卖家的服务态度、物流服务的质量。

6. 包邮情况

一些平台活动要求产品提供包邮,方式有两种:一种是针对俄罗斯、巴西或西班牙等热点国家和地区包邮,另一种是全球包邮。

因此从活动报名的基础条件来看,卖家应当不断努力提高自身店铺的等级、店铺好评率，做好日常的售后服务，不断推出新品，并设置成包邮，这样才能有更多的产品符合平台活动的报名要求。

（二）关于活动的主题

一般来说，每个平台活动的推出，都有它的主题。那些非常符合活动主题的产品，更容易被选上。但事实上，符合以上报名基础要求的产品并不一定非常切合活动的主题（或者只是在报名时行业类目上符合活动的要求）。还有如针对俄罗斯和巴西等国推出的团购活动，选择这些国家包邮且有较多成交记录及良好评价记录的产品报名，被平台选中的可能性则会更高。

（三）关于虚高折扣

一些折扣虚高的商品（货值明显大于售价的商品），报名平台活动时，往往不会被审核通过。

（四）关于活动报名后的工作

卖家在报名参加平台活动之后，还需留意查看后续的活动“报名状态”，在通过平台审核后，所报名的平台活动会有“待确认”“待展示”及“展示中”等不同的状态。通常情况下，报名一个平台活动的产品，就不能再次报名其他活动，而对于“待确认”的平台活动，如果卖家觉得折扣过高等，则可以取消平台活动，一般来说，“待展示”及“展示中”的平台活动报名是不能取消的。

（五）关于备货和库存

商品一旦被选中参与平台活动，往往会带来较大的销量，而平台活动设定的发货期往往更短。因此有必要在平台活动开始前的一周进行备货，合理分配不同颜色和规格的商品库存数量，在活动进行中，如果销量超过预期，及时进行补充库存的操作。

第四节 联盟营销

一、速卖通联盟营销简介

速卖通联盟营销是一种“按效果付费”的推广模式。参与联盟营销的卖家，只需为联盟网站带来的成交订单支付联盟佣金。联盟营销给卖家带来站外的流量，只有成交，才需付费。

二、速卖通联盟营销优势

（一）海量曝光

加入速卖通联盟之后，商品除在现有的渠道进行曝光外，还会在速卖通的联盟专属频道额外曝光，站外会得到海量联盟流量。海外联盟给速卖通平台带来数十亿次的网络曝光,并且实现PC端和移动端的全覆盖。

(二) 全球覆盖

速卖通联盟营销覆盖全球上百个国家和地区及数十亿的境外卖家。

(三) 精准投放

速卖通联盟营销实现的精准的地域匹配有用户购物习惯的匹配。

(四) 按效果付费

参与联盟营销的卖家,只需为联盟网站带来的成交订单支付联盟佣金,即据成效付费,不成交不付费。

三、速卖通联盟营销的设置方法

第一步:加入速卖通联盟营销。

在速卖通卖家后台首页单击“营销活动”的“活动首页”,进入图9-1所示界面,在界面下方找到联盟营销,单击“查看更多”按钮,然后单击“下一步”按钮,继续单击“我已阅读并同意此协议”按钮,接着设置“店铺基础佣金比例”,最后单击“确定”按钮即可。

第二步:设置主推产品及佣金。

加入速卖通联盟营销之后,进入图9-41所示页面,单击“手动添加商品”按钮,即可设置参加联盟营销活动的商品及佣金率,如图9-42所示。

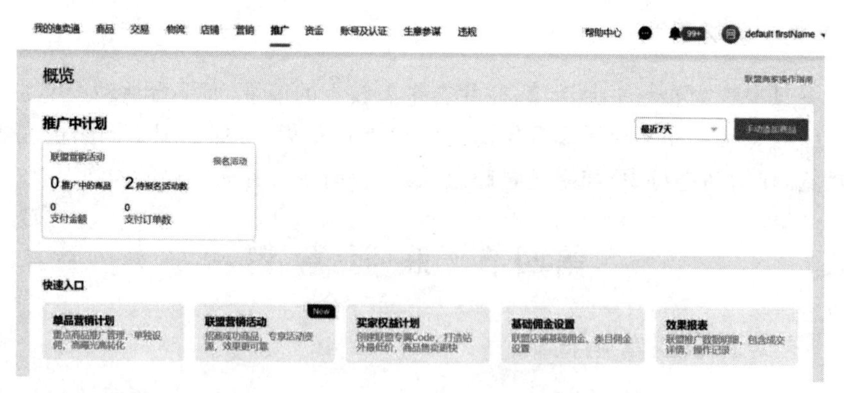

图9-41 速卖通联盟营销设置页面

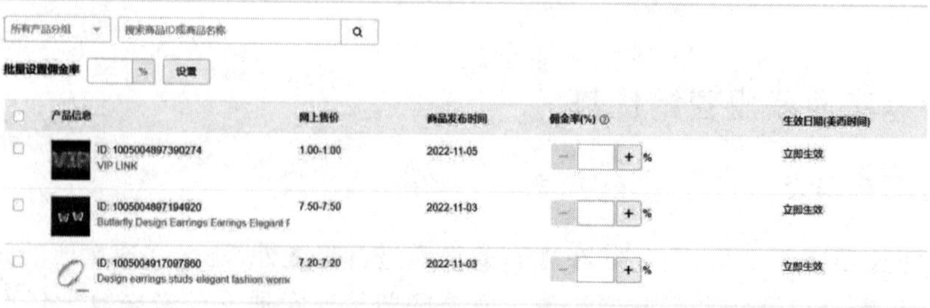

图9-42 添加商品及佣金设置

平台对各类目设置了最低佣金比例(根据产品一级类目的不同,最低佣金比例为5%或8%),同时也限制了最高佣金比例50%。一般来说,佣金比例越高,推广的效果也越好,卖家可根据自身需要,在最低佣金和最高佣金比例之间进行合理设置。

四、速卖通联盟营销的注意事项

(1) 卖家一旦加入速卖通联盟营销,则全店铺所有的商品都将加入联盟营销的推广,成为联盟营销商品。店铺中任一款商品通过联盟渠道而获得的订单,都需要按比例支付联盟佣金。

(2) 一般来说,参与联盟营销,还可以设置店铺默认佣金、类目佣金及主推产品佣金。设置主推产品及其佣金的目的是给主推产品带来更多的曝光机会。平台采用佣金的优先顺序分别是主推产品佣金、类目佣金和店铺默认佣金。

(3) 买家可以修改主推产品及其佣金比例,该修改会在操作后的3个工作日内生效。

(4) 买家通过联盟营销网站的广告链接访问某速卖通店铺,将被识别,在之后的30天内,该买家无论通过什么渠道进入该速卖通店铺进行下单(并且订单最终交易完成),卖家都必须支付联盟佣金。

(5) 在交易期内,如果买家要求退款,那么联盟营销订单的佣金将被退回。交易结束后,如果因退货等原因发生退款,联盟营销订单的交易佣金不能退回。

五、综合案例分析

情人节营销案例——定制化礼品类目品牌 Soufeel 分析

2023年电商营销首站已经开启,“情人节”的热度逐渐上升。从Google Trends的搜索趋势来看,“情人节”相关的搜索热度自1月26日开始逐渐上升,“情人节礼品”“服装”等关键词搜索量飙升。此外,各大社媒也是本次营销的主战场,在TikTok上,#Valentinesday2023话题浏览量从1月份就开始快速上升,截至2023年2月13日已突破3亿。

从全球热门(独立站)广告投放国家/地区来看,情人节期间,欧美国家的投放份额占比相较上月均有所扩大。在节日氛围最浓的美国,投放份额上涨3.95%。其次份额最高的是澳大利亚、英国、加拿大等欧美国家。值得留意的是,节日期间,印度投放份额也有明显上升,投放量也排进了前五,值得卖家关注。

情人节热推的Top 10类目中,服装和美妆个护是最热门的两个类目,商家营销投放力度最大,投放量份额占比最高且在节日期间份额均有上涨,这也反映了节日的消费趋势。

本文分析的是一家专门做定制化礼品类目的品牌Soufeel。从GoodSpy监测到的投放数据来看,该品牌较重视广告营销端的投入,近一年投放量密集,其中情人节期间在投广告4 108条,排进全球店铺投放榜前10,下文将具体分析该品牌的营销特点。

1. 品牌及产品营销分析

Soufeel走“专属纪念品”路线,以“纪念美好生活”为品牌定位进行营销包装。在产品线上,Soufeel覆盖六大类目,包括服装、配饰、家居生活、珠宝、定制礼盒和纪念贺卡,支持照片和文字定制。目前独立站官网在售商品数超过1 000,满足不同类目买家的找款需求。Soufeel在情人节期间还针对性地对产品进行包装营销,上线各种热门新奇产品。如热卖的一款定制化小夜灯,在TikTok上相关视频播放量就超过百万,热度相当高。

另外,Soufeel主打年轻受众,定制产品售价低,极具性价比。如官网首页推荐的最畅销的产品大部分售价都在20美元左右,且还有推出情人节主题的优惠活动,"满减""满减优惠券""新用户折扣券"等,价格吸引力大。

在客户体验上,Soufeel主要有三个特点:一是营造节日氛围,对官网首页和产品页面进行包装,此外还在官网首页突出节日主题的优惠折扣信息,增强顾客购买欲望。二是支持切换34个国家币种及多种渠道支付,提高转化过程的流畅性。三是Soufeel非常重视打造口碑,如在官网首页底部增加已购用户的评价展示,并强调Soufeel积累了10万多的高质量评价。

Soufeel也十分重视在社媒上的营销,据GoodSpy数据显示,Soufeel在Facebook、Instagram、Twitter、Pinterest和TikTok上均开通了社交账号,其中在Instagram的粉丝数更是将近60万,内容主要以产品宣传为主。

2. 品牌广告投放营销分析

社媒广告投放是Soufeel重点投入的营销渠道之一。据GoodSpy数据显示,Soufeel除了在主站(soufeel.com)投放广告外,还会根据不同语言/地区的子站点针对性地投放广告,提高营销投放的精准性,当然主要的花费还是集中在"soufeel.com"上。

从近一年的投放趋势来看,Soufeel的重点营销时段主要集中在7月至9月(营销节点:夏日购物季等)、11月至第二年1月(营销节点:年终购物季、情人节等)。其中投放量高峰在2022年8月,在投广告超过1.4万条,环比增长98.3%。

在投放渠道上,Soufeel主要在Facebook系渠道投放广告,且4个媒体渠道投放量分布比较均匀,其中Facebook(FAN)在2023年1月投放份额有所上升,占比达24.96%。

从Soufeel投放的Top 10地区分布来看,情人节期间在美国和加拿大的投放份额占比上升明显,其中美国上升3.95%,占比达12.64%,这两个地区也是Soufeel重点的营销市场。除了欧美外,还可以看到,Soufeel对一些新市场也有不少投入,如土耳其、菲律宾、马来西亚等。

在Soufeel投放的广告素材中,视频类的素材占比高达90.21%,其中时长≤30秒的视频素材占比达99.4%,可见短视频素材营销是Soufeel优势之一。此外,图片类素材占比为9.57%。

3. 品牌素材创意分析

在广告素材创意设计上,Soufeel主要有以下特点。

创意素材①

表现形式:礼品拆箱

素材效果:增加趣味性,表现"所见即所得",营造拿到礼物时的惊喜感以及上手体验产品的真实感。从素材表现效果来看,下面一条素材预估曝光量达到1 220万。

素材类型:视频,素材时长:14秒,投放天数:48天。

投放地区：美国、英国、加拿大等。

预估曝光量：1 220 万，来源：GoodSpy

创意素材②

表现形式：剧情包装

素材效果：下面一条素材以“结婚纪念品”为主题来设计剧情和包装产品，增加情感表达。此外还通过露出“定制化”的设计细节，增加礼物的价值和意义。从素材表现效果来看，下面一条素材预估曝光量达到 1 250 万。

素材类型：视频，素材时长：16 秒，投放天数：48 天。

投放地区：美国、英国、加拿大等。

预估曝光量：1 250 万，来源：GoodSpy

创意素材③

表现形式：突出卖点

素材效果：下面一款小夜灯产品中，详细地介绍定制化的功能（“文字”和“图片”定制化），来突出产品的卖点，增强用户购买兴趣。从素材表现效果来看，下面一条素材预估曝光量达到 49.4 万。

素材类型：视频，素材时长：32 秒，投放天数：18 天。

投放地区：美国、英国、加拿大等。

预估曝光量：49.4 万，来源：GoodSpy

资料来源：情人节营销案例！定制化礼品类目品牌 Soufeel 分析[EB/OL].(2023-02-13). https://www.cifnews.com/article/140012.

拓展阅读 9-1 元宇宙赋能跨境电商独立站营销模式创新研究

复习思考题

1. 什么是跨境电商推广？

2. 跨境电商推广和其他商业推广比，有哪些特点？

3. 哪些平台推广方法是免费的？它们有哪些特点？

4. 什么是直通车？直通车运用的注意事项有哪些？

5. 速卖通平台有哪些平台活动？

6. 请你简要说明，如何应用平台提供的推广工具，以达到预期的效果。

7. 请你思考，同一种类的商品使用不同的推广方式推广效果是否有差异？不同种类的商品使用同一推广方式推广效果是否有差异？

练 习 题

第十章

跨境电商国际物流与运输

【教学目的和要求】

本章介绍了跨境物流、跨境电商物流的定义及主要物流模式，并对比分析了传统跨境物流和新型跨境电商物流的不同特点，以及现有主要跨境电商物流的优劣势；此外，还需要理解跨境电商物流的系统、技术，以及跨境电商物流面临的困境及相应对策。

【关键概念】

国际快递　境内快递　国际专线　邮政包裹　海外仓　物流信息管理系统　ERP系统　智能运输系统　条形码技术　RFID技术　EDI技术　GIS技术　公路运输　铁路运输　海洋运输　航空运输　国际多式联运

霍尔果斯跨境电商“空中路桥”

2021年5月15日，在中哈霍尔果斯国际边境合作中心，一个满载跨境电商包裹的集装箱通过龙门吊由中方区送至哈方。这意味着中哈霍尔果斯国际边境合作中心跨境电商空中陆桥正式开通，跨境电商出口又增一条通道。

空中陆桥项目总投资1 200万元，于2021年2月7日开工建设。建成后，境外买家的跨境电商包裹运送至霍尔果斯后，可在霍尔果斯综合保税区进行集中申报，经海关查验后，装箱转运至合作中心，由空中陆桥集装箱专用液压抓钩起吊，运至合作中心哈方一侧，装载到接货车辆后发往欧洲。

“空中陆桥”可以使跨境电商出口集装箱10分钟内完成中国与哈萨克斯坦过境，从深圳电商仓库启运到比利时列日清关仓库的全程运输可以在13日内完成，成为中欧之间除空运模式外最快、最稳定的运输产品，既可以减少中欧两地机场提发货的物流环节，又可以运输带电、液体商品，而且运输成本低于空运50%以上。自2021年4月跨境电商贸易开通以来，截至2022年10月，霍尔果斯累计实现出口集装箱2 177个，出口票数8 666万票，出口金额30.9亿元。

资料来源：霍尔果斯：助力“中国制造”走出去[EB/OL].(2022-10-07). https://mp.pdnews.cn/Pc/ArtInfoApi/article?id=31642607.

第一节　跨境物流

经济全球化的发展使各国之间的商贸往来更加频繁，世界各国向海外出口优势产品并进口所需产品，成为促进本国经济社会发展的重要举措。随着我国经济发展进入新常态时代，跨境电商物流作为国民经济增长的新亮点，引起了国家和业界的重视。

跨境电商物流是伴随跨境电商发展而产生的。随着跨境电商发展，跨境电商物流迅速成长。跨境电商物流是指位于不同国家或地区的交易主体通过电子商务平台达成交易并进行支付清算后，通过跨境物流送达商品进而完成交易的一种商务活动。由于电子商务环境下人们的交易主要依靠网络进行，此时作为线下主要活动主体的物流配送就显得十分重要，它直接关系到电商交易能否顺利完成、能否获得消费者的认可。

一、跨境物流概述

（一）跨境物流的定义

跨境物流是指以海关不同关境两侧为端点的实物和信息有效流动与存储的计划、实施和控制管理过程。跨境物流也可以理解为国际物流，是指把货物从一个国家或地区通过海运、空运或陆运送到另外一个国家或地区，从而完成国际商品交易的最终目的。

（二）跨境物流的特点

1. 物流距离远、耗时长、成本高

跨境物流不同于境内物流，其距离远、时间长、成本高，不仅如此，中间还会涉及目的国（地）清关（办理出关手续）等相关问题。

2. 受跨境电商影响较大

跨境物流发展多受跨境电商影响。跨境电商离不开跨境物流，而跨境电商的发展也带动了跨境物流的发展。

3. 集中于东南沿海地区，中西部地区竞争少

由于渤海地区、长江三角洲、珠江三角洲等东南沿海地区经济发达，跨境运输需求旺盛，该地区航运、航空运输等基础设施相对完善。因此，对交通资源的供应的竞争最为激烈。在中西部地区，由于经济相对不活跃、跨境运输需求低、运输成本高，该地区的国际货运服务资源投入较少。

4. 地区间或单一行业存在激烈的竞争，各地区的跨行业竞争较少

虽然跨境物流业有很多市场竞争者，但受其自身财务实力、管理和技术能力的限制，而且由于国家物流市场相互分离，其竞争往往是某地区的企业之间的竞争。例如在长三角地区，多为跨境物流公司之间的竞争，或某一行业客户资源之间的竞争，而跨地区、跨行业竞争则较少。

5. 服务功能单一，增值服务较少，同质化竞争现象更加严重

大多数跨境物流公司只能提供海运物流或空运物流服务，在提供跨境物流服务时，有限的传统服务如海关申报、预订，在提供运输解决方案方面的内容较少，同质化竞争现象

较为严重。

二、主要跨境物流模式

(一) 国际快递

国际快递[①]是指在两个或两个以上国家(或地区)之间所进行的快递、物流等业务。四大典型商业快递巨头为 DHL(敦豪航空货运公司)、TNT(Thomas National Transport)、FedEx(美国联邦快递)和 UPS(联合包裹速递服务)。这些国际快递运营商通过自建的全球网络、强大的 IT 系统及遍布世界各地的本地化服务,给跨境购物的境外用户带来极好的物流体验。例如通过 UPS 寄送到美国的包裹,最快仅需 48 小时即可到达。然而,优质的服务同时伴随着昂贵的价格。一般中国商户只有在客户时效性要求很强的情况下,才使用国际商业快递来派送商品。

(二) 境内快递

境内快递主要是指 EMS(邮政特快专递服务)、顺丰和"四通一达"。在跨境物流方面,"四通一达"中的申通、圆通布局较早,但也是近年才发力拓展,如美国申通 2014 年 3 月才上线,圆通也是 2014 年 4 月才与 CJ 大韩通运展开合作,而中通、汇通、韵达则更晚启动跨境物流业务。顺丰的国际化业务则要成熟些,目前已经开通到美国、澳大利亚、韩国、日本、新加坡、马来西亚、泰国、越南等国家的快递服务,发往亚洲国家的快件一般 2~3 天可以送达。在境内快递中,EMS 的国际化业务是最完善的。依托邮政渠道,EMS 可以通达全球 200 多个国家和地区,费用相对国际四大快递巨头要低,中国境内的出关能力很强,到达亚洲国家需要 2~3 天,到欧美则需要 5~7 天。

拓展阅读 10-1 中欧班列"跑"出新纪录

(三) 国际专线

国际专线物流一般是通过航空包舱方式运输到境外,再通过合作公司进行目的国(地)的派送。专线物流的优势在于其能够集中大批量货物到达某一指定国家或地区,由于其规模效应可相应降低物流的整体成本,因此其价格一般低于传统的商业快递。在时效上,专线物流稍慢于商业快递,但快于邮政包裹。主要专线物流包括美国专线、欧洲专线、澳洲专线、俄罗斯专线等,另有部分物流公司推出了中东专线、南美专线、南非专线等。

第二节 跨境电商物流

一、跨境电商物流概述

(一) 跨境电商物流的定义

跨境电商物流是指位于不同国家或地区的交易主体通过电子商务平台达成交易并进

---

① 百度百科:https://baike.baidu.com/"国际快递"摘录并编辑。

行支付清算后，通过跨境物流送达商品进而完成交易的一种商务活动。

（二）跨境电商物流的特点

1. 时间间隔短

跨境电商运营的特点，要求国际物流供应链上下游具有非常快的反应速度以迎合物流配送的需求，因此整个跨境电商物流的前置时间和配送时间间隔越来越短，商品周转和物流配送时效也越来越强。

2. 功能集成化

跨境电商将国际物流与供应链的其他环节进行集成，包括物流渠道与产品渠道的集成、各种类型的物流渠道之间的集成、物流环节与物流工程的集成等。

3. 作业规范化

跨境电商国际物流强调作业流程的标准化，包括制定物流订单处理模板、物流渠道管理标准等，使复杂的物流作业流程变成简单、可量化、可考核的物流操作方式。

4. 信息电子化

跨境电商国际物流强调订单处理、信息处理的系统化和电子化，用企业资源计划信息系统完成标准化物流订单的处理流程，并通过 ERP 信息系统对物流渠道的成本、时效、安全性进行有效的关键绩效指标(key performance indication，KPI)考核，以及对物流仓储管理过程中出现的库存积压、产品延迟到货、物流配送不及时等情况进行有效的风险控制。

二、主要跨境电商物流模式

（一）跨境电商出口物流模式

1. 邮政包裹

邮政网络基本覆盖全球，比其他任何物流渠道都要广。这主要得益于万国邮政联盟。万国邮政联盟是联合国下设的一个关于国际邮政事务的专门机构，通过一些公约法规来改善国际邮政业务，发展邮政方面的国际合作。

在我国跨境电商出口物流方式选择中，从货量角度看，直邮渠道出货占 60%左右，其中，65%的货量通过邮政渠道完成。2019 年，我国跨境电商直邮出口包裹在 20 亿件左右，其中近 12 亿件通过邮政渠道投递。邮政小包物流模式在行业中占比较大。[①] 中国邮政虽然拥有较好的覆盖全球的邮政网络，但在物流服务水平上与国际快递四大巨头还存在较大的差距，如存在运输时间长、丢包率高等弊端。

2. 国际快递

国际快递主要由 UPS、FedEx、DHL、TNT 四大巨头合并包揽。这些国际快递服务商构建了自有的全球物流网络，并通过 IT 系统的覆盖性和普遍性，提升了跨境电商的用

---

① 数据来源：前瞻产业研究院《中国物流行业市场前瞻与投资战略规划分析报告》。

户体验水平。商业快递的运输时间基本为3～5个工作日,最快可在48小时内把货物送至卖家。国际快递虽然具有较好的物流服务,但物流服务成本较高。所以跨境电商的商家一般会在邮寄大批量货物、货品较为贵重或客户要求高时效性时选择该种快递模式。

3. 海外仓(边境仓)

海外仓,又称海外仓储,是指为卖家在销售目的地进行货物仓储、分拣、包装和派送的一站式控制与管理服务,可事先建设或租赁仓库,以空运、海运、陆运或国际多式联运的方式先把货品运送至当地仓库,接到客户订单后再直接发货。

4. 跨境专线物流

跨境专线物流主要是指航空包舱方式,货物通过该方式运送到境外目的地(国)后,再通过专业的第三方物流公司完成至目的地(国)的配送。这种方式虽然具有较好的规模效应,降低了国际物流成本,但在境内的揽货市场有限,服务市场有待扩展。目前业内使用最普遍的专线物流包括美国专线、澳大利亚专线、俄罗斯专线以及欧洲专线等。

5. 境内快递的国际化服务

申通、顺丰均在跨境物流方面早有布局,速度较快,费用低于四大国际快递巨头,但并非专注跨境业务,覆盖的境外市场有限。

(二)跨境电商进口物流模式

跨境电商环境下的进口物流模式主要包括直邮模式和转运模式。其中,直邮模式又分商业快递直邮和两国(地)快递合作直邮,转运模式有转运公司参与寄递和报关公司参与寄递。具体跨境电商进口物流模式分析如图10-1和表10-1所示。

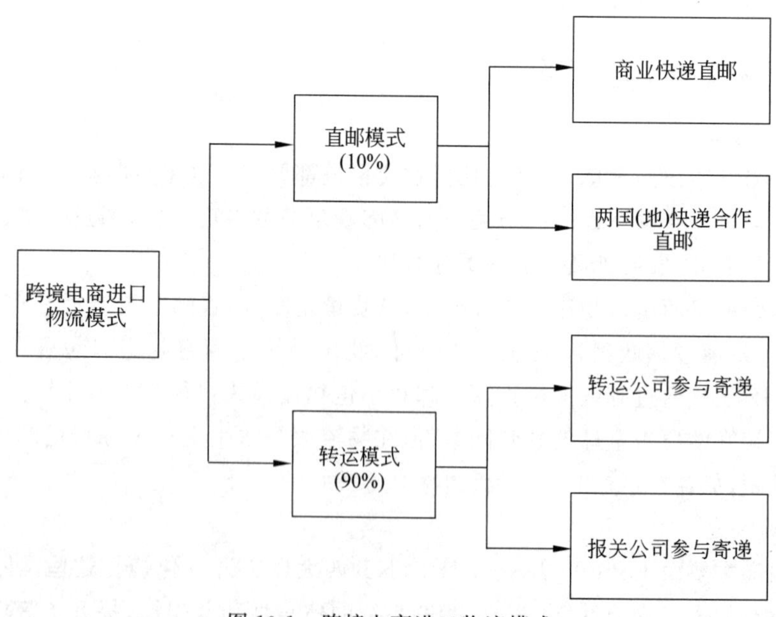

图10-1 跨境电商进口物流模式

表 10-1 跨境电商进口物流模式

模式		模式 1	模式 2	模式 3	模式 4
内容		商业快递直邮	两国(地)快递合作直邮	转运公司参与寄递	报关公司参与寄递
流程	揽收	境外快递	境外快递	境外快递	境外快递
	出口国(地区)境内物流	境外快递	境外快递	境外快递	境外快递
	出口国(地区)清关	境外快递	境外快递	境外快递	境外快递
	跨境物流	境外快递	境外快递	转运公司国际货代	转运公司国际货代
	进口国(地区)清关	境外快递	境外快递	境内快递	报关公司
	进口国(地区)境内物流	境外快递	境内快递	境内快递	境内快递

1. 保税模式

1）流程简介

保税模式的流程如图 10-2 所示。

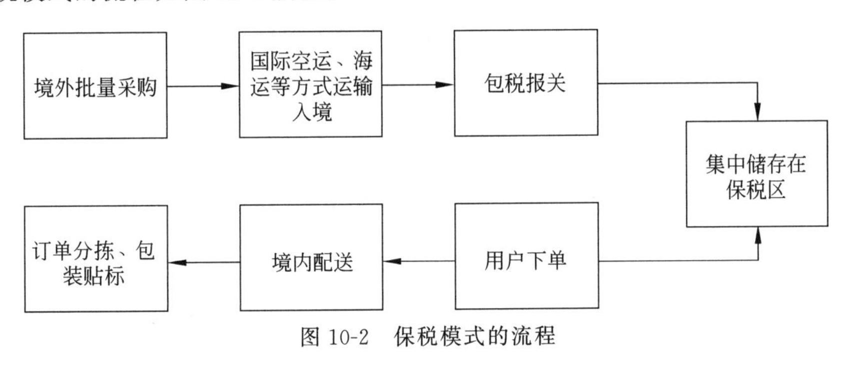

图 10-2 保税模式的流程

2）保税模式简介

保税模式适用于大宗货物，必须报关，其服务商也是大宗货物物流服务商。在清关政策上，保税区理论上不属于入境，所以货物进入保税区时可暂不报关及缴纳税费，在用户下单后、零售包裹入境时再报关缴税。

3）保税模式的优点

保税模式的最大优点就是用户体验好，具体表现为以下几点：从下单到收货的物流时间短，与境内的传统电商差不多，短则当天，长则三五日；物流成本低，境内的人工费本身很低，而集运相对于直邮来说，也可以节省大量物流成本；商品质量有保证，退换货较之于其他模式的跨境电商也更便捷。

4）保税模式的缺点

SKU 有限，对于保税模式来说，保税仓的规模是有限的，在竞争激烈的情况下，对于保税仓的争夺也会很激烈，所以，有限的仓储就成了一个难题；资金回流慢，保税模式主要针对大宗商品,商品量很大,短期内销售完的难度很大,一般都需要较长的周期;选品要求高,保税区对入库商品有严格的审核,海关会定期进行检查;跨境电商的政策波动很大,新兴行业的发展走向不明确,政府需要及时予以调整。

2. 直邮模式

1)流程简介

直邮模式的流程如图10-3所示。

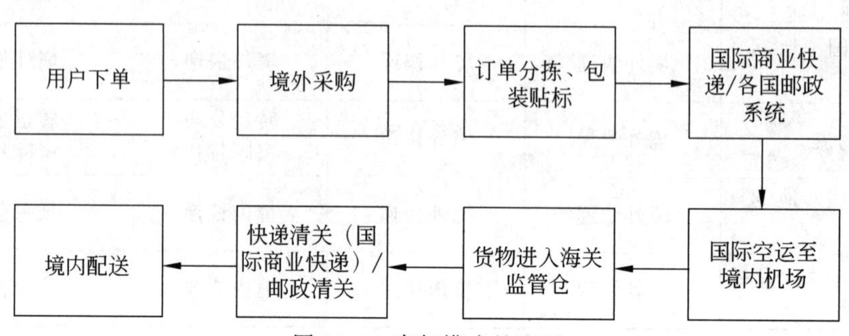

图10-3 直邮模式的流程

2)直邮模式简介

直邮模式在入境时便需要清关,但不用全部报关,海关会对商品进行抽查。目前,进口跨境电商涉及直邮模式的物流服务商有国际快递(DHL/UPS/FedEx/TNT/EMS)和邮政(如中国邮政、中国香港邮政、英国皇家邮政等)。通过快递入境监管比较严密,而通过邮政系统则要宽松一些。

3)直邮模式的优点

品类无限制,无须等待资金回流;快递渠道,物流速度较快、丢包率低;邮政渠道,价格便宜、税率低。

4)直邮模式的缺点

质量缺乏保障,境外的人工成本高;快递渠道,以空运为主,价格高,税率高,并且没有专门的通道,通关不方便;邮政渠道,政策不确定,速度慢,丢包率高而且服务质量差。

3. 集货模式

1)流程简介

集货模式的流程如图10-4所示。

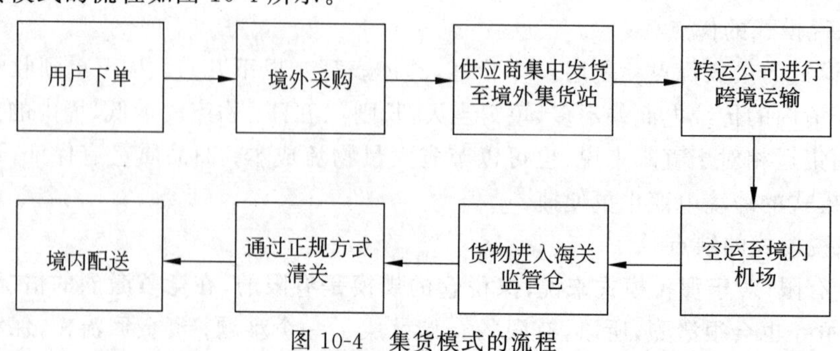

图10-4 集货模式的流程

2）集货模式简介

集货模式如今更受青睐，尤其是有实力的跨境电商平台，纷纷布局跨境快递业务，力图请战集货模式下的国际转运业务。在通关上，集货模式与直邮模式一致。

3）集货模式的优点

品类无限制；集运成本低于直邮。

4）集货模式的缺点

须有海外仓，仓租成本高；境外人工费用高。

（三）跨境电商物流典型案例

1. 速卖通“线上发货”物流

“线上发货”是由阿里巴巴全球速卖通、菜鸟网络联合多家优质第三方物流商打造的物流服务体系。卖家使用“线上发货”可直接在速卖通后台在线选择物流方案，物流商上门揽收（或卖家自寄至物流商仓库），发货到境外。卖家可在线支付运费并在线发起物流维权，阿里巴巴作为第三方将全程监督物流商服务质量，保障卖家权益。

速卖通“线上发货”的优势在于对卖家出台了一系列保护政策。

（1）平台网规认可。使用线上发货且成功入库的包裹，买卖双方均可在速卖通后台查询物流追踪信息，且平台网规认可。后续卖家遇到投诉，无须再提交发货底单等相关物流跟踪信息证明。

（2）规避物流低分，提升账号表现。采用线上发货物流方式的订单，若产生“DSR物流服务1,2,3分”和由于物流原因引起的“纠纷提起”“仲裁提起”“卖家责任裁决率”，平台会对该笔订单的这四项指标进行免责。

（3）物流问题赔付保障。阿里巴巴作为第三方将全程监督物流商服务质量，卖家可针对丢包、货物破损、运费争议等物流问题在线发起投诉，获得赔偿（仅国际小包物流方案支持）。

速卖通“线上发货”的物流方案：

1）经济类物流方案

经济类物流运费成本低，目的国（地区）包裹妥投信息不可查询，适合运送货值低、重量轻的商品。如表10-2所示，经济类物流仅允许使用线上发货。

表10-2　经济类物流方案价位表

物流线路	运送范围	订单金额限制/美元	重量限制/千克	是否接受带电产品	物流时效承诺	赔付上限（人民币）/元
中国邮政平常小包+	全球	≤5	<2	不接受任何带电产品	无承诺时效（境内段丢失赔付）	不超过可以使用平常小包的最大订单金额
4PX新邮经济小包	全球	≤5	<2	不接受纯电池，英国、意大利、德国、老挝、埃及5个国家不能走任何电池	无时效承诺（境内段丢失赔付）	300

续表

物流线路	运送范围	订单金额限制/美元	重量限制/千克	是否接受带电产品	物流时效承诺	赔付上限(人民币)/元
中外运—西邮经济小包	西班牙	≤5	<2	不接受纯电池,深圳、广州仓接受内置电池,北京、上海、杭州、义乌仓不接受任何带电产品	20天内必达西班牙、维多利亚60天内西班牙全境妥投	100～150
中外运—英邮经济小包	英国	≤5	<2	不接受纯电池,深圳、广州仓接受内置电池,北京、上海、杭州、义乌仓不接受任何带电产品	20天到达英邮伦敦分拨中心25天内英国本土全境妥投	100～150
顺丰国际经济小包	200多个国家及地区	≤5	<2	不接受纯电池,接受内置电池	无时效承诺(境内段丢失赔付)	200
顺友航空经济小包	全球主要国家	≤5	<2	不接受纯电池,接受内置电池	无时效承诺(境内段丢失赔付)	300
燕文航空经济小包	46个国家及地区	≤5	<2	不能寄送带电产品	无时效承诺(境内段丢失赔付)	300

2) 标准类物流方案

其包含邮政挂号服务和专线类服务,全程物流追踪信息可查询,如表10-3所示(特殊国家和地区除外)。

表10-3 标准类物流方案价位表

物流线路	运送范围	订单金额限制/美元	重量限制/千克	是否接受带电产品	物流时效承诺	赔付上限(人民币)/元
中国邮政挂号小包	全球215个国家及地区	无	<2	不接受带电产品	60天(巴西90天)	300
e邮宝	39个国家和地区	无	<2	不接受带电产品	无时效承诺	无
中邮e邮宝(菜鸟)	美国、俄罗斯、加拿大等10个国家	无	<2	不接受带电产品	无时效承诺	无

续表

物流线路	运送范围	订单金额限制/美元	重量限制/千克	是否接受带电产品	物流时效承诺	赔付上限(人民币)/元
速优宝芬邮挂号小包	爱沙尼亚、拉脱维亚、立陶宛等5个国家	≤23	<2	不接受带电产品	35天	300
中俄航空Ruston	俄罗斯	无	<2	不接受带电产品	60天	700
4PX新邮挂号小包	全球	无	<2	不接受纯电池，英国、意大利、德国、老挝、埃及5个国家不能走任何电池	60天(巴西75天)	300
燕文航空挂号小包	俄罗斯、西班牙、法国等41个国家及地区	无	<2	不接受带电产品	60天或90天	700
中东专线	阿联酋、印度、沙特阿拉伯等21个国家	无	<30	不接受带电产品	无时效承诺	无

3）快速类物流方案

其包含商业快递和邮政提供的快递服务，时效快且全程物流追踪信息可查询，适合高货值商品使用，如表10-4所示。

表10-4　快速类物流方案价位表

物流线路	运送范围	订单金额限制/美元	重量限制/千克	是否接受带电产品	物流时效承诺	赔付上限(人民币)/元
中俄快递-SPSR	俄罗斯	无	31	不接受带电产品	45天	1 200
DPEX（迪比翼）	澳大利亚、新加坡、马来西亚等14个国家	无	<45	不能寄送带电产品	无时效承诺	无
EMS	全球200多个国家和地区	无	<30	不能寄送带电产品	无时效承诺	无
e-EMS（专业国际E特快）	18个国家和地区	无	<30	不能寄送带电产品	无时效承诺	无
顺丰国际特快	全球	无	<30	不能寄送带电产品	无时效承诺	无
UPS Expedited	全球	无	<70	不能寄送带电产品	无时效承诺	无
UPS Express Saver	全球	无	<70	不能寄送带电产品	无时效承诺	无
FedEx IE	全球	无	<68	不能寄送带电产品	无时效承诺	无
FedEx IP	全球	无	<68	不能寄送带电产品	无时效承诺	无

2. AliExpress 无忧物流模式

AliExpress 无忧物流是阿里巴巴集团旗下全球速卖通及菜鸟网络联合推出的官方物流服务,为速卖通卖家提供境内揽收、国际配送、物流详情追踪、物流纠纷处理、售后赔付一站式的物流解决方案。

1) 设定标准服务及优先服务

AliExpress 无忧物流-标准服务针对俄罗斯、欧洲(如西班牙、法国、英国、荷兰等国)、南美(智利、墨西哥、哥伦比亚)、北美(美国、加拿大)等国家和地区推出多条专线,物流比传统渠道更加快捷。

2) 定期开放新用户,取消线路排他限制

开放新用户。新用户开放采取邀请制,受邀卖家可查询站内信通知或在运费模板设置页面查看是否有无忧物流使用权限。

取消线路排他限制。限制规则取消前,卖家设置运费模板时,在标准类物流类型中选择"AliExpress 无忧物流-标准"之后,不可以再选择其他标准类物流方案;限制规则取消后,卖家可以根据自身需求,灵活多样地选择物流方案,运费模板可以同时选择"AliExpress 无忧物流-标准""AliExpress 无忧物流-优先"及其他物流方案(如 e 邮宝等)。

如图 10-5 所示,对三种速卖通物流模式在物流服务、人力成本、资金风险及卖家保护方面进行比较分析,由此可见 AliExpress 无忧物流及速卖通线上发货物流减少了货代市场鱼龙混杂、服务不可控的风险,避免了物流问题对卖家服务等级等考核的不良影响。

对比项	AliExpress无忧物流	速卖通线上发货	自选物流线下发货
物流服务	稳定 官方物流，由菜鸟搭建覆盖全球优质物流网络	稳定 与第三方优质物流商合作，平台作为第三方监管	不确定 货代市场鱼龙混杂、服务不可控
人力成本	节省 物流纠纷由平台小二响应处理	耗费 需要花大量人力处理物流咨询、投诉	耗费 需要花大量人力处理物流咨询、投诉
资金风险	低 敢用敢赔，物流问题导致的纠纷赔款平台承担	低 物流问题导致的损失可在线向物流商发起索赔	高 物流导致的损失卖家自己承担，索赔难
卖家保护	有 物流原因导致的纠纷、DSR低分抹除	有 物流原因导致的纠纷、DSR低分抹除	无 物流问题导致卖家服务等级等考核受影响

图 10-5 三种"速卖通"物流模式对比

三、新型跨境物流模式与传统跨境物流模式对比[①]

无论是传统电商还是跨境电商都是基于货物的流动所发起的,并且都需要在一定可控成本下实现物流目标。这个目标是在正确的时间段,用正确的方式将产品送达正确的地点并交给正确的客户,这是两者的共同点。但是跨境电商对物流的具体要求又不同于传统物流,以下是两者的不同之处。

(一) 针对物流敏捷性及柔性的要求提升

跨境电商压缩了空间,加速了时间。这样一个改变让物流的容错能力大大削弱,对敏

① 胡玲冰.跨境电商物流[M].北京:人民邮电出版社,2018:34.

捷性、柔性的要求大大提高，即传统物流过程的每一个转运点都是一个核查过程，可以检验错误的发生，这一点跨境电商的物流是不能也不容许存在的。而传统商业“少品种、大批量、少批次、长周期”的运营模式也决定了传统物流的固化性和单一性。

（二）针对存储分类更加精细化

传统物流一般情况下是存储区和拣货区共用，其实质就是由上述少品种、大批量的出入模式所决定的。库内设施一般为平面库，立体高位货架。由于大批量的特点，货物进出以箱数为单位，甚至以托盘为辅助单位；存储和转移多以托盘为载体。而跨境电商的物流则需要针对多品种、小批量的特点，同时在目前以人工作业为主的前提条件下，必须采用专门的存储区和拣货区来提高存储利用率及拣选效率。

（三）针对货品信息更加规范化

传统物流货物上的信息元素要求不高，因为货物本身外表或物理属性可以区分，如可以不贴标签，也不需要有票据一一对应，即发票可以和货物异步流通；然而跨境电商物流却严格要求标签信息的规范性和完整性，在同一时间的订单内容如果没有标签、条码信息，就如石沉大海，发票也必须和货物同步流动。

（四）更加注重货品设计包装环节

传统物流中，商品自从运出工厂后包装一般不需要再行调整，所以传统物流没有明显的包装线，其包装是为了加固或安全；而跨境电商物流中，商品经过重组，“新产品”处于无包装状态，因此跨境电商仓库包装线需要有设计包装能力，能够根据不同的商品特征，在成本时间的约束下，研制包装方案，保证在途货物的安全。包装设计是跨境电商物流中较为专业和行业技术含量高的重要环节。

（五）物流功能性的附加价值不同

对于跨境电商的商家来说，跨境物流除了运输的功能，还包括客户对跨境物流时效的体验，以及国际物流的成本对产品的竞争优势的影响；而传统物流除了运输的功能以外，附加价值的体现并不明显。

四、不同跨境电商物流模式优劣势比较

（一）邮政包裹

据不完全统计，截至2020年，中国跨境电商出口业务70%的包裹都通过邮政系统投递，其中中国（内地）邮政占据50%左右的份额。[①]

优势：邮政网络基本覆盖全球，比其他任何物流渠道都要广。而且，由于邮政一般为国营，有国家税收补贴，因此价格非常便宜。

劣势：一般以私人包裹方式出境，不便于海关统计，也无法享受正常的出口退税。同

① 数据来源：搜狐新闻，https://www.sohu.com/a/408315433_120107280。

时,速度较慢,丢包率高。

(二) 国际快递

国际快递主要是指UPS、FedEx、DHL、TNT这四大巨头。国际快递对信息的提供、收集与管理有很高的要求,以全球自建网络以及国际化信息系统为支撑。

优势:速度快、服务好、丢包率低,尤其是发往欧美发达国家非常便利。

劣势:价格昂贵,且价格资费变化较大。一般跨境电商卖家只有在客户强烈要求时效性的情况下才会使用,且会向客户收取运费。

(三) 跨境专线物流

跨境专线物流一般是通过航空包舱方式将货物运输到境外,再通过合作公司进行目的国(地区)当地的派送,是比较受欢迎的一种物流方式。目前,业内使用最普遍的物流专线包括美国专线、欧洲专线、澳洲专线、俄罗斯专线等,也有不少物流公司推出了中东专线、南美专线。

优势:集中大批量货物发往目的地,通过规模效应降低成本,因此,价格比商业快递低,速度快于邮政小包,丢包率也比较低。

劣势:相比邮政小包来说,运费成本还是高了不少,而且在境内的揽收范围相对有限,覆盖地区有待扩大。

(四) 海外仓

海外仓是指由网络外贸交易平台、物流服务商独立或共同为卖家在销售目的地提供的货品仓储、分拣、包装、派送的一站式控制与管理服务。卖家将货物存储到当地仓库,当买家有需求时,第一时间作出快速响应,及时进行货物的分拣、包装以及递送。整个流程包括头程运输、仓储管理和本地配送三个部分。

头程运输:境内商家通过海运、空运、陆运或者国际多式联运将商品运送至境外仓库。

仓储管理:境内商家通过物流信息系统,远程操作海外仓储货物,实时管理库存。

本地配送:境外仓储中心根据订单信息,通过当地邮政或快递将商品配送给客户。

优势:用传统外贸方式走货到仓,可以降低物流成本;相当于销售发生在本土,可提供灵活可靠的退换货方案,提振了境外客户的购买信心;发货周期缩短,发货速度加快,可降低跨境物流缺陷交易率。海外仓还可以帮助卖家拓展销售品类,突破“大而重”的发展瓶颈。

劣势:不是任何产品都适合使用海外仓,最好是库存周转快的热销单品,否则容易压货。同时,此种物流方式在供应链管理、库存管控、动销管理等方面对卖家提出了更高的要求。

第三节 跨境电商物流信息系统及技术

一、物流信息概述

(一) 物流信息的定义

物流信息是反映各种活动内容的知识、资料、图像、数据、文件的总称。从狭义范围来看，物流信息指直接产生于物流活动的信息，如运输、保管、包装、装卸、流通、加工等，运输工具的选择、路线的确定等。从广义范围来看，物流信息还包括与其他流通活动有关的信息，如商品交易信息和市场信息等。

而物流信息管理就是对物流信息资源进行统一规划和组织，并对物流信息收集、加工、存储、检索、传递和应用的全过程进行合理控制，从而使物流供应链各环节协调一致，实现信息共享和互动，减少信息冗余和错误，辅助决策支持，改善客户关系，最终实现信息流、资金流、商流、物流的高度统一，达到提高物流供应链竞争力的目的。

（二）物流信息的分类[①]

物流的分类有很多种，信息的分类更是有很多种，因此物流信息的分类方法也就很多。

1. 按信息产生和作用所涉及功能领域分类

按信息产生和作用所涉及功能领域，物流信息可分为仓储信息、运输信息、加工信息、包装信息、装卸信息等。对于某个功能领域还可以进一步细化，如仓储信息可分成入库信息、出库信息、库存信息、搬运信息等。

2. 按信息产生和作用的环节分类

按信息产生和作用的环节，物流信息可分为输入物流活动的信息和物流活动产生的信息。

3. 按作用层次分类

按作用层次，物流信息可分为基础信息、作业信息、协调控制信息和决策支持信息。基础信息是物流活动的基础，是最初的信息源，如物品基本信息、货位基本信息等。作业信息是物流作业过程中发生的信息，信息的波动性大，具有动态性，如库存信息、到货信息等。协调控制信息主要是指物流活动的调度信息和计划信息。决策支持信息是指能对物流计划、决策、战略产生影响或有关的统计信息和宏观信息，如科技、产品、法律等方面的信息。

4. 按加工程度分类

按加工程度，物流信息可分为原始信息和加工信息。原始信息是指未加工的信息，是信息工作的基础，也是最有权威性的凭证性信息。加工信息是对原始信息进行各种方式和各个层次处理后的信息，这种信息是原始信息的提炼、简化和综合，是利用各种分析工作在海量数据中发现的潜在的、有用的信息和知识。

二、跨境电商物流信息系统

（一）物流信息管理系统

物流信息管理系统是对物流信息进行采集、处理、分析、应用、存储和传播的过程，在这个过程中，通过设计物流信息活动的各种要素（人工、技术、工具等）进行管理。对于跨

① 百度百科：https://baike.baidu.com/“物流信息”摘录并编辑。

境电商企业来说,物流信息管理系统实现的是对订单包裹的实时跟踪、转运等一系列物流跟踪数据的管理,以及对产品物流成本的财务报表分析,是实施物流KPI考核的重要参考手段。

物流信息管理系统可按如下几种方式分类。

(1) 按功能,物流信息管理系统可分为事务处理信息系统、办公自动化系统、管理信息系统、决策支持系统、高层支持系统、企业间信息系统。

(2) 按管理决策的层次,物流信息管理系统可分为物流作业管理系统、物流协调控制系统、物流决策支持系统。

(3) 按应用对象,物流信息管理系统可分为:面向制造企业的物流信息管理系统,面向零售商、中间商、供应商的物流信息管理系统,面向物流企业的物流信息管理系统,面向第三方物流企业的物流信息管理系统。

(4) 按采用的技术,物流信息管理系统可分为:单机系统,内部网络系统,与合作伙伴、客户互联的系统。

(二) ERP系统

ERP是一种供应链的管理思想,是指建立在信息技术基础上,以系统化的管理思想,为企业决策层及员工提供决策运行手段的管理平台。它对改善企业业务流程、提高企业核心竞争力具有显著作用。简言之,ERP就是一种集成了先进的管理思维、高效运营流程的企业管理软件,通过它可以改善管理、精简流程、提升效率。

跨境电商ERP系统能提供多渠道电子商务管理解决方案,支持多仓库、多品牌管理,为广大零售商户提供一站式信息系统服务。其功能包括采购管理、销售管理、接单管理、物流计划、仓储管理、价格体系管理、结算管理、发票管理、客户关系管理、报表管理。

几种典型的跨境电商ERP系统如下。

1. 全球交易助手

全球交易助手最大的特点是其为一种本地端的ERP软件,卖家可以下载软件到电脑本地进行操作,对接的平台有速卖通、eBay、敦煌网、Wish等,具有店铺搬家、批量修改、数据采集、同步库存等功能,对接的物流渠道基本能满足卖家的需求。本地端的好处在于可以在本地储存大量的数据,可以记录过往的库存、账单、客户交易等信息。

2. 芒果店长

芒果店长ERP在2018年11月之前是可以免费使用的,操作页面比较简约,具备基本的店铺管理功能,操作简单易上手,适合刚起步、店铺数量不多的小卖家。但因为其是网页版的ERP,所以储存空间有限,可以免费使用1 024 MB网络空间。目前对接的平台包括Wish、速卖通、亚马逊、eBay、Lazada、京东国际、Cdiscount、Tophatter、沃尔玛等。

3. 客优云ERP

客优云ERP是Shopee平台优秀的Shopee ERP软件,客优云ERP软件可以采集任意一家电商平台店铺(如亚马逊、阿里巴巴国际站、1688、淘宝天猫、京东、eBay、全球速卖通、敦煌网、Wish、Lazada、Shopee等平台),同时也可以用于自己的店铺搬家,支持所有产品、分类、单个产品、搜索地址的采集复制,客优云ERP软件可以对采集好的商品内容进行各种编辑修改，方便产品导入后优化，数据采集之后支持多种方式修改产品价格、产品标题、产品库存、产品类目属性，有效避免重复铺货的危险，可批量修改完成再一键上传到需要上传的店铺。

（三）智能运输系统[①]

日本、美国和西欧等发达国家和地区为了解决共同面临的交通问题，竞相投入大量资金和人力，开始大规模地进行道路交通运输智能化的研究试验。其起初进行道路功能和车辆智能化的研究，随着研究的不断深入，系统功能扩展到道路交通运输的全过程及其有关服务部门，发展成为带动整个道路交通运输现代化的智能运输系统（intelligent transportation system，ITS）。智能运输系统的服务领域为先进的交通管理系统、出行信息服务系统、商用车辆运营系统、电子收费系统、公共交通运营系统、应急管理系统、先进的车辆控制系统。智能运输系统实质上就是将先进的信息技术、计算机技术、数据通信技术、传感器技术、电子控制技术、自动控制技术、运筹学、人工智能等学科成果综合运用于交通运输、服务控制和车辆制造，加强了车辆、道路和使用者之间的联系，从而形成一种定时、准确、高效的新型综合运输系统。

对物流管理而言，智能运输系统构成了重要的物流通道，应用这一系统的项目包括车辆定位和导航、自动防撞制动、指挥调度营运车辆等。IC卡（集成电路卡）等高新技术成果的应用配合，将有利于实现交通控制等的智能化。

三、跨境电商物流信息技术

（一）条码技术

条码识别系统主要由扫描和译码两部分组成。扫描是利用光束扫读条码符号，并将光信号转换为电信号，这部分功能由扫描器完成；译码是将扫描器获得的电信号按一定的规则翻译成相应的数据代码，然后输入计算机（或存储器）。

扫描器扫读条码符号时，光敏元件将扫描到的光信号转变为模拟电信号，模拟电信号经过放大、滤波、整形等信号处理，转变为数字信号。译码器按一定的译码逻辑对数字脉冲进行译码处理后，便可得到与条码符号相应的数字代码。

条码技术的特点有：信息采集速度快；采集信息量大；可靠性高；灵活、实用；自由度高；设备结构简单、成本低。

条码在跨境电商物流中的应用如下。

1. 挂号条码

挂号条码是指邮政小包所使用的跟踪号，分为粘贴和打印两种情况。一般个人去邮局寄国际挂号小包就会用到粘贴的挂号条码，而通过部分后台系统与邮局直接对接的货代公司发货时则可以生成打印的挂号条码。

2. 单号信息

快递面单上的参考单号不能直接用来查询跟踪信息，所以在填写运单号的时候不要

---

① 百度百科：https://baike.baidu.com/“智能运输系统”摘录并编辑。

填这个参考单号,而要填货代公司或者物流公司提供的转单号。

货代公司从快递公司拿到最终跟踪号之后,再把跟踪号和客户填写的快递面单对应起来,告诉客户最终的跟踪号,这个转换的过程就叫作"转单号"。转单号并不是一个特定意义的单号,而是一个辗转生成跟踪号的行为,与转单号对应的是直接生成跟踪号。快递面单上的条码可以作为参考单号在快递公司网站上进行跟踪查询,同时快递面单作为发货底单,是一种发货证明,可以在必要时提供给平台作为证据。

(二) RFID 技术

RFID(radio frequency identification,射频识别)技术是一种无线通信技术,它可以利用无线电信号识别特定的物体并读取有关数据,不依靠识别的工具和特定对象建立机械或者光学的接触。RFID 的基本原理是利用射频信号或空间耦合(电感或电磁耦合)的传输特性,实现对物体或商品的自动识别。

RFID 的工作原理其实很简单,绝大多数是依据电感耦合的原理进行设计的,即读写器在数据管理系统的控制下发送出一定频率的射频信号,当标签进入磁场时产生感应电流从而获得能量,并使用这些能量向读写器发送出自身的数据和信息,该信息被读写器接收并解码后送至中央信息管理系统进行相关的处理,这一信息的收集和处理都是以无线射频通信方式进行的。

RFID 技术是一种新兴的依靠计算机和互联网的技术。RFID 技术具有许多优势,主要有以下几点:非接触识别、可以重复读取、读取要求比较低、数据的记忆容量大。

1. RFID 技术在境外仓储和配送中的应用前景

RFID 技术可以应用到 WMS(仓库管理系统)中,从而加快企业的反应速度,做到及时补货、及时更新库存信息等操作,如图 10-6 所示。对于配送,RFID 技术可以降低货物的出错率,使配送和库存衔接得更加紧密,从而使境外仓储实现一体化操作。

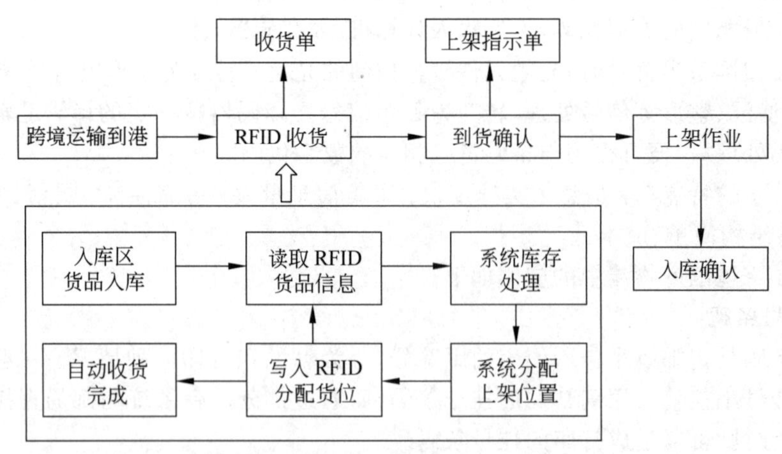

图 10-6 RFID 仓储管理的入库流程图

2. RFID 技术在通关中的应用前景

把 RFID 技术应用到报关系统,可以使海关系统和物流企业同时减轻负担,具体来说就是把货物的信息和海关的报关系统连接。如果货物是一件一件的，那么可以提前把货物的信息共享到海关，然后在货物上贴上 RFID 标签。当货物比较多的时候，可以集中在海关报关。由于 RFID 技术可以实现非接触，所以会提高报关的效率。

（三）EDI 技术

联合国标准化组织将 EDI 描述成：将商业或行政事务处理按照一个公认的标准，形成结构化的事务处理或报文数据格式，从计算机到计算机的电子传输方法。EDI 是企业（如制造厂、供应商、运输公司、银行等）单位之间传输的商业文件数据。传输的文件数据采用共同的标准并具有固定格式；数据通过计算机到计算机的自动传输，不需要人工介入操作，由应用程序对它自动响应，实现事务处理与贸易自动化。

EDI 强调在其系统上传输的报文遵守一定的标准，因此，在发送之前，系统需要使用翻译程序将报文翻译成标准格式。

由于 EDI 是国际范围的计算机与计算机之间的通信，所以 EDI 的核心是被处理业务数据格式的国际统一标准。EDI 标准应遵循以下两个原则：①提供一种发送数据及接收数据的各方都可以使用的语言。②不受计算机机型的影响，既适用于计算机间的数据交流，又独立于计算机之外。

EDI 系统主要分为四类：第一类是贸易数据互换（trade data interchange，TDI）系统，这也是最知名的 EDI 系统，它用电子数据文件来传输订单、发货票和各类通知。第二类是电子金融汇兑（electronic fund transfer，EFT）系统，即在银行和其他组织之间实行电子费用汇兑。第三类是交互式应答（interactive query response）系统。它可应用在旅行社或航空公司作为机票预订系统。第四类是带有图形资料自动传输的 EDI 系统，最常见的是计算机辅助设计（CAD）图形的自动传输。

（四）GIS 技术[①]

GIS（geographic information system，地理信息系统）是多种学科交叉的产物，它以地理空间为基础，采用地理模型分析方法，实时提供多种空间和动态的地理信息，是一种为地理研究和地理决策服务的计算机技术系统。其显示范围可以从洲际地图到非常详细的街区地图，显示对象包括人口、销售情况、运输线路以及其他内容。

GIS 是一个复杂的系统，仅有计算机硬件、软件及数据还远远不够，必须有系统的使用管理人员，包括具有 GIS 知识和专业知识的高级应用人才、具有计算机知识和专业知识的软件应用人才以及具有较强实际操作能力的硬软件维护人才。

GIS 应用于物流分析，主要是指利用 GIS 强大的地理数据功能来完善物流分析技术。国外公司已经开发出利用 GIS 为物流分析提供专门分析的工具软件。完整的 GIS 物流分析软件集成了车辆路线模型、网络物流模型、分配集合模型和设施定位模型等。

1. 车辆路线模型

该模型用于解决在一个起始点、多个终点的货物运输中如何降低物流作业费用，并保

① 百度百科：https://baike.baidu.com/"GIS 技术"摘录并编辑。

证服务质量的问题,包括决定使用多少辆车、每辆车的路线等。

2. 网络物流模型

该模型用于解决寻求最有效的分配货物路径问题,也就是物流网点布局问题。如将货物从 N 个仓库运往到 M 个商店,每个商店都有固定的需求量,因此需要确定由哪个仓库提货送给哪个商店所耗的运输代价最小。

3. 分配集合模型

该模型可以根据各个要素的相似点把同一层上的所有要素或部分要素分为几个组,用以解决确定服务范围和销售市场范围等问题。如某一公司要设立 X 个分销点,要求这些分销点覆盖某一地区,而且要使每个分销点的顾客数目大致相等。

4. 设施定位模型

该模型用于确定一个或多个设施的位置。在物流系统中,仓库和运输线共同组成了物流网络,仓库处于网络的节点上,节点决定线路。根据供求的实际需要并结合经济效益等原则,在既定区域内设立多少个仓库、每个仓库的位置、每个仓库的规模以及仓库之间的物流关系等问题,运用此模型均能很容易地得到解决。

(五) 大数据技术

大数据技术是指从各种类型的数据中快速获得有价值信息的技术。大数据领域已经涌现出大量新的技术,它们成为大数据采集、存储、处理和呈现的有力武器。大数据处理关键技术一般包括大数据采集、大数据预处理、大数据存储及管理、大数据分析及挖掘、大数据展现和应用(大数据检索、大数据可视化、大数据应用、大数据安全等)。

大数据采集一般分为大数据智能感知层与基础支撑层,大数据智能感知层主要包括数据传感体系、网络通信体系、传感适配体系、智能识别体系及软硬件资源接入系统,实现对结构化、半结构化、非结构化的海量数据的智能化识别、定位、跟踪、接入、传输、信号转换、监控、初步处理和管理等;基础支撑层主要是提供大数据服务平台所需的虚拟服务器,结构化、半结构化及非结构化的数据的数据库及物联网络资源等基础支撑环境。

大数据技术能够将隐藏于海量数据中的信息和知识挖掘出来,为人类的社会经济活动提供依据,从而提高各个领域的运行效率,大大提高整个社会经济的集约化程度。在我国,大数据将重点应用于以下三大领域:商业智能、政府决策、公共服务。例如,商业智能技术,政府决策技术,电信数据信息处理与挖掘技术,电网数据信息处理与挖掘技术,气象信息分析技术,环境监测技术,警务云应用系统(道路监控、视频监控、网络监控、智能交通、反电信诈骗、指挥调度等公安信息系统),大规模基因序列分析比对技术,Web信息挖掘技术,多媒体数据并行化处理技术,影视制作渲染技术,其他各种行业的云计算和海量数据处理应用技术等。

将大数据技术和跨境电商海外仓相结合,构建一套属于跨境电商的信息管理系统,不仅减少了海外仓模式的管理成本,还提高了跨境电商的效率。其中最重要的是,通过采用大数据分析技术,缩短了货物的物流时间,提升了消费者的购物体验,提高了消费者对跨境电商企业的信任度,这对企业以后的经营发展有很大的帮助。

第四节　跨境电商物流运输管理

一、跨境电商物流运输管理概述

针对跨境电商领域，可以将跨境电商物流运输视为一种国际贸易的物流运输活动。例如依托国际陆路运输、国际海洋运输、国际航空运输或者多式联运等方式对交易实物进行必要的包装并输送至境外收货人所在国家或地区，以满足跨境电商自身的交易需求。

跨境电商物流运输方式按照运输工具的不同可分为多种，不同的运输方式适合不同的货物，常见的方式有公路运输、铁路运输、海洋运输、航空运输、国际多式联运等。

（一）公路运输

公路运输是一种主要使用汽车，也使用其他车辆（如人、畜力车等）在公路上进行货客运输的方式。公路运输主要承担近距离、小批量的货运和水运，铁路运输难以到达地区的长途运输、大批量货运及铁路、水运优势难以发挥的短途运输。由于公路运输有很强的灵活性，近年来，在有铁路、水运的地区，较长途的大批量物流运输也开始使用公路运输。

公路运输的主要优点是：灵活性强，公路建设期短，投资较低，易于因地制宜，对收到站设施要求不高。可以采取“门到门”运输形式，即从发货者门口直到收货者门口，而不需转运或反复装卸搬运。公路运输也可作为其他运输方式的衔接手段。公路运输的经济半径，一般在200千米以内。

（二）铁路运输

铁路运输是使用铁路列车运送客货的一种运输方式。铁路运输主要承担长距离、大数量的货运，在没有水运条件的地区，几乎所有大批量货物都是依靠铁路，是在干线运输中起主力运输作用的运输形式。

铁路运输的优点是：速度快，不大受自然条件限制，载运量大，成本较低。其主要缺点是：灵活性差，只能在固定线路上实现运输，需要以其他运输手段配合和衔接。铁路运输经济里程一般在200千米以上。

（三）海洋运输

海洋运输主要承担大数量、长距离的物流运输，是在干线运输中起主力作用的运输形式。在内河及沿海，海洋运输也经常作为小型运输工具使用，担任补充及衔接大批量干线运输的任务。

海洋运输的主要优点是：成本低，能进行低成本、大批量、远距离的运输。但是其也有显而易见的缺点，主要是：运输速度慢，受港口、水位、季节、气候影响较大，因而一年中中断运输的时间较长。

海洋运输有以下四种形式。

(1) 沿海运输：使用船舶通过大陆附近沿海航道运送客货的一种方式，一般使用中、小型船舶。

(2) 近海运输：使用船舶通过大陆邻近国家海上航道运送客货的一种运输形式，视航程可使用中型船舶，也可使用小型船舶。

(3) 远洋运输：使用船舶跨大洋的长途运输形式，主要依靠运量大的大型船舶。

(4) 内河运输：使用船舶在陆地内的江、河、湖、川等水道进行运输的一种方式，主要使用中、小型船舶。

(四) 航空运输

航空运输是指用飞机或其他航空器进行运输的一种形式。航空运输的单位成本很高，因此，主要适合运载的货物有两类：一类是价值高、运费承担能力很强的货物，如贵重设备的零部件、高档产品等；另一类是紧急需要的物资，如救灾抢险物资等。

航空运输的主要优点是：速度快，不受地形的限制。在火车、汽车都达不到的地区也可依靠航空运输，因而有其重要意义。

(五) 国际多式联运

国际多式联运简称多式联运，是在集装箱运输的基础上产生和发展起来的，是指按照多式联运合同，以至少两种不同的运输方式，由多式联运经营人将货物从某一国境内的接管地点运至另一国境内指定交付地点的货物运输。国际多式联运适用于水路、公路、铁路和航空多种运输方式。以中国为例，截至2021年，在国际贸易中，约95%的国际贸易货物量是通过海运完成的[①]，故海运在国际多式联运中占据主导地位。

其优点有：责任统一，手续简便；节省费用，降低运输成本；减少中间环节，缩短时间，提高运输质量；提高运输组织水平，使运输更加合理化；实现“门到门”运输。从政府角度来看，发展国际多式联运具有以下重要意义：利于加强政府对整个货物运输链的监督与管理；保证本国(地区)在整个货物运输过程中获得较大的运费收入比例；有助于引进新的先进运输技术；减少外汇支出；改善本国(地区)基础设施的利用状态；通过国家(地区)的宏观调控与指导职能保证使用对环境破坏最小的运输方式，达到保护本国(地区)生态环境的目的。

二、跨境电商物流运输的择优选择

运输方式的选择是物流系统决策的一个重要环节，是物流合理化的重要内容。选择合适运输手段的判断标准包括运输速度、运输成本、国际货物数量及特性、不同国家(地区)之间的物流基础设施条件等。

(一) 运输速度

跨境电商交易中，客户体验部分占有举足轻重的地位，货物的运输速度将大大影响用户的切实体验。而跨境物流的耗时较长，跨境电商卖家如果想在市场中站稳脚跟，必须审

① 数据来源：中国政府网，http://www.gov.cn/xinwen/2021-07/12/content_5624224.htm。

慎考虑物流的运输速度。

（二）运输成本

运输成本是运输方案制订时的首要考虑因素。由于运输成本直接计入外贸商品的价格构成之中，而国际贸易运输又具有运输里程长、流经环节多的特点，因此其运费负担相对较重。尤其对于一些低价值的货物，如矿石等，其物流费用和出口货价的比值过高，因此选择好运输工具对控制运输成本具有极其重要的意义。

一般而言，在国际货物运输中，海洋运输的成本最低，航空运输的成本最高，在海洋运输中，采用大型专用船舶的运输成本较低，而定期班轮则较高，若采用包船运输则更高。

（三）国际货物数量及特性

国际贸易运输方式的选择受到了货物数量及特性的限制。例如航空运输虽然具有快速及安全的显著特征，但并不适合运送大批量及低价值的货物。一般而言，价值昂贵的货物、时间要求高的货物可采用空运；大宗货物的交接，则主要采用海洋运输的方式；煤、粮食、矿石等低价值的货物更适合采用船舶运输。

（四）不同国家（地区）之间的物流基础设施条件

由于国家（地区）与国家（地区）之间发展的不平衡，在一国（地区）可以使用的物流方式到了另一个国家（地区）可能不方便使用，原因在于该国（地区）缺乏采用这种物流方式的必要基础设施，因此全球物流基础设施存在的差异制约了国际运输方式的选择。

第五节　跨境电商物流面临的困境及对策

一、跨境电商境内外物流风险

（一）境内物流风险

（1）在货物运输过程中出现破损或者丢失现象，主要有以下几点原因。

① 物流路线较长，如果运输的起点或终点是乡镇级，可能因为路程较长、交通情况不良、车辆颠簸等导致货物破损。

② 某些商家为了追求利益最大化，选择费用较低、效率较慢的运输方式，进而造成货物在物流过程中的损坏问题。

③ 在物流运输过程中，存在部分操作人员暴力分拣或者操作不规范等问题，同样可能会造成货物的损坏。

（2）在海关验收过程中被没收，主要有以下两点原因。

① 货物本身为仿制或伪劣产品，如果在海关检验过程中被检查出存在造假行为，将直接被查处并销毁。

② 部分目的国家（地区）会将如电池、植物种子、液体、贵重金属等限定为禁止出口商品，如有该类别的货物将无法通过海关的检查。

(二)境外物流风险

1. 航空安检退回或扣留

在货物运输中,发出危害航班的干扰信号的产品、易燃易爆产品、涉嫌假冒伪劣的产品都无法通过航空安检,会被退回或者扣留。

2. 转运过程中的风险

在包裹转运的过程中会经历多次中转,可能会因为恶劣天气、包裹投递不当、暴力分拣等问题造成货物的外包装破损。

3. 清关规则复杂

不同的国家(地区)、不同的口岸会具备不同的清关规则,这导致了货物运输的复杂性,降低了货物运输的运输效率。此外,清关模式有保税备货、跨境直邮、快件、邮政以及传统的一般贸易模式,每一种方式的时效、费用也有差异,如此复杂烦琐的程序必然会让整体运输效率打折扣。

二、跨境电商物流风险原因及规避方法

(一)对相应国家(地区)监管政策了解不足

在跨境货物监管政策方面,仍存在对细节了解不足的情况。例如,因为木材在运输过程中可能会夹带虫卵,很多国家(地区)对包装的木箱有严格的管控,禁止相应类别的木箱入境。所以,应该加强对相关国家(地区)在物流监管政策方面的了解,尤其是针对该国家(地区)的情况、民俗及一些重点审查的细节,以避免涉及该国家(地区)的监管禁区,以提高整体的物流运输效率。

(二)物流操作人员的素质仍需提高

在物流运输过程中,经常会出现因分拣人员操作不当或暴力运输导致货物的破损或丢失。所以应当进一步加强针对物流操作人员的业务培训,并且完善相关法律政策,约束物流操作人员的行为,减少由于物流人员操作不当带来的损失。

(三)海关报关文件准备宜更严谨

跨境电商要遵守相关的海关进出口规定,避免自身货物因海关检验被扣押,在出口前了解需要的出口清单材料,如商检证明、报关文书等。同时,各电商要选择正规的货运代理公司;在运输中,如果商家运输货物中有危险品,一定要开好危险品相关安全运输证明,并在物流公司备案;有电池类产品,要做好MSDS(化学品安全数据说明书);避免经营涉嫌假冒伪劣的产品。

(四)宜选取性价比较高的物流公司

如果货物对于运输时间要求严格,一定要选择运输效率高的国际物流公司。不同的物流公司全球运输的时效不同、价格不同,运输时间也会有差别,因此跨境电商应该在考

虑运费的前提下合理选择物流公司，保证自身货物的安全。

第六节　智慧物流与海外仓

一、智慧物流概述

(一) 智慧物流的定义

智慧物流是指通过智能软硬件、物联网、大数据等智慧化技术手段，实现物流各环节精细化、动态化、可视化管理，提高物流系统智能化分析决策能力和自动化操作执行能力，提升物流运作效率的现代化物流模式。

(二) 智慧物流的特点

1. 互联互通、数据驱动

所有物流要素实现互联互通，一切业务数字化，实现物流系统全过程透明可追溯；一切数据业务化，以“数据”驱动决策与执行，为物流生态系统赋能。

2. 深度协同、高效执行

跨集团、跨企业、跨组织深度协同，基于物流系统全局优化的智能算法，调度整个物流系统中各参与方高效分工协作。

3. 自主决策、学习提升

软件定义物流实现自主决策，推动物流系统程控化和自动化发展；通过大数据、云计算与人工智能构建物流大脑，在感知中决策，在执行中学习，在学习中优化，在物流实际运作中不断升级、学习提升。

(三) 智慧物流的作用

1. 降低物流成本，提高企业利润

智慧物流能大大降低制造业、物流业等各行业的成本，实打实地提高企业的利润，生产商、批发商、零售商三方通过智慧物流相互协作、信息共享，物流企业便能更节省成本。其关键技术诸如物体标识及标识追踪、无线定位等新型信息技术的应用，能够有效实现物流的智能调度管理、整合物流核心业务流程，加强物流管理的合理化，降低物流消耗，从而降低物流成本、减少流通费用、增加利润。

2. 加速物流产业的发展，成为物流业的信息技术支撑

智慧物流的建设，将加速当地物流产业的发展，集仓储、运输、配送、信息服务等多功能于一体，打破行业限制，协调部门利益，实现集约化高效经营，优化社会物流资源配置；同时，将物流企业整合在一起，对过去分散于多处的物流资源进行集中处理，发挥整体优势和规模优势，实现传统物流企业的现代化、专业化和互补性。此外，这些企业还可以共享基础设施、配套服务和信息，降低运营成本和费用支出，获得规模效益。

3. 为企业生产、采购和销售系统的智能融合打基础

随着 RFID 技术与传感器网络的普及，物与物互联互通，将为企业的物流系统、生产系统、采购系统与销售系统的智能融合打下基础，而网络的融合必将产生智慧生产与智慧供应链的融合，企业物流完全智慧地融入企业经营，打破工序、流程界限，打造智慧企业。

4. 使消费者节约成本，轻松、放心购物

智慧物流通过提供货物源头自助查询和跟踪等多种服务，尤其是对食品类货物源头的查询，能够让消费者买得放心、吃得放心，在增强消费者购买信心的同时促进消费，最终对整体市场产生良性影响。

5. 提高政府部门工作效率，助力政治体制改革

智慧物流可全方位、全程监管食品的生产、运输、销售，大大减轻相关政府部门工作压力的同时，使监管更彻底、更透明。通过计算机和网络的应用，政府部门的工作效率将大大提高，有助于我国政治体制改革，精简政府机构，裁汰冗员，从而削减政府开支。

6. 促进当地经济进一步发展，提升综合竞争力

智慧物流集多种服务功能于一体，体现了现代经济运作的特点，即强调信息流与物质流快速、高效、通畅地运转，从而降低社会成本、提高生产效率、整合社会资源。

(四) 中国智慧物流的发展趋势

智慧物流通过物联网技术稳中有序地发展，可以判断在未来5～10年，智慧物流的网络连接水平，可以在物联网、云计算和大数据等信息技术的快速发展下得到更大幅度提高，支撑保障智慧物流的发展快速进行。届时物流人员、运输设备以及物流管理系统将会形成一个统一协调的管理网络，从而实现互联网在物流行业各个运营环节的全方位覆盖，使物流信息可以实时追踪与管理，形成“万物互联”的发展局面。

1. 智能新技术应用加快

人工智能是智慧物流行业的重要应用方向，通过人工智能对实际情况的分析计算，规划出最佳物流路径，减少物资的配送以及时间成本，克服传统人工操作的局限性，大大提升物流行业的运行安全与效率。目前我国已要求载重货车安装北斗定位装置，通过传感器将物流信息实时汇入数据库，从而实现“物流在线化”，推动“智慧物流＋人工智能”服务的全面发展。

2. 数字化程度将得到提升

数字化是智慧物流发展的必然趋势，物流的数字化程度将得到提升，并打破传统的信息不对称甚至信息闭塞的局面，形成公开透明的物流信息，使得物流数据实时共享，提升物资周转效率以及对突发状况的应急能力，强化智慧物流的基础，使智慧物流可持续发展。

3. 自动驾驶未来可期

一直以来，我国的物流业作为劳动密集型行业，通过各环节层次不一的从业人员支撑物流行业保持低成本、高速扩张，但在人口加速老龄化和物流信息化需求的双重影响下，物流行业必须向少人化、自动化方向发展。自动驾驶是汽车工业与人工智能、物联网等高新技术高度融合的产物，是目前和未来全球交通运输领域发展的主要方向。

4. 物流环保方面得到提升

绿色环保是物流行业可持续发展的目标，物流环保在物流行业的发展中占据着重要地位，在未来5年的智慧物流发展中，快递的包装、仓储以及运输的绿色环保水平都会得到大幅度的提升与推广应用。对社会闲置资源进行再利用，从而减少物流行业的能源耗费。在人们环保理念的提升下，绿色低碳的智慧物流是未来发展的必然趋势，符合全球绿色可持续发展的要求与使命。

二、海外仓概述

（一）海外仓的定义

海外仓是指国内企业将商品通过大宗运输的形式运往目标市场国家（地区），在当地建立仓库、储存商品，然后再根据当地的销售订单，第一时间作出响应，及时从当地仓库直接进行分拣、包装和配送。

（二）海外仓的优势[①]

1. 提高货物的配送速度

海外仓位于买家所在国（地区）。卖家提前将销售的商品备货到海外仓，并从买方所在国（地区）发货。其物流速度是海外直邮无法比拟的，大大提高了商品的交付速度，提升了买方的网上购物物流体验，减少了物流引起的各种纠纷和退款。

2. 提升买家购物体验

海外仓很好地克服了海外直邮退货和换货的困难，方便退货和换货，提高了售后服务质量，提升了买家的购物体验，有利于培养回头客，提高商店和商品的回购率。

3. 节约物流成本

在淡季物流运费低的时候，可以提前备货到海外仓。仅从物流的角度来看，就降低了大量的物流成本。

4. 避免物流旺季排仓爆仓的问题

在物流旺季，各种渠道不仅价格大幅上涨，而且经常出现爆仓的问题，这是令跨境电商卖家头疼的问题，海外仓可以很好地避免这些问题。淡季库存，旺季销售，不必再担心旺季仓位爆炸。

5. 提升店铺销量，更有利于市场拓展

在网上购物时，买家会选择物流快、当地交货的商家。海外仓模式物流快，售后退货方便，大大提高了店铺的好评率、产品的回购率和店铺商品的曝光率，从而提高了店铺的销量，有利于市场的扩张。

（三）海外仓的不足[①]

1. 仓储成本高

虽然物流成本通过错峰集发降低，但自货物到达海外仓，仓储费用一般按日收取。

2. 库存压力大

一旦选择或市场把握有轻微错误，导致货物滞销、销售不良，仓库内将积压大量货物，

---

① 资料来源：https://global.lianlianpay.com/article_logistics/17-44463.html。

不仅无法变现,而且会增加仓储成本,货物难以出售,进退两难。

3. 资金周转不便

大量资金投入,如批量备货到海外仓、备货资金、物流资金、仓储资金等,资金回流周期长,导致卖方资金周转不便,容易造成资金链断裂。

4. 海外可控性差

海外仓受当地政策、社会因素、当地习俗、自然因素等不可控因素的影响较大。例如,货物进口时被扣留,货物在当地仓库被扣留、没收等,对卖方的影响很大。

5. 受海外仓服务提供商运营能力影响较大

海外仓服务提供商的某一环节可能导致货物交付延误、仓库检查、货物没收等情况,无论发生什么情况,对卖方造成的损失都是无法弥补的。

6. 对卖家的选品有更严格的要求

使用海外仓交付产品,一方面是为了保证质量,另一方面是为了满足当地买家的需求。对于商品种类繁多的公司来说,在海外仓储存多少 SKU 商品已经成为一个难题。选择不当或市场把握不当将造成不可弥补的损失。

7. 对卖家仓库管理数据的监控要求较高

卖方需要实时监控货物进出仓库的详细数据,否则很容易出现货物丢失或货物数据不匹配的情况。一些亚马逊卖家回应说,FBA 的库存数量与货架上的实际销售数量不匹配,货物丢失。在仓库管理中,亚马逊拥有完整的配送系统。

(四) 海外仓的建设模式

1. 自建海外仓模式

自建海外仓模式是跨境电商企业在海外投资建设仓库,并且由企业自己运营的模式。自建海外仓模式要求企业对当地的法律、文化、税收等各方面的情况进行详细的评估,在前期投入巨大的建设资金,拥有较强的营运管理能力,同时熟悉当地的法律、文化等。

自建海外仓对于跨境电商有很多优势。自建海外仓借助本土化的优势,提高配送效率,提升物流服务的质量。同时,由于货物可以分批次由国内发往海外仓,货物在运输过程中能够达到规模效应,跨境电商企业在物流成本方面具有更大的优势,提升了其竞争力。自建海外仓还可以通过免费配送等方式吸引顾客,提高企业的销量和客户的回购率。尤其是在类似"双 11"等网络促销时期,海外仓可以提前备好货。通过海外仓的配送模式,可以避免物流周期长等问题,跨境电商企业可以实现淡季备货、旺季销售,更好地在旺季扩大销售、巩固口碑。

自建海外仓也存在很多劣势。自建海外仓备货模式会增加仓库保存费用,尤其是商品库存会大量占用企业的现金,可能造成企业现金流断裂的风险,同时,自建海外仓模式对跨境电商企业对市场的预测能力要求非常高,一旦预测出现问题,就会造成货物滞销,增加仓储成本。

2. 第三方海外仓模式

第三方海外仓模式是指跨境电商企业将货品仓储、分拣、包装、派送等一系列服务外包给销售地专业的第三方物流企业来完成。在此模式下,跨境电商企业将订单发送到第三方物流企业，由其完成所有的物流活动。如果顾客需要退换货，也可以通过第三方物流实现。跨境电商企业只需将订单发送给物流服务商，其余的工作由物流服务商来完成。

由于仓库由第三方建立，在一定程度上可以帮助电商企业减少前期的资本投入、节约成本，同时也有利于企业降低资本风险。第三方物流企业一般具有成熟的海外仓管理经验，相较于跨境电商企业，其海外仓管理团队更加专业，能提供更有效的管理方法和更先进的仓储技术，帮助跨境电商建立更高效的物流系统。同时，第三方企业通常对海外仓当地的法律和税收规定有较为深入的了解，能帮助跨境电商规避风险。

跨境电商企业选择第三方海外仓模式时，因为货物的配送完全由第三方企业来负责完成，跨境电商不能很好地控制物流速度和质量，失去了对物流环节的控制和客户的信息反馈。若第三方企业在运营过程中出现问题，可能出现仓库被查、货物被没收等情况，对卖家造成损失。同时，还存在第三方企业质量参差不齐的问题，许多第三方企业的服务并不能满足顾客的需求。

3. 一站式服务海外仓模式

一站式服务海外仓模式是指卖家在跨境电商平台进行商品销售，由跨境电商平台通过海外仓提供商品的仓储、打包、配送以及退换货等一系列物流辅助服务。这种模式的典型代表就是亚马逊的物流服务模式，亚马逊为商家提供从仓储到配送以及售后的一条龙服务。对于跨境电商企业来说，亚马逊物流服务经验丰富，配送快，还可以提高站内排名，获取更多流量。

一站式服务海外仓模式的优势在于，电商平台拥有成熟的跨境电商经验，能为跨境电商卖家提供一站式服务，卖家可以充分利用平台物流资源，经营风险小，其有利于物流资源共享，并且通过对收集的数据进行分析，为跨境电商提供物流解决方案，同时还可以提供个性化的服务方案，满足不同物流企业的需求。

一站式服务海外仓模式相较其他两种模式，后期需要支付较高的仓储费用，若是货物出现滞留的状况，跨境电商企业需要支付的仓储费用也会增加。一站式服务海外仓模式对服务专业性的要求极高，目前的一站式服务海外仓很难满足企业的要求。采用一站式服务海外仓模式，还存在对入库商品类型、尺寸、重量等方面要求严格，卖家不能掌握退货信息以及退货后再返仓难等问题。

(五) 我国跨境电商企业海外仓模式选择分析

本书该部分将以消费品跨境电商企业为例来探讨我国跨境电商企业海外仓模式的选择。

1. 自建海外仓模式选择

自建海外仓模式建仓成本高、仓储货物种类和数量自由等特点，决定了其只适合两类消费品跨境电商出口企业采用。第一类是具有良好品牌效应的易耗性消费品大型出口贸易商。此类跨境电商企业出口的商品短期内消费数量大、品种多，消费者对物流配送速度要求高，其采用自建海外仓模式能够较好地适应目标国（地区）消费品市场需求，并且能够巩固自身品牌形象，发挥品牌的市场影响力。第二类是已经开展跨国经营的国内大型消费品生产企业。此类企业已经拥有开展跨国经营所需的人力资源，并积累了相关管理经验,甚至早就在目标国(地区)设立了分公司或子公司,形成了公司内部化下的全球产业链整合,其采用自建海外仓模式能够充分满足公司全球化战略与布局需要,同时母公司也具备在海外自建仓的能力、资源和条件。

2. 第三方海外仓模式选择

这种模式的建仓成本、风险和经营难度均介于一站式服务海外仓模式与自建海外仓模式之间。双方一般采取合作方式,因业务比较灵活,对跨境电商出口企业而言,拥有更为广阔的选择空间。通常情况下,第三方海外仓模式更适合那些已经实施品牌建设且日出货量较大的中型消费品生产企业,特别是相同产地的同类消费品生产企业形成产业联盟时,更倾向于采用第三方海外仓模式将联盟企业旗下产品以整体打包的形式运至第三方仓库,通过这种产业联盟下的物流仓储合作,实现跨境电商联盟企业与第三方物流企业的双赢。

3. 一站式服务海外仓模式选择

FBA海外仓模式是一站式服务海外仓模式的典型代表,比较适合三类消费品跨境电商出口企业使用。

第一类是刚刚开展跨境电商出口贸易的企业。这类企业开展跨境电商业务时间短,未来业务发展走势不易把控,尚未在进口国(地区)建立稳定的跨境电商客户群,使用FBA海外仓模式,能够充分利用亚马逊跨境电商平台的品牌影响力,基于亚马逊平台固有客户群开发新客户,可以大大节约跨境电商出口市场开拓成本并快速建立消费客户群。

第二类是缺乏品牌效应和跨境仓储物流人才与管理经验的中小型消费品生产企业。这类企业在跨境电商业务方面尽管已经拥有了一定的顾客积累,但由于自有品牌影响力不足,加之独立开展跨境仓储物流业务经营风险较大,采用FBA海外仓模式可以获得的最大好处就是,能够利用亚马逊跨境仓储物流方面的业务网络来实现自己的商品配送,有效降低物流配送所引发的跨境出口贸易风险与成本。

第三类是品牌成熟但在目标国(地区)市场销量不大的耐用消费品跨境电商出口企业。此类企业的商品消费周期长,短期内消费数量可控,不存在紧急大量调货的情况,可采用定期稳量运输方式向进口国(地区)市场供货,以FBA海外仓模式作为目标国(地区)货物配送与售后服务形式,既能降低仓储运营成本,又不影响客户消费体验。

三、智慧物流促进跨境电商海外仓发展

(一)海外仓发展现状

1. 海外仓为跨境电商提供便利

海外仓指建立在海外的物流仓储节点,跨境电商卖家通过分析销售数据预测需求量,将货物提前批量运送到海外仓,海外客户在线上下单后,卖家可直接从海外仓进行本地配送。我国跨境消费需求日益增长,寻找合适的跨境物流模式已经成为必然。海外仓模式通过海外建仓、本土配送突破了传统经济类物流的时间与空间限制,大大提高了跨境物流效率;跨境电商企业通过估计需求量提前发货,可选择成本较低的海运,有效节省了物流费用;在海外目标市场建立仓储基地后,跨境电商企业与海外消费者能够进行更多的产

品互动，卖家可以利用海外仓更直观地展示品牌形象，消费者可以通过海外仓解决售后问题，体验增值服务。海外仓模式带来的诸多便利使其成为跨境电商企业应用最广的物流渠道之一。

2. 海外仓的发展面临信息化、智能化不足的挑战

我国跨境电商海外仓在运营中还存在着诸多的不足。例如，信息化不足使卖家难以在境内外信息不对称的情况下作出合理的需求预测，海外仓一旦出现缺货或滞销情况，便无法发挥自身本土建仓的优势。智能化不足使海外仓内货物分拣、打包、上架及出入仓配送等操作大多由人力劳动完成，属于典型的劳动密集型作业，作业效率低下，服务质量不过关。

(二) 智慧物流促进海外仓运营效率

《2017年中国智慧物流发展报告》显示，我国跨境物流详情数据完备率指数仅为13.5，而境内物流详情数据完备率指数高达84.8，智慧物流在跨境物流领域的应用明显不足。与传统跨境物流模式相比，跨境电商企业在建立海外仓时主要面临初期投入压力、本土化压力及政策问题。在海外仓的建设初期，跨境电商企业需要承担高昂的建设成本，还包括租金、人员管理、物流配送等各项成本，因此初期的盈利空间较小，中小型跨境电商企业更是无法承担资金周转所带来的风险；由于建立在出口目的国(地区)，海外仓运营中需要招募大量境外员工，并努力适应当地市场环境；对当地政策法规的了解不全面也会使海外仓经营遭受不必要的损失。加大智慧物流技术的应用，可以增强对境外市场信息、消费者需求信息以及相关政策动态的把握，减少仓储和配送领域因供需不平衡及配送效率低下造成的资源浪费，可以使海外仓的运营风险最小化，从而提高海外仓的运营效率。

四、智慧物流技术在海外仓的应用机制

海外仓模式的运营可根据物流阶段划分为头程运输、仓储管理和尾程配送三个部分，整个物流系统覆盖多个国家和地区。根据物流系统作用方式不同，可以将智慧物流相关技术分为智慧作业技术和智慧数据底盘两大类，其作用机制将通过这两个类别加以阐述。

(一) 智慧作业技术的应用

智慧作业技术是指运用在海外仓出入库操作及库内操作的相关技术，其中，出入库操作主要包括：实现自动化配送的无人机技术，实现长途运输转向最后一公里配送的3D打印技术，实现末端智能收货的智能快递柜等；库内操作主要包括货物分拣识别和搬运上架，大多以机器人技术为主，如用分拣机器人进行货物分拣、可视化技术进行快速货物识别、货架穿梭车和自动引导运输车等进行货物的搬运和上架操作等。通过智慧作业技术的应用，海外仓内货物的运输、分拣及配送效率将会大大提高，解决了其作为劳动密集型产业所面临的境外劳动力成本高、效率低下的问题。

(二) 智慧数据底盘的应用

智慧数据底盘指运用于分析和预测需求、构建仓储网络和维护设备的相关技术，主要

包括大数据分析技术、物联网技术和人工智能技术。智慧数据底盘的应用是实现所有智能操作的前提。物流云计算是物流行业应用较广的大数据分析技术,它基于互联网平台集成分布离散的计算资源,用于物流数据的采集和分析,通过分析结果跨境电商企业可以预测境外市场需求,为提前批量发货提供参考;物联网技术主要包括射频识别技术、传感网技术和M2M(machine to machine)技术,通过智能化识别、定位、追踪、监控货物和完成机器交互式通信,管理构建仓储网络,实现仓库内物品信息的及时获取与更新;人工智能技术是一项内容非常广泛的技术,它是研究开发并模拟和拓展人的智能的技术,在海外仓运营中可用于机器人操作、货物识别和物流信息处理等多个方面。通过将人工智能程序接入各项智慧作业设备,可以达到智能化与自动化的互联互通,在这种情况下,只要输入关于设备需求和运行的相关数据,便可以提高各项设备利用率,并实现设备维护。智慧数据底盘通过信息化应用,将海外仓运营的各个环节整合为一个完整的网络体系,以达到信息流通、实时监控的目的。

综合上述分析,智慧作业技术可提高仓储管理和配送效率,节省人力劳动,减小货物遗失、漏发、错发等风险,提高服务质量;智慧数据底盘对物流数据的采集和分析、对仓储网络的构建和对设备的维护使跨境电商企业对消费者需求作出合理的预测,加强信息的流通性、时效性,降低海外仓货物短缺或滞销的风险,充分发挥海外仓的优势。特别是对于中小型跨境电商企业,充分实现供应链智能化所带来的运营效率提升和风险降低能加速其资金回转,积攒资本实力,有助于其实现更加长远的发展。

拓展阅读10-2 一体化供应链物流服务企业典型案例——以"亚马逊"为例

拓展阅读10-3 京东调整海外布局:关闭泰国和印尼站,聚焦供应链基础设施

复习思考题

1. 目前,主要的跨境电商物流模式有哪些?
2. 传统物流与跨境电商物流的区别是什么?
3. 如何根据不同情况,择优选择适合的跨境电商物流方式?
4. 跨境电商境内外的物流风险有哪些?
5. 如何规避跨境电商物流的风险?
6. 三种海外仓建设模式哪一种更可能满足未来跨境电商发展的需求?
7. 欧洲班列对我国跨境电商的影响是什么?

练 习 题

第十一章

跨境电商支付与结算

【教学目的和要求】

本章介绍了跨境电商的支付方式、主要的支付平台并进行了不同典型支付平台的优缺点比较；还简要介绍了跨境电商结算金融与税务相关知识，以及跨境电商的支付风险以及相应的控制方法。

【关键概念】

跨境电商贸易结汇　大额跨境电商贸易结汇　使用汇付、信用证业务结汇　电商平台结汇通道　小额跨境电商贸易结汇　境外账户收汇　跨境支付许可　汇率　外汇管制

蚂蚁旗下跨境支付平台“万里汇”

万里汇(WorldFirst)2004 年成立于英国伦敦，主要从事业务包括外币兑换、国际汇款与跨境电商收款和结汇。在被收购前，它在美国、澳大利亚、中国香港以及荷兰设有办公室，并为中国超过 2 万家跨境电商提供服务。2019 年，万里汇加入蚂蚁集团，成为其旗下品牌，万里汇依托跨境金融领域的全球生态、境内外持牌合作机构，为跨境电商和外贸 B2B 客户提供一站式跨境收款和支付产品解决方案。

截至 2022 年，万里汇的业务范围已经覆盖全球 70 多个国家和地区，并在中国、美国、英国、日本、韩国、荷兰、新加坡和澳大利亚 8 个国家的 19 个城市设立办公室，为全球近 100 万跨境商户提供更加本地化的专业服务，累计交易金额已超过 1 500 亿美元。

蚂蚁金服在 2017 年试图以 12 亿美元收购美国跨境支付公司速汇金，但在 2018 年年初被美国外国投资委员会否决。在失去进入美国市场的机会后，蚂蚁金服通过收购万里汇，重启其国际化进程，同时意欲加强在非美国的发达国家市场的布局。本次并购获得英国金融行为监管局批准，可以视为其一大突破，以及业务模式的一次激进尝试。

资料来源：洋码头与万里汇达成跨境支付合作[EB/OL].(2022-07-11). https://www.dsb.cn/191470.html.

持续助力中国乃至全球商家数字化出海,万里汇用技术为其实现“收、付、管、兑、贷”一站式服务。中国外贸企业尤其是微型跨国企业,可通过万里汇全球企业账户,轻松满足全球收款、全球付款、外汇风险管理、供应链融资等多种需求,从而有效节约资金成本、提升周转效率,全球远航快速捕捉商机。

第一节 跨境电商支付与结算方式

一、支付与结算方式概述

(一) 跨境电商贸易结汇

跨境电商贸易的国际支付环节受限于法律和制度安排,在法律监管方面,各国政府为了打击洗钱等犯罪行为而对外汇流动进行监管,此外,我国外汇管理部门还要防控热钱和虚假贸易,维护国家外汇储备;在现有的国际金融制度下,跨境支付和国际结算都要通过特定国际银行间结算系统完成,结算通道处于被银行垄断状态。

在出口业务中,出口收汇和出口退税业务是相互关联的。国家对传统贸易的监管制度完备,传统贸易按常规的方式报关,结汇和退税都不存在问题。而跨境电商贸易中,大额外汇收支可使用传统的结汇方式,也可正常退税。目前外贸订单出现了碎片化的特点,尤其是一些跨境电商B2C交易额很小、交易分散,使用传统银行的结汇方式,成本非常高。

(二) 大额跨境电商贸易结汇

大额跨境电商贸易主要集中在B2B交易中。目前,跨境电商B2B是跨境电商贸易的主要方式,B2B贸易可按常规方式报关,按常规方式结汇、退税。在跨境电商B2B支付环节,企业多采用传统的电汇、信用证方式完成支付,也可以利用电商平台提供的金融服务完成支付。企业在选择结汇方式时,需要考虑结汇的安全性和后续的出口退税业务。

(三) 使用汇付、信用证业务结汇

传统贸易中,企业经常使用银行的汇付或信用证支付,其中,汇付费用较低,但存在一定的风险;信用证信用较高,但不易操作且费用高。企业如果使用跨境电商平台交易,电商平台可利用历史交易数据判断其信用状况,有效降低跨境支付的风险。一些电商平台(如阿里巴巴平台等)可以提供信用证审核服务,同时也可以帮助企业索偿,有效降低了信用证的支付风险。

例如,曾有某国某银行恶意拖欠中方企业信用证尾款2万美元,而跨境追偿的成本大大高于2万美元。由于该笔交易发生在阿里巴巴一达通平台上,所以阿里巴巴出面帮助企业追偿了被拖欠的尾款。大型跨境电商平台都非常重视支付环节的安全性,企业借助大型电商平台的相关服务能在一定程度上降低支付环节的风险。

（四）电商平台结汇通道

一些大型电商平台可以帮助企业完成结汇业务，并设有结算通道。以阿里巴巴一达通平台为例，该平台在香港中行开设了结算账户，内地出口企业可以通过该平台的香港账户完成收汇操作，再通过香港账户转账至内地账户，该平台可以提供出口退税服务。

境内大型电商平台一般都符合国家外贸监管要求，所以能为境内企业提供更加便捷的服务。其服务包括：金融买断服务，出口企业向平台提供信用证和相关单据，平台即可买断单证，提前支付货款；出口赊销融资，出口企业出口3天后平台可先行支付80%的货款，这种赊销服务即为买方提供贷款服务。

（五）小额跨境电商贸易结汇

小额跨境电商支付主要集中在B2C交易中。B2C是指商家与消费者之间进行交易，在跨境贸易B2C交易中，出口企业可通过电子商务平台直接向进口国(地区)消费者销售产品，货物通过国际快递交付给消费者。B2C交易占跨境电商贸易比重相对较小，但保持高增速，发展迅猛。B2C交易的特点是每笔交易额较小且分散化，而传统的汇付和信用证业务的银行费用较高，因此传统的汇付、信用证的支付方式不适用于B2C贸易结汇。目前，企业可以通过第三方支付平台完成小额外汇结汇。在小额结汇方面，目前常见的方式有以下两种。

1. 集中报关结汇

集中报关结汇是将小额贸易集中起来操作，这种方式主要适用于境内一些大型B2C跨境电商平台。集中报关结汇可按常规方式报关结汇，也可正常退税。目前境内B2C平台中，阿里巴巴旗下的速卖通平台推出了针对境内卖家的结汇业务。速卖通平台可将多个B2C订单合并后报关结汇，还可以为卖家提供退税的服务。

2. 使用第三方支付平台结汇

使用境外B2C电商平台交易结汇时一般需要使用第三方支付平台，支付平台可以汇总小额结汇业务集中办理，从而减少结算费用。限于各国(地区)政府的外汇监管要求，第三方支付平台支持的电商平台和结算货币都有限制，目前，境外的一些大型跨境B2C平台(如亚马逊等)都有第三方支付平台支持。我国境内出口企业使用较多的支付平台包括WorldFirst、Payoneer、PingPong、PayPal和Skyee等。有的支付平台支持境内提现，如PingPong和Skyee等支持亚马逊平台收款境内提现；有的支付平台需要企业开立中国香港账户或美国账户，境外账户收款后再转回中国境内。

（六）境外账户收汇

一些外贸企业在境外注册境外账户便于收款，境外大型电商平台都支持在中国香港、美国的境外账户收款。企业注册境外账户手续烦琐、费用较高。境外账户收款脱离了我国的外汇监管，造成了监管中断，所以外汇再转入境内时往往缺少相匹配的结汇业务而无法完成出口退税操作。此外，在出现贸易纠纷的情况下，企业的境外账户容易被境外法院冻结。

在跨境电商贸易的结汇环节中，大额交易主要使用银行汇付和信用证完成结汇；在跨境电商小额贸易中,出口企业可借助电商平台或第三方支付平台完成收付汇。目前,境外电商平台、第三方支付平台在结汇方面有一定的局限性,在有些情况下,企业可能无法完成出口退税操作。出口企业在结汇时应充分考虑结汇的安全性和出口退税业务,企业应根据实际业务特点,选择合适的平台和结汇方式才能顺利收汇。

二、跨境电商典型支付平台优缺点比较

(一) 电汇

电汇是付款人将一定款项交存汇款银行,汇款银行通过电报或电话传给目的地的分行或代理行(汇入行),指示汇入行向收款人支付一定金额的交款方式。

(1) 费用:各自承担所在地的银行费用。买家银行会收取一定手续费,由买家承担;卖家公司的银行有的也会收取一定手续费,由卖家来承担。

(2) 优点:收款迅速,并支持先付款后发货,保证卖家利益不受到损失。

(3) 缺点:先付款后发货,境外客户容易产生不信任感;客户群体小,限制了商家的交易量。

(4) 适用范围:电汇是传统的B2B付款模式,适合大额的交易付款。

(二) 西联

西联是国际汇款公司的简称,是世界上领先的特快汇款公司,可以在全球大多数国家的西联代理所在地汇出和提款。

(1) 费用:西联手续费由买家承担,需要买卖双方到当地银行实地操作。西联汇款中,在卖家未领取钱款时,买家可以将支付的资金撤销回去。

(2) 优点:手续费由买家承担。对于卖家来说最划算,可先提钱再发货,安全性好且到账速度快。

(3) 缺点:由于对买家来说风险极高,买家不易接受。买家和卖家需要在西联线下柜台操作且手续费较高。

(4) 适用范围:1万美元以下的小额支付。

(三) MoneyGram

速汇金汇款是MoneyGram公司推出的一种快捷、简单、可靠及方便的国际汇款方式,截至2023年5月,该公司在全球200多个国家和地区拥有总数超过350 000个的代理网点。[①] 收款人凭汇款人提供的编号即可收款。

(1) 费用:汇款金额手续费400美元以下10美元,400～500美元12美元,500～2 000美元15美元,2 000～5 000美元25美元,5 000～10 000美元33美元。

(2) 优点:在汇出后10几分钟即可到达收款人手中。在一定的汇款金额内,汇款的费用相对较低,无中间行费、电报费。手续简单,汇款人无须选择复杂的汇款路径,收款人

---

① 数据来源:MoneyGram. https://www.moneygram.com/intl/zhs。

无须预先开立银行账户，即可实现资金划转。

（3）缺点：汇款人及收款人均必须为个人且要求为境外汇款。客户如持现钞账户汇款，还需交纳一定的手续费。

（四）PayPal

PayPal 是全球使用最为广泛的第三方支付工具之一，是针对具有国际收付款需求用户设计的账户类型。其功能包括：进行便捷的外贸收款、提现与交易跟踪；从事安全的国际采购与消费；快捷支付并接收包括美元、加元、欧元、英镑、澳元和日元等 25 种国际主要流通货币。

（1）费用：费率为 2.9%～3.9%，无开户费及使用费，每笔收取 0.3 美元银行系统占用费，提现每笔收取 35 美元，跨境每笔收取 0.5%的跨境费。

（2）优点：国际付款通道满足了部分地区客户习惯于账户与账户之间产生交易的方式的需求，可买可卖，且 PayPal 的国际知名度较高，尤其受美国用户信赖。

（3）缺点：PayPal 用户消费者（买家）利益大于 PayPal 用户卖家（商户）的利益，双方权利不平衡；电汇费用，每笔交易除手续费外还需要支付交易处理费，账户容易被冻结，商家利益受损失。

（4）适用范围：跨境电商零售行业，几十到几百美元的小额交易。

（五）信用卡收款

跨境电商网站可通过与 VISA、MasterCard 等国际信用卡组织合作，或直接与境外银行合作，开通接收境外银行信用卡支付的端口。目前，国际上五大信用卡品牌为 VISA、MasterCard、America Express、Diners Club 和 JCB（日本信用卡株式会社），其中前两个为大家广泛使用。

（1）优点：欧美最流行的支付方式，信用卡的用户人群庞大。

（2）缺点：接入方式麻烦，需预存保证金，收费高昂，付款额度偏小。

（3）使用范围：从事跨境电商零售的平台和 B2C 独立站。

（六）香港离岸公司银行账户

卖家通过在中国香港开设离岸银行账户，接收境外买家的汇款，再从中国香港账户汇往中国内地账户。

（1）优点：接收电汇无额度限制，不需要像中国内地银行一样受 5 万美元的年汇额度限制，不同货币间可自由兑换。

（2）缺点：中国香港银行账户的钱还需要转到中国内地账户，较为麻烦。部分客户选择地下钱庄的方式，有资金风险和法律风险。

（3）适用范围：传统外贸及跨境电商都适用，适合已有一定交易规模的卖家。

（七）Payoneer

Payoneer 是一家总部位于纽约的在线支付公司，主要业务是帮助其合作伙伴将资金下发到全球,其同时也为全球客户提供美国银行、欧洲银行收款账户,并用于接收欧美电商平台和企业的贸易款项。

(1) 费用:便宜,电汇设置单笔封顶价,人民币结汇最多不超过2%。

(2) 优点:便捷,用中国身份证即可完成Payoneer账户在线注册,并自动绑定美国银行账户和欧洲银行账户。

(3) 使用范围:单笔资金额度小但是客户群分布广的跨境电商网站或卖家。

第二节 跨境电商结算金融

一、跨境电商结算金融概述

广义的跨境电商结算金融指的是国家和地区之间由于经济、政治、文化等联系而产生的货币资金周转与运动。狭义的跨境电商结算金融指的是因互联网兴起的,由跨境电商平台、跨境电商支付方式联系而产生的跨境货币资金的周转和运动。

随着全球经济的一体化以及我国自由贸易试验区的设立,境内企业与个人"走出去"的欲望日益强烈,促进跨境电商行业蓬勃发展,企业与个人对跨境电商结算金融的需求越来越强。然而,境内金融机构的境外派出机构较少且分布不均,跨境金融体系不完善,提供的服务不能较好地满足企业与个人"走出去"的需求。目前,境内跨境金融服务机构仅能提供国际贸易结算和跨境汇兑等基础服务,而国际跨境金融服务机构可以在提供基础服务的同时,提供跨境融资安排、全球资金调拨、跨境杠杆收购、保险等一系列服务。

二、跨境电商结算金融的因素分析

跨境电商结算金融在发展过程中受三大因素的影响:跨境支付许可、汇率以及外汇管制。

(一) 跨境支付许可

支付机构跨境支付业务是指国家外汇管理局许可支付机构通过银行为电子商务交易双方提供跨境互联网支付所涉及的外汇资金集中收付及相关结售汇服务。根据中国人民银行2010年颁布的《非金融机构支付服务管理办法》,支付机构申请跨境支付牌照需满足8个条件。

(1) 在中华人民共和国境内依法设立的有限责任公司或者是股份有限公司,而且是非金融机构法人。

(2) 具有符合规定的注册资本最低限额,符合办法规定的出资人。

(3) 有5名以上熟悉支付业务的高级管理人员。

(4) 有符合要求的支付业务设施。

(5) 有符合相关要求的反洗钱措施。

(6) 有健全的组织机构和内部控制制度以及相应的风险管理措施。

(7) 有符合要求的营业场所和安全保障措施。

(8) 申请人和高级管理人员在最近3年内没有因为利用支付业务实施违法犯罪活

动，或者为违法犯罪活动办理支付业务等受到过惩罚。

（二）汇率

汇率是指两种货币之间兑换的比率，按照外汇买卖的交割期限分为即期汇率与远期汇率，其会受利率、通货膨胀、国家政治以及经济等因素的影响。汇率变动会对跨境电商产生较大影响，原因为较多跨境出口电商以美元计价，再结汇成人民币，如果人民币升值，就对跨境出口电商产生负面影响；反之产生正面影响。

（三）外汇管制

外汇管制是指政府为平衡国际收支和维持本国（地区）货币汇率而对外汇进出实行的限制性措施，一般从国际结算和外汇买卖两个方面进行限制。

外汇管制对跨境电商的影响分为正反两面：一方面，外汇管制可以稳定货币汇率，抑制通货膨胀，还可以防止资本外逃或大规模的投机性资本流动，并有效利用外汇资金，推动重点产业优先发展，进而提升该国（地区）产品的核心竞争力。另一方面，外汇管制会破坏全球化国际分工，导致外汇市场及价格机制失效，使资源难以合理配置，手续繁多，交易成本上升。

第三节 跨境电商结算税务

一、跨境税务的定义

广义的跨境税务是指各个国家和地区的征税机构向跨境进出口商品征收相关税费的业务。狭义的跨境税务是指因互联网兴起的，各个国家和地区的征税机构向跨境电商零售进出口商品征收相关税费的业务。

二、我国跨境税收政策发展历程

目前，我国跨境电商有三个特征：一是交易规模不断扩大，在我国进出口贸易中所占有的份额日趋提高；二是跨境电商以出口为主，出口跨境电商延续快速发展态势；三是跨境电商以 B2B 业务为主，B2C 跨境模式逐渐兴起且有不断扩大的趋势。

海关总署数据显示，2022 年中国跨境电商进出口 2.11 万亿元，增长 9.8%。其中，出口 1.55 万亿元，增长 11.7%。另据海关数据计算，中国出口跨境电商规模 5 年增长超过 27 倍，平均年增速超 36%。[①] 随着跨境电商规模的日益增长，不法分子通过在跨境交易中偷税漏税获得非法收益的案件也不断增加。为规范行业发展、稳定市场需求，我国在跨境电商税收政策和税收制度方面作出不懈的努力。

2013 年，我国开始按照《中华人民共和国海关法》来实施跨境物品征税，规定由海关进行征税，但并未涵盖跨境电商这一新兴贸易方式的税收征管，跨境电商进口货物按邮寄物品征收行邮税。

---

① 数据来源：https://finance.sina.com.cn/tech/roll/2023-03-07/doc-imyizxkv3830630.shtml。

2016年3月24日,财政部、海关总署、国家税务总局发布《财政部 海关总署 国家税务总局关于跨境电子商务零售进口税收政策的通知》,根据该通知,自2016年4月8日起,跨境电商进口物品取消按邮寄物品征收行邮税纳税方式,改为按货物征收关税、进口环节增值税、消费税。这标志着跨境电商彻底告别"免税时代",用"跨境电子商务综合税"代替了行邮税。

2018年11月29日,财政部、海关总署和国家税务总局三部委联合下发《财政部 海关总署 国家税务总局关于完善跨境电子商务零售进口税收政策的通知》,将跨境电商零售进口商品的单次交易限值由人民币2 000元提高至5 000元,年度交易限值由人民币20 000元提高至26 000元。

国家税务总局于2019年发布《国家税务总局关于跨境电子商务综合试验区零售出口企业所得税核定征收有关问题的公告》,根据该公告,自2020年1月1日起,综试区内的跨境电商零售出口企业,同时符合有关条件的,应税所得率统一按照4%确定。该公告同时规定,综试区内实行所得税核定征收的跨境电商企业符合小型微利企业优惠政策条件的,可享受小型微利企业所得税优惠政策;其取得的收入属于《中华人民共和国企业所得税法》第二十六条规定的免税收入的,可享受免税收入优惠政策。

2020年8月5日,财政部、海关总署、税务总局联合发布《财政部 海关总署 税务总局关于不再执行20种商品停止减免税规定的公告》,自该日起,进境旅客携带20种商品范围内的物品进境,也可以在规定的限值内予以免税了。

三、跨境进口税务

跨境进口税务是指进口国(地区)海关在境外商品输入时,对进口商品征税的业务,通常发生在商品进入关境、办理海关手续时。

(一)跨境进口相关税种

跨境进口相关税种主要包括关税、进口增值税、进口消费税、行邮税等。

(二)跨境进口的税务模式和税务处理

跨境进口税务模式主要分为直购进口模式与保税进口模式,如表11-1所示。

表11-1 直购进口模式与保税进口模式对比

对比项目	直购进口	保税进口
模式类型	进口B2C模式	进口BBC模式
海关监管特色	电子订单、支付凭证、电子运单实时传输,实现阳光化清关	货物存放在海关监管场所,可实现快速通关
适用企业	代购、品类宽泛的电商平台、境外电商	品类相对专注、备货量大的电商企业
发货地点	境外	保税港、保税区
时效	7~10天	5天内
商品种类	更丰富	有限制

四、跨境出口税务

跨境出口税务是出口国(地区)海关在本国(地区)产品输往境外时对出口商品征税的业务。由于征收出口税会提高本国(地区)产品在境外市场的销售价格、降低竞争能力,因此各个国家和地区很少征收出口税,更多的是利用出口退税提升本国(地区)商品的国际竞争力。

第四节　跨境电商支付步骤——以美元提现及结汇为例①

待买家选择以某种外币进行支付后,入账时会以买家付款清算日当日该种货币兑换美元汇率将其换置为美元单位,并在最终交易完成时转入美元收款账户。

一、设定美元提现账户

(1) 登录"我的速卖通"后台操作界面,单击"交易"—"资金账户管理"—"支付宝国际账户"选项,然后进入支付宝国际账户的设置界面,再单击"资产管理"—"提现账户"—"美元提现账户"—"添加银行账户",如图 11-1 所示。

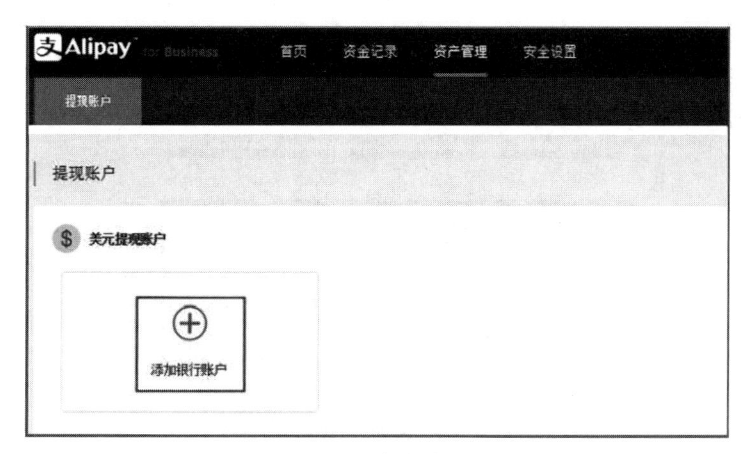

图 11-1　添加银行账户

(2) 跳转到相应银行账户后,需要先阅读其相关注意事项,然后填写银行卡开户地区、账户类型等信息,还包括银行卡账户名、SWIFT Code(国际银行代码)、银行所属账号等信息,保证无填写错误后再单击"下一步"按钮,如图 11-2 所示。

(3) 单击"下一步"按钮后,会跳出需要再次确认的界面,再次审查填写信息是否有误,确认无误后单击"确认添加"按钮,如图 11-3 所示。

(4) 如果成功完成添加提现账户的任务,将弹出提示"银行账户已添加,您可以将此银行卡用于美元提现。"的界面,如图 11-4 所示。

① 李洁,崔怡文,王涛. 跨境电商:速卖通运营与管理[M]. 北京:人民邮电出版社,2019:408.

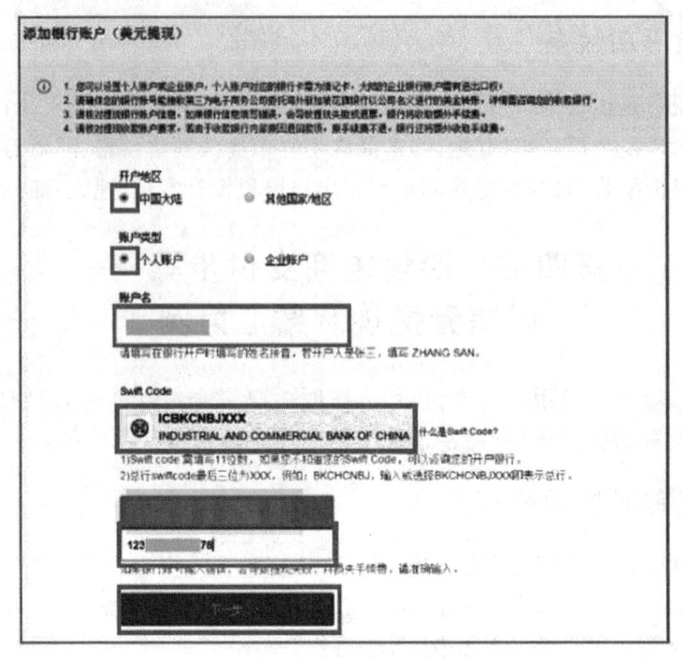

图 11-2　填写账户信息

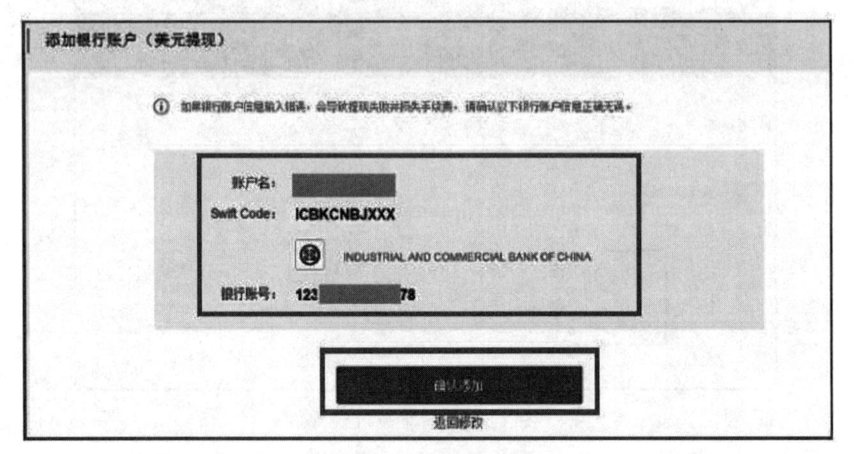

图 11-3　确认添加成功

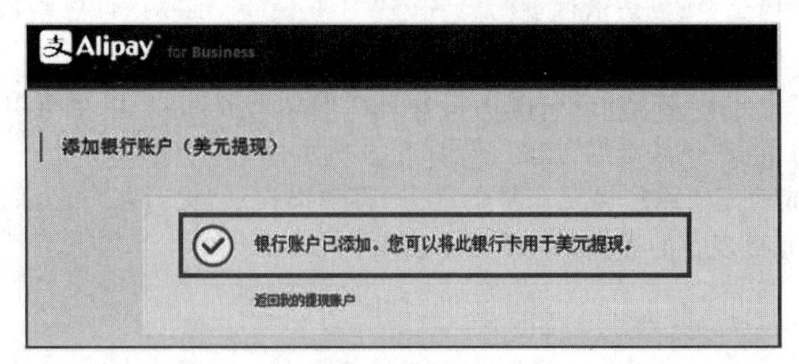

图 11-4　添加成功

二、国际银行代码

SWIFT(Society for Worldwide Interbank Financial Telecommunication,环球同业银行金融电信协会),是一个国际银行间非营利性的国际银行组织,总部设在比利时的布鲁塞尔,为国际金融业务提供快捷、准确、优良的服务。国际银行代码一般用于发电汇、信用证电报,每个银行都有属于自己的国际银行代码,可以用来快速处理和筛选银行间的业务往来。

查询国际银行代码的方法主要有以下三种。

1. 网站整合查询

有的网站会提供一个查询全国各个银行信息的网址,如进入如下网址就可以进行一键查询:www.gendan5.com/swiftcode.html。

2. 咨询银行

用户拨打相应银行的服务电话,即可咨询到该银行的国际银行代码,以下列举几个主要银行的查询电话,如表 11-2 所示。

表 11-2　常见银行的查询电话

银行	电话	银行	电话
中国银行	95566	中国光大银行	95595
中国工商银行	95588	招商银行	95555
中国农业银行	95599	民生银行	95568
中国建设银行	95533	华夏银行	95577
中国交通银行	95559		

3. 进入国际银行代码官网进行查询

(1) 以中国建设银行深圳分行为例,进入官网界面后,找到网页的“Business Identifier Code(BIC,业务识别码) Directory”部分,如图 11-5 所示。

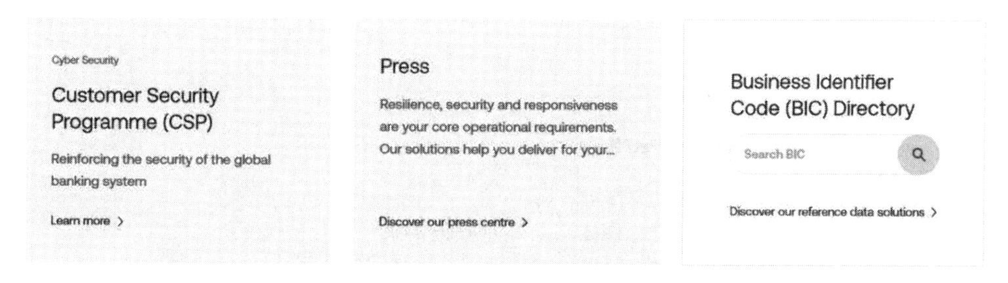

图 11-5　国际银行代码官网首页

(2) 在搜索框中输入银行代码并搜索,即可弹出查询界面。在弹出的查询界面逐一填写相关信息,“BIC”文本框需要填写相应的银行代码,“Name”文本框需要填写相应银行的英文名称,“City”文本框需要填写要查询的城市拼音,“Country”文本框需要填写“China”,在“Challenge response”文本框填写验证码,然后单击“Search”按钮,如图 11-6 所示。

图 11-6 填写查询信息

(3) 通过搜索出的结果查看相应银行的详细信息,如银行机构名称、BIC、银行所在地理位置、ZIP code(邮政编码)等信息,如图 11-7 所示。

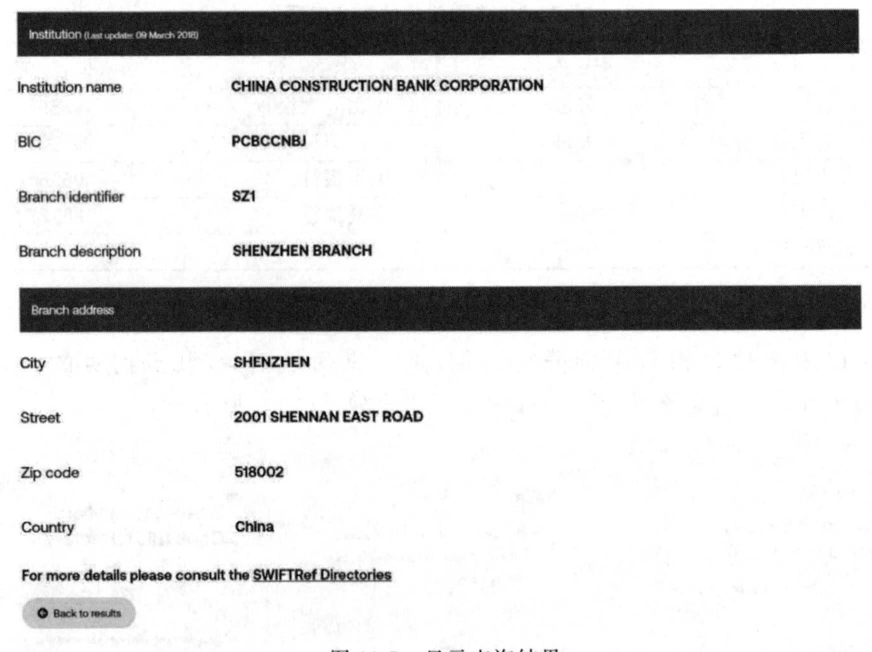

图 11-7 显示查询结果

三、美元提现步骤

(1) 登录"我的速卖通"后台操作界面,单击"资金"—"支付宝国际账户"选项,进入支付宝国际账户的界面,单击美元账户右侧的"提现"按钮,如图 11-8 所示。

(2) 选定提现账户,输入所需提现的金额,然后单击"下一步"按钮,如图 11-9 所示。

(3) 收取验证码及支付密码,填入验证码及支付密码后,单击"确认提现"按钮,如图 11-10 所示。

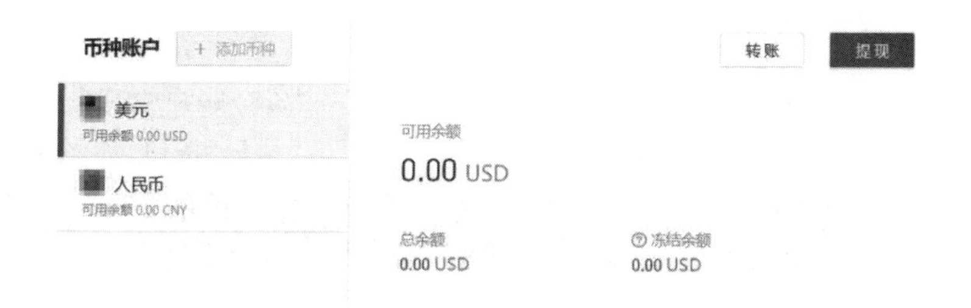

币种账户
+ 添加币种
转账
提现
美元
可用余额 0.00 USD
人民币
可用余额 0.00 CNY
可用余额
0.00 USD
总余额
0.00 USD
冻结余额
0.00 USD

图 11-8　支付宝国际账户

提现
填写提现信息
确认提现信息
提交完成
USD
RMB
目标银行账户：
**********5654
Industrial and Commercial Bank of China (CITISGBK)
**********5534
Industrial and Commercial Bank of China (ICBKCNBJ)
提现金额（USD）
15
手续费：- USD 15.00
预计到账时间：7个工作日内
下一步

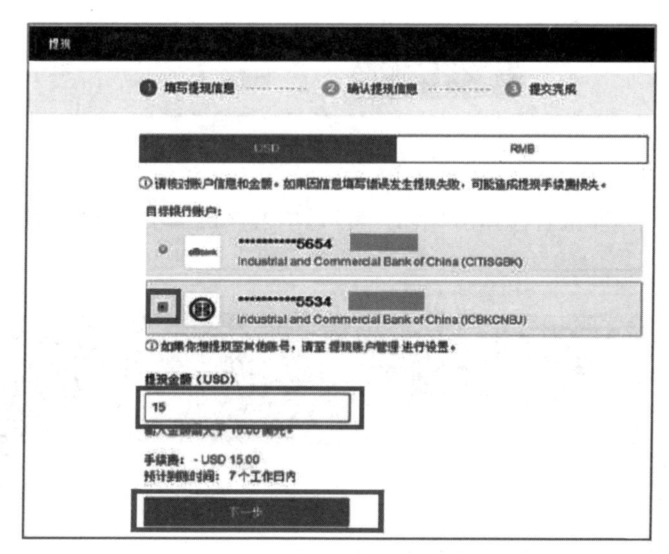

图 11-9　输入所需提现金额

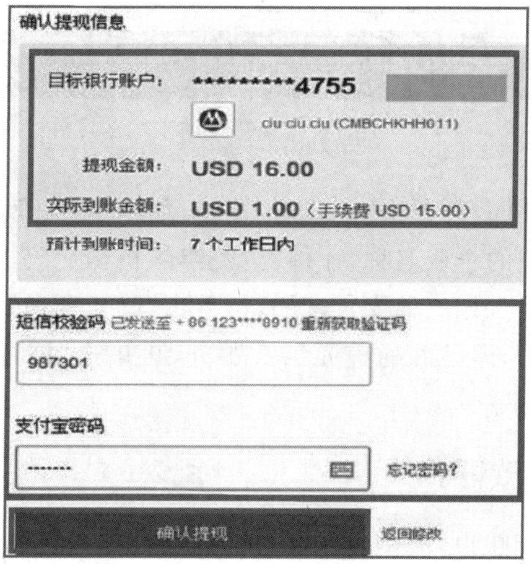
确认提现信息
目标银行账户：
**********4755
ciu ciu ciu (CMBCHKHH011)
提现金额：
USD 16.00
实际到账金额：
USD 1.00（手续费 USD 15.00）
预计到账时间：
7 个工作日内
短信校验码 已发送至 +86 123****8910 重新获取验证码
987301
支付宝密码
忘记密码？
确认提现
返回修改

图 11-10　收取验证码并填写支付密码

四、美元结汇功能

(1) 登录“我的速卖通”后台操作界面,单击“交易”—“资金账户管理”—“支付宝国际账户”选项,进入支付宝国际账户界面,单击美元账户下的“结汇”按钮,如图 11-11 所示。

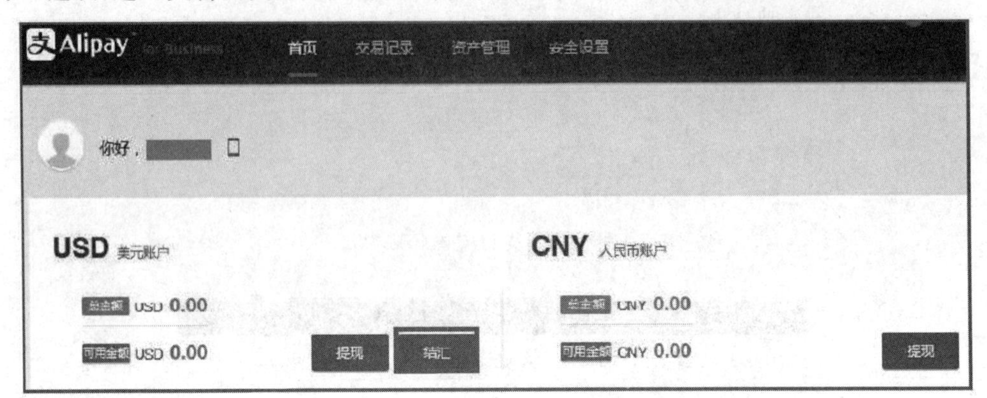

图 11-11 美元结汇

(2) 单击“结汇”按钮后会弹出“结汇”窗口,单击该窗口中“开通结汇”按钮,如图 11-12 所示。

图 11-12 开通结汇

(3) 阅读用户协议并同意,单击“去开通”按钮,如图 11-13 所示。

(4) 输入和选择相应的企业名称、证件类型、组织机构代码等信息,如图 11-14 所示。

(5) 收取验证码并输入相应的支付密码,再单击“确认开通”按钮,如图 11-15 所示。

(6) 身份验证成功后,即已开通美元结汇服务,再单击“添加结汇账户”按钮即可,如图 11-16 所示。

五、设置结汇收款账户

(1) 进入支付宝国际账户,单击美元账户下的“结汇”按钮,如图 11-17 所示。

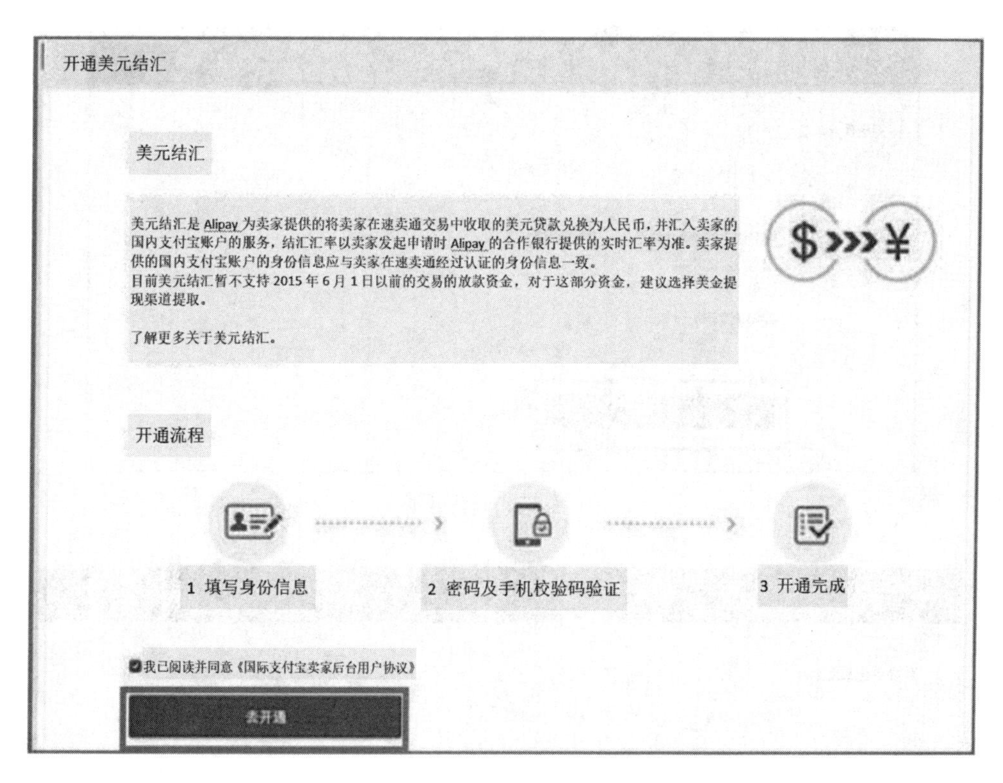

图 11-13　开通美元结汇功能

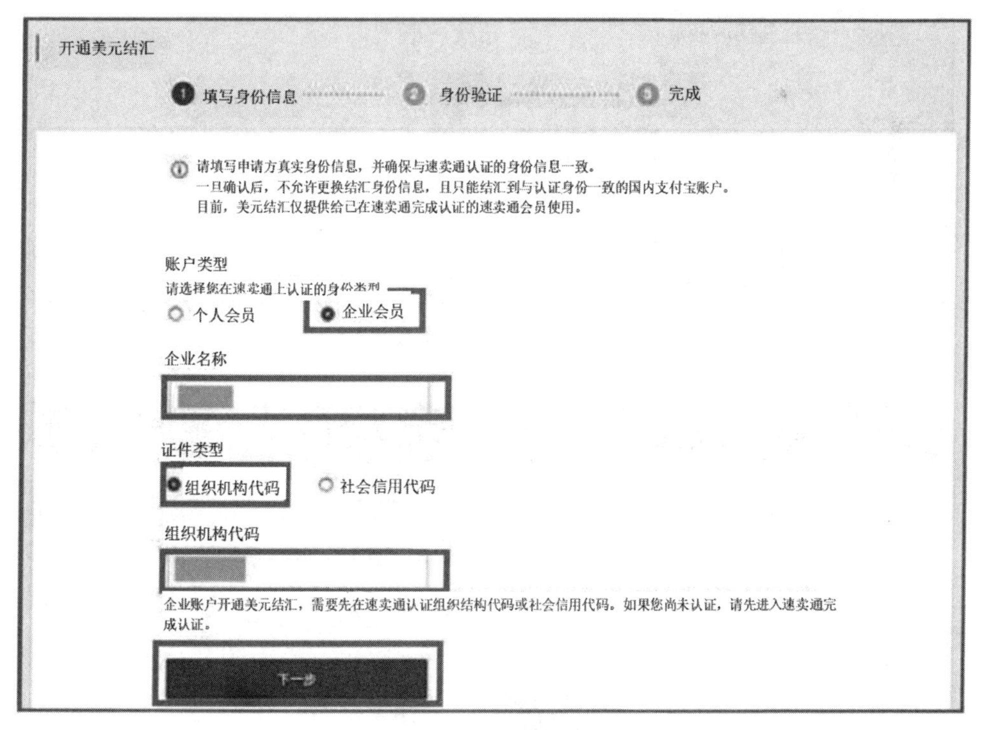

图 11-14　填写身份信息

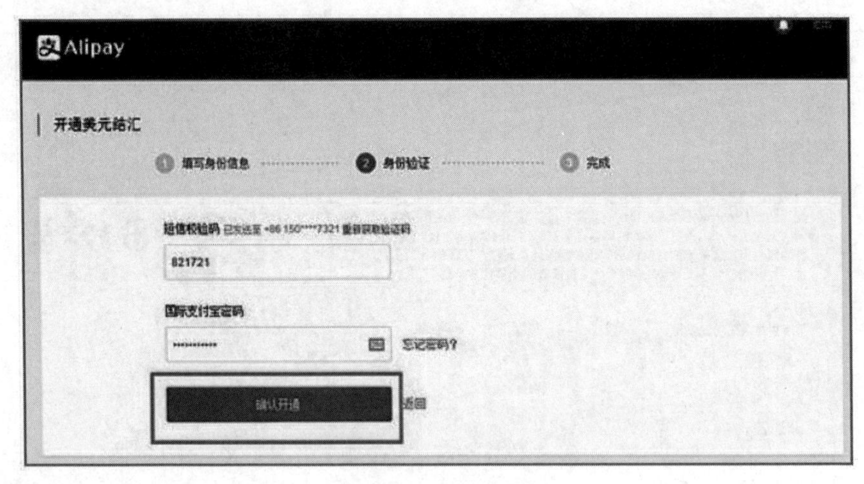

图 11-15 确认开通

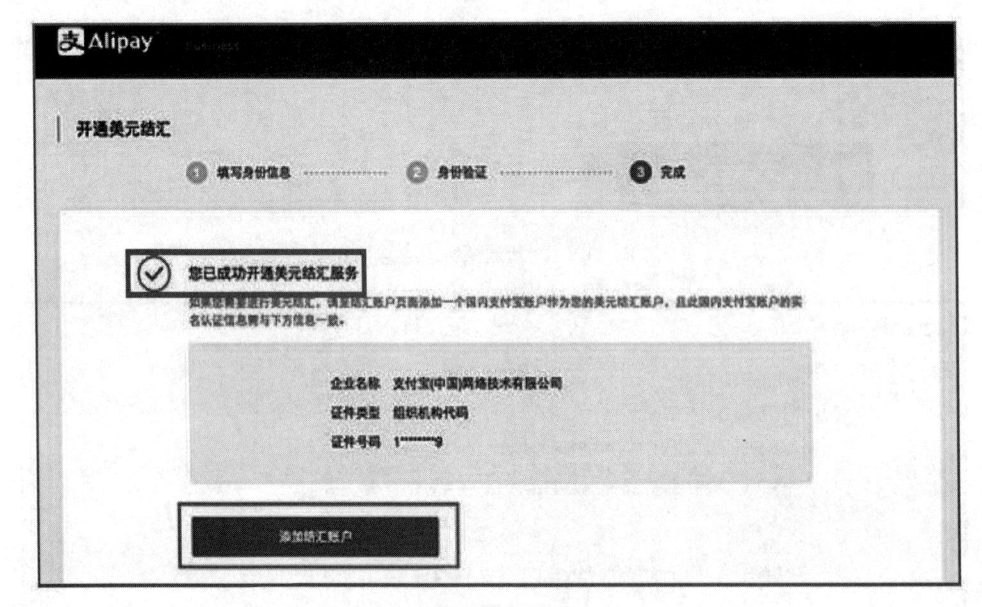

图 11-16 添加结汇账户

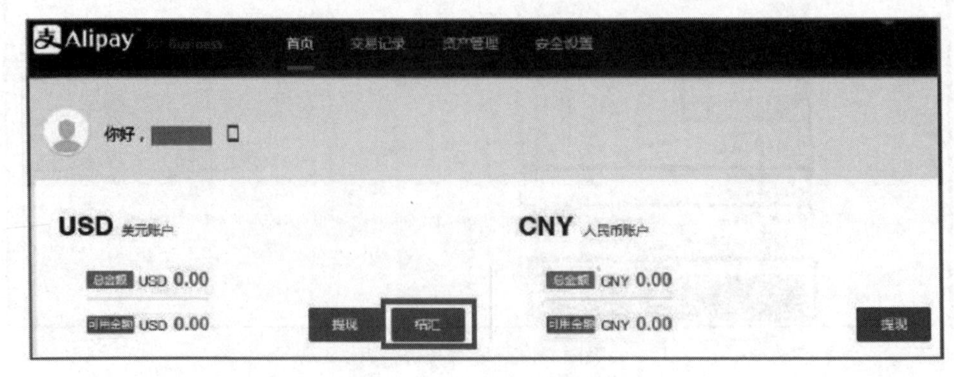

图 11-17 设置结汇收款账户

(2) 单击“结汇”按钮后，会弹出“结汇”窗口，在该窗口单击“立即设置”按钮，如图 11-18 所示。

图 11-18　立即设置

(3) 进入提现账户的界面，并单击“添加国内支付宝账户”的超链接，如图 11-19 所示。

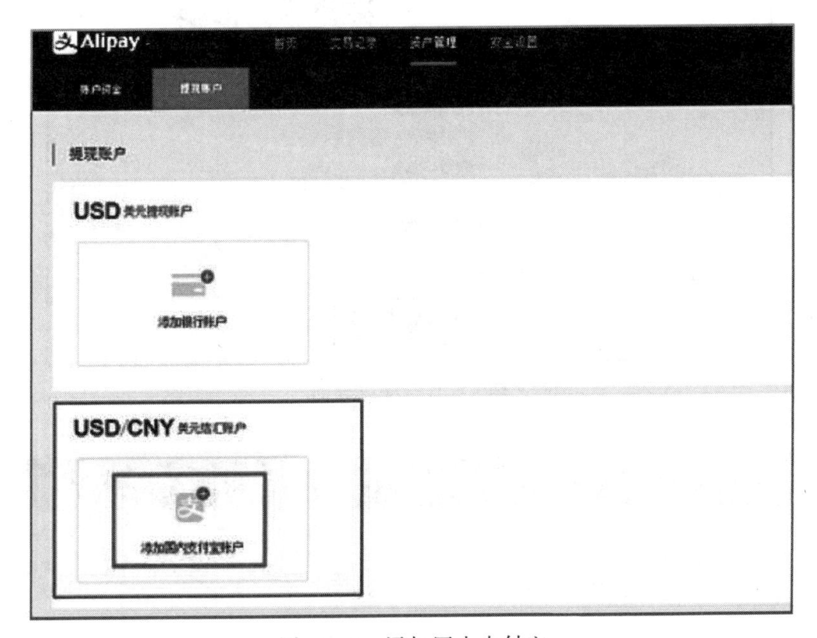

图 11-19　添加国内支付宝

(4) 确认国内支付宝账户实名认证信息与速卖通的信息是否一致，确认无误后，单击“确认”按钮，如图 11-20 所示。

(5) 登录国内支付宝账号，并进入授权界面，单击“授权”按钮，如图 11-21 所示。

六、申请美元结汇

(1) 进入支付宝国际账户页面，单击美元账户下的“结汇”按钮，如图 11-22 所示。

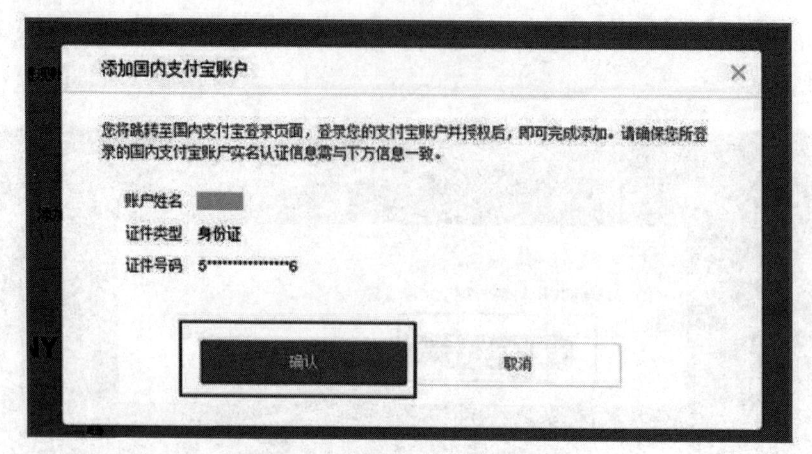

图 11-20 确认添加国内支付宝账户

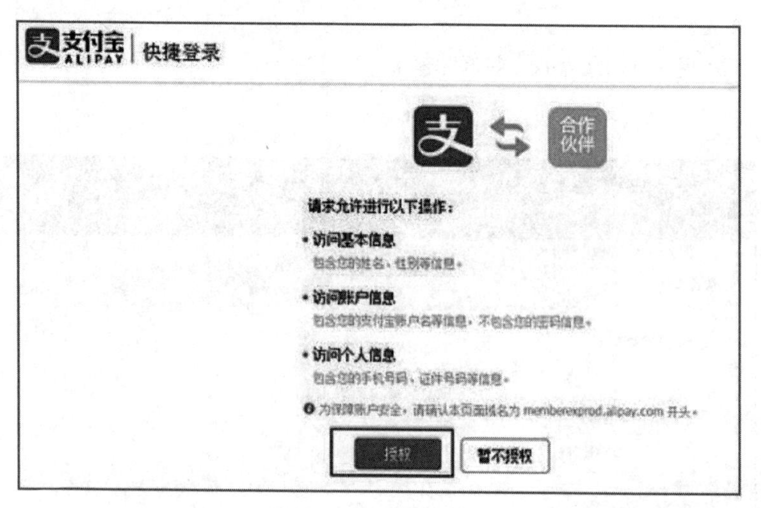

图 11-21 授权界面

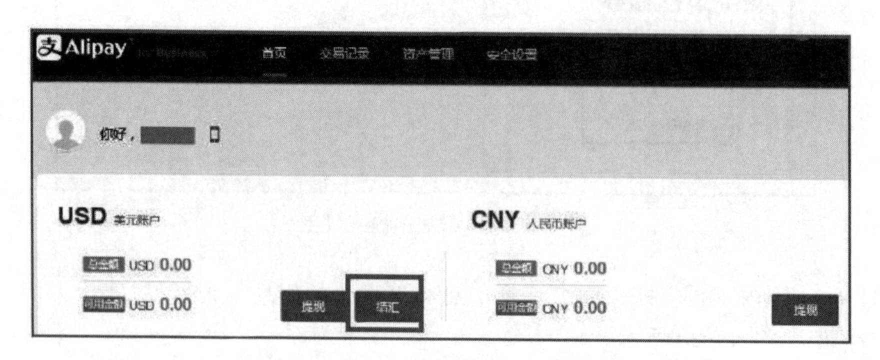

图 11-22 申请美元结汇

(2) 填入需要结汇的金额，同时界面上会相应显示此笔结汇所产生的手续费及实际到账的金额，再单击“下一步”按钮，如图 11-23 所示。

(3) 获取验证码并输入相应的支付密码，并单击“确认结汇”按钮，如图 11-24 所示。

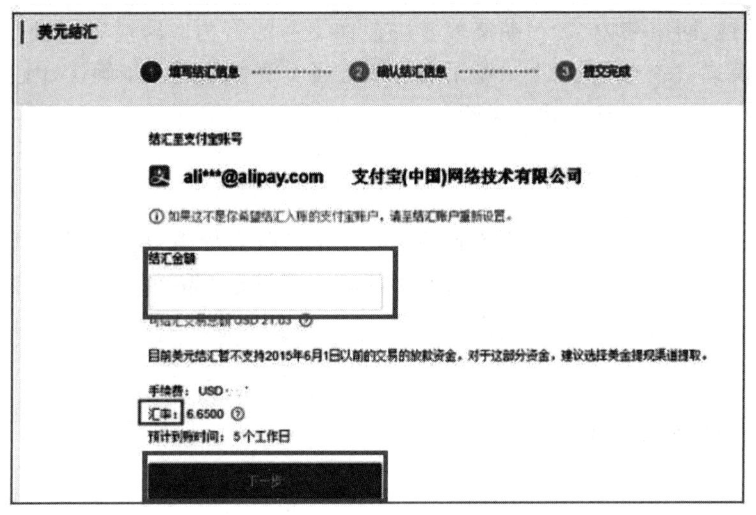

图 11-23　显示手续费及到账金额

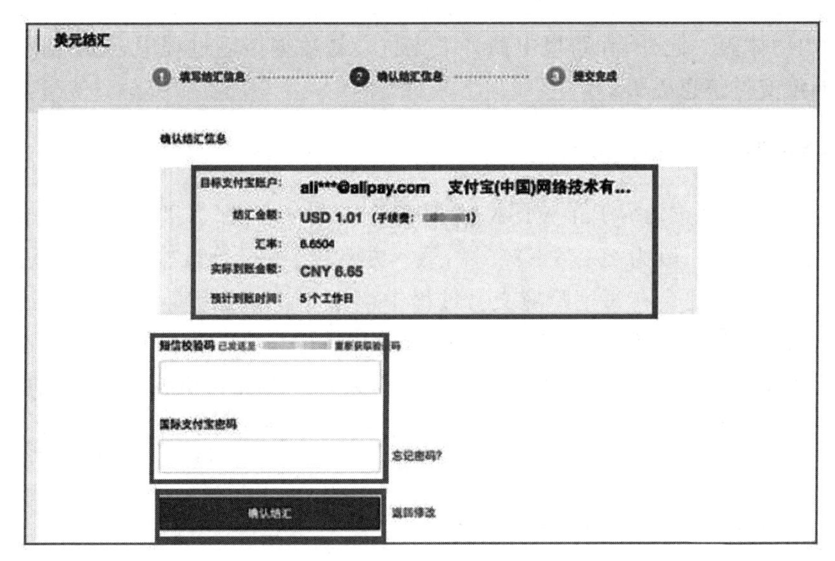

图 11-24　确认结汇

第五节　跨境电商支付风险及控制

一、跨境电商支付的风险①

（一）交易行为违法风险

在交易过程中，要特别注意交易双方的真实身份，明确交易后资金的流向，避免网络

---

① 梁其钰．我国跨境电子商务支付面临的风险与防范机制[J]．对外经贸实务，2018(11)：57-60．

欺诈、跨境洗钱、网络赌博、贪污贿赂等非法金钱交易的行为。跨境电商交易平台和支付机构的运行模式,在一定程度上限制了交易双方真实身份的进一步确认,因此跨境电商支付交易仍然存在较大的身份诚信风险。

(二)交易行为诚信风险

在跨境电商支付过程中,会出现跨境货物款项已收而货物未收,或货物已发而款项未收等现象。特别是第三方支付平台,对此类问题监管只是停留在虚拟层面,难以确定交易的实际情况。此外,还存在虚假信息宣传、其他竞争卖家恶意评价、伪劣产品拒绝退换货等不良现象。

(三)支付信息安全风险

电子商务支付虽然显著提高了交易效率以及便利性,但同时也带来了支付中个人信息泄露的风险。目前,各类网络支付环境的安全性存在较大问题,这一短板制约了我国跨境电商贸易的发展。特别是跨境支付资金被转走、支付宝账号被盗等问题,严重影响了境外消费者购物体验。此外,在跨境电商外汇支付交易数据传输过程中,会因信息故障或系统崩溃,导致支付信息丢失。

(四)手续费及汇率差额风险

目前,国际支付宝、PayPal、VISA信用卡等支付方式都需要交付一定的手续费。PayPal交易手续费一般为2.9%～3.9%,第三方支付、银行等机构提供的跨境电商手续费大概是1%,此外还会在每笔跨境交易过程中产生0.5%的跨境费,提现时还需要额外收取费用。但往往跨境交易的历时较长,在跨境交易过程中,客户付款后,商家收到货款之前,国际汇率变动会直接影响到资金的实际购买力。当支付机构收到资金后,会以“T+1”工作日进行结售汇。如果消费者对跨境电商货物不满意,货物退回过程中,购物资金存在汇兑不足额的风险。

二、跨境电商风险的控制方法

(一)健全跨境电商监管政策

目前,我国针对跨境电商支付交易行为的法律体制仍不健全,针对交易真实性、洗钱等方面的风险,仍需要相关法律政策进行约束。同时,立法机构应对第三方支付机构真实性审核、市场准入条件、账户开立和使用以及资金交易性质进行细化,加强对支付风险的管控,规范第三方支付业务流程,杜绝洗钱、网络赌博等风险发生,以此提升跨境电商支付交易系统的法律地位。

(二)加强监管恶意交易行为

针对虚假信息宣传、其他竞争卖家恶意评价、伪劣产品拒绝退换货等不良现象,宜加大管控力度,完善对刷单、恶意评价等行为的监测监控。针对卖家故意欺诈、拒绝退换货等问题，第三方跨境电商平台应该出台相应的消费者退货及维权规则，并相应惩处违规商家，以进一步减少跨境支付过程中的恶意交易行为。

（三）加强跨境电商安全认证

借助身份认证、口令认证与位置认证等加密方式完善支付的软、硬件环境，从而提升跨境电商支付系统防病毒与防攻击能力，有效保护重要支付数据及文件不被篡改或盗取。此外，相关机构还需对跨境电商交易行为、交易终端以及用户等数据进行分析，从而建立针对性的数据管控体系，强化我国跨境电商支付环境的安全性。

（四）灵活调整计价币种并协同分担汇率风险

灵活调整收款计价币种。跨境电商在与消费者达成交易时，应先考虑合理的计价货币、国际市场价格等因素，尽量使用较为坚挺的收款币种，如美元、澳元、欧元等，从而降低汇率损失。此外，由买卖双方协调承担汇损。跨境电商可在商品交易合同中明确，双方在确定采用某种货币计价成交之后，可以在附加条款中增加外汇风险分摊条款，如选定的支付货币汇率发生变化，可以由买卖双方共同分担汇率变动带来的损失。

第六节　央行数字货币与跨境电商支付

一、央行数字货币概述

(一) 央行数字货币的定义

央行数字货币(DC/EP)，即数字人民币，是由人民银行发行，指定运营机构参与运营并向公众兑换，以广义账户体系为基础，支持银行账户松耦合功能，与纸钞和硬币等价，并具有价值特征和法偿性的可控匿名的支付工具。

(二) 央行数字货币的发展历程

2014 年，中国央行成立专门的研究团队，对数字货币发行和业务运行框架、数字货币的关键技术、发行流通环境、面临的法律问题等进行了深入研究。

2017 年 1 月，央行在深圳正式成立数字货币研究所。

2018 年 9 月，数字货币研究所搭建了贸易金融区块链平台。

2019 年 7 月 8 日，在数字金融开放研究计划启动仪式暨首届学术研讨会上，中国人民银行研究局局长王信透露，国务院已正式批准央行数字货币的研发，央行在组织市场机构从事相应工作。

2019 年 8 月 2 日，央行在 2019 年下半年工作电视会议上表示将加快推进法定数字货币的研发步伐。8 月 10 日，央行支付结算司副司长穆长春在中国金融四十人伊春论坛上表示："央行数字货币可以说是呼之欲出了。"8 月 18 日，中共中央、国务院发布《中共中央 国务院关于支持深圳建设中国特色社会主义先行示范区的意见》，提到支持在深圳开展数字货币研究等创新应用。8 月 21 日，央行官微发布两篇有关数字货币的文章，一篇是发表于2018年1月的副行长范一飞谈央行数字货币几点考虑,另一篇是支付结算司副司长穆长春8月10日在伊春的演讲。

2020年4月14日晚间,网络上流传一张央行数字货币在农行账户内测的照片。据称,苏州相城区是央行数字货币的重要试点地区。

2020年4月17日晚间,央行数字货币研究所就央行数字货币内测一事作出回应。央行数字货币研究所称,当前网传DC/EP信息为技术研发过程中的测试内容,并不意味着数字人民币正式落地发行。

2020年4月22日,雄安新区管理委员会改革发展局组织召开了法定数字人民币试点推介会,19家拟参与落地应用的试点单位参会。

截至2022年5月底,数字人民币试点拓展到15个省区市的23个地区,试点地区数字人民币的累计交易约2.64亿笔、830亿元人民币。①

(三)央行数字货币的特点

第一,降低消费成本。在互联网时代、电子货币支付大背景下,全球经济联系更加紧密。目前阶段的交易转账等,都需要向第三方支付平台支付手续费;在进出口方面,都需要两国(地区)银行利用电汇方式支付或收款,此时的手续费会更加高昂。而利用数字货币支付,可以实现实时转账和以低手续费成功交易,促进全球贸易经济发展;同时,也降低了传统纸币印刷、运输和损耗等费用,增强了货币的流通安全性,响应了全球的绿色金融理念,为人民生活带来了巨大的便利。

第二,追溯资金流动。以传统货币为例,每年有大量的地下钱庄利用将需要清洗的钱运输至境外或将大量现金分散存入银行等方式,隐瞒其来源和性质。且目前第三方支付平台监管还未明确出台相关法规,不少平台被利用成为洗钱"工具"。数字货币是将传统货币数字化,仍然拥有货币编码,可在后台追踪。当发生异常资金流动,引起系统警觉,便于追溯根源和追踪资金流向,打击犯罪嫌疑人洗钱行为。同时,要防止违法人员利用虚拟货币转移非法资金。央行数字货币的追溯功能可得知每一分钱的流向及相关人员,保护人民财产安全,在很大程度上打击了诈骗和盗窃犯罪团伙。

第三,保护消费者隐私。通过公众的反馈发现,不少人存在使用数字货币会将自己的消费记录、账户资金等隐私暴露的误解,对此央行明确表示会有严控的监管。中国银行原行长李礼辉曾表示:央行数字货币可以实现"可控的匿名支付",除法律法规有明确规定以外,不提供给第三方或其他政府部门。在普通公众交易中,交易金额在一定限额内,交易次数不出现异常,央行对隐私保护和数字安全的控制都值得信赖,也不会存在他人盗取用户的信息、转移账户资金的情况。在满足隐私安全的情况下,央行数字货币还支持无网络支付,用电子钱包里的数字货币支付,不需要依靠网络。

第四,坚持中心化管理。目前虚拟货币也试图发挥货币的职能,采用去中心化管理,利用随机生成的密码,由每一个连接到网络的节点提供存储、交易等功能。而数字人民币作为法定货币,一旦出现任何风险都将直接威胁到金融稳定,数字人民币中心化管理有利

① 数据来源:新华社:http://www.gov.cn/xinwen/2022-07/13/content_5700838.htm。

于抵御加密资产和全球性稳定币的侵蚀,防止其他虚拟货币分散央行数字货币的发行权。坚持数字人民币的中心化管理可统筹管理数字人民币发行的额度,杜绝多发货币引起通货膨胀、影响市场利率等;统筹建设数字人民币的发行基础设施,实现运营机构的互联互通,不出现支付壁垒。

(四) 央行数字货币的主要优势

1. 降低货币发行和交易成本,实现货币管理信息化

央行数字货币由于采取数字化的"铸造"、流通和存储,通过逐渐取代现金交易,货币发行成本将大幅下降。央行数字货币的发展使得交易中介结构扁平化,减少货币支付的中介手续费和摩擦成本,从而可以降低交易成本。在数字货币的发行、流通和使用过程中,中央银行拥有数字货币交易数据信息的管理者身份,可以将私人数据信息整合和转化为公共数据信息,从而为宏观经济政策的制定、出台和施行提供数据信息资料。

2. 促进普惠金融发展,提高跨境支付效率

国际清算银行的调查研究表明,提高金融普惠性和跨境支付效率是零售型央行数字货币的主要需求。由于账户服务费用和交通成本等较高,低收入群体在获取金融服务上受到制约。央行数字货币通过改进现有金融市场基础设施,使得境内零售支付体系更加成熟和完善,从而解决普惠金融实施中的问题,更好地满足公众需求。同时,央行数字货币能够解决支付标准不统一、耗时长、费用高等跨境支付痛点,改进与完善国际支付体系。

3. 突破货币政策障碍,提升政策有效性和精准性

首先,央行数字货币可以解决货币政策的"零利率下限"困扰。在以纸币为主要形式的现金流通使用时代,非常规货币政策无法顺畅地调节到负利率区间,存在"零利率下限"问题。而央行数字货币收取保管费近似于货币的负利率,在一定程度上能够避免货币政策的"零利率下限"困扰。其次,央行数字货币有助于提升货币政策中介目标的有效性。央行数字货币的应用能够弱化金融产品之间的流动壁垒,提高投资利率弹性,缩小利率政策的传导时滞,提高价格型货币政策中介指标的效率。最后,央行数字货币的可追踪性和可编程性将提升货币政策的精准性。

4. 推进货币国际化进程

由于央行数字货币的交易结算能够突破时空的约束,公众更倾向于使用央行数字货币进行交易结算,货币的边际成本随着使用规模的扩大逐渐趋向于零。央行数字货币不需要通过传统银行账户就可以进行资金转移,在跨境使用中能够替代现金的流通,从而可以提高一国货币的国际接受度。SWIFT(国际资金清算系统)作为目前通用的全球支付清算系统,是美元世界霸权地位的重要支撑。数字货币的出现使点对点支付成为可能,使银行账户变成非必需品,发展中国家可以构建基于数字货币的跨境支付结算体系,从而绕开现有的美国主导的全球支付清算系统,加速数字货币支付国际化进程。

二、跨境电商支付概述

(一) 跨境电商支付的定义

跨境支付是指两个或两个以上国家或者地区因国际贸易、国际投资及其他方面所发生的国际债权债务,借助一定的结算工具和支付系统,实现资金跨国和跨地区转移的行为。跨境电商支付是指分属不同关境的交易主体,在进行跨境电商交易过程中通过跨境电商平台提供的与银行之间的支付接口或者第三方支付工具进行的即时跨境支付行为。

(二) 跨境电商支付方式

1. 线下支付

线下支付主要包括汇款、托收、信用证以及西联汇款四种方式。

2. 线上支付

线上支付主要包括信用卡收款、PayPal、CashPay、Moneybookers、Payoneer 等几种方式。

(三) 跨境电商支付的风险

1. 汇率波动风险

汇率波动风险一直是跨境贸易中主要的支付风险之一。如果境外销售端定价没有根据汇率进行调整,可能导致商家承受汇率损失。尤其是薄利多销模式的中小商家,可能会因为一次汇率波动损失掉大部分利润。

2. 交易风险

如果商家使用的第三方支付平台操作不合规,可能增加交易风险甚至被封号,跨境电商作为一种贸易新模式,相关行业法律法规还不完善,部分第三方支付平台为降低成本、实现利益最大化,可能会省略一些没有法律法规要求但有一定成本的流程,这样会增加跨境电商支付的交易风险。

3. 信用风险

跨境电商支付欺诈是很多跨境电商都遇到过的问题。大多数跨境支付交易需要经历很长周期,往往要 2～3 个月才能判定一笔交易是否属于欺诈交易,并且跨境支付主体遍布全球,这些都加大了跨境电商支付的信用风险。

三、央行数字货币如何应用于跨境电商支付[①]

在当今这个时代,央行数字货币将会给宏观经济运行和微观金融选择带来深远影响,并在更高发展阶段给跨境支付创造新的可能。从宏观角度,央行数字货币的发行将完善央行对货币的全流向掌控。M1、M2 已实现电子化和数字化,当前仅有 M0 未被央行纳入监管体系。发行央行数字货币,不仅有助于降低现金的储存、发行和处理成本,也对优化央行货币政策总量调控、打击金融犯罪等领域具有重要作用。从微观角度,央行数字货币对支付习惯影响有限,但对数字经济的发展意义深远。央行数字货币的使命不只在强化人们已经习以为常的移动支付,更在于弥补旧货币体系与新数字经济之间的脱节,旨在成为下一代数字经济的基础设施。

上升到国际货币体系的维度,央行数字货币升级了货币的形态,直观上增强了跨境支

---

① 第一财经:https://www.yicai.com/news/101080302.html。

付的安全性与便捷性，也大幅提升了国际贸易的结算效率。央行数字货币有望通过点对点交易，绕开现有机制的控制，不预设技术路线，以提升支付结算效率为优先，同时采用账户松耦合形式，无须使用者开设银行存款账户，将有效扩大数字货币的使用场景。央行数字货币也增加了主要货币回流的渠道，境外个人或企业能够兑换央行数字货币，并在线上更进一步拓展跨境贸易及投融资业务。

四、央行数字货币对跨境电商支付的有利影响及不利影响

（一）央行数字货币对跨境电商支付的有利影响

（1）数字货币在跨境支付中具备安全性强、效率高、交易费用低等优势，数字货币通常使用分布式账本技术，采用分布式多节点共识机制，可实现交易记录完整、可追溯、不可篡改，提升了跨境交易安全性。并且，数字货币通过加密签名转换，可以在资金转移的同时实现信息传递，完成资金流和信息流的整合，提高了跨境电商支付的质量和效率。

（2）央行数字货币在跨境支付领域的信用风险、监管有效性等方面的优势不可替代。央行数字货币作为央行投放的法定货币，是国家央行资产负债表中的负债项，以国家信用作为背书，具有主权性、法偿性等特征。同时，在央行数字货币跨境支付过程中，监管部门可依据商户代码和交易习惯判断各商户的交易场景，并可通过数字货币的智能合约对其进行监控和管束。

(二) 央行数字货币对跨境电商支付的不利影响

央行数字货币跨境支付目前仍受互操作性及技术等问题限制。受限于21世纪初的科技水平，数字货币在交易过程中存在一定的支付风险，各国央行政策差异导致的互操作性问题也是限制跨境支付应用的重要不可控因素。

解决技术问题仍是央行数字货币跨境支付场景落地的必要条件。一是针对技术方案本身，跨境支付过程中支付及清算系统每天需处理数以亿计的交易，分布式账本技术需要采用共识算法和加密验证，可能导致系统运行过程中出现时间延迟、处理交易数限制等问题，这对通信传输、共识算法机制等提出了较高的要求；同时，随着交易量、交易数据的不断增加，整体数据量庞大，对系统和各节点的存储能力、计算能力要求非常高，需要持续优化。二是标准化方面，目前全球尚未形成一致的数字货币技术架构及标准，分布式账本等核心技术的构建和访问方式仍未统一，通用的行业标准仍未形成，这对不同系统底层技术实现互联互通提出了较大挑战，成为技术层面决定央行数字货币进行跨境支付应用的重要因素。三是信息管理和信息安全方面，由于跨境支付领域需要跨境的多个参与者在账本中记录、共享信息，且信息一旦记录错误不易修改，如何利用技术保证共享信息的正确性、保密性、安全性等至关重要。此外，跨境交易数据的安全问题也较为突出，需协调不同司法管辖区的数据交易规则与隐私保护政策。

五、央行数字货币应用于跨境电商支付的发展前景及建议

数字货币对于跨境电商支付来说是一把双刃剑，因此在将央行数字货币应用于跨境

电商支付的发展过程中，既要好好利用央行数字货币对跨境电商支付的有利之处，也要逐渐克服存在的不利影响。

基于央行数字货币对重塑国际金融体系秩序的重要推动作用及其在跨境支付领域的天然优势，建议我国将数字人民币作为人民币国际化的重要推动力量，以“一带一路”和RCEP国家为重点合作对象，有序扩大数字人民币跨境支付的试点范围，不断完善基础设施建设，加强技术研究并深度参与央行数字货币国际标准研制等，逐步加强数字人民币在跨境支付领域的话语权，重塑全球跨境支付结算体系，保障我国金融安全。

有序推动和扩大数字人民币跨境支付在境外的试点范围。在现有跨境支付试点的基础上，加强与“一带一路”沿线国家和RCEP国家在金融基础设施、跨境支付结算、反洗钱、反假货币等领域的合作，共同搭建区域支付清算体系；并基于数字人民币国内试点经验，待技术及应用场景等基本成熟后，逐步从小额、零售类应用场景扩展至大额、贸易类等多样化场景。在此基础上，不断提升人民币在国际上的接受度，推动将数字人民币作为国际贸易结算的主要支付方式。

不断优化完善跨境支付基础设施建设。促进“一带一路”沿线各国将5G高速网络与人工智能、物联网、大数据、云计算、边缘计算等新兴信息技术相融合，为海量数字货币的交易与监管提供有效的支撑保障；在金融基础设施方面，全面搭建数字人民币跨境支付系统，开发高效算法，保障跨境结算全流程安全可信，防范跨境金融风险；同时在系统建设和应用过程中，注重与外汇结算平台等其他金融系统的协同，促进各类金融基础设施的有效对接和数据共享，提升金融系统整体运作效率。

深度参与并推进全球数字货币技术架构及通用行业标准的研发与制定。稳妥推进我国数字人民币及跨境支付监管的标准研制，根据实际需要，围绕业务操作、互联互通、安全等领域，持续完善数字人民币标准体系建设。同时，加强安全芯片、可信可控云计算、隐私保护等技术与数字人民币相结合的创新研究，为其研发提供良好的技术标准环境。加强与国际标准化组织(ISO)、国际电信联盟(ITU)等国际标准组织和国际清算银行(BIS)等国际金融组织的协同研究，充分利用我国在央行数字货币研究上的领先地位及国内试点经验，积极参与央行数字货币相关标准和规则的制定，增强我国在相关国际标准上的贡献度和话语权，提高数字人民币相关基础设施与国际标准接轨水平。

拓展阅读11-1 腾讯阿里共同投资空中云汇：看跨境支付国际化新布局

拓展阅读11-2 腾讯系企业跨境支付“智汇鹅”

复习思考题

1. 跨境电商的主要支付方式有哪些？

2. 现有的跨境电商典型支付平台有哪些？各自有什么优缺点？

3. 跨境电商支付过程涉及哪些金融和税务的因素？

4. 跨境电商支付过程存在哪些风险？

5. 针对跨境电商风险有哪些相应的控制方法？

6. 当前，跨境清算高度依赖SWIFT以及CHIPS(纽约清算所银行同业支付系统)，但是，以上金融机构实际由霸权国家控制，清算效率较低且手续费高昂，跨境交易需3～5天才能到账。你认为我国大力推动数字人民币的发展,会对国际金融结算体系产生怎样的影响?

练　习　题

参考文献

[1] 胡列曲. 波特的竞争优势理论述评[J]. 经济问题探索，2004(12)：21-23.

[2] 杨学成,涂科. 出行共享中的用户价值共创机理——基于优步的案例研究[J]. 管理世界，2017(8)：154-169.

[3] 孙杰,吕意. 电商时代影响消费者网络购买行为的因素分析——利用路径分析方法[J]. 商业经济研究，2018(24)：83-86.

[4] 叶紫,柴宇曦,马述忠. 应对国际贸易政策变动引发的跨境电商经营风险[J]. 浙江经济，2017(21)：46-47.

[5] 吕宏晶. 中小微企业利用跨境电子商务提升竞争力的策略研究[J]. 现代商业，2015(29)：25-26.

[6] 黄广群. 非洲跨境电商平台 Kilimal 运营研究[J]. 无锡商业职业技术学院学报，2019(2)：38-41.

[7] 张夏恒. 跨境电子商务人才供需矛盾与解决路径[J]. 当代经济管理，2017，39(9)：68-72.

[8] 姚兴聪. 跨境电商平台选品的影响因素——以敦煌网为例[J]. 北方经贸，2019(3)：57-59.

[9] 莫凡. 我国跨境电商支付平台品牌国际化转型的问题及对策——以 PingPong 网为例[J]. 对外经贸实务，2019(4)：38-41.

[10] 马述忠,陈丽,张洪胜. 中国跨境电商上市企业综合绩效研究[J]. 国际商务研究，2018，39(2)：48-66.

[11] 李芳,杨丽华,梁含悦. 我国跨境电商与产业集群协同发展的机理与路径研究[J]. 国际贸易问题，2019(2)：68-82.

[12] 张夏恒,郭海玲. 跨境电商与跨境物流协同：机理与路径[J]. 中国流通经济，2016，30(11)：83-92.

[13] 蒋柳红. 从古驰投诉京东阿里看我国跨境电商的危机应对之策[J]. 对外经贸实务，2019(2)：25-28.

[14] 刘歆玥,梁绮慧,柴宇曦,等. 应对汇率变动引发的跨境电商经营风险[J]. 浙江经济，2017(17)：50-51.

[15] 吕宏晶. 跨境电商中生鲜物流的发展问题研究[J]. 现代商业，2017(2)：9-10.

[16] 徐红竹,刘江龙,宋千一,等. 跨境电子商务视角下的国际物流供应链管理模式[J]. 现代营销，2019(4)：185.

[17] 叶潇红,柴宇曦,马述忠. 防范跨境电商企业跨平台经营风险[J]. 浙江经济，2017(11)：48-49.

[18] 张夏恒. 中国跨境电商消费者研究：特征及其行为评价[J]. 广西经济管理干部学院学报，2017，29(2)：83-87.

[19] 吕宏晶. 跨境电子商务中产品定价的方法与技巧[J]. 对外经贸实务，2016(2)：69-71.

[20] 王雨婕,柴宇曦,马述忠. 防范跨境电商企业代理境外品牌经营风险[J]. 浙江经济，2017(13)：46-47.

[21] 柴宇曦,黄炫洲,马述忠. 跨境电商经营风险的跨国比较及政策建议[J]. 浙江经济，2017(7)：48-49.

[22] 吕宏晶. 跨境电商出口业务运营中容易出现的问题及解决策略[J]. 电子商务，2017(8)：23-24.

[23] 马述忠,濮方清,潘钢健. 跨境零售电商信用管理模式创新研究——基于世界海关组织 AEO 制度的探索[J]. 财贸研究，2018，29(1)：66-75.

[24] 张夏恒. 跨境电子商务支付表征、模式与影响因素[J]. 企业经济，2017，36(7)：53-58.

[25] 吕宏晶. 企业进行第三方跨境电商平台运营的策略研究[J]. 电子商务，2017(4)：26-41.
[26] 张夏恒. 全球价值链视角下跨境电商与跨境物流协同的内生机理与发展路径[J]. 当代经济管理，2018，40(8)：14-18.
[27] 张夏恒，刘梦恒，马述忠. 跨境电商：战略驱动·成长困境和政策牵引[J]. 浙江经济，2017(9)：48-49.
[28] 吕宏晶. 外贸企业凭借跨境电子商务提升竞争力的策略研究[J]. 电子商务，2017(2)：26-27.
[29] 段桜，潘钢健，马述忠. 信用评估防范跨境电商企业经营风险[J]. 浙江经济，2017(15)：44-45.
[30] 李彬. 中小微企业跨境电商平台店铺运营探讨——以深圳L公司的eBay店铺为例[J]. 对外经贸实务，2018(12)：33-36.
[31] 马述忠，陈奥杰. 跨境电商：B2B抑或B2C——基于销售渠道视角[J]. 国际贸易问题，2017(3)：75-86.
[32] 李文华，陈盈. 跨境电商进口快消品价格差异及优化策略[J]. 对外经贸实务，2018(1)：69-71.
[33] 马述忠，卢传胜，丁红朝，等. 跨境电商理论与实务[M]. 杭州：浙江大学出版社，2018.
[34] 周升起. 国际电子商务[M]. 2版. 北京：北京大学出版社，2016.
[35] 浙江大学"大数据＋跨境电子商务"创新团队. 2018世界与中国数字贸易发展蓝皮书[R]. 2018.
[36] 上海社会科学院. "一带一路"沿线国家的电子商务研究[R]. 2017.
[37] 陈岩. 国际贸易理论与实务 [M]. 4版. 北京：清华大学出版社，2018.
[38] 阿里研究院，毕马威. 2018全球数字经济发展指数[R]. 2018.
[39] 冯晓宁. 国际电子商务实务精讲[M]. 2版. 北京：中国海关出版社，2016.
[40] 张瑞夫. 跨境电子商务理论与实务[M]. 北京：中国财政经济出版社，2017.
[41] 易静，蒋晶晶，彭洋，等. 跨境电商实务操作教程[M]. 武汉：武汉大学出版社，2017.
[42] 韩海庭. 数据如何赋能数字经济增长[J]. 新金融，2020(8)：45-47.
[43] 裴长洪，倪江飞，李越. 数字经济的政治经济学分析[J]. 财贸经济，2018，39(9)：5-22.
[44] 闫建波. 智能制造——"中国制造2025"的主攻方向[J]. 建筑工程技术与设计，2017(20)：3883.
[45] 徐宏玲. 模块化组织价值创新：原理、机制及理论挑战[J]. 中国工业经济，2006(3)：83-91.
[46] 杨璘璘. 基于大数据、服务"一带一路"的中国茶产品跨境电商出口现状分析及对策[J]. 统计与管理，2016(10)：61-65.
[47] 丁宝根，赵玉，彭永樟. "区块链＋跨境电商"变革的现实性、限度性与政策建议[J]. 当代经济管理，2020，42(1)：64-70.
[48] 王延川. "除魅"区块链：去中心化、新中心化与再中心化[J]. 西安交通大学学报(社会科学版)，2020，40(3)：38-45.
[49] 焦良. 基于区块链技术的跨境电子商务平台体系构建[J]. 商业经济研究，2020(17)：81-84.
[50] 钊阳，戴明锋. 中国跨境电商发展现状与趋势研判[J]. 国际经济合作，2019(6)：24-33.
[51] 陈超凡，刘浩. 全球数字贸易发展态势、限制因素及中国对策[J]. 理论学刊，2018(5)：48-55.
[52] 黄新焕，张宝英. 全球数字产业的发展趋势和重点领域[J]. 经济研究参考，2018(51)：53-61.
[53] 邬爱其，刘一蕙，宋迪. 跨境数字平台参与、国际化增值行为与企业国际竞争优势[J]. 管理世界，2021，37(9)：214-233.
[54] 王晓红，夏友仁，梅冠群，等. 基于全链路跨境电商的数字化新外贸研究——以阿里巴巴国际站为例[J]. 全球化，2021(3)：35-54，135.
[55] 刘昊，麦志坚. 大数据分析技术在跨境电商中的应用[J]. 中国市场，2021(1)：191-192.
[56] 向润婕，李超阳，汤春玲. 基于区块链的跨境电商电子支付应用优势研究[J]. 商场现代化，2020(19)：41-43.
[57] 张夏恒，肖林. 元宇宙跨境电商信息生态系统：模型构建与治理思路[J]. 电子政务，2023(3)：

1-10.

[58] 孟涛,王春娟,范鹏辉.数字经济视域下跨境电商高质量发展对策研究[J].国际贸易,2022(10):60-67.

[59] 杨继军,艾玮炜,范兆娟.数字经济赋能全球产业链供应链分工的场景、治理与应对[J].经济学家,2022(9):49-58.

[60] 张龙,曹晔阳.数据主权、数字基础设施与元宇宙:平台化视域下的国际传播[J].社会科学战线,2022(6):166-175.

[61] 陈欢欢.跨境电商促进我国出口贸易转型升级的路径选择[J].价格理论与实践,2021(2):145-148,175.

[62] 王岚.数字贸易壁垒的内涵、测度与国际治理[J].国际经贸探索,2021,37(11):85-100.

[63] 赵瑾.数字贸易壁垒与数字化转型的政策走势——基于欧洲和OECD数字贸易限制指数的分析[J].国际贸易,2021(2):72-81.

[64] 张宁昕,李锋森,王鑫.数字服务税对传统税制的挑战以及部分国家的应对措施[J].国际商务财会,2022(19):7-12.

[65] 王燕.跨境数据流动治理的国别模式及其反思[J].国际经贸探索,2022,38(1):99-112.

[66] 王佳宜,王子岩.个人数据跨境流动规则的欧美博弈及中国因应——基于双重外部性视角[J].电子政务,2022(5):99-111.

[67] 陈寰琦.国际数字贸易规则博弈背景下的融合趋向——基于中国、美国和欧盟的视角[J].国际商务研究,2022,43(3):85-95.

[68] 徐济铭.数字经济时代,加强数字产权保护[J].中国电信业,2022(7):37-41.

[69] 戴龙.论数字贸易背景下的个人隐私权保护[J].当代法学,2020,34(1):148-160.

[70] 邓灵斌.日本跨境数据流动规制新方案及中国路径——基于"数据安全保障"视角的分析[J].情报资料工作,2022,43(1):52-60.

[71] 刘金瑞.迈向数据跨境流动的全球规制:基本关切与中国方案[J].行政法学研究,2022(4):73-88.

[72] 岳云嵩,霍鹏.WTO电子商务谈判与数字贸易规则博弈[J].国际商务研究,2021,42(1):73-85.

[73] 黄家星,石巍.《区域全面经济伙伴关系协定》电子商务规则发展与影响[J].兰州学刊,2021(5):68-81.

[74] 罗施福,孟媛媛.RCEP对电子商务的规制:规则、影响与中国因应[J].中国海商法研究,2022,33(3):77-88.

[75] 赵旸頔,彭德雷.全球数字经贸规则的最新发展与比较——基于对《数字经济伙伴关系协定》的考察[J].亚太经济,2020(4):58-69,149.

[76] 李宏兵,王丽君,赵春明.RCEP框架下跨境电子商务国际规则比较及中国对策[J].国际贸易,2022(4):30-38.

[77] 王小琴.跨境电商综合试验区对进出口贸易的影响——基于双重差分模型的实证分析[J].技术经济与管理研究,2022(5):100-104.

[78] 谢佩洪,李伟光.字节跳动的国际化突围之路——以TikTok封禁事件为例[J].清华管理评论,2022(6):98-107.

[79] 马述忠,孙睿,熊立春.数字贸易背景下新一轮电子商务谈判的中国方案:机制与策略[J].华南师范大学学报(社会科学版),2022(1):104-115,206-207.

[80] 石磊,王舟.当前全球数字贸易国际规则的新发展及中国的应对策略[J].价格月刊,2021(10):67-72.

[81] 许嘉扬.跨境电子商务综合试验区建设在杭州的实践研究[J].现代商业,2017(29):66-68.

[82] 邬关荣,金群康.杭州跨境电子商务综合试验区发展战略研究[J].经营与管理,2017(8):74-76.

[83] 胡厚翠.关于进一步推进中国(合肥)跨境电子商务综合试验区高质量发展的对策建议[J].决策咨询,2022(1):48-51.
[84] 农锦华,赵子龙.西部陆海新通道背景下提升广西跨境电子商务试验区功能及发展路径研究[J].中国产经,2022(9):123-125.
[85] 广西金融与经济研究院课题组,靳友雯,李彬,等.南宁跨境电商综合试验区建设的对策建议[J].当代广西,2022(12):18.
[86] 何培芬,蒋贵琴.湖州跨境电商发展的现状、问题与对策[J].江西科技师范大学学报,2022(5):54-58,87.
[87] 李清沛."一带一路"倡议中经济特区的跨境电商机遇研究——以厦门为例[J].特区经济,2019(12):65-68.
[88] 钱钧.浅谈智慧物流发展现状及未来趋势[J].现代企业,2021(4):46-47.
[89] 周敏,钟巍.我国海外仓建设模式研究[J].内蒙古科技与经济,2021(22):15-16.
[90] 孟亮,孟京.我国跨境电商企业海外仓模式选择分析——基于消费品出口贸易视角[J].中国流通经济,2017,31(6):37-44.
[91] 肖雄,李泽建.智慧物流在跨境电商海外仓中的应用机制及发展策略[J].物流科技,2020(9):73-76.
[92] 钟楠,龙晶.论我国央行数字货币的发展现状[J].中国市场,2022(22):42-44,110.
[93] 张彦.央行数字货币的内涵、发展与前景[J].海南金融,2022(9):74-80.
[94] 徐学超,戴明锋.疫情冲击下我国跨境电商发展研究[J].国际贸易,2022(2):32-38.
[95] 董小君,郭晓婧.美日欧数字贸易发展的演变趋势及中国应对策略[J].国际贸易,2021(3):27-35.
[96] 马述忠,郭继文.制度创新如何影响我国跨境电商出口?——来自综试区设立的经验证据[J].管理世界,2022,38(8):83-102.
[97] 陈颖,高宇宁.数字贸易开放的战略选择——基于美欧中印的比较分析[J].国际贸易,2022(5):49-55.
[98] 任连嘉,李鑫阳.央行数字货币如何开辟跨境支付领域?[J].中国电信业,2021(9):30-34.
[99] 洪俊杰,武昭媛,郑郁寒.中国推进贸易投资高水平自由化便利化的实践与思考[J].国际贸易,2022(7):4-12.
[100] 洪俊杰,陈明.巨型自由贸易协定框架下数字贸易规则对中国的挑战及对策[J].国际贸易,2021(5):4-11.
[101] 涂芷筠.数字贸易的非关税壁垒研究[D].大连:大连海事大学,2020.
[102] 赵慧娥,岳文.跨境电子商务[M].北京:中国人民大学出版社,2020.
[103] 马述忠,濮方清,潘钢健,等.数字贸易学[M].北京:高等教育出版社,2022.

教师服务

感谢您选用清华大学出版社的教材！为了更好地服务教学，我们为授课教师提供本书的教学辅助资源，以及本学科重点教材信息。请您扫码获取。

教辅获取

本书教辅资源，授课教师扫码获取

样书赠送

国际经济与贸易类重点教材，教师扫码获取样书

清华大学出版社

E-mail: tupfuwu@163.com

电话：010-83470332 / 83470142

地址：北京市海淀区双清路学研大厦 B 座 509

网址：https://www.tup.com.cn/

传真：8610-83470107

邮编：100084